2015 敦煌學國際聯絡委員會通訊

2015 Newsletter of International Liaison Committee for Dunhuang Studies

高田時雄 柴劍虹
策 劃

郝春文
主 編

陳大爲
副主編

敦煌學國際聯絡委員會
中國敦煌吐魯番學會
首都師範大學古文獻研究中心
主 辦

上海古籍出版社
2015.7.上海

敦煌學國際聯絡委員會幹事名單：
中　　國：樊錦詩　郝春文　柴劍虹　榮新江　張先堂　鄭阿財（臺灣）
　　　　　汪　娟（臺灣）
日　　本：高田時雄　荒見泰史　岩尾一史
法　　國：戴　仁
英　　國：吳芳思　高奕睿
俄羅斯：波波娃
美　　國：梅維恒　太史文
德　　國：茨　木
哈薩克斯坦：克拉拉・哈菲佐娃

敦煌學國際聯絡委員會網頁：
http：//www.zinbun.kyoto-u.ac.jp/~takata/ILCDS/
敦煌學國際聯絡委員會秘書處地址：
　　日本國　京都市　左京區北白川東小倉町47
　　　　　　京都大學人文科學研究所
　　　　　　高田時雄教授　Tel：075-753-6993
INSTITUTE FOR RESEARCH IN HUMANITIES
KYOTO UNIVERSITY KYOTO 606-8265, JAPAN

2015
敦煌學國際聯絡委員會通訊

目録

學術綜述

2014 年敦煌學研究綜述 …………………………………… 宋雪春（1）
2014 年吐魯番學研究綜述 ………………………… 殷盼盼　朱艷桐（32）
英藏敦煌文獻基本情況研究綜述 …………………………… 宋雪春（50）
法藏敦煌文獻基本情況研究綜述 …………………………… 宋雪春（59）
敦煌石窟藝術與中外石窟藝術關係研究綜述 ……………… 祁曉慶（67）
敦煌壁畫兵器研究綜述 ……………………………………… 伏奕冰（109）
敦煌吐魯番文書所見唐代"自田"研究綜述 ………………… 許鴻梅（114）
敦煌文獻中"神會禪籍"研究綜述 …………………………… 趙世金（122）
敦煌本《六祖壇經》近百年研究述評 ……………………… 趙世金（134）
蒙元統治敦煌史研究述評 …………………………………… 陳光文（146）
明清時期敦煌史研究述評 …………………………………… 陳光文（157）

會議介紹

一次石窟考古、佛教美術研究的盛會
　　——"2014 敦煌論壇：敦煌石窟研究國際學術研討會"綜述
　　…………………………………………… 張先堂　顧淑彦（167）
吐魯番與絲綢之路經濟帶高峰論壇暨第五屆吐魯番學國際學術
　　研討會綜述 ……………………………………………… 湯士華（178）
第三屆"中國中世（中古）社會諸形態"國際研究生・青年學者
　　學術交流論壇綜述 ……………………………………… 趙　貞（183）

1

"漢化·胡化·洋化——新出史料中的中國古代社會生活"
　　國際學術研討會綜述 …………………………………… 高正亮（191）

出版信息

《敦煌舞男班教程》出版 …………………………………… 盧秀文（197）
書訊十則 ………………………………… 陳　卿　陳菡旖等（198）

書評

《伯希和西域探險日記1906—1908》評介 ………………… 胡同慶（205）

論著目録

2014年敦煌學研究論著目録 ……………………………… 宋雪春（207）
2014年吐魯番學研究論著目録 …………………… 殷盼盼　朱艷桐（230）
2010年日本敦煌學研究論著目録 ………………………… 林生海（240）
2011年日本敦煌學研究論著目録 ………………………… 林生海（259）
百年克孜爾石窟研究論著目録（1912—2014）…………… 張重洲（276）

《敦煌學國際聯絡委員會通訊》稿約 ………………………………（308）

2014年敦煌學研究綜述

宋雪春（上海師範大學）

據不完全統計，2014年度大陸地區出版的與敦煌學相關的學術專著50餘部，公開發表的研究論文400餘篇。兹分概説、歷史地理、社會、宗教、語言文字、文學、藝術、考古與文物保護、少數民族歷史語言、古籍、科技、紀念文與學術動態等十二個專題擇要介紹如下。

一、概　　説

本年度有關敦煌學人的學術評價，敦煌學研究史的回顧，敦煌學理論建設，敦煌文獻的流散、整理、輯校與刊佈，敦煌文獻數字化建設的成果較多。

對於敦煌學人的學術總結和評價，主要涉及羽田亨、金維諾、饒宗頤、段文傑、常書鴻等多位敦煌學研究專家。高田時雄《羽田亨與敦煌寫本》（《敦煌研究》3期）介紹了歷史學家羽田亨於1919年旅居歐洲時收集了大量的敦煌寫本照片，自1935年起通過藥商武田長兵衛購買了432件李盛鐸舊藏寫本後，又用了八年時間四處收購，使其敦煌寫本收藏數量達735件，爲日本國内敦煌寫本收藏之最。此外，羽田先生還積極收集日本各地古籍書店、博物館以及中村不折等收藏家所藏敦煌寫本的圖片資料。鄒清泉《金維諾與中國美術史學》（《敦煌研究》4期）主要回顧了金維諾先生的學術成就，包括金維諾與敦煌美術、對中國宗教美術史學的探索、與中國繪畫史研究等多個方面。羅慧《饒宗頤與香港敦煌吐魯番研究中心》（《華南師範大學學報》3期）指出國學大師饒宗頤教授於20世紀80年代之後，以一人之力創立香港敦煌吐魯番研究中心，身體力行促進海内外學者的交流合作，並發起主持多項大型研究項目，對學界貢獻甚偉。王志鵬《饒宗頤與敦煌曲研究》（《華南師範大學學報》3期）通過對饒宗頤的敦煌曲研究及其相關成果的考察，探討饒宗頤先生在敦煌學研究及其他領域取得巨大學術成就的原因，爲敦煌學或其他研究提供了一些理論思考。劉進寶《段文傑與敦煌研究院》（《敦煌研究》3期）通過回顧段文傑先生創建敦煌研究院、創辦《敦煌研究》、創建中國敦煌石窟保護研究基金會、大力延攬培養人才等事跡，指出段文傑先生具有強烈的愛國主義與民族自尊心、寬闊的胸懷和高尚的人格、高尚的情操和集體主義精神。常莎娜作爲常書鴻先生的女兒，撰有《走向敦煌》（《敦煌研究》3期）一文，回顧了常書鴻先生從巴黎初識敦煌莫高窟，到排除萬難，不畏艱險率領敦煌研究所人員爲敦煌石窟的保護與研究付出艱辛努力的一生。

關於敦煌文化的建設與傳承方面,趙聲良、戴春陽、張元林著《敦煌文化探微》(江蘇鳳凰美術出版社)以全新的視角和方法來探討絲綢之路與敦煌學的相關問題。肖懷德《傳承弘揚敦煌文化的當代價值與路徑探索》(《敦煌研究》2 期)首先闡釋了傳承弘揚敦煌文化的當代價值,提出了當代闡釋、現代傳播和現代審美等需要解決的問題;其次在總結傳承弘揚傳統文化的經驗和趨勢的基礎上,爲傳承弘揚敦煌文化進行了具體的路徑探索。方廣錩《隨緣做去 直道行之——方廣錩序跋雜文集》(國家圖書館出版社)收錄了著者1982 年以來所寫的序、跋、書評、隨筆、博文、通訊等共 100 餘篇,内容涉及佛教文獻研究、敦煌遺書研究、印度佛教與中國佛教研究及學術研究方法、規範等,也有少量雜文,反映了作者三十多年來學術生涯的一個側面,具有重要的學術價值。王家達《莫高窟的精靈:一千年的敦煌夢》(甘肅人民出版社)講述了一個多世紀以來,一批中國知識分子爲敦煌的保護和研究事業殫精竭慮的動人故事,真實而全面地反映了這些人身上爲民族文化事業勇於犧牲和敢於承擔的優秀品質。

敦煌學研究史方面,有林世田、楊學勇、劉波《敦煌遺珍》(國家圖書館出版社),全書共分六章,講述了敦煌學石窟被發現、國寶流散、劫餘解京的歷史。伯希和著、耿昇譯《伯希和西域探險日記 1906—1908》(中國藏學出版社)附有伯希和於這次探險期間所寫的信件,兩者互補互證,對瞭解中國西北地區的歷史和當時的情況具有重要價值。馬洪菊《葉昌熾與清末民初金石學》(民族出版社)一書分爲五章,首先介紹葉昌熾青年時期的家世、師友以及早期的學術經歷,緊接著詳細地論述了葉昌熾步入金石學領域的歷程。王冀青《清宣統元年(1909 年)北京學界公宴伯希和事件再探討》(《敦煌學輯刊》2 期)討論了北京學界公宴伯希和的前因後果,論證了公宴伯希和的日期爲 1909 年 10 月 4 日,揭示了惲毓鼎致沈增植信在伯希和 1909 年北京之行研究中的史料價值。王冀青《英國牛津大學藏斯坦因 1907 年敦煌莫高窟考古日記整理研究報告》(《敦煌吐魯番研究》14 卷)依據牛津大學包德利圖書館斯坦因考古檔案,報告了斯坦因 1907 年在敦煌莫高窟的考古日記,爲學界提供了諸多珍貴的歷史細節。蔡淵迪《跋胡適致顧頡剛書信兩通》(《敦煌學輯刊》1 期)一文對 1926 年 10 月 29 日和 12 月 26 日胡適致顧頡剛的兩通書信進行釋録和考證,認爲兩信内容涉及敦煌學、中國文學史、蒙元史等諸多方面,是極爲重要的近代學術史料。Nathalie Monnet. *Wang Zhongmin's Yesrs in Paris*, *1934—1939*(蒙曦《王重民先生在巴黎,1934—1939》)(《敦煌吐魯番研究》14 卷)重點介紹了 20 世紀 30 年代,王重民先生在巴黎考察和調查敦煌寫卷的事跡。Susan Whitfield. *Foreign Travellers to Dunhuang, 1920—1960*(魏泓《1920—1960年敦煌的外國訪問者》)(《敦煌吐魯番研究》14卷)介紹了20世紀20年代至60年代，外國學者及考古愛好者訪問敦煌的史事。劉波《俞澤箴與京師圖書館敦煌遺書編目工作》(《敦煌吐魯番研究》14卷)論述了俞澤箴對京師圖書館敦煌遺書編目工作的重要貢獻。秦樺林《"敦煌學"一詞的術語化過程》(《敦煌研究》6期)認爲敦煌學一詞的術語化過程實際上主要由中國學者在20世紀40年代推動完成，並作爲學科名被最終確立下來。

樊錦詩主編《專家講敦煌》(江蘇鳳凰美術出版社)作爲"敦煌文化與絲綢之路叢書"之一，主要包括樊錦詩主講的《絲綢之路與敦煌莫高窟》、柴劍虹主講的《敦煌文化遺產的人文環境和文化特性》、包銘新主講的《敦煌圖像中的中國古代北方少數民族服飾》、李重申主講的《古代體育的真實畫卷——敦煌與古代體育》和趙聲良主講的《敦煌：中國二十世紀四十年代美術新動向》。這些講座內容涉及敦煌與絲綢之路的歷史文化、敦煌古代少數民族服飾、敦煌古代體育、古代敦煌藝術對現代美術發展的影響等。鄭煒明《香港大學饒宗頤學術館十周年館慶同人論文集：敦煌學卷》(上海古籍出版社)共收錄學術館同人有關敦煌學論文計十餘篇，論文內容豐富、涉獵廣泛，既有考古、洞窟及遺址等考察，又有變文、樂名以至中外敦煌學家的評説；既有原創論文，又有翻譯作品；既有新知，又有經典，中西並蓄。郝春文主編《2014敦煌學國際聯絡委員會通訊》(上海古籍出版社)爲中國敦煌吐魯番學會2014年年刊，刊發的學術研究綜述有2013年敦煌學、吐魯番學，2009年至2013年臺灣地區敦煌學、日本杏雨書屋藏敦煌吐魯番文書研究等，並有近期的學術會議介紹，同時刊發了與學術綜述相關的書目數篇。胡中良《2013年國內吐蕃研究論著目錄》(《敦煌學輯刊》2期)對2013年度中國大陸地區出版發行的有關吐蕃研究的論著進行匯總。

敦煌文獻的整理、校釋與刊佈取得新的重要成果。郝春文主編《英藏敦煌社會歷史文獻釋錄》(社會科學文獻出版社)第十一卷於2014年8月出版，釋錄了《英藏敦煌文獻》第四卷所收寫本 S.2092—S.2352 號，並對每一件文書的定名、定性和寫本形態、研究狀況等給予介紹和説明。敦煌文獻的圖版影印出版有了新進展。方廣錩、吳芳思主編《英國國家圖書館藏敦煌遺書》(廣西師範大學出版社)本年度出版該書第31—40分冊，圖錄編號自 S.1961 至 S.2433 號。另外，方廣錩《中國國家圖書館藏敦煌遺書》(《敦煌研究》3期)用一系列翔實的數據，從文物、文獻、文字三個方面對國圖藏敦煌遺書作了較爲全面的介紹，反映了國圖敦煌遺書的現狀及其研究價值，最後指出敦煌遺書的發現將爲我國寫本學的創建奠定堅實的基礎。金雅聲、趙德安、沙木主編《英國國家圖書館藏敦煌西域藏文文獻》（上海古籍出版社）第六册出版，著錄編號至 ILO. TIB. J. VOL. 5371 號。金雅聲、郭恩主編《法國國家圖書館藏敦煌西域藏文文獻》（上海古籍出版社）本年度出版至第十六册，著錄編號爲 P. T. 1322—P. T. 1352。于華剛、翁連溪《世界民間藏中國敦煌文獻（第一輯）》（中國書店出版社）出版，中國書店出版社將百餘年來散失各地的藏家手中的敦煌文獻逐一徵集、編輯，該叢書將爲全面整理敦煌文獻作出重要貢獻。

"敦煌遺書數據庫"的建成，極大地推動了敦煌文獻數字化的建設。《國家社科基金重大項目"敦煌遺書數據庫"建成》（《上海師範大學學報》6 期）報告了由方廣錩任首席專家的國家社科基金重大項目"敦煌遺書數據庫"已順利通過專家評審、正式結項的信息，其中指出"敦煌遺書數據庫"對敦煌文獻的整理和研究具有重大的推動意義。魏泓《國際敦煌項目（IDP）——敦煌與新疆的古文獻及文物的數字化儲存與訪問》（《敦煌研究》3 期）簡要介紹了 IDP 在 1994 年啓動至今 20 年間的工作與成就，討論了 IDP 對藏經洞文物的研究所產生的巨大影響以及今後工作的主要目標。

有關敦煌哲學的探討依然是本年度的一個熱門議題，涉及生態哲學、學科體系建構、方法論建設和管理哲學等多個思想層面。李并成《敦煌文獻中蘊涵的生態哲學思想探析》（《甘肅社會科學》4 期）指出被譽爲"百科全書"式的敦煌文獻，保存了一批彌足珍貴的古代生態環境方面的資料，其中蘊涵著豐富的生態哲學思想的光輝。楊利民《敦煌哲學的學科體系建構》（《甘肅社會科學》5 期）認爲敦煌文化和敦煌學研究的内在邏輯、敦煌哲學學術研究及未來發展需要決定了敦煌哲學學科體系建構的必要性。閆曉勇、顏華東《略論敦煌哲學及其方法論》（《甘肅社會科學》1 期）指出：敦煌哲學是適時探究和構建敦煌學體系的必要理論嘗試，而敦煌哲學方法論又是敦煌哲學不可或缺的組成部分，是推動敦煌學研究的重要工具。徐曉卉《敦煌社邑文書反映的管理哲學思想管窺》（《甘肅社會科學》5 期）指出大量的敦煌社邑文書非常真實地反映了中古時期民間社會的管理哲學思想：重視人文關懷的人本思想、重視經濟收益的功利性價值觀、重視禮義廉恥的倫理觀、重視患難與共的集體意識、重視民主平等的法治理念。

相關論文還有王晶波《敦煌文獻書寫符號的普查與分類研究》（《敦煌研究》5 期），文章將敦煌文獻中的書寫符號按照性質、作用分爲標示性符號、應用性符號、校改性符號和表意性符號四個大類，概括總結了各類符號的源流特點和使用情況，並探討了敦煌文獻書寫符號在符號發展歷史中的作用和意義。方廣錩《敦煌遺書寫本特異性——寫本學劄記》（《敦煌吐魯番研究》14

卷)首先指出敦煌遺書具有唯一性和流變性的特點；其次從四個方面概括了敦煌遺書的特異性：反向抄寫、錯亂行款，正面可綴、背不可綴，爪剖舊卷、另組新卷，後人著録、誤作原題。董華鋒、林玉《四川博物院藏兩件敦煌絹畫》(《文物》1期)介紹了四川博物院所藏兩件敦煌藏經洞所出絹畫：一爲開寶二年(969)張定成繪千手千眼觀音像；二爲建隆二年(961)樊再昇繪水月觀音像。譚世寶《敦煌的詞源再探討》(《敦煌研究》1期)通過對有關傳世文獻源流的分析研究，再次強調"燉煌"爲漢語而非胡語音譯。馬德《敦煌遺書研究誤區檢討》(《敦煌研究》3期)一文指出敦煌遺書研究中存在著易取難避、順採逆捨、迷信名家大師、先入爲主、以今量古、以古當今等一些誤區，原因在於研究者們還需要全面的基礎訓練和堅持不懈的治學精神。石塚晴通、唐煒《從紙材看敦煌文獻的特徵》(《敦煌研究》3期)從對敦煌文獻全貌的考察出發，説明了在科學分析紙張材料的基礎上探索敦煌文獻特徵的研究方法。有關國内外不同藏地的敦煌吐魯番文物和文獻的介紹，主要有波波娃《俄羅斯科學院檔案館 C·ф·奧登堡館藏中文文獻》(《敦煌吐魯番研究》14卷)系統介紹了奧登堡的學術背景和他率領的中亞考察隊在新疆、敦煌地區所獲文物的情況。王素《印度新德里國立博物館藏敦煌吐魯番等地文物》(《敦煌吐魯番研究》14卷)介紹了在新德里國立博物館展廳所見的斯坦因於第二、第三次中亞考察時在敦煌吐魯番所獲的文物，指出將英國博物館和印度新德里博物館中的相關展品相互比較研究具有重要的價值和意義。

二、歷 史 地 理

敦煌史地的研究，主要集中在歸義軍史、民族交往史、經濟史、法律史以及敦煌漢簡等方面。

政治史方面，鄭炳林、杜海《曹議金節度使位繼承權之爭——以"國太夫人"、"尚書"稱號爲中心》(《敦煌學輯刊》4期)認爲曹議金時期曹元德與天公主之子"尚書"圍繞節度使繼承權展開爭奪，最終天公主生子"尚書"在政治鬥爭中被清洗。杜海《曹議金權力枝系考》(《敦煌學輯刊》2期)考察了曹氏家族的權利關係，指出其一方面聯合敦煌地區的實力派家族獲得支持，同時大力扶持佛教，利用佛教在敦煌百姓中的影響鞏固政權，另外還提拔普通家族的子弟以鞏固基層統治。戴春陽《沙州刺史李庭光相關問題稽考》(《敦煌研究》5期)據相關碑文本身所蘊涵的年代背景信息和相關文獻、文物資料，就碑文本身所書特點、時代、身份和籍貫四個方面論證了碑主爲李庭光，揭示其任沙州刺史的時間當爲長安四年(704)至景龍四年(710)，碑文撰寫於景龍四年。余欣、周金泰《從王化到民間：漢唐間敦煌地區皇家〈月令〉與本土時令》

(《史林》4期)梳理了敦煌文獻中的時令內容,指出敦煌時令文獻可大致分爲兩類:一類是由中央王朝頒行的皇家《月令》,另一類則是配合敦煌地域特色而生成的本土時令。樓勁《證聖元年勅與南北朝至唐代的旌表孝義之制——兼論S.1344號敦煌殘卷的定名問題》(《浙江學刊》1期)一文指出:旌表孝義是體現古代中國基本倫理和核心價值的政治舉措,有著深厚的社會基礎和廣泛的影響,並論述了南北朝"旌表孝義"與證聖元年勅的歷史背景、證聖元年勅的刪定施用與S.1344號敦煌殘卷的定名問題等。孟憲實《武則天時期的"祥瑞"——以〈沙州圖經〉爲中心》(《敦煌吐魯番研究》14卷)通過對《沙州圖經》的解析,一窺武則天時代"祥瑞"狀況和"造神運動"。

陳光文《〈良吏傳〉輯考——以敦煌遺書與傳世類書爲中心》(《中國典籍與文化》3期)主要對《良吏傳》及其作者鍾岏進行考證與研究,並結合敦煌遺書與傳世類書對《良吏傳》內容進行輯佚。楊寶玉《法藏敦煌文書P.2942作者考辨》(《敦煌研究》1期)探討了法藏敦煌文書P.2942的作者問題,指出該卷爲判、牒、狀文集抄,筆跡一致只能説明爲同一人所抄,但抄寫者並不等於原作者,作者問題必須考析公文內容並結合當時河西西域地區的歷史背景綜合考慮來解決。宗俊《法藏敦煌文書P.2942相關問題再考》(《敦煌研究》2期)認爲P.2942號文書爲唐代吐蕃佔領河隴之際的官方文書,其中的"尚書"、"使主"、"副帥"、"元帥"爲同一人,但並非楊志烈或楊休明,而是崔漢衡墓誌所記"俄屬艱難,春官卿尚衡總戎河右"之句中的禮部尚書尚衡。郭俊葉《莫高窟第454窟窟主及其甬道重修問題》(《敦煌研究》1期)通過對莫高窟第454窟甬道南壁的重修痕跡進行解讀,認爲該窟在曹延祿之世進行了重修,重修者有可能是慕容氏。鄭怡楠《翟法榮與莫高窟第85窟營建的歷史背景》(《敦煌學輯刊》2期)一文認爲該窟的修建時間在張議潮開鑿了第156窟紀念收復河西和晉昇司空之後,作爲僧團首領的翟法榮爲自己修建了紀念晉昇都僧統的第85窟。張存良《新出〈魏哲墓誌銘〉及相關問題》(《敦煌學輯刊》1期)一文以新出《魏哲墓誌銘》爲主,結合初唐楊炯所作《唐右將軍魏哲神道碑》等傳世文獻,對魏哲的生平和相關史事進行考述。馮培紅《敦煌大族、名士與北涼王國——兼論五涼後期儒學從大族到名士的轉變》(《敦煌吐魯番研究》14卷)論述了段業北涼與敦煌大族的獨立動向、沮渠氏北涼王國中的敦煌大族、敦煌名士與沮渠氏北涼的文化建設,同時論及五涼後期儒學從大族到名士的轉變過程。

民族交往方面,許序雅《從敦煌吐魯番文書看唐朝對來華九姓胡人的管理》(《西域研究》2期)一文指出:唐代留居中國的九姓胡人身份分爲著籍者、非著籍者、"投化胡家"和"胡客"四大類,唐朝政府對於這四類九姓胡採取了不同的管理方式。陸離《關於吐蕃統治敦煌時期部落使的幾個問題》(《唐史論叢》2 期)一文據漢藏史料對吐蕃統治敦煌的部落使的設置沿革進行了一些探討,以期能夠將對該問題的研究引向深入。仇鹿鳴《〈藥元福墓誌〉考——兼論藥氏的源流與沙陀化》(《敦煌學輯刊》3 期)一文藉助新發現的藥元福墓誌提示的信息,認爲活躍於五代的藥氏,應出自沙陀三部落,同時認爲根據墓誌可對其族屬源流及沙陀化的過程做一些推測,並有助於重新認識沙陀族群構造的複雜性。陳粟裕《五代宋初時期于闐王族的漢化研究——以敦煌石窟中的于闐王族供養像爲中心》(《美術研究》3 期)認爲在佛事活動上,于闐人與敦煌民衆趨於一致,寫經、造像並無二致,體現出于闐王族在服飾制度、佛教信仰方式上的漢化趨勢。趙和平《尉遲氏族源考——中古尉遲氏研究之一》(《敦煌吐魯番研究》14 卷)依據傳統史籍和敦煌文獻氏族譜材料,考證了尉遲氏的地望和族源,並對《魏書·官氏志》提到的"西方尉遲氏"提出了新的解釋。同氏《于闐尉遲氏源出鮮卑考——中古尉遲氏研究之二》(《敦煌研究》3 期)通過梳理目前已知于闐王尉遲氏的世系,及對公元 445 年吐谷渾主慕利延入于闐,"殺其王,有其地"等問題的討論,認爲于闐尉遲氏屬於吐谷渾之一部分,乃 5 世紀中慕利延入于闐後留作統主者。

  關於敦煌地理、交通的考證比較集中,李并成《漢酒泉郡十一置考》(《敦煌研究》1 期)在反復實地考察的基礎上,結合對有關文獻的考證,對於敦煌懸泉Ⅱ0214①:130 簡中所記漢酒泉郡十一所置的設立及其位置進行了考證。高榮《漢代張掖屬國新考》(《敦煌研究》4 期)指出張掖屬國的設置年代爲元封四年(前107),設置張掖屬國是爲了安置歸降的小月氏部落,故其民族構成也以小月氏爲主,漢代張掖屬國的設立爲切實"隔絕羌胡"、實現"斷匈奴右臂"的戰略,發揮了重要作用。交通方面,劉滿《北朝以來炳靈寺周圍交通路綫考索》(《敦煌學輯刊》3 期)通過對比不同時代的文獻認爲,進出炳靈寺只有崎嶇的山間小路,是没有道路、渡口和橋樑的,宋人記載中所謂的"炳靈寺橋"即當時河州地區唯一的河橋安鄉關下的浮橋。王使臻《晚唐五代宋初川陝甘之間的交通與文化交流——以敦煌文獻爲主的考察》(《成都大學學報》4 期)從晚唐五代宋初四川、陝西、甘肅之間的交通路綫著眼,用歷史文獻的研究方法,深入挖掘敦煌文獻中包含的歷史、地理價值,探討唐宋時期信息傳遞的具體過程,以研究唐宋時期社會生活的細節風貌。陳濤《日本杏雨書屋藏敦煌本〈驛程記〉地名及年代考》(《南都學壇》5 期)一文指出,敦煌本《驛程記》涉及的地名共有 21 處,其中可以考證的地名有 11 處,有待進一步考證的地名有 10 處,作者通過對文書有關地名的考釋,推測敦煌本《驛程記》的具體成書年代應在唐宣宗大中五年。牛來穎《舟橋管理與令式關係——以〈水部式〉與〈天聖令〉爲中心》(《敦煌吐魯番研究》14卷)通過研究《水部式》和《天聖令》中的相關記載,考察了蒲津橋與《水部式》成文年代的關係以及舟橋管理和法典中的令式關係等問題。

經濟史方面,張新國《唐代吐魯番與敦煌地區受田差異初探——以敦煌吐魯番文書爲中心》(《中國歷史地理論叢》1期)通過比較兩地"受田情況"個案差異的現象,揭示兩地在"受田方面"的整體差異,認爲這種差異是吐魯番地區水資源匱乏、可耕地較少的體現。徐曉卉《歸義軍時期敦煌的"官布"》(《中國農史》1期)一文指出在傳統文化和西州文化的影響下,敦煌歸義軍政權把棉質官布當作通用貨幣向民衆徵納"官布稅",由此敦煌社會把這種尺寸規格的棉布演變成了棉質布的一個品種——"官布",這進一步說明公元九至十世紀時的敦煌地區沒有普遍種植棉花。楊榮春《吐魯番出土〈北涼神璽三年(公元三九九年)倉曹貸糧文書〉研究》(《敦煌學輯刊》4期)一文認爲,《北涼神璽三年倉曹貸糧文書》反映了段氏北涼統治已達高昌、實行了"常平倉"制度、郡縣屬官制度相當完備等情況。郝二旭《唐五代敦煌農業祭祀禮儀淺論》(《農業考古》4期)通過對與農業生産緊密相關的祭祀儀式如籍田、祭社稷、祭風師、祭雨師、祭雷神、祭青苗神、送蝗蟲等進行整理和考證,在很大程度上還原了當時這一地區農業祭祀禮儀的基本狀況,並在一定程度上折射出唐代農業祭祀禮儀的基本內容。

陳菊霞《辨析有關平康鄉人的敦煌文書》(《敦煌研究》4期)通過分析敦煌藏經洞所出有關平康鄉或平康鄉人的文書中人名的關聯性,認爲P.4693、S.6123等多件文書也是有關平康鄉人的敦煌文書,並簡要概述了平康鄉的地界、居民、寺院分佈以及居民的生活狀況。趙大旺《"觀子户"還是"館子户"——敦煌寫本〈索鐵子牒〉再探》(《敦煌研究》5期)首先整理了學界對於"觀子户"的研究成果,對部分內容的釋讀提出新的看法,推定補充了原文書部分殘缺的內容,並認爲"觀子户"乃"館子户"之音訛,並結合唐宋時期的重處色役問題進行論述。寇克紅《"都鄉"考略——以河西郡縣爲例》(《敦煌研究》4期)認爲都鄉是在當時政治分裂、戰爭頻繁、人口流徙等社會動亂的背景下產生的,是封建社會前期治理基層社會的過渡政權形式,對社會穩定起過重要作用,但隨著隋唐大一統局面的形成,"都鄉"制度宣告終結。關尾史郎《"五胡"時代户籍制度初探——以對敦煌·吐魯番出土漢文文書的分析爲中心》(《敦煌吐魯番研究》14卷)以户籍及相關文獻爲考察對象,從户籍格式、户籍製作程序、家口帳等三個方面討論了五胡十六國時期的户籍制度。

法律史方面,馮卓慧《唐代民事法律制度研究——帛書、敦煌文獻及律令所見》(商務印書館)從解讀帛書、石刻文獻、唐代律令,以現代民法即羅馬私法體系框架仔細梳理史料,系統論述了中國古代具有豐富而細密的民事、經濟法律規範制度。顧凌雲《唐代實判的判案依據研究》(《敦煌學輯刊》1期)通過對敦煌出土的唐代實判的考察,發現唐代刑事案件的判案依據爲唐律,民事與行政案件的判案依據分別爲情理與政局的安全性和可控性。同氏《敦煌判文殘卷中的唐代司法建議初探》(《敦煌研究》3期)通過對敦煌出土的唐代判文殘卷的考察,指出司法建議在唐代就已經存在。

對肩水金關漢簡的相關問題進行探討的成果主要有:黃艷萍《〈肩水金關漢簡(壹)〉紀年簡校考》(《敦煌研究》2期)指出2011年出版的《肩水金關漢簡(壹)》中有紀年信息的簡牘約497枚,文章對其中一些年朔矛盾、紀年待考的紀年簡進行校考,以期有助於這批簡牘的分期斷代。另有羅見今、關守義《〈肩水金關漢簡(貳)〉曆簡年代考釋》(《敦煌研究》2期)對2012年出版的《肩水金關漢簡(貳)》中17枚曆譜散簡、9枚紀年殘簡和8枚月朔簡的年代進行考釋,同時對多片斷簡予以綴合。還有張英梅《試探肩水金關漢簡中"傳"的制度》(《敦煌研究》2期)一文對肩水金關漢簡中"傳"的制度作了新的研究,討論了庶民因公私事、吏員因公私事,刑徒、降者等人員過關申請"傳"程序的相同與不同點,探討了"傳"的使用以及"傳"制度本身所存在的缺陷。另外,關於居延漢簡的研究,馬克冬、張顯成《〈居延新簡〉所記屯戍信息及其價值考論》(《敦煌研究》2期)一文指出《居延新簡》中有關屯戍的詞語可彌補傳世文獻之不足,可幫助我們更清楚地瞭解漢代的屯戍制和邊塞吏卒的工作、生活等情況,對這些詞語的新認識,有助於大型語文辭書的編纂和修訂。

三、社 會

對於敦煌社會的研究,主要涉及占卜文書、鄉村組織與庶民生活、喪葬禮俗、娛樂與體育等多個方面,其中尤以占卜文獻的研究成果最爲顯著。鄭炳林、陳于柱《敦煌占卜文獻敍錄》(蘭州大學出版社)於本年度出版,敍錄內容包括易占、卜法、式法、天文占、宅經、葬書、禄命書、發病書、夢書、相書、婚嫁占、鳥占、逆刺占、走失占、雜占,兼及生理占、洗頭沐浴占、十二因緣占、時日宜忌、七曜占、六十甲子占、出行占、護宅神曆卷、厭禳述秘法等各種占法或厭禳書。黃正建《敦煌占卜文書與唐五代占卜研究(增訂版)》(中國社會科學出版社)出版,全書包括敦煌占卜文書的存世與研究概況,敦煌占卜文書的類型及其與傳世典籍的比較,敦煌占卜文書與唐五代占卜、敦煌占卜文書研究的回顧與展望,敦煌占婚嫁文書與唐五代的占婚嫁等內容。王祥偉《日本杏雨書屋藏敦煌文書羽044之〈釜鳴占〉研究》(《文獻》4期)一文對羽44《百怪圖》中的"釜鳴占"進行校録和推補復原,並對其中涉及的"占驗法"和"厭勝法"進行了討論,最後對此種占法在古代社會中的應用情況作了説明。陳于柱、張福慧《敦煌藏文寫卷 S. 6878V〈金龜擇吉占走失法〉研究》(《中國典籍與文化》1 期)指出 S. 6878V 是唯一一件涉及出行占、婚嫁占及失物占的敦煌藏文術數文獻,這件文書的揭出彌補了相關敦煌漢文文獻的缺陷和不足,再現了唐宋時代龜占圖文的完整樣貌,並爲推進唐宋漢、藏文化交流史與西北吐蕃移民社會史研究提供了珍貴的一手資料。此外,陳于柱、張福慧《日本杏雨書屋藏敦煌文獻羽 42 背〈雲氣占法抄〉整理研究》(《天水師範學院學報》1期)指出羽 42 背《雲氣占法抄》寫本與此前已知的敦煌本雲氣占書均不同,但和多部傳世本天文氣象占典籍有著共同的卜辭來源,其創製時間很可能是在漢代。此件寫本的刊佈,進一步擴展了學界對中國古代天文氣象占文獻的認識,有助於保存並豐富古代的天文資料,並爲學界整理和研究中國古代天文氣象占文獻提供了新的素材。

對於鄉村組織與社邑的研究,孟憲實《敦煌文獻折射中國傳統農村組織"鄉土本色"》(《中國社會科學報》2014 年 1 月 8 日)一文指出敦煌民間文獻展現社邑組織結構,民間社邑代表民間文化傳統,通過敦煌文獻可以重新估量中國的傳統,尤其是社會的組織傳統。趙青山《隋唐宋初寫經社邑考略——以敦煌寫經題記爲中心》(《敦煌研究》1 期)指出寫經社邑是一群爲積累功德、獲取福報的信徒組成的抄經團體,其規模視所抄寫的佛經多少和財力大小而定;寫經社邑内組織較爲簡單,所需財力由邑子承擔,抄寫的佛經送入寺院供養;佛經抄寫完畢,寫經社邑隨之解散。趙玉平《唐五代宋初敦煌春秋二社變遷新議》(《敦煌研究》5 期)指出春秋二社的官方祭祀活動在唐宋之際轉變成了佛教齋會,可看出傳統的祭祀活動在本土文化、禮儀和外域文化的碰撞與交融中,是如何維繫自己的職能與地位的,同時也是中國傳統文化與外來佛教相互適應發展的寫照。朱鳳玉《敦煌通俗字書所呈現之唐五代社會文化研究芻議——以敦煌寫本〈俗務要名林·飲食部〉爲例》(《敦煌吐魯番研究》14 卷)考察了敦煌文獻中通俗字書所展現的唐五代的社會生活,尤其是當時庶民的生活文化。

喪葬禮俗方面,王銘《菩薩引路:唐宋時期喪葬儀式中的引魂幡》(《敦煌研究》1 期)一文認爲帶有明顯佛教特點的引魂幡,是儒家旌旗制度在中古佛教影響下的一種變體,唐宋時期佛幡與儒家傳統旌旗在喪葬儀式中的融合與創造,形成了引魂幡。賈小軍《榜題與畫像:魏晉十六國河西墓葬壁畫中的社會史》(《敦煌學輯刊》2 期)一文對魏晉十六國河西墓葬壁畫中的榜題指代内容進行分類,認爲這些榜題廣泛分佈於敦煌、嘉峪關、酒泉、高臺等地,書寫靈活,書法多樣,反映了魏晉十六國時期豐富的河西社會歷史。吳浩軍《河西鎮墓文叢考(一、二)——敦煌墓葬文獻研究系列之五》(《敦煌學輯刊》1、3 期)作爲敦煌墓葬文獻研究系列成果的組成部分,結合傳世文獻及田野調查所獲,進行文字校勘和河西歷史地理、喪葬風俗、民間信仰以及語言文字、書法等諸多方面的考察,以探討其文獻和歷史價值。喬輝、張小涓《法藏敦煌西域文獻〈喪禮服制度〉寫本殘卷考索》(《西藏大學學報》1 期)一文結合相關禮書對殘卷内容及杜佑禮圖之作進行考釋,認爲殘卷有部分錯誤,然《喪禮圖》的内容較之前代有不少創新之處,又杜佑《唐禮圖》爲禮學史上的創新之作。

娛樂與體育方面,王晶波《從敦煌寫本看〈靈棋經〉的源流演變》(《敦煌學輯刊》4 期)一文結合傳世文獻和敦煌抄本,對《靈棋經》一書的作者、注者及系統源流等相關問題進行了詳細考察,釐清了流傳過程中的謬誤,爲全面認識這部文獻提供了有益的視角和資料。趙貞《杏雨書屋藏羽 41R〈雜字一本〉研究——兼談歸義軍時期的童蒙識字教育》(《敦煌學輯刊》4 期)一文指出融入童蒙教材中的"時用要字"顯示了沙州官學童蒙教育較强的實用性和通識性特點,對於弘揚敦煌鄉土文化,凝結瓜、沙官民的地方保護意識,激發民衆給予歸義軍的濃厚熱情,乃至鞏固歸義軍政權,都有一定的積極意義。叢振《古代敦煌狩獵生活小考》(《敦煌學輯刊》1 期)通過對敦煌文獻和莫高窟壁畫中狩獵材料的釋讀,認爲敦煌狩獵活動從最初的經濟目的逐漸演變爲遊藝活動,帶有顯著的休閒娛樂色彩,尤其是鷹獵遊藝更成爲當時敦煌上層社會的身份象徵。李金梅、鄭志剛《中國古代馬球源流新考》(《敦煌學輯刊》1 期)採用二重論證法,主要藉助新發現的民間收藏的漢代"打馬球畫像磚"進行考證分析,從圖像到文化,推斷漢代人的娛樂與競技生活狀態,進而證實視覺圖像中東漢馬球的技術形態和馬球盛行的可能性。高原《〈捉季布傳文〉與漢代擊鞠——兼論中國古代馬球的起源》(《敦煌學輯刊》2 期)一文通過對現有史料的分析,認爲擊鞠至少在東漢已經流行,而這也給中國古代馬球起源的問題帶來新思考。

四、宗　　教

本年度的宗教研究主要涉及佛教、道教、景教、祆教、摩尼教等。

佛教研究包括敦煌僧寺研究、佛教文獻考釋、佛教儀軌探討等。敦煌僧寺研究方面,陳大爲《唐後期五代宋初敦煌僧寺研究》(上海古籍出版社)一書將敦煌僧寺納入整個中古社會佛教發展的大歷史背景當中,以敦煌淨土寺和龍興寺爲重點,研究唐後期五代宋初敦煌僧寺的存在形態。王祥偉《吐蕃歸義軍時期敦煌寺院的"司"名機構探論》(《敦煌研究》1 期)一文指出吐蕃歸義軍時期敦煌寺院設有招提司、堂齋司、修造司、功德司、公廨司、燈司、行像司和廚田司等諸司機構，認爲其中有的機構等同於寺院倉司機構，負責管理寺院的斛斗等財物，有的機構雖然掌管著寺院的部分斛斗等財物，但其與倉司有別，主要是負責其他相關事宜。

對於佛教文獻的考釋、校正、綴合與研究的成果頗豐。董大學《敦煌本〈金剛經〉注疏的流佈——以題記爲中心的考察》（《文獻》1期）一文通過敦煌文獻中的寫經題記來考察《金剛經》的流佈情況，指出不同時期的《金剛經》寫本在內容、書法特點、抄寫介質、裝幀形式、抄經題記等各個方面鮮明地反映出各個時代的特色，具有較高的研究價值。曹凌《敦煌本〈十方千五百佛名經〉雜考》（《敦煌研究》4期）通過對敦煌本《十方千五百佛名經》的研究，提出敦煌流行的經本是在只有十方各五十佛名的祖本基礎上經過多次改寫而成的廣本，其祖本可能是《出三藏記集》等經錄中記載的《千五百佛名經》。李尚全《敦煌本〈修心要論〉：禪宗創立的文獻根據》（《南京曉莊學院學報》1期）一文指出從敦煌本《修心要論》來看，四祖道信和五祖弘忍師徒在湖北黃梅創立的禪法，頓悟與漸修合一，是由發菩提心、藉教悟宗、打坐實修和事上磨煉四大環節組成的修學體系，並把儒家"內聖外王"理論佛教化，標誌著禪宗的創立。張子開《〈歷代法寶記〉所引"外書"考》（《敦煌吐魯番研究》14卷）在對"外書"進行定義的同時，列舉了敦煌寫本《歷代法寶記》所列"外書"的目錄。

邱忠鳴《浙藏插圖本〈佛説阿彌陀經〉寫本年代初考——兼論傳世寫本的真偽與年代問題》（《敦煌學輯刊》3期）一文對現藏浙江省博物館的插圖本《佛説阿彌陀經》寫本殘片進行了多方面考察，包括建築、七寶池、蓮座、人物服飾、繪畫用筆等方面，同時討論了其年代歸屬和擬名，以及部分圖像內容的辨識等問題。張小艷《敦煌本〈盂蘭盆經贊述〉兩種辨正》（《文獻》6期）認爲法藏本《贊述》的作者並非前人所謂的慧淨，而是慧沼；上圖本《贊述》乃慧淨所撰，並對宗密《疏》產生了較大的影響。張涌泉、羅慕君《俄藏未定名〈八陽經〉殘片考》（《敦煌研究》2期）通過普查《俄藏敦煌文獻》第11—17册未定名殘片，共計發現《八陽經》殘片63件，對其逐件加以定名並作敍錄，力求清晰、準確、翔實地反映這批殘片的真實面貌。范舒《吐魯番本玄應〈一切經音義〉研究》（《敦煌研究》6期）對吐魯番出土《一切經音義》殘片進行綴合並定名，將吐魯番本底卷與今玄應《一切經音義》主要版本對勘，闡明了吐魯番本玄應《一切經音義》的校勘價值和版本價值，糾正了今通行《高麗藏》本和《磧砂藏》本中的一些訛誤，簡要確定了吐魯番本寫卷在玄應《一切經音義》版本系統中的歸屬。張涌泉、劉艷紅、張宇《敦煌本〈藥師琉璃光如來本願功德經〉殘卷綴合研究》(《浙江師範大學學報》6期)一文指出目前公佈的敦煌文獻中共有《藥師琉璃光如來本願功德經》寫卷382號,其中只有兩號爲完整的全卷,其他均爲殘卷或殘片,作者通過對其内容、裂痕、行款、書風等方面進行分析,將其中的28號殘卷或殘片綴合成14組。

敦煌密教文獻的闡釋與歸類方面,有趙曉星《吐蕃統治敦煌時期的持明密典——中唐敦煌密教文獻研究之二》(《敦煌研究》2期)、《吐蕃時期敦煌密教經典的種類——中唐敦煌密教文獻研究之三》(《敦煌研究》5期)兩文。作者整理了吐蕃統治敦煌時期的持明經典,並將其分爲佛頂、宿曜、諸菩薩、金剛明王天部、諸陀羅尼法、諸經儀軌六個類別,在每種經典後列出了敦煌文獻編號,最後總結了蕃佔時期敦煌流行的持明密典的特點。有關密教經典的種類,作者以中唐敦煌漢文文獻中的"佛教經錄"與敦煌漢藏對譯文獻P.2046"佛學字書"爲研究對象,考察了這些文獻中記錄的佛經名稱,並且對其中的密教經典進行了重點分析,總結出蕃佔時期密教經典在敦煌收藏與流行的基本情況。三階教的研究方面,陳明、王惠民《敦煌龍興寺等寺院藏三階教經籍》(《敦煌研究》2期)一文通過對P.3202、P.3869、P.4039、D0715、BD14129等寺院藏經目錄的内容和時代的考察,確定在9、10世紀敦煌龍興寺、金光明寺、三界寺等寺院中收藏有三階教經籍。楊學勇《三階教研究的幾個問題》(《敦煌學輯刊》2期)一文對三階教徒的判别標準、三階教《七階禮》的形成過程給予論述,同時認爲不應站在淨土教等宗派的立場上看它們對三階教的非難,還必須結合三階教典籍對這些批判進行的回應,纔能完整地把握三階教與其他宗派的鬥爭。

佛教儀軌方面,侯沖《齋僧文立體展現古代敦煌佛教儀式具體形態》(《中國社會科學報》2014年5月14日)一文認爲從齋僧的角度來重新解讀敦煌文書,可以使看似孤立的文本成爲天然的上下文,從而立體地展現古代敦煌佛教儀式的具體形態,也爲研究中國佛教史提供新的視角。同氏《敦煌變文:佛教齋供儀式角度的解讀》(《敦煌吐魯番研究》14卷)從佛教儀式角度對包括莊嚴文的"變文"等敦煌文獻與佛教齋供儀式的關係進行討論。荒見泰史《敦煌本十齋日資料與齋會、儀禮》(《敦煌吐魯番研究》14卷)首先探討了印度的"六齋日"和中國"十齋日"之關係,其次較系統地介紹了敦煌文獻中有關十齋日的資料及其傳播和使用情況,探討了信仰、齋會和儀禮之間的關係。Stephen F. Teiser. *The Literary Style of Dunhuang Healing Liturgies*(太史文《敦煌寫本"患文"的文學特點》,《敦煌吐魯番研究》14卷)將敦煌文獻中"患文"的格式分爲嘆德、齋意、患者、道場、莊嚴、願文、號尾等。陳開穎《北魏帝后禮佛儀仗規制及場景復原推想——以鞏縣第1窟爲中心的考察》(《敦煌研究》5

期)一文指出鞏縣第 1 窟中的帝后禮佛圖採用"主從形式"的人物構圖方式，按照一定規則體現出身份等級的差別，這反映出北魏晚期禮儀制度已完全確立並滲透進佛教儀軌中。姚瀟鶇《敦煌文獻所見"魔睺羅"考述》(《敦煌學輯刊》2 期)指出敦煌文獻中記載的魔睺羅與宋元七夕節時流行的魔睺羅在名稱和形象上類似，應爲同一名物；敦煌魔睺羅與化生都是佛教寺院盂蘭盆會時需要的供養具，所指也應是同一種名物。太史文《中陰圖：敦煌出土插圖本〈十王經〉研究》(《西夏研究》4 期)對敦煌出土的插圖本《十王經》的內容進行了探討，認爲《十王經》中保留了許多儒家文化中的孝順、禮儀、官制內容；同時對插圖本《十王經》的十四幅插圖進行了詳解，發現儒家文化對死亡的理解在這些中陰圖中得到了有趣的形象圖解。戴曉雲《水陸法會起源和發展再考》(《敦煌吐魯番研究》14 卷)在綜合以往研究成果的基礎上，對水陸法會的起源做了重新考量，認爲梁武帝即水陸法會的最初舉辦者和倡導者。

　　道教方面，劉屹《敦煌道經斷代：道教史研究的新契機》(《中國社會科學報》2014 年 1 月 8 日)一文指出將以往斷代不明的道經判歸爲某個相對明確的歷史階段，再從中梳理出道教史發展的脈絡，是研究敦煌道教文獻，特別是研究敦煌道經的基本思路，亦能恰當地把握其所蘊含的重要學術價值。劉永明《P.3562V〈道教齋醮度亡祈願文集〉與唐代的敦煌道教(二)》(《敦煌學輯刊》1 期)一文從《道教齋醮度亡祈願文集》所錄齋文的形成時間和文書的抄寫時間兩方面對其進行斷代，認爲其中齋文的形成大致從唐玄宗時期一直延續到晚唐和五代初期的歸義軍時期，同時對該文書所反映的唐代道教齋事活動進行考察，分析這一時期齋醮活動的內容及特點。許蔚《〈慈善孝子報恩成道經〉的成立年代及相關問題》(《敦煌研究》4 期)通過對文本的細緻閱讀，發現《慈善孝子報恩成道經》中出現了"無盡藏"、"十惡"、"七月七日立秋之節"等具有時代特徵的詞彙或表達，可推測該經成立於隋唐之際，其上限不早於隋文帝開皇八年，下限則可能不晚於武周延載元年。劉湘蘭《敦煌本〈老子變化經〉與老子神話之建構》(《武漢大學學報》4 期)一文認爲《老子變化經》對老子與道混一、出生異相、變化神通、爲帝王師等情節進行了系統敘述，建構了較爲完整的老子神話體系，開啓了後世道教徒神化老子之風氣，在老子神化史、道教發展史中具有不可磨滅的貢獻。

　　景教研究主要集中於對景教文獻的考釋，有關祆教和摩尼教的研究成果相對較少。王蘭平《日本杏雨書屋藏唐代敦煌景教寫本〈序聽迷詩所經〉釋考》(《敦煌學輯刊》4 期)一文，根據最近日本杏雨書屋新刊佈的《序聽迷詩所經》彩版影印件，按照古籍整理尊重原典的精神，對該經文本進行了最新輯錄和考釋，爲學界提供一個釋錄準確、並盡可能反映最新研究信息的文本，以期有益於中國景教之研究。此外,同氏《再論敦煌景教寫本 P. 3847〈尊經〉之譯撰時間》(《寧波工程學院學報》3 期)一文指出 P. 3847《尊經》是一份景教傳教士佈道的文書,爲宣教師用作信徒領唱之用,而該經尾跋則是禮拜結束之後佈道者對《尊經》所讚美諸經向信徒作的一個口頭解釋文字底本。陳瑋《公元 7—14 世紀景教在寧夏區域發展史研究》(《敦煌研究》1 期)通過回顧景教在寧夏的傳播史,剖析了景教在寧夏的發展軌跡,考證了景教在寧夏的教會組織和信教民族,並對其衰亡的經驗教訓進行了初步總結。祆教方面,張小貴《敦煌文書〈兒郎偉〉與祆教關係辨析》(《西域研究》3 期)一文認爲,無論從具體含義,還是書寫格式或使用語境看,兒郎偉與中古波斯語 nīrang 均未見有實質性的聯繫,其中驅儺《兒郎偉》所記"部領安城大祆"一句表明,安城大祆成爲某支驅儺隊伍的主神,反映了敦煌地區一度盛行的祆神崇拜業已融入當地民間的傳統信仰。摩尼教方面,楊富學《高昌回鶻摩尼教稽考》(《敦煌研究》2 期)一文從吐魯番、敦煌等地出土的回鶻文、漢文、波斯文文獻以及域外史籍對高昌回鶻摩尼教的記載入手,認爲自 8 世紀末直到 11 世紀中期,摩尼教在高昌回鶻王國是相當流行的。

五、語言文字

本年度有關語言文字的研究成果頗爲豐富,其中字詞考釋類研究較多。如張文冠《九州大學文學部藏敦煌文書〈新大德造窟簷計料〉字詞考釋二則》(《敦煌研究》2 期)認爲日本九州大學文學部所藏敦煌文書《新大德造窟簷計料》中的"栟"或當作"桴",義謂"楣樑","枇"當同"楔",義謂"門窗立框",且"楔"並非"楔"之訛字。蕭旭《敦煌變文校正舉例》(《敦煌研究》2 期)對《敦煌變文校注》中的一些問題給予校正。鄧文寬《"寒盜"或即"讖盜"》(《敦煌研究》3 期)指出在敦煌吐魯番出土的買賣契約中,經常出現"寒盜"一詞,意思是所賣物品被第三人指斥爲偷盜所得,作者推測"寒盜"的原形可能是"讖盜",並由此進行論證。黃征、黃衛《歐陽詢行楷〈千字文〉俗字與敦煌俗字特徵考辨》(《藝術百家》3 期)主要探討了"俗省一橫"、"俗省一豎"、"俗省多畫"、"俗增筆畫"、"俗改結構"、"俗改部件"、"雜類俗字"七個類別的俗字特徵,通過俗字、避諱字字形的比較來判斷作品真僞,並由此證明書法家亦未能免"俗"。龔元華《英藏敦煌寫卷俗字字形誤釋考校舉例》(《中國語文》5 期)一文就英藏敦煌文獻寫卷中出現的因俗字問題而釋錄不當的字例進行辨析和考證。

此外,對敦煌書儀、敦煌曆文、敦煌變文、寫本音韻書的考釋文章有王曉平《敦煌書儀與日本〈雲州消息〉敬語的比較研究》(《敦煌研究》2 期),文章指出唐五代書儀中的敬語對日本"往來物"的語言有顯著影響,日本書札範文中的敬語,不僅反映了那一特定時代文士人際交往的重要方面,也反映了兩國文化的共同特點。于正安《論敦煌歷文的語料價值》(《現代語文》10期)指出唐宋時期有一類財務方面的文書——歷,在語言學方面,敦煌歷文口語色彩強烈,其間夾雜方言俗語語詞,是近代漢語研究的重要語料。玄幸子《敦煌文獻與中國口語史研究——以太田辰夫〈中國語歷史文法〉爲中心》(《敦煌吐魯番研究》14卷),通過對太田辰夫所著《中國語歷史文法》的句子引證,重新考量了一些有關歷史口語語法的問題,著重探討了敦煌文獻在中國口語史研究上的意義。張磊《新出敦煌吐魯番寫本韻書、音義書考》(《浙江社會科學》3期)對《中國文化遺産研究院藏西域文獻遺珍》和《大谷文書集成》第四卷新收録的六件敦煌吐魯番所出寫本音義書殘片進行考察,指出大谷文書中發現了慧琳《一切經音義》抄本殘片,爲研究該書刻本之前的流傳情況提供了難得的綫索。謝燕琳《敦煌變文稱謂語的研究價值》(《語文學刊》2期)認爲敦煌變文中豐富而多樣的稱謂是考察漢語稱謂語發展的珍貴資料,對其特點進行系統而深入的挖掘,不僅在語言學方面具有很高的研究價值,而且在弘揚傳統道德、大力構建和諧社會的今天,同樣具有極其深遠的現實意義。

六、文　學

　　敦煌文學相關的研究成果集中在敦煌俗文學、敦煌歌辭、敦煌文、曲子詞、變文、詩賦等多個專題。張鴻勛《張鴻勛跨文化視野下的敦煌俗文學》(上海古籍出版社)一書共收録張鴻勛自選論文22篇,集中反映了敦煌俗文學作品與日、印、阿拉伯各國作品,以及與傳世俗文學作品的比較研究成果,不僅是個人的研究總結,於我國敦煌俗文學研究也具有一定的代表性。任中敏《敦煌歌辭總編(上中下)》(鳳凰出版社)全面輯録了保存在敦煌遺書中的歌辭作品1300餘首,並羅列此前多種録文,對每首歌辭作了校訂,涉及詞律、文字、内容等方面,是至今爲止敦煌歌辭的集大成之作。鍾書林、張磊《敦煌文研究與校注》(武漢大學出版社)分爲上下兩編,上編"敦煌文研究"分别對敦煌文的文學風格、所用文體、語詞訓詁、民族歷史文化、文史疑竇、文獻價值及未來發展諸方面逐一進行頗爲全面的考察和探討;下編"敦煌文校注"彙集了前人忽略的一大批敦煌文作品,如表、啓、書信、傳、記、論、序、題記、箴、銘、遺令、祭文12類文體,共計354篇。

　　有關敦煌曲的探討,王昊《"敦煌曲"名義和"唐詞"論爭及其現代學術意義》(《北京大學學報》6期)認爲論爭體現了現代學科意義上的"音樂文學"與"詞學"及與傳統"樂府學"不同的基本學術觀念,這一議題對當下回應強調

"中華文化主體性"的學術思潮,及走出思維和方法論誤區,具有啓示意義。包朗、楊富學《法曲子"三皈依"爲詞牌説——敦煌本、霞浦本〈三皈依〉比較研究》(《文獻》1 期)通過比較敦煌本與霞浦本《三皈依》的押韻模式和文體結構,指出《三皈依》屬法曲子之詞牌,該詞牌得以寄託於宗教法事而在民間廣泛流傳,頗有適俗性。

宗教文學方面,鄭阿財《敦煌佛教文學理念的建構與研究面向》(《敦煌吐魯番研究》14 卷)首先回顧了從"敦煌俗文學"向"敦煌文學"概念發展的歷程,認爲"敦煌佛教文學"也是其發展的必然結果之一;同時指出"敦煌佛教文學"除了應注重敦煌文獻的獨特性之外,還要注意佛教的自覺性和文學的創作性。同氏《從敦煌文獻論靈驗故事在唱導活動中的運用》(《敦煌研究》3 期)以敦煌文獻爲核心,分別就靈驗故事傳播的途徑、手段及其在佛教唱導活動、道教講經及儒家宣講等方面,論證靈驗故事在高僧、道士、儒生宣唱教化、開導信衆時運用之實況。趙青山、岳漢萍《隋唐時期佛教面對世俗社會的講經活動》(《敦煌學輯刊》4 期)一文認爲講經是佛教宣講教義的基本形式,面對不同群體,其講義内容多有不同,面對世俗社會,講經内容和形式不得不改弦更張,是佛教宣揚教義、擴大社會根基的權宜之舉。劉連香《北朝佛傳故事龍浴太子形象演變》(《敦煌研究》6 期)認爲與龍浴太子形象並存的佛像主尊和其他佛像身份的變化,體現出佛教信仰由小乘向大乘的轉變,符合當時戰亂頻仍狀況下人們希冀社會安定的心理需求。韓傳強、劉麗《雙峰山上的一場論道——〈先德集於雙峰山塔各談玄理十二〉》(《敦煌研究》6 期)一文在對文獻録校的基礎上,對其歸屬進行了判釋,並對它的内容進行了解讀。王三慶《十念文研究》(《敦煌研究》3 期)一文從敦煌文獻及古佚著作《五杉集》一書中檢出十念諸文獻,並以《道藏》本《黄籙十念儀》等作爲對照,説明十念文的使用場合及功能,同時也藉此檢討唱導的意涵。王三慶《敦煌應用文書啓請文研究》(《敦煌吐魯番研究》14 卷)從含"啓請文"和"結壇散食迴向發願文"的 S.3875《諸雜齋文》談起,展開相關寫本的調查,涉及 P.3444、P.2915、P.2820、P.3129 等十四個卷號。

變文方面,劉曉玲、李并成《論敦煌寫卷中的醜女形象及其審醜價值》(《文藝研究》8 期)以刻畫醜女的敦煌寫本爲基礎,對醜女之醜的特徵進行分析,進而探討醜女形象產生的特殊歷史語境、審醜文學觀的發展,目的是對這些醜女形象在中國文學中的審醜價值表明個人觀點。王啓濤《敦煌變文〈鷰子賦〉再研究》(《西南民族大學學報》3 期)指出吐魯番出土文獻中有相當一部分是唐代原汁原味的政治、經濟、法制文書,將吐魯番文獻與敦煌變文相互觀照,實現文史互證,是一條可行之路,而且從這一角度對敦煌變文名篇《鷰子賦》進行再研究,能更好地理解其文句的具體含義。

敦煌詩集方面,顧浙秦《敦煌詩集殘卷涉蕃唐詩綜論》(《西藏研究》3 期)指出敦煌唐人詩集殘卷 P. 2555、P. 3812 中的涉蕃詩集形象地展現了落蕃文人被羈用的生活境遇與精神面貌,其詩作關涉 8 世紀中期河隴陷蕃後的社會狀況、民族關係以及吐蕃社會生活的各個方面,是填補歷史文獻記載闕如的必要史料。郜同麟《〈王梵志詩校注〉商兑》(《敦煌研究》6 期)對項楚《王梵志詩校注》一書提出一些商榷意見,著重考察了"險語"、"産圖"、"遭羅"等幾組疑難詞。張蓓蓓《黑水城抄本〈慢二郎〉考釋》(《敦煌學輯刊》3 期)對黑水城抄本《慢二郎》進行校釋和考察,認爲其思想內容與金元時期《二郎神》及《二郎神慢》一致,皆帶有一定的宗教色彩,《慢二郎》與《悟真篇》中一詩的詞彙存在高度重合,思想文化存在一致性,或有因襲關係。高國藩《敦煌唐人祭祀韻文非物質文化遺產的傳播》(《寧夏師範學院學報》2 期)認爲敦煌遺書中宗教祭祀韻文俗文學是指宗教祭祀催成的民間通俗詩詞,既有深厚的文化背景,也有豐富的文化傳統,表現了中華民族的智慧。

七、藝　術

本年度關於敦煌藝術的研究成果囊括石窟美術史、敦煌樂舞、壁畫圖像、造像藝術、建築裝飾、服飾圖像、書法藝術等諸多門類。

由趙聲良等撰著的《敦煌石窟美術史(十六國北朝卷)》(高等教育出版社)從美術史的角度系統研究敦煌石窟藝術發展的歷史,從整體上把握敦煌石窟藝術的本質,分清各時代、各類型的藝術風格及其特徵,確立敦煌石窟美術在中國美術史上的地位,是一部敦煌石窟藝術研究的系統性著作,是中國美術史上一部具有重要地位的研究專著。敦煌與絲綢之路文化是西部這片熱土所孕育出的燦爛傑作,張乃翥《佛教石窟與絲綢之路》(甘肅教育出版社)一書是在以往諸多學者研究成果的基礎上,對學界關於敦煌與絲綢之路文化最新研究成果的一次梳理。沙武田《石窟考古開闢敦煌學研究新領域》(《中國社會科學報》2014 年 1 月 8 日)指出近年來國內外的敦煌藝術研究專家和學者開始對單一石窟作深入考察,成爲新時代背景下敦煌石窟研究的重要方向和熱點問題;對一個時代石窟的全景式考察和洞窟思想與功能的研究,是近年來敦煌石窟研究的另一個新熱點。

王建疆《敦煌藝術的"再生":窟外新敦煌學的精神內涵》(《中國社會科學報》2014 年 2 月 28 日)指出敦煌文化的神奇和敦煌藝術的魅力就在於它通過吸納和同化而形成的將自己的本體文化不斷健全、不斷提昇、不斷發展的超強能力,這種能力積澱爲一種意志力,昇華爲一種精神。曾繁仁《敦煌藝術中"天"的形象到"天人"形象的歷史嬗變》(《復旦學報》4期)認爲敦煌壁畫形象的嬗變原因在於佛教東傳過程中經歷了由印度佛教到中國佛教的歷史演變,壁畫創作則由希臘畫師憑藉希臘畫法向中國畫師憑藉中國畫法轉變,致使圖像的所指與能指均發生變化。牛樂《從敦煌情結到民族主題——甘肅地域美術現象的文化闡釋》(《甘肅社會科學》2期)指出當代文化的視覺轉向使美術文本成爲當代文化研究中重要的闡釋對象,通過對甘肅近現代美術現象的文化闡釋,論述地域文化以及民族文化在當代中國文化系統的構建中所起的重要作用。

李其瓊《敦煌藝緣》(甘肅人民出版社)收入著名畫家李其瓊創作的敦煌壁畫臨摹作品百餘幅和部分文章,突出反映了作者近年來繪畫藝術的審美思想和創作水準,具有較高的藝術價值。張導曦《學院經典臨摹·從臨摹到寫生創作:敦煌壁畫》(湖北美術出版社)指出,在臨摹的過程中,通過由技法至藝術處理的細心揣摩、研究,可以有效地學到許多繪畫技巧和表現手法,尤其是初學者經過臨摹傳統繪畫,能提高自己的鑒賞能力和欣賞水準。王學麗《敦煌榆林窟第29窟北壁西側〈水月觀音〉臨摹研究》(《美術學報》3期)首先梳理了中國敦煌壁畫的臨摹狀況,再介紹日本的臨摹經驗,最後詳細闡述了作者本人意圖綜合中日兩國臨摹方式的臨摹實踐過程。

常莎娜《中國敦煌歷代裝飾圖案》(清華大學出版社)是繼作者《中國敦煌歷代裝飾圖案》出版後,對敦煌歷代壁畫和彩塑豐富多樣的裝飾圖案再作的系統研究和整理。柴劍虹《壁畫絲蹤——兼及觀瞻斯里蘭卡石窟得到的啓示》(《敦煌研究》1期)通過對敦煌壁畫高清數字化圖片的觀察,佐以斯里蘭卡丹布拉石窟和獅子岩壁畫的諸多細節,認爲石窟壁畫和彩塑中佛、菩薩、飛天等形象的服飾與我國的家蠶絲織品關係密切,是人間絲綢服裝在佛教壁畫中的生動展現。楊建軍、崔岩《唐代佛幡圖案與工藝研究》(《敦煌研究》2期)依據莫高窟藏經洞發現以及日本寺院的傳世品等具體實物與圖像,參考文字記載,對唐代佛幡的來源、形制、圖案和工藝進行了探討,以認識它在技術和藝術上的綜合特點。

敦煌樂舞方面,韓蘭魁《敦煌樂舞研究文集》(文化藝術出版社)共收錄文章28篇,分爲敦煌壁畫中的樂舞、文化及傳播,敦煌壁畫中的樂譜、樂隊及樂器,敦煌壁畫中的舞蹈、造型及重建,敦煌壁畫中的服飾、造像及審美,敦煌樂舞的其他研究五部分。史敦宇、歐陽琳、史葦湘、金洵瑨《敦煌舞樂》(甘肅人民出版社)將敦煌壁畫中最引人注目的飛天和千姿百態的音樂舞蹈形象用綫描的形式加以整理歸納,展現從北涼到元代一千年間的樂舞形象。楊東苗、金衛東《敦煌舞蹈精品綫描》(浙江古籍出版社)介紹了敦煌早、中、晚期的舞蹈的洞窟,以及敦煌壁畫中的雙人舞、童子舞洞窟。李寶傑《敦煌壁畫經變圖禮佛樂隊與唐代坐部伎樂的比較研究》(《交響》1 期)認爲,經變圖中的伎樂有著自身的特點,其中的"禮佛樂隊"多以坐樂形式呈現,無論其形式、規模、樂器使用、樂隊組合等,似與唐宫廷的坐部伎樂在形式上有所關聯。

壁畫圖像方面,王瑞雷《敦煌、西藏西部早期惡趣清淨曼荼羅圖像探析》(《故宫博物院院刊》5 期)擬據《惡趣清淨怛特羅》並結合漢藏佛教史籍中與惡趣清淨新譯派九佛頂曼荼羅有關的文獻,探討屬惡趣清淨系九佛頂曼荼羅圖像的配置及該曼荼羅在敦煌、西藏西部各時期思想功能的轉變。殷光明《敦煌顯密五方佛圖像的轉變與法身思想》(《敦煌研究》1 期)指出密教五方佛是以大乘經典和圖像爲基礎組織起來的神祇系統,敦煌石窟爲我們展示了這一圖像發展和演化的過程,説明顯密結合、顯體密用是敦煌密教發展的主流,而敦煌顯密五方佛圖像的轉變就是顯體密用的一個典型例證。宫治昭《彌勒菩薩與觀音菩薩——圖像的創立與演變》(《敦煌研究》3 期)以彌勒菩薩、觀音菩薩像的發展演變爲例,探尋其在印度、中亞、東亞的信仰演變情況,對兩位菩薩的信仰在印度與東亞的異同及其理由、背景進行考察。顧淑彦《敦煌莫高窟第 146 窟賢愚經變屏風畫考》(《敦煌研究》2 期)對莫高窟第 146 窟賢愚經變屏風畫的内容進行了梳理,並對《敦煌石窟内容總録》中定名不確定以及錯誤的兩扇屏風進行了重新考定,分别確定爲《賢愚經變華天因緣品》和《優波毱提品》。胡同慶《從西魏第 249 窟龍鳳駕車圖像論敦煌藝術的模仿性》(《敦煌研究》4 期)通過對莫高窟西魏第 249 窟龍鳳駕車圖像的研究,認爲不僅龍鳳駕車圖像之間存在著模仿,同時敦煌藝術中也普遍存在著模仿,大量的模仿不僅有利於佛教的宣傳和弘揚,還爲敦煌藝術的保存提供了條件,而模仿過程中的差異性也爲藝術創新創造了條件。劉永增《瓜州榆林窟第 3 窟釋迦八相圖圖像解説》(《敦煌研究》4 期)以印度貴霜、笈多、波羅王朝遺存的釋迦八相造像爲研究對象,細緻入微地分析了公元 2 世紀以來的印度四相圖和八相圖的表現形式及其流變。

造像藝術方面,宏正、界平《佛教石窟造像功用思想研究——以涼州、敦煌、麥積山、雲岡等石窟造像爲例》(《敦煌學輯刊》1 期)主要以涼州、敦煌、麥積山、雲岡石窟中的個例,從窟主、形制、造像題材等方面來分析和探究洞窟中佛教造像的功用思想。苗利輝《説一切有部的法身觀"十八不共法"——兼論它在龜兹石窟中的圖像表現》(《敦煌學輯刊》3 期)指出十八不共法是小乘説一切有部的法身觀的重要内容,包括十力、四無畏、三念住和大悲,是佛所獨具的能力和功德,這種思想在説一切有部的經典和龜兹石窟的壁畫中均有反映。李翎《從犍陀羅開始:訶利諦的信仰與造像》(《敦煌學輯刊》2 期)考察了訶利諦的信仰與造像問題，認爲訶利諦的造像明顯帶有希臘文化的特徵，但佛教中著名的夜叉神訶利諦，在犍陀羅時期沒有任何夜叉的特徵，轉變爲夜叉神是佛教後期的編纂。

建築裝飾方面，楚小慶《"反植荷渠"藝術樣式演變及其對中國建築裝飾設計的影響考略》（《敦煌學輯刊》2期）通過圖像與文獻考證相結合的方式對"反植荷渠"藝術樣式的淵源、分佈、造型及風格進行分析，認爲這種建築樣式一方面體現了從"實用性"裝飾向"裝飾性"文化符號演變的現象，另一方面也生動地顯示了審美更迭背景下建造思想的變化。劉滌宇《從歷史圖像到建築信息——以1930—1950年代兩位學者以敦煌壁畫爲素材的建築史研究成果爲例》（《建築學報》Z1期）通過重讀1930—1950年代中國學者梁思成和西方學者布林以敦煌壁畫爲素材的中國建築史研究成果，重新審視從歷史圖像到建築信息這個環節的關鍵問題，包括從價值判斷的角度評估歷史圖像素材使用的局限與潛力，以及歷史圖像的細節辨識與空間尺度還原的問題。

對敦煌樂器的探討包括琵琶、二胡及橫臥類彈弦樂器等。王國振敦煌國樂系列叢書之《琵琶使用手册》、《二胡使用手册》（上海古籍出版社）分別對琵琶、二胡的歷史、結構、品種以及演奏、挑選等知識進行系統化梳理，指出它們將有利於琵琶、二胡的學習和教育以及對珍貴資料的搜集和保存，爲傳承和發展民族音樂做出積極的努力。李村《敦煌壁畫中的橫臥類彈弦樂器》（《交響》1期）指出敦煌石窟壁畫中的橫臥類彈弦樂器主要有箏、瑟、琴、臥箜篌等，樂器圖像存在著一定的寫意性、示意性與概括性等特點。

服飾圖像研究方面，張先堂《敦煌石窟供養人服飾藝術圖像資料的特色和價值》（《藝術設計研究》1期）指出敦煌石窟供養人服飾藝術圖像資料具有歷史悠久、序列完整、數量巨大、形態豐富、文化交融、民族特色等幾個方面的特徵，並説明它們對中國古代服飾史學科建設、石窟考古研究和當代服飾工藝美術研究、設計等方面都具有重要價值。盧秀文《敦煌民俗樂舞服飾圖像研究——〈宋國夫人出行圖〉女子樂舞服飾》（《敦煌學輯刊》1期）認爲敦煌石窟晚唐第156窟《宋國夫人出行圖》中的女子樂舞服飾，是在我國中原樂舞服飾的基礎上，吸收融合西域樂舞服飾以及中亞服飾等域外有益成分形成的。李波《莫高窟唐五代壁畫供養人服飾領型研究》（《敦煌研究》6期）對莫高窟唐五代供養人服飾中出現的領型形制進行了分析，歸納出六種領型，它們是直領、交領、圓領、綣領、袒領、方心曲領，並就這六種領型與服裝款式搭配關係和領型與性别、等級之間的關係、領型形成的淵源進行了研究探索。

本年度有關敦煌書法的研究成果較多。毛秋瑾《墨香佛音——敦煌寫經書法研究》（北京大學出版社）主要運用文獻考證與圖像分析的研究方法，對公元4—11世紀有題記的佛經進行較全面的考察和分析,以期在準確把握文獻和實物資料的基礎上,構畫出自晉至宋這一歷史階段敦煌寫經書法的整體風貌和發展演變的過程。在個案研究方面,同氏《裴行儉與唐代書壇——兼及敦煌吐魯番本〈文選〉》(《南京藝術學院學報》2期)以唐代名將裴行儉的仕宦經歷爲著眼點,勾稽與裴行儉相關的唐初書壇的文獻與圖像資料,結合敦煌吐魯番出土的《文選》寫本,考察了裴行儉的書法面貌及其在唐初書壇的地位與影響。沈樂平編著《敦煌書法精粹》(上海書畫出版社)對書中的每一件作品都附有精要的作品信息和書法點評,是目前國內唯一從書法角度出版的敦煌圖書。周伯衍《重返敦煌(敦煌書學潮流與當代意義重構)》(西安出版社)從敦煌歷史的研究入手,以書法爲切入點,詳細探討了敦煌經書書法在中國書法史上的變遷、沿革及發展。黃征《法藏敦煌草書寫本P.2063淨眼〈因明入正理論略抄〉殘卷校錄整理》(《藝術百家》2期)首次以彩色圖片爲依據逐字校錄整理了該件草書作品全文,詳細考辨各個疑難字形的書寫、校訂情況,使得校錄文本可以圖文對照、輕鬆閱讀。

八、考古與文物保護

學界對敦煌莫高窟的石窟考古和文化遺產保護、壁畫材質及起甲病害、洞窟溫濕度特徵分析,對西北乾旱地區泥敷脱鹽試驗、良渚北城墻遺址表面藻類分析、麥積山石窟的數字化應用等相關研究成果突出。趙聲良編選《隴上學人文存·樊錦詩卷》(甘肅人民出版社)共收錄樊錦詩先生的18篇代表作,分爲石窟考古研究和文化遺產保護與管理研究兩個部分,這些論文基本上反映了樊錦詩先生在敦煌石窟考古和文化遺產保護與管理方面的成果和理想,對解決文化遺產的保護與管理工作具有重要的參考意義。馬贊峰、汪萬福《敦煌莫高窟第44窟壁畫材質及起甲病害研究》(《敦煌研究》5期)對敦煌莫高窟第44窟壁畫材質及工藝進行了詳細的分析,並對起甲病害做了初步探索。研究表明,莫高窟第44窟存在三個不同時代的壁畫,病害以起甲爲主,不同時代壁畫,其地仗中的土沙比有很大的不同,所用的顏料各個時代亦有差別,起甲顏料樣品存在彎曲及斷裂現象。王亞軍、郭青林等《敦煌莫高窟環境溫度特徵分析》(《敦煌研究》4期)利用非線性擬合的方法分析所觀測的環境溫度數據,確定了敦煌莫高窟年溫度和隨時間變化的規律和函數關係。通過分析溫度的頻率分佈特徵,推斷敦煌莫高窟環境溫度值所服從的概率分佈曲線。王亞軍、張艷傑等《敦煌莫高窟第87窟溫濕度特徵》(《蘭州大學學報》1期)通過對敦煌莫高窟第87窟窟內溫度和相對濕度的監測和分析,得出溫度和相對濕度年變化規律,指出窟內溫濕度特徵因位置不同而有所差異。林波、王旭東等《西北乾旱地區遺址泥敷脱鹽試驗研究》(《敦煌研究》4 期)首次引入歐洲在磚石類遺址保護領域中應用已久的泥敷脱鹽法作爲預防性干預措施,對選定的 2 組泥敷脱鹽材料的特徵進行測試,並分別組合成 4 組脱鹽泥敷材料,對模擬試塊進行脱鹽處理。田磊、張景科等《甘肅慶陽南佐遺址保護規劃探索》(《敦煌研究》5 期)通過對南佐遺址的保護現狀及所面臨的主要問題等進行詳盡的調查和研究,從規劃技術路綫、規劃目標與原則、規劃内容上進行了探索,制定了符合遺址自身特徵的保護規劃對策,進而保護遺址本體的安全性及其周邊歷史環境的真實性、完整性和延續性。

武發思、汪萬福等《良渚北城牆考古土遺址表面藻類的分析研究》(《敦煌研究》4 期)利用現代分子生物學技術,對杭州良渚北城牆考古土遺址表面的藻類進行了檢測和分析。孫明霞、魏文斌等《攝影測量方法製作數字化綫描圖在麥積山石窟的應用》(《敦煌學輯刊》4 期)指出,麥積山石窟利用攝影測量技術進行洞窟的數字化建設,製作了 20 多個洞窟的十分精準的數字化綫描圖,可以用於石窟考古研究與文物保護及展示。党壽山《永昌聖容寺的歷史變遷探賾》(《敦煌研究》4 期)除對聖容寺的位置、來歷進行闡述外,還對番和縣聖容寺與涼州大雲寺的關係、西夏時期的聖容寺作了比較和考證,這對研究番和縣聖容寺及與聖容寺有關的敦煌莫高窟藝術都具有一定的參考價值。

對壁畫的數據化分析是文物考古與保護的新舉措,王曉光、徐雷、李綱《敦煌壁畫數字圖像語義描述方法研究》(《中國圖書館學報》1 期)基於圖像元數據和信息需求理論,針對敦煌壁畫數字圖像這一特定文化遺產領域,提出了語義描述框架和領域主題詞表相結合的數字圖像内容語義描述方法,詳細闡述了語義層次及其相互關係。王歡歡、程愛民等《一幅明代水陸畫顏料的分析鑒別》(《敦煌研究》5 期)利用體視顯微鏡、偏光顯微鏡、X 射綫熒光光譜和拉曼光譜等技術,首次對明代絹本水陸畫顏料的形貌、成分進行了觀察和測試,並分析了它的保存狀況。

墓葬考古方面,王慶衛《墓葬中的窣堵波:再論武惠妃石槨勇士神獸圖》(《敦煌學輯刊》1 期)認爲唐代武惠妃石槨外壁的 4 幅"勇士神獸圖"表現的可能是力士獅子的含義,它所表現的是犍陀羅佛教藝術中的護法者,外壁的動植物紋飾表達著不同的生死信仰,共同構成了佛教的涅槃之地——窣堵波墓葬文化表現。董廣强、魏文斌《陵墓與佛窟——麥積山第 43 窟洞窟形制若干問題研究》(《敦煌學輯刊》3 期)從建築、墓葬、喪禮等新的視角對麥積山第 43 窟進行考察,並提出新的觀點。楊發鵬、李偉静《交河溝西康氏塋院 20 號墓主人爲康姓粟特人辨析》(《敦煌學輯刊》3 期)結合文獻、墓誌、碑文等資料,認爲 20 號墓主人當爲一位來自中原内地的漢人後裔而非康姓粟特人,當時移居吐魯番地區的粟特人也並沒有完全漢化,他們仍保留著本民族的某些習俗。李瑞哲《入華粟特人石質葬具反映的深刻意義——祆教藝術和中原禮制藝術之間的互動與交融》(《敦煌學輯刊》1 期)指出,一些入華粟特人墓葬中出土的石質葬具上帶有明顯的中亞祆教因素,反映了遠離故土的粟特人在中原的生活風貌和對本民族文化的保留情況,墓葬形制以及出土的石質葬具具有明顯的中原文化傳統,顯然受到中原禮制藝術的影響,反映了中原文化與中亞文化的相互交流情況。

九、少數民族歷史語言

本年度有關吐蕃統治歷史的研究成果顯著,同時對敦煌出土古藏文資料的解讀和研究也取得了新的進展。楊銘《吐蕃統治敦煌西域研究》(商務印書館)利用敦煌西域古藏文文書不斷影印出版的條件,對吐蕃統治河隴及西域這一重要的歷史問題作了全方位的研究,是研究吐蕃史和隋唐史的重要論著。劉鳳強《敦煌吐蕃歷史文書的"春秋筆法"》(《中國藏學》1 期)指出藏族史書爲了神化王權,彰顯贊普的地位,在某些詞彙運用上,嚴格區分等級,在史料取捨與編排上,懲惡揚善,塑造德政形象,這種編纂方法明顯具有漢族史書"春秋筆法"的特徵,反映出吐蕃時期藏族史書的編纂深受内地的影響,史學與社會政治之間有著密切的關係。高田時雄《吐蕃時期敦煌的寫經人》(《敦煌吐魯番研究》14 卷)對《甘肅藏敦煌藏文文獻敘錄》寫經人名漢字復原所存在的問題進行訂正,對瞭解吐蕃時期的語音情況,以及寫經題記的翻譯具有重要意義。牛宏《論敦煌藏文禪宗文獻中的"吐蕃禪宗"》(《宗教學研究》1 期)依據敦煌藏文禪宗文獻探討"吐蕃禪宗"的說法,並通過對禪宗文獻被翻譯、整理及應用過程的述評,進一步闡述"吐蕃禪宗"的表現形式及其内部關係,從文獻角度揭示藏漢佛教文化交流、融合的歷史過程。Matthew Kapstein. *Dunhuang Tibetan Buddhist Manuscripts and Later Tibetan Buddhism: A Brief Review of Recent Research*(馬修·凱普斯坦《敦煌的藏文佛教文書與晚期的吐蕃佛教:關於二者關係的近期研究》,《敦煌吐魯番研究》14 卷)主要介紹了近年來利用敦煌藏文文獻考察藏傳佛教的成果。葉拉太《敦煌古藏文吐蕃地名由來及對藏族地名的影響》(《青海民族大學學報》4 期)從民族史視野審視古藏文吐蕃地名,認爲其與古代氏族名、部落名有直接或間接的關係,同時與唐朝及其他周邊民族政權的關係和政治地理格局演變有密切的關聯。王瑞雷《從乃甲切木石窟看慶喜藏系金剛界壇城在後藏的傳播》(《敦煌研究》5 期)從西藏日喀則地區崗巴縣乃甲切木石窟金剛界壇城窟中的石胎泥塑造像、定結縣瓊孜鄉恰姆石窟中殘留的金剛界諸神背龕入手,結合現有文獻對位於康馬縣薩瑪達鄉江浦寺主殿二層金剛界大日如來殿中塑像所據文本的初步判定,探討慶喜藏系金剛界壇城在後藏的傳播。今枝由郎《生死輪迴史——一部來自敦煌的藏文敘事文獻(一)》(《敦煌學輯刊》4 期)在系統梳理法國國家圖書館和英國圖書館所藏 9 份敦煌藏文文獻《生死輪迴史》的基礎上,提供了該寫本的全文英譯,並對與其他敦煌文獻的關係及改寫本的寫作經典來源、作者、時間等問題進行了深入分析。才讓《英藏敦煌藏文 IOL. Tib. J. 26 號第二部分來源之研究》(《敦煌吐魯番研究》14 卷)通過對 IOL. Tib. J. 26 號第二部分首題的解讀、與《述記》、《二十二》等文獻之間的比對,基本釐清了 IOL. Tib. J. 26 號第二部分之來源問題。

敦煌出土回鶻文獻的釋讀和研究方面,涉及回鶻文佛典、回鶻文木活字、西州回鶻政權以及回鶻文占卜文書。阿里木·玉素甫《敦煌回鶻寫本〈説心性經〉研究》(中國社會科學出版社)指出倫敦大英博物館藏編號 Or. 8212—108 是回鶻文《説心性經》,作者在國外學者已有研究成果的基礎上,對該文獻進行系統的梳理、重新釋讀、修正和補充,是國内首次對釋讀難度較大的回鶻文寫本進行的比較系統的研究。彭金章《有關回鶻文木活字的幾個問題》(《敦煌研究》3 期)論述了敦煌回鶻文木活字發現的次數、數量、收藏以及研究情況。付馬《唐咸通乾符年間的西州回鶻政權——國圖藏 BD11287 號敦煌文書研究》(《敦煌研究》2 期)結合傳世史料、出土文書和墓誌材料的相關記載,將文書所記史事發生的年代比定在 866—876 年間,並試圖勾勒出西州回鶻在咸通七年到乾符年間勢力發展的過程。張鐵山《漢、回鶻文合璧〈六十甲子納音〉殘片考釋》(《敦煌學輯刊》4 期)對北區 B464 窟出土編號 464:63 的一件漢—回鶻文合璧殘片進行研究,比對出該文獻係《六十甲子納音》中的一部分。阿布力克木·阿布都熱西提《從吐魯番到敦煌——Turpan(吐魯番)一名詞源、語義考》(《中央民族大學學報》3 期)指出 Turpan(吐魯番)在語源上屬於印歐語系的西域古代地名,在語音上與"敦煌"及敦煌粟特語文書中出現的地名 δrw"n 有著對應關係,在語義上與"高昌"之間似乎存在著一定的淵源關係。

榮新江對中古時期周邊民族與中原地區的交往關注最多,最新成果包括入華粟特歷史考究、于闐與中原的貿易研究。榮新江《中古中國與粟特文明》(生活·讀書·新知三聯書店)深入探討了入華粟特人的遷徙路綫和聚落分佈;粟特人在農牧交界地帶的生活形態,從聚落到鄉里的社會變遷;聚焦粟特商隊的構成、商隊首領薩保如何轉變爲聚落首領並入仕中國;探討祆祠的社會功能等諸問題,同時闡發了安禄山的種族、宗教信仰及其叛亂基礎,强調了入華粟特人的多元文化特性。榮新江、朱麗雙《從進貢到私易:10—11 世紀于闐玉的東漸敦煌與中原》(《敦煌研究》3期)利用史籍和文書的有關記載,論述了10—11世紀于闐玉輸入敦煌和中原的情況:于闐玉進入中原,早期以朝貢爲主,後周時官禁放開,民間貿易隨之興起,到了宋代,于闐玉石的官私貿易持續不斷,即使在于闐從佛教王國轉變爲伊斯蘭世界以後仍然如此。

有關西夏國史和西夏文獻的探討,主要成果有:葉夫根尼·克恰諾夫《西夏國的水利灌溉》(《敦煌學輯刊》2期)依據歷史文獻提到的西夏國開鑿的四通八達的水渠網、考古學家發掘的灌溉遺址,以及西夏文法典中有關水渠保護的法規等,對西夏國的水利灌溉進行考證研究。陳光文《敦煌莫高窟第297窟甬道南壁西夏文題記譯釋——兼論西夏統治敦煌的時間問題》(《敦煌學輯刊》2期)對莫高窟第297窟甬道南壁的西夏文題記進行了重新譯釋,認爲西夏最早於1053年取代沙州回鶻政權,開始了對瓜、沙二州的統治,至1227年蒙古軍攻佔敦煌爲止,西夏共統治敦煌達174年。其他還有涉及蒙古文文獻的考述,如潘提·阿爾托《斯德哥爾摩瑞典民族學博物館所藏蒙古文書籍記述》(《敦煌學輯刊》2期)對珍藏在瑞典斯德哥爾摩民族學博物館的蒙古文文獻進行了概述,對於追尋與系統譯介以及深入瞭解國外探險隊在中國發掘文物事件的相關信息,乃至對研究、整理海外民族文獻大有助益。

十、古　籍

敦煌古籍的整理與研究,涵蓋《論語》、《詩經》、《尚書》、《修文殿御覽》等多部典籍。郝春文《日藏敦煌寫本〈論語〉校勘記》(《文獻》4期)對日本國學院大學圖書館所藏敦煌寫本《論語》古注進行了釋文和校勘,爲敦煌儒家典籍文獻的研究提供了寶貴的資料。有關敦煌本《詩經》的研究成果較多,許建平《敦煌〈詩經〉寫卷研究綜述》(《敦煌研究》1期)從《毛詩》寫本的研究與《毛詩音》寫本的研究兩個方面做了全面的梳理,展示了一百年來學術界對敦煌《詩經》寫本的研究歷程,並對今後的研究方向做了一些思考。同氏《敦煌〈詩經〉寫卷與中古經學》(《敦煌學輯刊》4期)指出,敦煌《詩經》寫本是迄今爲止發現的最大宗的中古時期手寫本,保存了南北朝隋唐時期的《毛詩傳箋》的文本面貌,是漢晉簡帛時代與宋以後的刻本時代之間《毛詩傳箋》文本演變的重要一環,對於探尋漢時《毛詩》文本之原貌具有重要的價值。吳洋《從章句問題看敦煌本〈詩經〉的性質及其學術意義》(《敦煌研究》2期)通過比較敦煌本《毛詩》以及宋刻《毛詩正義》和《經典釋文》等,認爲敦煌本《毛詩》展現了唐以前及唐初南北經學的區別以及融合過程,對於考察《毛詩》傳本原貌及其流變具有重要的學術史意義。另外,許建平《敦煌本〈周易〉寫卷的學術價值》(《敦煌研究》3期)對敦煌當地流行的王弼《周易注》的分卷書寫形式,《周易釋文》是陸德明《經典釋文》諸音義的單行本,《周易注》寫本的校勘價值,《周易注》與敦煌當地術數文化的關係,《周易經典釋文》寫本所反映的唐代科舉及其實用性原則等諸方面進行探討與分析。許建平《由敦煌本與岩崎本互校看日本舊鈔〈尚書〉寫本之價值》(《敦煌吐魯番研究》14卷)從五個方面闡述了日本舊抄本岩崎本的文獻和學術價值。

陳麗萍《敦煌本〈大唐天下郡姓氏族譜〉的綴合與研究——以 S.5861 爲中心》(《敦煌研究》1 期)以 9 件敦煌本《天下姓望譜》爲主要研究對象,首先回顧了相關研究的學術史;其次將較早刊佈的 5 件姓望譜按抄寫格式分爲三類,指出其中 S.5861 兼具兩類抄寫格式的特徵,並藉助 S.5861 與其他各卷抄寫格式、物質形態與内容等方面的對比分析,確定了該卷與 P.3191、BD10613、BD10076、S.9951、羽 59R 間存在著綴合關係。張新朋《大谷文書別本〈開蒙要訓〉殘片考》(《敦煌研究》3 期)以日本龍谷大學所藏大谷文書爲研究對象,對其中的《開蒙要訓》殘片進行整理,整理出的兩個抄本是與敦煌本及此前認定的吐魯番本《開蒙要訓》有別的"別本《開蒙要訓》"。張傳官《吐魯番出土〈急就篇〉殘卷二種補釋》(《敦煌研究》3 期)對吐魯番阿斯塔那和巴達木出土的兩種《急就篇》殘片進行了補釋和説明。郭殿忱《敦煌殘卷曹子建〈上責躬應詔詩表〉校考》(《湖北文理學院》10 期)通過將殘卷與傳世文獻比勘,認爲在史實方面,敦煌殘卷可對曹植被頻繁改封爵位及歸藩時間有所確認;在版本上對有些中外學者的論斷有所正誤;在文字上於繁簡字、正異體字有所辯證,於通假字、碑別字、敦煌俗字等亦有所簡略考釋。

劉全波《〈修文殿御覽〉編纂考》(《敦煌學輯刊》1 期)對《修文殿御覽》的編纂背景、編纂過程、編纂者以及流傳、輯佚等情況做了較爲全面的梳理,旨在展現《修文殿御覽》在傳世文獻中的流傳情況,並爲敦煌本《修文殿御覽》的整體研究作鋪墊。魏迎春《敦煌寫本 P.2966 和 P.3363〈籯金〉殘卷考釋》(《敦煌研究》6 期)通過考釋敦煌寫本 P.2966、P.3363《籯金》的内容、分卷及篇目,認爲這兩種寫本應是同一種《籯金》的不同抄本。陳勇《〈敦煌秘笈·十六國春秋〉考釋》(《民族研究》2 期)對敦煌祕笈《十六國春秋》原文、釋文中的若干訛誤逐條加以考釋,並對史料的來源或性質做了一些初步的推斷。

十一、科　　技

科技類論文主要集中於對敦煌出土醫藥文獻的整理與研究。

首先,是對敦煌出土醫藥文獻研究史的回顧和總結。田永衍、秦文平、梁永林《近三十年敦煌醫學文獻研究概況》(《中國中醫基礎醫學雜誌》1 期)在文本整理研究的基礎上，全面、系統、深入地研究其學術本體與學術價值，從而促進當代中醫研究的發展、中醫學術體系的傳承與中醫臨牀療效的提高。《敦煌出土醫學文獻研究回顧與展望》（《甘肅中醫學院學報》1 期）從論著、研究生學位論文、期刊論文等三個方面回顧整理了敦煌出土的醫學文獻研究。史正剛、李金田等《敦煌醫學及其文化内涵探析》（《甘肅中醫學院學報》5 期）探討了敦煌醫學的文化内涵，提出其特色主要表現在地域性、開放性、多樣性、文學性與藝術性，旨在爲敦煌醫學及其文化的研究提供思路。

其次，對敦煌寫本藥方的研究，劉英華《從敦煌藏文寫本看藏醫唇裂整復術》（《中國藏學》2 期）一文對藏醫唇裂整復術的歷史和源流做了初步考察，並就其與阿尤吠陀和中醫古文獻中的相關記述做了比較研究。僧海霞《唐宋時期醫用粥探析》（《中醫雜誌》12 期）指出，敦煌遺書中所載有諸多醫用粥，分別以原料、濃度、顔色、溫度、味道等不同因素爲選取標準，具體應用於服藥、養生、助藥力、助胃氣、療疾及病中調護和初愈調養中，其所體現出的辨證思想至今仍可借鑒。王澤湘《從敦煌文獻〈新菩薩經〉、〈勸善經〉中探索唐代主要疾病與現代主要疾病的比較分析》（《敦煌學輯刊》4 期）運用文獻資料法與我國衛生部門公佈的現代人主要疾病統計進行比較分析，探討唐人與現代人對身體、疾病的不同觀念和醫療行爲，以爲學者對人類社會文化史研究提供參考。田永衍《敦煌文獻〈不知名氏辨脈法之二〉、〈玄感脈經〉考論三則》（《敦煌學輯刊》4 期）對《不知名氏辨脈法之二》與《玄感脈經》記載的"右腎及手心主合三焦"、"頭角者，精識之主"、寸關尺命名與分部三個醫學問題進行了考論，梳理源流、辨析正誤，論述了其中的醫學價值。

再次，醫藥類寫本的校釋方面，如王慶菽、陳邦賢《英國倫敦不列顛博物館館藏敦煌卷子中的古代醫藥方文獻》（《"醫史研究會"百年紀念文集》，2014 年 7 月 1 日）對英藏敦煌文獻中的醫藥類 18 件寫卷進行檢查分析，分爲 5 類進行探討。朱若林、沈澍農《敦煌文獻 S.202 疑難字考釋》（《南京中醫藥大學學報》3 期）列舉了以往學者對敦煌文獻 S.202 寫本殘卷進行整理和研究的疏漏，並對其中 6 條疑難字詞進行考辨。姚美玲、沈夢婷《敦煌道教醫方殘卷伯希和 4038 校補》（《中國文字研究》1 期）指出敦煌卷子伯 4038 號爲道家養生之方，是研究道教及道教醫學的重要資料，對其進行釋證將有益於敦煌醫學卷子的整理。

十二、紀念文與學術動態

首都師範大學教授、著名敦煌學專家寧可先生不幸於 2014 年 2 月 18 日與世長辭，學界諸多同仁發表了紀念文章。郝春文、劉屹《寧可先生的學術貢獻》(《光明日報》2014年2月26日)回顧了寧可先生卓越的學術生命,高度評價了寧可先生在隋唐五代史和敦煌學領域中取得的輝煌成就。另外,郝春文主編《2014敦煌學國際聯絡委員會通訊》(上海古籍出版社)刊佈了郝春文、劉屹、柴劍虹、鄭炳林、榮新江等學者的紀念悼文,深切懷念並追思了寧可先生的學術生涯和貢獻。

本年度是敦煌研究院成立70周年,相關單位開展了一系列的紀念活動。2014年9月9日,敦煌研究院70周年座談會在莫高窟九層樓前舉辦。文化部副部長、國家文物局局長以及甘肅省宣傳部部長等領導及國內外文化界專家、合作機構的嘉賓,與敦煌研究院老、中、青三代職工歡聚一堂,共同追憶了敦煌研究院70載的崢嶸歲月。樊錦詩《守護敦煌藝術寶藏,傳承人類文化遺產》(《敦煌研究》3期)回顧和梳理了從1944年國立敦煌藝術研究所到新中國成立後的敦煌文物研究所,再到1984年敦煌研究院三個時期七十周年的發展史,並對敦煌研究院的未來走向提出新的希望。

學術會議方面,2014年8月16日—19日,由敦煌研究院、中國敦煌吐魯番學會主辦的"2014年敦煌論壇:敦煌石窟研究國際學術研討會"在敦煌莫高窟召開,本次研討會共收到國內外學者提交的研究論文117篇,會議論題主要有:敦煌研究院70年歷史回顧與總結、敦煌石窟考古與藝術研究、敦煌遺書傳承與創新研究、其他石窟考古與藝術研究、佛教美術研究。2014年7月21日—30日,蘭州大學敦煌學研究所承辦2014年海峽兩岸"華夏文明傳承與傳播歷史遺跡學術考察"活動。

書評方面,樊錦詩《由敦煌認識中國傳統文化——簡評馮驥才〈人類的敦煌〉》(《中國藝術報》2014年5月5日)指出馮驥才《人類的敦煌》一書用歷史的眼光看敦煌,從佛教文化的背景分析敦煌,對敦煌石窟藝術的分析透徹到位,全書富有文學性,又有作者獨特的風格。張涌泉教授新著《敦煌寫本文獻學》於2013年12月由甘肅教育出版社出版,相關學者針對此書發表了書評,如張小艷《稽古尋例三十載,寫本文獻鑄成"學"——讀〈敦煌寫本文獻學〉》(《敦煌學輯刊》4期)通過豐富的實例詳細論述了《敦煌寫本文獻學》取得的巨大學術成就,並指出個別有待完善之處。另外,伏俊璉、鄭驥《構建寫本文獻學理論體系的重要基石——讀張涌泉教授〈敦煌寫本文獻學〉》(《浙江社會科學》11期)高度評價了張涌泉教授新著《敦煌寫本文獻學》結構宏偉、內容豐富、體例嚴謹,指出該書創建了手寫紙本文獻學完整的理論體系,具有重要的學術價值。張善慶《〈吐蕃統治時期敦煌石窟研究〉介評——簡論石窟藝術研究方法》(《敦煌研究》1期)對沙武田新著《吐蕃統治時期敦煌石窟研究》的內容進行介紹,並結合目前敦煌石窟研究現狀,從研究內容和研究方法兩個方面對該書進行評介。

　　許偉偉《敦煌學視角下的西夏與周邊民族關係研究——評〈西夏與周邊關係研究〉》(《西夏研究》3 期)一文對楊富學與陳愛峰合著《西夏與周邊關係研究》進行評析,認爲該書選取了西夏與周邊民族關係研究的薄弱環節和空白點,論述了西夏時代的絲路與商貿往來、西夏與周邊民族的政治關係、宗教與文化交流諸問題,具有重要的學術價值。陸錫興《論敦煌文獻的名物研究——兼評杜朝暉〈敦煌文獻名物研究〉》(《敦煌學輯刊》4 期)高度評價了杜朝暉著述《敦煌文獻名物研究》的歷史必然性,指出該書首次對敦煌文獻名物做了較爲全面的整理和研究,大量吸收了其他學科的相關成果,可謂近年來一部優秀的名物學著作。陸離、張雪《〈吐蕃統治下的敦煌地區 787—848 年:對莫高窟發現的世俗文書的研究〉一書介紹》(《西藏民族學報》6 期)詳細介紹了由德國學者 Gertraud taenzer 所著《吐蕃統治下的敦煌地區 787—848 年:對莫高窟發現的世俗文書的研究》一書的主要內容,並對該書作了客觀中肯的學術評價。

　　相關敦煌學研究的述評內容涵蓋文獻編目、西夏敦煌史、西夏石窟研究、佛本生故事、文學作品、民俗娛樂等諸多方面。牛宏《英藏敦煌藏文密教文獻編目狀況述評》(《西藏研究》1 期)指出英國國家圖書館所藏的敦煌藏文文獻極爲豐富和寶貴,內容主要涉及金剛乘、瑜伽、大瑜伽、阿迪瑜伽、禪等方面,由 Jacob Dalton 和 Sam van Schaik 博士合作的最新成果《敦煌藏文密教文獻——關於大英圖書館斯坦因收藏品的編目敍述》對密教文獻的定位、密教文獻的分類、編目的格式等方面皆有所涉及。陳光文《西夏時期敦煌史研究述評》(《西夏研究》2 期)從西夏實際統治敦煌的時間,西夏統治時期敦煌的社會、經濟與文化兩大方面進行回顧與梳理,總結研究中存在的問題和不足,並提出今後研究的展望。高海燕《中國漢傳佛教藝術中的捨身飼虎本生研究評述》(《敦煌學輯刊》1 期)回顧和評介了中日兩國學者對於漢傳佛教故事中捨身飼虎等本生故事的相關研究成果。田衛衛《〈秦婦吟〉敦煌寫本研究綜述》(《敦煌學輯刊》4 期)一文在整體回顧《秦婦吟》研究學術史的基礎上,重點總結了近二十年的研究情況,分析了如今敦煌寫本《秦婦吟》文獻研究呈現的綜合討論、全面開花、深而益廣的發展趨勢。徐曉卉《百年敦煌學之遊戲娛樂民俗研究述要》(《敦煌學輯刊》4 期)將論著中有關遊戲娛樂民俗的研究進行提煉整理,既是當前敦煌學之民俗學研究繼續深入和完善的必要,也是唐宋時期的中國民俗研究領域在地方民俗特色方面的補充。徐自強、張永強《對莫高窟題記的初步整理和研究——〈敦煌莫高窟題記彙編〉編纂記》(《敦煌吐魯番研究》14 卷)回顧了《敦煌莫高窟題記彙編》的編纂緣起、編纂經過,并對莫高窟繪畫題記的整理、莫高窟題記的書法藝術及其研究進行了介紹和述評。吴麗娱《關於敦煌〈朋友書儀〉的研究回顧與問題展説》(《敦煌吐魯番研究》14卷)回顧了《朋友書儀》的整理和研究情況,並對研究中存在的爭議問題申明了自己的觀點,也對《朋友書儀》的製作、傳播時代及緣由提出了一些新的揣測。

2014 年吐魯番學研究綜述

殷盼盼　朱艷桐（蘭州大學）

2014 年吐魯番學研究成果豐碩，據不完全統計，本年度中國大陸共發表學術論文 155 篇，專著及文集 14 部。總體呈現以下特點：政治史、軍事史、經濟史方面的研究是重點；出土器物的保護與研究仍佔有重要地位；對以往學術研究成果的反思與評價更加全面、深入；民族、宗教、藝術、社會文化及語言文字方面的研究繼續發展。現將 2014 年的吐魯番學研究成果分類概述如下。

一、歷　　史

本年度吐魯番學歷史方面的研究成果涉及政治史、法律史、軍事史以及經濟史四類。

政治史方面，侯宗輝《敦煌漢簡所見烏孫歸義侯質子新莽朝及"車師之戰"考辨》（《簡帛研究二〇一三》）考證了《敦煌漢簡》所收 88、89A、89B、90 號簡的内容，指出與之同一探方所出漢簡内容主要是天鳳三年之前的西域形勢及王駿到西域後出擊焉耆前的軍情分析，"車師之戰"非某次具體戰役，而是新朝時匈奴及西域諸叛漢政權數次侵擾車師諸國的記録。楊榮春《北涼高昌太守隗仁史跡鈎沉》（《吐魯番學研究》2 期）認爲隗仁祖籍隴西天水，出自高車，隗氏在西晉時期進入高昌，成爲當地豪族。其北涼高昌太守的任期爲玄始九年（420）到緣禾四年（435），政績值得肯定。李文娟《麴氏高昌及其對絲綢之路的貢獻》（《甘肅金融》10 期）介紹了麴氏高昌國的政治外交政策、經濟文化面貌、麴氏家族的聯姻及麴氏後裔的生存狀況，在此基礎上總結出麴氏高昌對絲路暢通和絲路文化交流上的重要貢獻。張玉祥《論隋朝在新疆的管理方式》（《黑河學刊》6 期）論述了隋朝管理新疆的方式，即對高昌實行册封、和親及通商遣使等。陳國燦《玄奘與高昌王國》（《吐魯番學研究》2 期）指出玄奘於貞觀三年（629）三月從長安出發，六月中旬到高昌。在高昌前後停留四十餘日。於貞觀三年八月一日從高昌出發繼續西行，行前高昌國王麴文泰爲玄奘的西行做了周密安排。張付新、張雲《從高昌佛教看玄奘西行及其歷史作用》（《綏化學院學報》12 期）簡要介紹了玄奘的生平，著重敍述了他西行求法的經歷及高昌王麴文泰對其提供的幫助。樊英峰、胡元超《唐曹欽墓誌本事索隱》（《乾陵文化研究》8 輯）對陝西出土唐曹欽墓誌進行録文，研究其生平、政治軍事生涯，指出曹欽跟隨侯君集參與了貞觀年間平定高昌的戰役，官職爲"香谷折衝都尉、交河道總管"。劉子凡《〈唐成公崇墓誌〉考釋》(《文獻》3 期)考釋了洛陽出土《唐成公崇墓誌》誌主成公崇的主要任官經歷,指出其在取得折衝都尉後又出任西州都督府別駕,是武官由府兵系統遷任邊州文官的典型範例。其西州別駕的任職可以與 5 件吐魯番文書中的"崇"字簽署相合,可以確定的任官時間是開元二十一年至二十四年(733—736),是現唯一可確認身份的西州都督府別駕,而西州都督府移治西州後,西州州府已没有存在的必要。胡倩雯《從敦煌吐魯番文書看唐代平闕》(《中山大學研究生學刊》1 期)整理了敦煌吐魯番出土公私文書、寺院文書、四部書中平闕詞彙的使用情況,指出實際運用時平出和闕字没有嚴格規定;部分詞彙在平闕式的運用中與文書的性質關係不大;超出平闕式的詞彙運用"與文書的背景及其所處地方的宗教信仰有較爲密切的關係";唐以前古籍的唐人抄本則不用平闕,唐人所撰、涉及本朝人事的古籍用平闕。焦露《賜予與回報:唐代國家與父老》(《西華師範大學學報》4 期)一文使用吐魯番出土文書説明父老協助官員完成定户等、分配土地、協助里正管理水利事務,體現了其在朝野溝通中的中介性,這屬於"自下而上的回報之禮",與"自上而下的賜予之禮"相對應。楊林坤《西風萬里交河道——明代西域絲綢之路上的使者和商旅研究》(蘭州大學出版社)探討了明代中原與西域的交通、朝貢貿易、商旅及貢使群體等相關問題。其中包括對吐魯番地名的變化、經過吐魯番的絲路交通、吐魯番與中原的使者和商旅往來以及使者的身份、吐魯番地區的著名貢使及家族、明代對吐魯番朝貢僧侣的管理及明人對吐魯番的記載等問題的論述。彭曉燕著、邱軼皓譯、劉迎勝審校《察合台汗國的外交與遣使實踐初探》(《西域研究》2 期)一文使用吐魯番地區出土的蒙古語文書研究察合台汗國的公文格式。濮德培著、牛貫傑譯《比較視野下的帝國與國家:18 世紀中國的邊疆管轄》(《史學集刊》4 期)以"1724 年年羹堯與青海的統一"和"吐魯番人的放逐"爲例,探討了清代邊疆政策的實施,認爲"吐魯番人向内地的遷居是'自願'的",而促成他們内遷的"重要因素是清政府拒絶保證緑洲的安全"。年羹堯與提議在吐魯番駐軍的岳鍾琪兩位邊疆總督"均把民衆的劃分與活動和開拓疆土視作帝國範圍的擴張"。趙劍鋒《晚清俄國駐新疆領事館考述》(《新疆大學學報》4 期)一文考察了包括吐魯番領事館在内的晚清俄駐新疆的領事館、歷任領事、領事館機構編制、職責及影響等問題。張建春《清及近人的達坂城後溝詩文與"白水澗道"》(《西域研究》3 期)根據清紀曉嵐、祁韻士、林則徐、陶保廉、張蔭桓及近人黄文弼的詩文,指出後溝達坂是從吐魯番到烏魯木齊交通中"白水澗道"的重要組成部分,但不確定唐代是否已經存在。

法律史方面,李天石、李常生《從出土文獻看六朝時期西北地方法的特點——以鄯善、河西、高昌諸政權與中原的比較爲重點》(《南京師大學報》6期)指出吐魯番及河西諸政權國家基本法制上的特點爲：以南方六朝漢族政權爲正朔所在；法律制度上以漢文化系統爲主導，也有變通；文化上保持了與漢晉文化的高度一致性。黃正建《唐代訴訟文書格式初探——以吐魯番文書爲中心》(《敦煌吐魯番研究》14卷)利用唐代法典和吐魯番文書分析訴訟文書的稱呼、格式及特點，認爲唐代的訴訟文書稱爲"辭牒"，普通百姓用《辭》，有品官吏用《牒》，其内容則稱"狀"。後"狀"的用法泛化，與《辭》、《牒》混淆，唐晚期出現訴訟文書《狀》，作爲訴訟文書的《牒》被淘汰。並且指出唐代訴訟文書没有統一稱呼，多用"辭狀"，後演變爲"訴狀"。岳純之《從一份吐魯番文書看唐律的變化》(《煙臺大學學報》1期)將吐魯番文書《賊盜律》殘片與《唐律疏議》、日本《養老律》進行比較研究，認爲從永徽律疏到《賊盜律》殘片所代表的武則天時期的唐律及其疏議，再到《唐律疏議》，皆發生了形式與内容的變化，説明《唐律疏議》雖源於永徽律疏，但已幾經變化。白京蘭《軍府體制下清代新疆的司法體系及運作》(《西域研究》3期)一文研究了伊犁、塔城、烏魯木齊、吐魯番、哈密、回疆地區的司法機構與職能行使，並指出軍府體制下新疆司法體系及運作的特點。

軍事史方面的研究有：張安福、胡志磊《漢唐環塔里木烽燧佈局的演變》(《史林》2期)指出漢代烽燧設置的重點在天山南麓和塔里木盆地進行點綫式佈局，而唐代則在整個環塔里木地區及天山北麓進行面狀佈局，平定高昌後，在交通要道上都設置烽燧，形成了西州烽燧帶，漢唐烽燧佈局變化的原因在於西域局勢和西域防禦理念的不同。孫麗萍《德藏文書〈唐西州高昌縣典周達帖〉札記》(《西域研究》4期)對德藏Ch2403(TⅡ1976)號漢文文書進行釋義，將其定名爲《唐西州高昌縣典周達帖爲從山頭諸烽抽三人赴葦所事》，此文書是吐魯番出土的唐代西州高昌縣典周達下達給山頭烽的帖文，推測文書中出現的山頭烽、橫城在永昌谷附近，其年代約在貞觀至永徽、龍朔間。孫繼民《黑水城金代漢文〈西北諸地馬步軍編册〉兩個地名的考證》(《敦煌吐魯番研究》14卷)對《西北諸地馬步軍編册》進行録文，並考證出文書中的"也尨河"爲今臨潭的"冶木河"，"通祐堡"係由宋代洮州東南部的"通岷寨"改名而得，爲現今臨潭境内名爲"流順"的村鎮。關於屯田的研究有：張安福、王玉平《唐代西州屯區民衆的生産與生活》(《中國社會經濟史研究》2期)一文側重於唐代西州屯區民衆的社會生活，研究其勞動群體的構成、屯墾活動和社會觀念。杜倩萍《屯田與漢文化在西域的傳播》(《西域研究》3期)通過高昌文化圈的形成和輻射，諸族生産生活方式的交融與變遷，養蠶織絹、紙張及印刷術、漢文書記、建築藝術等在西域的傳播與交融，西域棉花、果樹種植技術與動物馴養方法、樂舞傳入内地等實例,闡明屯墾對漢族與西域地區諸族文化互動的影響。劉安志《新資料與中古文史論稿》(上海古籍出版社)共收録吐魯番學相關研究文章9篇,部分内容涉及唐代府兵的問題。

經濟史研究同往年一樣,是吐魯番學研究的重要陣地,研究成果遍及户籍管理制度、土地及賦役制度、度量衡、農業生產、貿易等方面。户口管理制度的研究成果有:張新國《從吐魯番文書看唐前期的户籍管理措施》(《中國社會經濟史研究》1期)認爲唐前期的户籍管理較爲嚴格,管理措施主要體現在户主的確定,嚴格登記家庭成員年狀、身份、户籍的變動信息,民户的户等、賦税、授田數額等方面。張新國《吐魯番文書〈武周趙小是户籍〉探析》(《文獻》6期)聯繫其他吐魯番敦煌文書研究了《武周趙小是户籍》,認爲户主爲趙小是,文書反映的"丁口虚掛"現象與唐代地方官員的考核標準和刑律有關,指出寡婦的"户籍合籍"有三種方式,"合籍"可以減少寡婦應授田數額且不影響政府徵行賦役。楊際平《論唐代手實、户籍、計帳三者的關係》(《中國經濟史研究》3期)利用敦煌、吐魯番文書研究唐代手實、計帳、户籍的實際編造過程,釐清三者關係,彌補糾正傳世史料記載的疏漏,指出"里正所責的民户手實是造户籍的主要依據,計帳不是造籍依據",計帳的數據來自户籍稿。李明瑶、柳軼《吐魯番出土"唐欠田簿"文書中户等考釋》(《蘭臺世界》35期)指出吐魯番出土"唐欠田簿"文書中"四等"、"六等"是户等的另一種記録形式,記載於"四等"之後的"上上户"可能爲漏記補充或是上等户中的特殊户。王祥偉《從吐魯番文書看唐代世俗政權對西州寺院經濟的管制》(《吐魯番學研究》1期)指出唐廷通過限制寺院僧侣人數和土地規模、向寺院徵税課役、控制及放良寺院依附人口、掌握寺院財務收支狀況等措施管理寺院經濟。

土地及賦役制度方面,張新國《唐代吐魯番與敦煌地區受田差異初探——以敦煌吐魯番文書爲中心》(《中國歷史地理論叢》1期)指出吐魯番與敦煌兩地的受田差異主要體現在"受田數額"、"居住園宅"面積、"田地四至"記載與"田地稱謂"方式四方面,差異的原因在於耕地面積、人口數量、授田標準、水資源狀況、舊制度五方面的不同。張振華、魏麗琴《高昌國田租制度管見》(《蘭臺世界》3期)扼要梳理了高昌國的貨幣地租與實物地租兩種田租方式。楊際平《談北涼時期高昌郡的計貲、計口出絲與計貲配養馬》(《西北師大學報》2期)據吐魯番出土文書研究北涼計貲、計口出絲與計貲配生馬問題,認爲計貲出絲的本質不是户調而是田租的一部分,或是田租的附加税,計口出絲不是因爲徵納對象的不可分割,而是爲方便政府收繳,計貲配生馬的實質是計貲承役。徐秀玲《唐前期西州僱人代役研究》(《四川師範大學學報》4期)整理了唐前期西州僱人代役契約的基本内容和格式,研究了僱傭雙方的身份、僱價與僱價銀錢的購買力變動、替役人的義務等問題,認爲僱人代役契約出現的原因與西州人口減少,錢主們"因種麥、秋收等事宜"及政府的默許有關。裴成國《高昌國"作人"問題再論》(《中國經濟史研究》2期)梳理了高昌國時期"作人"的概念,指出"作人"的身份具有依附性和一定的自主性,自主性體現在其擁有不完整的經營權,且要承擔國家的一部分徭役,"依附人口在高昌國人口中的比例較大,但仍然受國家控制,對當時國家的經濟發展起到積極的推動作用"。徐秀玲《麴氏高昌國時期僱價問題探討——兼論高昌寺院銀錢的使用情況》(《歷史教學》14期)對麴氏高昌國時期僱工的僱傭價格、僱傭報酬的支付方式及特點、高昌寺院在繳納賦稅及其他日常經濟活動中的支付手段等問題進行了探討。

度量衡的研究成果有:楊榮春《十六國時期高昌郡的度量衡——以吐魯番出土文書爲中心》(《求索》9期)以吐魯番出土文書爲依據探討了高昌郡時期的度量衡單位、度量衡的進制關係、人的日食標準等問題,指出此時期高昌郡的度量衡承襲中原漢制。張顯成、高魏《量詞"步、石、斗、升、參"意義辨正——以出土文獻爲新材料》(《成都師範學院學報》7期)通過研究傳世史料、出土簡牘帛書、吐魯番文書,指出"步"還可作爲面積單位量詞,是"畝"的下一級單位,"石、斗、升"至少在漢代還有"大"、"小"之別,"參"既作爲重量單位也用作容量單位。

農業生產方面,陳躍《漢晉南北朝時期吐魯番地區的農業開發》(《陝西學前師範學院學報》5期)概述了史前、兩漢時期吐魯番地區的農業開發情況,梳理了魏晉南北朝時期吐魯番的農業情況及軍墾農業、水利灌溉、農作物種類等問題,並分析了該地區農業開發的歷史特點。李艷玲《公元5世紀至7世紀前期吐魯番盆地農業生產探析》(《西域研究》4期)指出5至7世紀前期吐魯番百姓個人佔有的土地面積大爲縮小;農業生產結構中,以糧食生產爲主,粟的種植最爲廣泛,糜、大麥、桑樹、葡萄、棗、棉花等生產亦佔有重要地位;並探討了施肥、水利灌溉、農時觀念等生產技術問題。王曉暉《高昌西州時期吐魯番地區的農業生產技術》(《古今農業》3期)從農田水利灌溉系統、農田施肥增產、"易田制"以及農業生產工具改進四方面論述了漢唐時期吐魯番地區農作物產量的提昇以及農業生產發展等問題。張波《古代高昌農業初探》(《新西部》15期)從自然地理環境方面分析了高昌農業發展的環境條件,梳理了高昌農業發展的歷史和農作物、經濟作物的種類。李方《中古時期西域水利考(五)——柳中縣、蒲昌縣水渠考》(《敦煌吐魯番研究》14卷)利用吐魯番文書考證了八條蒲昌縣和柳中縣的水渠,並對其所處位置和年代進行了推測。李方《唐西州高昌城西水渠考——中古時期西域水利研究(七)》(《西域研究》4

期)研究了唐代高昌城西北部渠、武城渠、芳其渠、白渠的方位、流向、大小、分佈、存在時間、與高昌國水渠的關係及水渠周邊的土地狀況。李方《唐西州高昌城西水渠考(續)——中古時期西域水利研究之八》(《吐魯番學研究》2 期)對高昌水渠中的左官渠、樹石渠、堅石渠三條水渠的位置、流向、使用時代、與高昌國水渠的關係、水渠周邊的土地等問題作了考證。鄭燕燕《中國古代麻作物析論——以于闐、吐魯番及敦煌文書記載爲中心》(《唐研究》20 卷)詳細梳理了和田、吐魯番、敦煌地區出土文獻中記載的大麻、麻子、胡麻、油麻、烏麻、黃麻、野穀、亞麻等多種麻作物,並將之對應爲現代麻作物。楊榮春《吐魯番出土〈北涼神璽三年(公元三九九年)倉曹貸糧文書〉研究》(《敦煌學輯刊》4 期)在梳理前人對 66TAM59:4/6 號文書研究成果的基礎上,對其進行錄文與考釋,認爲該文書係官府公文《符》,並指出神璽三年(399)二月前段氏北涼勢力就延伸至高昌,且實行了"常平倉"制。

貿易方面的研究有:張爽《5—7 世紀高昌地區的馬匹與絲綢貿易——以吐魯番出土文書爲中心》(《北方論叢》3 期)通過馬匹的買賣與飼養,將高昌官府、絲綢、小農連接在歐亞大陸絲綢貿易體系之中。高昌地區小農無力購買馬匹,政府則以差科的方式強令官民配養,小農爲維持生計必須進行絲織品生產,出售給胡商以換取銀錢;同時官府也花費大量銀錢向胡商購入馬匹,亦爲胡商在當地收購絲綢提供了資金。張安福、卞亞男《安西都護府與唐代龜茲商貿的發展》(《中國農史》4 期)運用吐魯番、庫車等地的出土文書指出安西都護府治龜茲,保證了龜茲安定的社會環境,屯田的發展及絲路的發展,擴大了龜茲地區的消費與商貿群體。榮新江、朱麗雙《從進貢到私易:10—11 世紀于闐玉的東漸敦煌與中原》(《敦煌研究》3 期)論述了 10—11 世紀于闐玉以朝貢和貿易的方式不斷流向敦煌和中原,同時也輸送到沿綫政權如沙州歸義軍、甘州回鶻、西州回鶻,轉而東漸。康柳碩、曹源《關於"高昌吉利"錢幣的幾點猜想》(《甘肅金融》4 期)推測"高昌吉利"錢初鑄於鞠(麴)[1]乾固時期,起因與一次佛教寫經有關,目的在於消災彌禍,"吉利"意爲"大吉大利"。王旭《從券書到契紙——中國傳統契約的物質載體與形式演變初探》(《湖北大學學報》6 期)運用吐魯番出土的契約文書和傳統史料相結合探討了中國古代契約名稱從"券"到"契"的轉變、物質載體、契約書寫形式的變化以及單契和賣契的普遍流行等問題。姜伯勤《拜占庭通往敦煌吐魯番之路》(徐文堪編《現代學術精品精讀:西域研究卷(上、下)》,上海人民出版社)探討了東羅馬帝國與敦煌吐魯番之間貿易往來的道路交通問題。

---

[1] 原文为"鞠",現改爲"麴"。

二、社會與文化

關於社會生活的研究成果有：張國剛《唐代家庭與社會》（中華書局）運用傳世史料、墓誌及敦煌吐魯番文書，研究唐代家庭的形態、家產分割、家庭與家族關係、農村家庭的生計、夫妻關係、父母的角色及其與子女的關係、唐代婦女的生活、寡居婦女的生活、男女婚嫁年齡、佛教戒律與家庭倫理、世俗家庭的宗教信仰、婚姻禮俗與禮法文化、漢唐"家法"觀念的演變、唐代鄉村基層組織及演變等問題。相關論文還有米婷婷《高昌墓磚對女性的記述》（《吐魯番學研究》1 期）指出高昌墓磚中部分採用"××母×氏"或"××祖母×氏"格式記述的墓主可能與胡人有關，墓磚內容受中原文化的影響，經歷了由簡到繁的三個發展階段，唐西州時期的墓誌中女性形象的四個特點是：品行高尚、善於持家、孝悌友愛及賢妻良母。翟桂金《唐代貧女難嫁現象探析》（《寧波大學學報》6 期）結合傳世文學史料和敦煌吐魯番出土户籍文書，指出中唐以後存在貧女難嫁的現象，並分析其原因爲受到北朝財婚習俗的影響，科舉制的推行造成女性地位相對降低，而根本原因在于人口性別比例失衡。李文瑛、康曉靜《新疆青銅時代服飾研究》（《藝術設計研究》1 期）分析了小河墓地、哈密天山北麓墓地、哈密五堡墓地、吐魯番洋海一號墓地出土的服飾樣式、面料、飾物，探討了青銅時代早期、晚期的服飾特徵、發展及東西服飾文化交流的問題。賀菊蓮《漢唐時期西域飲食文化交流探析》（《貴州民族大學學報》4 期）引用吐魯番出土文物及文書，説明漢唐時期包括吐魯番在内的新疆天山南北、新疆東西部、新疆與中原王朝以及新疆與南亞、中亞之間的飲食文化交流關係。高愚民《從阿斯塔那出土文物看唐代西域女子髮式藝術》（《新疆藝術學院學報》2 期）研究了阿斯塔那墓葬出土女俑和圖像中的 10 種女子髮式。凌妙丹《吐魯番出土隨葬衣物疏名物時代初探》（《吐魯番學研究》1 期）將吐魯番出土的 68 件衣物疏中有明確紀年的 45 件和其他紀年存疑的 23 件中的名物分別進行統計與對比，從而大致推斷年代不明確衣物疏的年代範圍，並將推定的年代範圍與已有研究進行比對，指出這種方法的合理性與局限性。孫麗萍《吐魯番古墓葬紙明器考論》（《吐魯番學研究》2 期）指出紙明器陪葬習俗出現於紙在高昌普及之後，前涼及前秦統治之前，最初是作爲絹帛的替代品，後形成喪葬文化，晚至麴氏高昌及唐西州時期，人們藉助紙明器來炫耀墓主的身份與地位。紙錢可能與紙明器同時出現，源自古代陪葬束帛和寶貨的習俗。陳陗、沈澍農《中國藏吐魯番中醫藥文書研究》（《西部中醫藥》6 期）對現藏於中國的數件吐魯番本中醫藥文書進行了詳細的録文與校注，糾正了以往録文中的錯誤。張傳官《吐魯番出土〈急就篇〉殘卷二種補釋》

(《敦煌研究》4期)在前人研究的基礎上補充考釋了吐魯番阿斯塔那墓和巴達木墓出土的兩種《急就篇》中的10處文字。

文化方面,張艷奎《吐魯番出土72TAM169：83號〈《論語》習書〉初探》(《吐魯番學研究》2期)對吐魯番出土72TAM16：83《〈論語〉習書》中的"友"及"朋"字進行考證,指出"友"並不是"有"的別字,"朋"因書寫問題導致其看似"用"字,"友朋"意爲有自己的學生和朋友從遠方而來。趙貞《中村不折舊藏〈唐人日課習字卷〉初探》(《文獻》1期)指出吐魯番出土的《唐人日課習字卷》是唐人習字作業中保存最連續、完整的一件,所記載的"放"、"假"事宜與正史記載相契合,學生會受到"當直"、"行禮"、"社"、"迎縣明府"等社會活動的干擾,並判定此文書出自西州州縣學生之手。方韜《吐魯番殘卷〈左傳〉服虔注研究》(《石家莊學院學報》1期)對吐魯番出土服虔注《左傳》進行錄文與考釋,並與傳世本《左傳》杜預注進行比較,指出杜注更爲精煉,條目在繼承服注的同時也有所取捨,從注釋效果看,兩注各有擅長。張宗品《從古寫本看漢唐時期〈史記〉在西域的流播——中古時期典籍閱讀現象之一側面》(《古典文獻研究》17輯上)梳理了包括德藏唐初吐魯番寫本《仲尼弟子列傳》殘片(Ch.938v)在内的西域出土的與《史記》相關的文本,研究寫本形制、異文、文獻特徵,指出其讀者群包括軍士、士人、學者,並探討了其傳寫閱讀情況及西域《史記》的衍生文本與文獻衍生現象。張建偉《高昌廉氏與元代的多民族士人雅集》(《中央民族大學學報》4期)一文梳理了蒙元時期高昌廉氏廉希憲、廉右丞、廉野雲、廉惠山海牙等先後在陝、元大都舉辦的廉相泉園雅集、廉園雅集、玄沙寺雅集等文化活動,指出廉氏雅集促進了各民族士人的交流。李文浩《論清代以來吐魯番地區傳統民居的漢文化現象》(《貴州民族研究》9期)從清代吐魯番地區與内地的政治關係、移民屯田、商業發展和商户興起等角度,分析了中原漢文化對該地民居建築的影響。周泓《多元生成文化區論說——以新疆歷史地緣文化區爲例》(《北方民族大學學報》6期)論述了新疆多元歷史文化區的組成與其内部不同地緣文化區的特點及文化構成,包括吐魯番文化區。

三、民族與宗教

民族史的研究主要集中在回鶻方面,拓和提·莫扎提《中世紀維吾爾歷史》(中央民族大學出版社)一書研究了中世紀天山中東部維吾爾(回鶻)王國的建立發展歷史、社會的公權力與亦都護政權、回鶻文法律契約文書、高昌及龜兹石窟藝術、維吾爾文明與文化等方面問題,以及粟特人的歷史、語言、宗教並補充了其入華史事,梳理了日本對西域的探險及對中世紀維吾爾歷史文化的研究情況。黑文凱《公元 745—840 年間回鶻對西域地區的爭奪》(《魯東大學學報》1 期)梳理了 745—840 年間唐、吐蕃、回鶻在對包括西州在内的西域地區爭奪的史實。付馬《唐咸通乾符年間的西州回鶻政權——國圖藏 BD11287 號敦煌文書研究》(《敦煌研究》2 期)研究國圖藏 BD11287 號敦煌文書,認爲其所記史事的發生年代很可能爲 866—869 年間,並梳理了西州回鶻在咸通七年到乾符年間的勢力發展過程。付馬《回鶻時代的北庭城——德藏 Mainz354 號文書所見北庭城重建年代考》(《西域研究》2 期)一文將德藏吐魯番出土回鶻文 Mainz354 號文書與考古資料、傳世史料和其他出土文獻相印證,指出"西州回鶻的北庭城曾在 866—869 年間的戰事中被毁",文書中所記載的重建可能發生在公元 900 年後。張鐵山、朱國祥《回鶻文〈金光明經〉中的漢語借詞對音研究》(《新疆大學學報》1 期)以土耳其文版《回鶻文〈金光明經〉》爲底本,窮盡吐魯番、敦煌出土的回鶻文《金光明經》中的漢語借詞,運用譯音對勘法,歸納漢語—回鶻語的對音規律。馬小玲《回鶻文歷史文獻學理論芻議》(《伊犁師範學院學報》4 期)在述評回鶻文文獻(包括吐魯番出土回鶻文文獻)研究概況的基礎上,探討了研究意義、内容、思路、方法、主要觀點、預期價值等問題。白玉冬《有關高昌回鶻的一篇回鶻文文獻——xj222－0661.9 文書的歷史學考釋》(《中國邊疆史地研究》3 期)對蒙元時期的 xj222－0661.9 回鶻文文書所反映的史實進行考釋,認爲文書第一部分反映建國初高昌回鶻勢力强大,曾攻打怛邏斯、焉耆。第二部分記載 11 世紀遭受契丹打擊的阻卜投奔高昌,高昌回鶻對其安置處理之事。文書中的 Bätägi 爲乃蠻部之前身别貼乞部,即殘留在高昌的黠戛斯餘部。烏雲《新疆佛教石窟中的古代民族服飾考略》(《甘肅社會科學》4 期)考察了新疆佛教石窟中的龜兹、回鶻、粟特、蒙古、漢民族的服飾,並對各民族服飾的整體面貌及特點進行了初步探討,其中柏孜克里克石窟中的回鶻形象受到了關注。凱旋《九姓烏古斯的民居與服飾文化初探》(《河西學院學報》4 期)介紹了 11 世紀伽色尼王朝的迦爾迪奇所著《紀聞花絮》的研究狀况及其主要内容,並與出土文書、傳世史料及壁畫相結合,探討了高昌回鶻的民居和服飾等社會風俗。

另有一些其他民族的研究,榮新江《中古中國與粟特文明》(三聯書店)一書匯集了其已刊的關於"粟特人的遷徙與聚落"、"粟特商隊與祆祠"、"入華粟特人的多元文化"三方面的論文,研究了吐魯番地區的粟特人與粟特聚落。楊發鵬、李偉靜《交河溝西康氏塋院 20 號墓主人爲康姓粟特人辨析》(《敦煌學輯刊》3 期)認爲 M20 墓主人應爲因某種原因而葬於康氏塋院的漢人,並進一步論證龍朔年間遷入高昌的粟特人已經完全漢化的觀點是不合理的。許序雅《從敦煌吐魯番文書看唐朝對來華九姓胡人的管理》(《西域研究》2 期)

一文將來華的九姓胡人分爲著籍者、非著籍者、"投化胡家"和"胡客"四類,並分別探討唐朝政府對之採取的不同管理方式。李樹輝《突厥語文獻的紀年形式和斷代方法》(《語言與翻譯》3 期)利用吐魯番等地出土的突厥語、回鶻語文書,分析了突厥語文獻的七種紀年形式,並總結出突厥語文獻斷代的八種方法及其實用範圍和利弊所在。趙毅《明代西域人內遷研究二題》(《昌吉學院學報》2 期)分四階段梳理了明朝西域人內遷的過程,其中宣德至成化年間爲內遷高潮期,且以土魯番人和哈密人爲主。明朝與土魯番爭奪哈密的鬥爭和後來明朝與土魯番關係的惡化都影響西域人口的內遷和對之的安置政策。阿不來提・艾合買提《淺論吐魯番郡王統治下維吾爾族的經濟情況》(《黑龍江史志》1 期)介紹了吐魯番扎薩克制的產生,對吐魯番地區的統治,以及最終被郡縣制取代的過程,著重討論了扎薩克制郡王統治下吐魯番地區經濟落後的原因。段晴《于闐文書所見古代于闐的典押制度》(《敦煌吐魯番研究》14 卷)破解了于闐文書中困擾學界多年的一個詞彙,提出古代于闐典押制度中既有對實物的典押,也有對人和水的典押,大大推進了于闐社會典押制度的相關研究。

　　本年度宗教方面的研究成果有:迪拉娜・伊斯拉非爾《吐魯番發現回鶻文佛教新文獻研究》(民族出版社)對國家圖書館藏回鶻文《畏吾兒寫經殘卷》、新疆博物館藏勝金口本《彌勒會見記》殘葉、吐魯番博物館藏回鶻文《慈悲道場懺法》殘葉進行原文換寫、轉寫、注釋及譯文,並與漢文版本進行比較。張鐵山、朱國祥《試論回鶻文〈玄奘傳〉專有名詞的翻譯方式——以回鶻文第九、十卷爲例》(《敦煌吐魯番研究》14 卷)以 Kahar Barat 刊佈的回鶻文《玄奘傳》第九、十卷爲基礎,對回鶻文專有名詞的翻譯進行分類,並將其與漢文本原文進行對照,探討回鶻文《玄奘傳》的翻譯方式。王振芬《承陽三年〈菩薩懺悔文〉及其相關問題》(《敦煌吐魯番研究》14 卷)指出旅順博物館藏《承陽三年〈菩薩懺悔文〉》是研究北涼"承陽"年號行用時代的重要資料,殘片書寫時間爲承陽三年,節錄《菩薩善戒經》部分內容,用於授菩薩戒。九卷本《菩薩善戒經》中的地序品及一卷本《菩薩善戒經》最遲在元嘉四年譯出,元嘉八年以後求那跋摩和其弟子纔譯出其他諸品。李亞棟《〈吐魯番柏孜克里克石窟出土漢文佛教典籍〉誤漏數則》(《吐魯番學研究》2 期)補充和糾正了 2007 年出版的《吐魯番柏孜克里克石窟出土漢文佛教典籍》中的多處誤漏。楊富學、張艷《回鶻文〈五臺山贊〉及相關問題考釋》(《五臺山研究》4 期)對柏林收藏的三件吐魯番出土回鶻文寫本《五臺山贊》殘片進行譯釋,研究了回鶻五臺山信仰、文殊信仰的流行情況。楊富學《高昌回鶻摩尼教稽考》(《敦煌研究》2 期)論述了高昌回鶻摩尼教的由來、興盛、流行狀況,以及 10 世紀中葉後高昌地區摩尼教與佛教、景教並存的情況。任文傑、石妙春《吐魯番地區摩尼教古文獻藝術特徵解析》(《裝飾》12 期)概述了吐魯番地區摩尼教文獻的裝幀形式、書寫材料、書寫工具、藝術特點。王媛媛《五代宋初西州回鶻"波斯外道"辨釋》(《中國史研究》2 期)指出宋代史料中記載的 10 世紀後半期兩次與西州回鶻使臣易難入朝朝貢的"波斯外道"阿里煙是來自西州回鶻的景教徒，並推測宋代史料將景教稱爲"外道"可能受到了唐代《歷代法寶記》的影響。楊富學、彭曉靜《絲綢之路與宗教文化的傳播交融》(《中原文化研究》5 期)指出絲綢之路上種類繁多的宗教並行發展傳播又相互融合，表現爲教義的互相融攝、宗教術語的共用、表現形式相互借用。吐魯番地區宗教融合表現在不同風格的宗教遺跡和宗教文獻資料中，高昌回鶻境内佛教、景教、摩尼教和諧相處的景象與唐武宗"會昌滅法"有關。

四、語言文字與文學

語言文字的研究成果有：蔣宏軍《略論唐代西域的優勢語》(《新疆大學學報》3 期)利用吐魯番及新疆其他地區出土的文書、石窟榜題、傳世史料，研究了漢語、粟特語、吐蕃語、于闐塞語、突厥語對唐代西域社會的影響，並分析了這五種語言可以成爲唐代西域優勢語的原因。《高昌館課》記載了包括高昌在内的西域地區向明朝呈來的部分函件、公文，馬克章《明代〈高昌館課〉與漢語在西域》(《語言與翻譯》4 期)研究認爲這些文件中的漢文文本是西域各族操漢語者的手筆，可證明代漢語在西域各地的通行。阿布力克木‧阿布都熱西提《從吐魯番到敦煌——Turpan（吐魯番）一名語源、語義考》(《中央民族大學學報》3 期)研究認爲 Turpan（吐魯番）屬於印歐語系古地名，語音上與敦煌（敦薨）爲同名異譯詞，與"高昌"一詞皆意爲"高大、結實、堅固的城堡"。趙紅《吐魯番文獻與漢語語料庫建設的若干思考》(《南京師範大學文學院學報》3 期)指出國家社科基金重大招標項目"漢語史語料庫建設研究"的漢語語料庫建設過程中異體字應該通過鏈接等技術保留原字形等問題。范舒《吐魯番本玄應〈一切經音義〉研究》(《敦煌研究》6 期)對散見於各地的吐魯番出土的玄應《一切經音義》進行了綴合與定名，並對其校勘價值與版本價值進行了論述。張磊《新出敦煌吐魯番寫本韻書、音義書考》(《浙江社會科學》3 期)一文考察了 5 件大谷文書中的音義書殘片，對其對應經書、文字、寫本情況加以考證，並指出其在版本流傳、寫本體例等方面的價值。鄧文寬《"寒盜"或即"譀盜"説》(《敦煌研究》3 期)對敦煌吐魯番買賣契約文書中常見的"寒盜"一詞的字面意思進行解釋，指出"寒盜"的原形當爲"譀盜"。毛秋瑾《裴行儉與唐初書壇——兼及敦煌吐魯番本〈文選〉》(《南京藝術學院學報》2 期)介紹了裴行儉的仕宦經歷、習書經歷、在初唐的書法地位及影響,並討論了敦煌吐魯番本《文選》的書法藝術特點及其與裴行儉的關係。李天天《吐魯番磚誌異體字及其書法意義探析》(《書法》12 期)對《吐魯番出土磚誌集注》與《新獲吐魯番出土文獻》中所見的異體字進行了舉例研究,指出了漢字發展的特點及異體字出現的意義。

文學方面的研究成果有:張新朋《吐魯番出土〈駕幸溫泉賦〉殘片新考》(《文獻》4 期)新認定了大谷文書中 6 件《駕幸溫泉賦》殘片,可以與之前確定的 10 件殘片綴合,確證了大谷 3180 號爲《駕幸溫泉賦》殘片。關於童蒙文學研究,有張新朋《大谷文書別本〈開蒙要訓〉殘片考》(《敦煌研究》5 期)對大谷 3574 等 11 件文書殘片和大谷 10313（A）、10313（C）分別進行了考釋與綴合,指出兩者均爲《開蒙要訓》,此兩種《開蒙要訓》是不同於之前已經認定的敦煌及吐魯番本《開蒙要訓》的"別本《開蒙要訓》"。

五、考古與文物保護

考古與文物保護是吐魯番學研究的基礎,本年度在此領域成果豐碩。出版專著有:吐魯番博物館、吐魯番學研究院編《絲路遺珠:交河故城、高昌故城申報世界文化遺產文物精品展》(上海古籍出版社)以圖片的形式再現了高昌、交河故城的出土文物。新疆維吾爾自治區文物局編《西域文物考古全集》(新疆美術攝影出版社)分"研討與研究卷"、"精品文物圖鑒卷"、"不可移動文物卷"三大卷 39 册對新疆的古城址、古墓葬、古建築、石窟寺、石刻等文物資料進行整理出版。

發表考古簡報三篇,分別是:吐魯番學研究院《新疆吐魯番阿斯塔那墓地西區 2004 年發掘簡報》(《文物》7 期)公佈了 2004 年對阿斯塔那西區 9 座墓葬的發掘情況,墓葬形制均爲斜坡墓道土洞室墓,隨葬品多爲陶、木器和文書,並公佈了文書的圖片和錄文,推測這批墓葬年代應在唐西州時期。吐魯番學研究院、新疆文物考古研究所《吐魯番加依墓地發掘簡報》(《吐魯番學研究》1 期)介紹了 2013 年 12 月到 2014 年 1 月間吐魯番加依墓地 217 座墓葬的發掘情況,詳細梳理了墓葬形制及出土器物,推定墓葬時間爲公元前 10 世紀至前 2 世紀,當時的人群以遊牧爲主,文化屬"蘇貝希文化"。吐魯番學研究院考古研究所《吐魯番阿斯塔那古墓群Ⅱ區 M411 的搶救性發掘簡報》(《吐魯番學研究》2 期)是吐魯番學研究院考古所 2014 年 7 月對吐魯番阿斯塔那古墓群Ⅱ區 M411 進行搶救性發掘的成果簡報,對墓葬地理位置、墓葬形制和出土的 17 件陶器和 1 件泥燈做了介紹,判定此墓爲唐西州時期遺址,推測此墓被盜之前應有數量可觀的隨葬器皿。

出土器物的研究有：祖力皮亞·買買提《從考古發現看吐魯番蘇貝希文化的木器製作技藝》(《吐魯番學研究》1 期)介紹了吐魯番蘇貝希文化遺址出土木器的加工工具以及砍削、雕刻、鑽孔、粘合、抛光等加工技術,指出吐魯番出土的史前時期木器種類齊全,製作技藝精湛。魯禮鵬《吐魯番阿斯塔那墓地出土木案類型學研究》(《吐魯番學研究》1 期)將阿斯塔那墓出土的 24 件木案分爲單體類和拼接組合類兩大類進行特徵分析,總結出兩者在製作工藝和器型上的特徵,對這些木案進行了斷代分期。張統亮《吐魯番大墩子出土陶器探析》(《鴨緑江》6 期)分析了大墩子出土陶器少且很少有大型彩陶的原因,並對其器型、紋飾及所蘊含的時代背景和文化信息進行了介紹。艾克拜爾·尼牙孜《新疆出土的青銅至早期鐵器時代馬鑣的研究》(《吐魯番學研究》1 期)將新疆地區近年來考古發現的馬鑣分爲無孔帶槽和有孔兩類進行了介紹,對之進行分期,並與同時期歐亞草原遊牧文化區出土的同類器材進行比較研究。張弛《黄文弼在新疆考察所見古代西域十二生肖文物》(《吐魯番學研究》2 期)梳理了自漢至唐十二生肖的發展與變化,認爲西域長期存在兩種生肖文化系統,一類以中國的十二生肖紀年爲載體,表現在陪葬生肖俑上;另一類以佛教造像爲載體,與宗教生活相關。巴音其其格《試析阿斯塔那出土織錦覆面的文化意義》(《絲綢之路》10 期)一文整理了阿斯塔那墓葬出土的織錦覆面,並將前輩所論述的文化内涵分爲"冠服制度説"、"身份象徵説"、"靈魂崇拜説"、"避免恐怖説"及"其他"五類,認爲覆面中包含著中原喪葬習俗,其紋飾受到西域文化的影響。陸錫興《吐魯番眼籠考》(《中國國家博物館館刊》1 期)指出吐魯番文獻中的"眼籠"是一種眼罩,鑽孔眼籠的作用是"爲了保護眼睛少受風沙和陽光的侵害",墓葬出土眼籠分爲實用器和明器兩種,並推測金屬眼籠産自吐魯番本土。衛斯《吐魯番三大墓地隨葬彩繪木鴨習俗研究——兼與張弛先生商榷》(《吐魯番學研究》2 期)對吐魯番阿斯塔那、哈拉和卓、巴達木墓地出土彩繪木鴨進行了考證,指出隨葬彩繪木鴨除漢人外還有"昭武九姓"等少數民族,彩繪木鴨不是酒具,其原型來自内地戰國時期至唐代隨葬品中的"鴨俑",其文化意義更多的是爲"滿足死者對曾經有過的美好生活的留念和追憶"。高啓安《吐魯番出土"草編粽子"名實辨考》(《吐魯番學研究》1 期)對將大谷探險隊在吐魯番搜集到的連綴草編物定名爲"粽子"的觀點提出質疑,指出此物實爲香囊。劉思源《我國墓葬死者口中含幣習俗溯源》(《新西部》11 期)對阿斯塔那墓葬死者口含錢幣的現象進行溯源,指出漢代以前,死者口中所含的玉、貝等物並不具有貨幣性質,漢唐出現的漸多的口含流通貨幣的現象可能與外來文化的推動有密切關係。張淑萍、艾麗《隴中:中國民俗剪紙之源——吐魯番出土剪紙的再論證》(《甘肅高師學報》

3 期)對吐魯番阿斯塔那、哈拉和卓墓地出土的 8 件北朝時期的剪紙進行介紹,分析其花紋的文化內涵,指出中國剪紙藝術的源流可能爲隴中地區。孫維國《新疆發現裝飾獵獅紋樣文物的特徵及其文化源流初探》(《新疆藝術學院學報》2 期)整理了 5 件阿斯塔那出土的織物與箭箙上裝飾獵獅紋樣的文物,並指出這批紋樣呈現了"狩獵者與獵物相分離"、"世俗生活内容佔主導地位"、多民族文化交融、具有"明顯的時代風格"四大特點,認爲此紋樣受到了中亞波斯文化的影響,且可以追溯到西亞兩河流域文化。金少萍、王璐《中國古代的絞纈及其文化內涵》(《煙臺大學學報》3 期)綜合運用傳世史料、阿斯塔那出土織物實物、卷軸畫、石窟壁畫、唐三彩、陶俑等文物資料,研究了絞纈的名稱、類別、功用、技法、對藝術的影響等問題。

遺址調查與文物保護的研究成果有:張安福、田海峰《環塔里木絲綢之路沿綫漢唐時期歷史遺存調查》(《石河子大學學報》5 期)介紹了吐魯番、龜茲、樓蘭、莎車、尼雅等地漢唐時期環塔里木絲路沿綫城址烽燧、環塔里木佛教遺址。毛筱霏、趙冬、張衛喜《高昌故城遺址主要病害與保護措施研究》(《世界地震工程》4 期)分析了遺址的土體賦存環境及化學、物理特性,指出遺址土體穩定性是遺址面臨的最大問題,可通過加固地基、基礎托換及錨桿錨固等措施進行遺址保護。陳義星《飲馬傍交河,故城幾春秋——新疆吐魯番交河故城保護》(《中華建設》9 期)介紹了交河故城遺址保護的"打點滴"法,並介紹了自 1992 年以來對保護交河故城而做的投入和保護計劃。鄭海玲、周暘、徐東良、瑪爾亞木·依不拉音木、趙豐《新疆吐魯番阿斯塔納出土唐代米色絹襪的現狀評估》(《文物保護與考古科學》2 期)使用掃描電子顯微鏡、紅外光譜、熱分析、氨基酸分析等方法對出土的唐代米色絹襪進行評估,指出其"纖維表面粗糙、結構疏鬆,熱分解温度明顯降低,氨基酸含量發生變化",保存現狀差。李媛《唐代白色絹襪修復報告》(《吐魯番學研究》1 期)詳細呈現了阿斯塔那古墓群 M150 號墓中出土的一雙絹襪的修復過程,並提出文物長期保存的環境要求,推測該襪子的製作過程,認爲可能是作爲冥器之用。楊麗蔚《淺議出土立體紡織品文物的解體修復與復原》(《吐魯番學研究》2 期)簡要介紹了立體紡織品文物解體修復過程中應遵守的原則和注意的問題,並以阿斯塔那麴氏高昌張氏墓區出土的一件"唐黄底褐色幾何紋錦雞鳴枕"與阿斯塔那墓群出土的"彩色絲綫編織鞋"的清理及修復過程爲例,進行了説明。吐魯番學研究院技術保護研究所《吐魯番新區徵集的察合台文文書清洗修復報告》(《吐魯番學研究》1 期)從文書現狀、清洗修復原則、清洗室及儲存室的環境狀況、清洗修復過程等幾方面介紹了對從吐魯番市新區徵集的 1000 餘件察合台文文書進行清洗修復的情況。

六、藝　術

對石窟、壁畫及造像藝術的研究專著有：上海藝術研究所、新疆藝術研究所、新疆維吾爾自治區博物館、吐魯番地區文物局主編《高昌藝術研究》（上海古籍出版社）對高昌地區的繪畫、雕塑、建築、音樂、舞蹈、服飾、書法、篆刻、工藝美術、戲劇等藝術形式進行全面研究，並附有圖版。論文有黃劍華《佛教東傳與絲路石窟藝術》（《美育學刊》2 期）詳細介紹了絲路沿綫龜兹、于闐、吐魯番、敦煌、河西等地區的佛教遺址、石窟建築以及具有濃厚犍陀羅藝術風格的壁畫等文化遺産。熱娜·買買提《柏孜克里克第 20 窟〈佛本行經變圖〉中的瓔珞紋樣小考》（《裝飾》7 期）研究了柏孜克里克第 20 窟《佛本行經變圖》中瓔珞的造型、紋樣、材質與顔色，認爲其具有濃鬱的宗教特徵、外域特徵及獨特的高昌地域特徵。鍾麗娟《淺談唐代絲綢之路景教繪畫》（《絲綢之路》10 期）梳理了部分現存景教繪畫藝術，其中包括高昌故城遺址中景教寺院内的《棕枝主日圖》。陳玉珍、陳愛峰《大桃兒溝第 9 窟八十四大成就者圖像考釋》（《敦煌研究》6 期）著重分析了大桃兒溝第 9 窟中殘存壁畫的内容，指出第 9 窟壁畫爲佛教密宗的八十四大成就者，並將其與莫高窟第 465 窟及西藏江孜白居寺的圖像進行比對，指出第 9 窟圖像與莫高窟第 465 窟出自同一底本。阮榮春、李雯雯《西域佛教造像的源流與發展》（《民族藝術》5 期）分西方古典樣式、犍陀羅樣式、印度樣式、東方埃及樣式、波斯樣式、中原樣式及西域本土樣式等幾個方面，論述了西域地區造像的藝術源流及其發展變化。馬世長《新疆石窟中的漢風洞窟和壁畫》（《中國佛教石窟考古文集》，商務印書館）對龜兹、疏勒、高昌石窟中的漢風洞窟形制和壁畫進行了研究。

劉玉婷《從阿斯塔那出土織物分析唐代服飾圖案的藝術形式》（《金田》7 期）分析了阿斯塔那墓出土的唐代服飾上的圖案紋樣及其構圖形式。鄺楊華、劉輝《漢唐刺繡圖案構圖研究》（《絲綢》8 期）對絲綢之路沿綫出土的 200 餘件漢唐刺繡的圖案構圖進行分析，指出構圖類型有並列式、二二錯排式、對稱均衡式、幾何骨架和自由式。葉爾米拉、雷歡《傾國傾城之桃花玉面——吐魯番阿斯塔那古墓出土仕女俑鑒賞》（《文物鑒定與鑒賞》12 期）賞析了吐魯番阿斯塔那 206、188、214 號墓出土仕女俑的妝容，認爲與中原地區同時期的女俑頗多相似，反映了我國嚴謹的厚葬制度。牛金梁《阿斯塔納張雄夫婦墓出土彩塑俑的造型風格辨析》（《裝飾》5 期）通過分析張雄夫婦墓出土彩俑的著裝、人種、俑的製作材質，指出張雄墓中出土的彩塑泥俑存在漢、胡兩種不同的造型風格，既反映了兩種文化，也體現了從麴氏高昌到唐西州的時代變遷。

書法藝術方面,毛秋瑾《敦煌吐魯番文獻與名家書法》(山東畫報出版社)研究了敦煌吐魯番寫本中與王羲之書法有關的寫本的書寫年代、書寫者身份、書體與書法風格等問題;介紹了裴行儉的經歷、在初唐的書法地位及影響,並討論了敦煌吐魯番本《文選》的書法藝術特點及其與裴行儉的關係。

七、學術綜述與書評

本年度發表的綜述性文章有:黃曉新《新疆歷史文獻綜述》(《新疆新聞出版》4 期)指出新疆歷史文獻具有總量豐富、多民族多語種、文獻價值高、分佈範圍廣的特點,介紹了其類別和收藏情況。陳麗萍、趙晶《日本杏雨書屋藏敦煌吐魯番文書研究綜述》(《2014 敦煌學國際聯絡委員會通訊》)主要對《敦煌秘笈影片冊》刊佈以來,學界的各項活動和相關成果作了簡要介紹和總結,指出研究成果的特點。朱艷桐《2013 年吐魯番學研究綜述》(《2014 敦煌學國際聯絡委員會通訊》)將 2013 年吐魯番學的 8 部專著、6 部論文集以及 131 篇論文分為文獻、歷史、經濟、社會文化、民族、宗教、考古、藝術、語言文字、學術評價、專著與文集共十一個類別進行了全面的概述。張宗品《近百年來〈史記〉寫本研究述略》(《古籍整理研究學刊》3 期)介紹了包括德藏唐初吐魯番寫本《仲尼弟子列傳》殘片在內的各國藏《史記》古寫本,並對文本校勘、傳播等方面的研究成果進行回顧,分析了未來的研究方向。陳習剛《吐魯番唐代軍事文書研究述論》(《唐史論叢》19 輯)梳理了吐魯番唐代軍事文書的主要刊佈情況,分軍府、軍鎮、征鎮征行、鎮戍、烽鋪、軍馬、軍屯幾方面對研究現狀進行述評,並總結了其學術價值,對未來的研究方向進行了展望。彭麗華《唐五代工匠研究述評》(《井岡山大學學報》2 期)將學界對唐五代工匠的研究成果分為依托傳世典籍、依據敦煌、吐魯番出土文書、依托《天聖令》三個階段進行概述。李梅《20 世紀以來〈彌勒會見記〉研究綜述》(《西域研究》2 期)詳細梳理了 20 世紀以來《彌勒會見記》的文本、版本、釋讀、成書年代、文學體裁、宗教、語言等方面的研究成果。尼古拉斯·辛姆斯—威廉姆斯撰、畢波譯《粟特語基督教文獻研究近況》(《新疆師範大學學報》4 期)梳理了近年來新疆特別是吐魯番地區發現的粟特語基督教文獻的研究成果,並指出這批文獻的價值。甘大明《粟特文古籍的整理研究》(《四川圖書館學報》2 期)介紹了穆格山、吐魯番、蒙古國等地出土的粟特文文書、碑刻等文獻的整理刊佈情況與研究成果。王靜《新疆境內出土景教遺物綜述》(《西北工業大學學報》2 期)詳細介紹了吐魯番和阿力麻里出土的景教遺物及文書,對吐魯番水盤遺址景教寫本的整理刊佈與研究情況作了梳理,介紹了高昌城東門外的建築遺址內壁畫的研究成果。楊斌《卜天壽所抄五言詩作者及"側書"問題述評》(《蘭州教育學院學報》8期)梳理了吐魯番出土文書《唐景龍四年(710)卜天壽抄〈十二月新三臺詞〉及諸五言詩》中第 5 首詩《他道側書易》的作者、"側書"的理解等相關研究成果,並認爲此詩可能産生於敦煌吐魯番地區,且吐魯番的可能性更大。于業禮《新疆出土醫藥文獻研究概述》(《中醫文獻雜誌》3 期)分漢語和胡語兩類概述了新疆出土醫藥文獻的研究現狀,指出當前的研究存在研究還比較零散、從事研究的專業醫學人員較少,以及研究僅限於文獻研究而未能與臨牀相結合的問題。

書評主要有靈均《走出書齋　面向現實——讀〈文本解讀與田野實踐:新疆歷史與民族研究〉》(《西域研究》3 期)敍述了王欣《文本解讀與田野實踐:新疆歷史與民族研究》一書各章的主要内容,總結該書的 4 個特點,認爲該書既有"文獻解讀與文本分析",又注重"田野調查"。尹波濤《何謂西域,誰之新疆——〈文本解讀與田野實踐——新疆歷史與民族研究〉讀後》(《中國邊疆史地研究》2 期)概述了王欣《文本解讀與田野實踐——新疆歷史與民族研究》一書的主要内容,認爲作者能夠巧妙發揮新舊史料各自的特點,合理運用,且注重將研究視角放在民族遷徙、融合的背景下,但此書也存在問題,如缺乏嚴謹的體例。孫麗萍《〈唐安西都護府史事編年〉評介》(《華夏文化》4 期)指出石墨林編著、陳國燦校訂的《唐安西都護府史事編年》匯集了歷代史料和出土文獻中與唐代安西都護府的相關記載。孫麗萍認爲此書有兩大亮點:史料後的提按訂正了史料記載的失誤;編年體總的編纂體例下靈活運用多種編纂方法,並指出此書存在的問題是個別史料未予收録引用。

八、其　他

吐魯番學研究史方面,高奕睿、橘堂晃一著,郎朗天譯,肖小勇審校《日本的中亞探險:大谷探險隊及其與英國的聯繫》(《西域研究》1 期)介紹了英國皇家地理學會所藏關於大谷光瑞西域探險的資料,論述了大谷探險隊和英國皇家地理學會的密切聯繫,並指出這些零星資料的價值所在。馬曼麗《日本大谷光瑞考察隊及其敦煌、于闐探寶》(氏著《塞外文論——馬曼麗内陸歐亞研究自選集》,蘭州大學出版社)介紹了大谷探險隊在敦煌、于闐地區的考察經歷。孫麗萍《黄文弼與新疆考古》(《華夏文化》1 期)簡述了黄文弼在新疆考古、吐魯番學、簡牘學等方面的重要貢獻。王新春《黄文弼與西北文獻的蒐集整理與研究》(《簡牘學研究》5 輯)介紹了黄文弼西北考察的經過,梳理了其所獲文獻的保存、流散、整理與刊佈情況。羅慧《饒宗頤與香港敦煌吐魯番研究中心》(《華南師範大學學報》3 期)主要介紹了香港敦煌吐魯番研究中心的創辦時間、經費來源、運營模式、主要貢獻與成就、學術交流活動以及香港大學"饒宗頤學術館"的學術活動及貢獻等。

　　吐魯番文書研究方面,張遠華《〈吐魯番出土文書〉圖文本與釋文本對照(二)》(《吐魯番學研究》2期)爲作者同名文章(《吐魯番學研究》2013年1期)的續篇,編製了十册録文本與四册圖文本《吐魯番出土文書》的對照表,内容包括墓葬編號、墓葬時代、文書名稱、録文本與圖文本所在的册、頁、數量。趙彦昌、李兆龍《吐魯番文書編纂沿革考(下)》(《檔案學通訊》1期)是作者同名文章(見《檔案學通訊》2013年6期)的下篇,梳理了全面繁榮階段吐魯番文書國内外的編纂活動和編纂成果。武宇林《日本龍谷大學圖書館藏西域文物資料考述》(《圖書館理論與實踐》5期)對《大谷探險隊將來——西域文化資料選》中列舉的部分西域文物及文獻資料進行編譯考述,包括天山植物、石窟墓葬圖片、阿斯塔那出土染織品、敦煌古寫經。另有兩篇文章論述了吐魯番出土文獻的價值與意義:張涌泉、秦樺林《手寫紙本文獻:中華文明傳承的重要載體》(《浙江社會科學》3期)概述了敦煌文獻、吐魯番文獻、黑水城文獻、宋元以來契約文書、明清檔案等寫本文獻的刊佈情況,論述了手寫紙本文獻的特點與地位,指出現階段急需創建手寫紙本文獻學的理論體系。劉後濱《古文書學與唐代政治史研究》(《歷史研究》6期)提出簡牘、敦煌吐魯番出土文書、南宋徐謂禮文書等,對於從政務運行角度研究唐宋政治制度史具有重要作用,但也要注意這些資料的局限性,並指出唐令及《天聖令》的整理與研究能夠起到溝通傳世史料與敦煌吐魯番文書的作用。

　　總體而言,隨著新資料的發現與公佈,本年度的吐魯番學研究在政治史、軍事史、經濟史、文物保護與研究等領域的研究更加深入,選題不斷豐富,對以往學術成果的反思、檢討與總結更加全面。但要注意在推進精細化、專業化研究的同時,也要注重整體性理論體系的研究。

英藏敦煌文獻基本情況研究綜述
宋雪春(上海師範大學)

英藏敦煌文獻指斯坦因(M. A. Stein)分别於1906—1908年第二次中亞考察和1913—1916年第三次中亞考察期間在莫高窟藏經洞所獲的全部敦煌文獻,包括現藏於英國博物館(又稱"大英博物館")、英國國家圖書館、印度事務部圖書館以及印度新德里國立博物館的所有藏品。所謂英藏敦煌文獻的基本情況,指的是其來源、數量、保存情況和主要内容等。本文擬對一百多年來學術界對以上問題的研究情況試作回顧。

國人對英藏敦煌文獻的專門考察可追溯至20世紀30年代。1936年9月至1937年8月,向達調查了英國博物館藏敦煌文獻,共寓目漢文、回鶻文寫卷500號左右。向氏不僅對大批文獻作了詳細記録,還拍攝了七十餘種珍貴照片[1]。1957年,劉銘恕依據縮微膠卷編成《斯坦因劫經録》[2],與翟理斯所編《大英博物館藏敦煌漢文寫本注記目録》[3]各有短長,可互相補充。1982年,張廣達赴倫敦、巴黎調查英國圖書館和巴黎國立圖書館等處敦煌文獻的收藏情況,並帶回一些草目性質的材料。1985年,榮新江詳細考察了英國圖書館東方寫本與圖書部、印度事務部圖書館、英國博物館東方古物部、牛津大學包德利圖書館、英國皇家亞洲協會圖書館等機構所藏敦煌西域文獻的收藏和研究情況[4]。1991年,方廣錩和榮新江應邀分别爲S.6891號以下的佛教文獻和

---

[1] 國家圖書館善本特藏部編《王重民向達所攝敦煌西域文獻照片合集》(全30册),北京圖書館出版社,2008年。另可參北平圖書館善本部寫經組編目的《倫敦博物院藏敦煌本照片目録》(現藏國家圖書館古籍部);向達《影攝倫敦敦煌寫本工作報告》,《國立北平圖書館館務報告》(民國二十六年七月至二十七年六月),附録第1—4頁。

[2] 劉銘恕《斯坦因劫經録》,收入王重民主編《敦煌遺書總目索引》,北京:商務印書館,1962年。值得一提的是,敦煌研究院施萍婷所編《敦煌遺書總目索引新編》(北京中華書局於2000年出版),相較《敦煌遺書總目索引》取得了新的進步:首先,在保留了王重民、劉銘恕、陳垣等諸先生對一些條目的説明的同時,增加了許多新的條目;其次,在標題之後加入"首題"、"原題"、"首尾俱全"等標誌,在"説明"項中增加了"中有品題";同時,在定名和釋録方面,也修正了以往研究的漏訛之處。

[3] 翟理斯《大英博物館藏敦煌漢文寫本注記目録(敦煌漢文寫本書解題目録 L. Giles: *Descriptive Catalogue of the Chinese Manuscripts from Tunhuang in the British Museum*)》,英國博物館董事會出版,1957年;後收入黄永武主編《敦煌叢刊初集》(一),臺北:新文豐出版公司,1985年,第1—334頁。1963年,時任英國圖書館中文部主任的格林斯泰德(Eric D. Grinstead)編成《英國博物館藏敦煌漢文寫本注記目録題名索引》(英國博物館董事會,1963年),對翟理斯所編目録的每條題名按拉丁字母順序重新排列(兼及寫本中印鑒、紙色等),可與翟目本身的索引相互補充,可視作翟目的一部分來使用。白化文對比了上列兩種索引的優缺點,值得參看,參閲《敦煌文物目録導論》,臺北:新文豐出版公司,1994年,第83—84頁。

[4] 榮新江《歐洲所藏西域出土文獻聞見録》,《敦煌學輯刊》1986年第1期,第120—121頁;同氏《英倫印度事務部圖書館藏敦煌西域文獻紀略》,《敦煌學輯刊》1995年第2期,第1—8頁。另可參氏著《海外敦煌吐魯番文獻知見録》,南昌:江西人民出版社,1996年,第1—39頁;氏著《敦煌學十八講》,北京:北京大學出版社,2001年,第87—97頁。

社會文書殘卷進行整理和編目,均取得重要成果①。在敦煌文獻發現一百周年之際,郭鋒、劉忠分別梳理和評價了英藏敦煌漢藏文獻的來源、收藏保存、整理編目及刊佈的相關情況②。自1981年至今,《敦煌寶藏》③、《英藏敦煌文獻(漢文佛經以外部分)》④、《英國國家圖書館藏敦煌遺書》⑤、《英國國家圖書館藏敦煌西域藏文文獻》⑥等大型圖錄的相繼刊佈,使學界全面認識英藏敦煌文獻的整體面貌成爲可能。流失海外的敦煌文獻以出版的方式得以回歸,十分便於國內外學者的查閱和研究,尤其改變了國內學者過去在資料佔有方面的不便和缺憾。

一、來　　源

英藏敦煌文獻主要是斯坦因第二、第三次中亞考察在敦煌藏經洞所獲收集品。榮新江詳細考察了英藏敦煌文獻的具體來源,介紹指出斯坦因在第二次中亞考察期間走訪莫高窟,掠走藏經洞出土文獻24箱、絹畫和其他絲織品等文物5箱;第三次中亞考察時再到莫高窟,從王道士手中又獲得570件敦煌藏經洞寫本。郭鋒補充論述了斯坦因對敦煌文獻的"掠取"時間和細節:1907年6月13日,斯坦因帶著裝滿7箱的手稿和裝滿5箱的繪畫品及織物品,離開莫高窟去安西繼續他的考察;10月2日,斯坦因派遣蔣孝琬再次深入莫高窟,獲取230個捆包近3000件漢文吐蕃文及中亞語言文字寫卷寫本;1914年3月底至4月初,斯坦因在第三次中亞探險中再赴莫高窟,依然拿到王道士私匿下來的570份卷子寫本⑦。王冀青從檔案材料著手,以1907年斯坦因與王圓籙及敦煌官員之間的交往爲綫索,考察了斯坦因在第二次中亞探險中,充分利用當時的官民矛盾和衝突,並通過蔣孝琬的周旋和幫助,從王圓籙處騙

---

① 榮新江《英國圖書館藏敦煌漢文非佛教文獻殘卷目錄(S.6981—13624)》,臺北:新文豐出版公司,1994年;同作者《〈英國圖書館藏敦煌漢文非佛教文獻殘卷目錄〉補正》,宋家鈺、劉忠主編《英國收藏敦煌漢藏文獻研究——紀念藏經洞發現一百周年》,北京:中國社會科學出版社,2000年,第379—387頁;方廣錩《英國圖書館藏敦煌遺書目錄(斯6981號—斯8400號)》,北京:宗教文化出版社,2000年。
② 郭鋒《敦煌漢文文獻》,宋家鈺、劉忠主編《英國收藏敦煌漢藏文獻研究——紀念敦煌文獻發現一百周年》,第41—43頁;劉忠《敦煌藏文文獻》,第43—75頁。
③ 黃永武主編《敦煌寶藏》(1—55),臺北:新文豐出版公司,1981—1983年。
④ 中國社會科學院歷史研究所、英國國家圖書館合編《英藏敦煌文獻(漢文佛經以外部分)》(1—14),成都:四川人民出版社,1991—1995年,第15卷於2009年出版。《英藏敦煌文獻》第15卷爲目錄册,包括英國國家圖書館藏斯坦因編號敦煌漢文佛經以外文獻目錄、英國國家圖書館藏敦煌刻本文獻目錄、英國原印度事務部圖書館藏敦煌文獻漢文部分目錄、英國國家博物館藏敦煌絹紙畫及寫本上漢文部分文獻目錄。另可參楊寶玉《英藏敦煌文獻》,《中國典籍與文化》1992年第1期,第46—48頁;同作者《英藏敦煌漢文文獻目錄述要》,郝春文主編《敦煌文獻論集——紀念敦煌藏經洞發現一百周年國際學術研討會論文集》,瀋陽:遼寧人民出版社,2000年,第75—90頁。
⑤ 方廣錩、吳芳思主編《英國國家圖書館藏敦煌遺書》,桂林:廣西師範大學出版社,1—20册,2011年;21—30册,2013年;31—40册,2014年。該叢書計劃出版120册,目前仍在編輯出版中。
⑥ 金雅聲、趙德安、沙木主編《英國國家圖書館藏敦煌西域藏文文獻》(1—6),上海:上海古籍出版社,2011—2014年。
⑦ 郭鋒《敦煌漢文文獻》,宋家鈺、劉忠主編《英國收藏敦煌漢藏文獻研究——紀念敦煌文獻發現一百周年》,第41—43頁。

取大批藏經洞文獻的經過①,補充了斯坦因劫掠敦煌寶藏的具體時間和所涉人物的細節,頗具參考價值。

二、數　　量

斯坦因在兩次中亞探險中共獲取了 24 箱出土文獻,外加 570 件寫本、5 箱絹畫和其他絲織品等。近百年來,經過幾代學人的不懈努力,英藏敦煌文獻中的漢文、胡語文獻,以及絹畫等文物的確切數量也逐漸明晰。

（一）漢文文獻。翟理斯(Lionel Giles)自 1919 年即開始著手編目的《大英博物館藏敦煌漢文寫本注記目錄》②至 1957 年終於出版,該目著錄了斯坦因收集品中漢文文獻的 1—6980 號和 19 號印本。除此之外,尚有數千件殘卷和殘片未予編目。20 世紀 80 年代,黃永武主編的《敦煌寶藏》著錄英藏敦煌文獻至 7599 號。1991 年,榮新江在對翟理斯編目剩餘殘卷進行調查時,指出英藏敦煌文獻中漢文寫本已達 13677 號③。1995 年出版的《英藏敦煌文獻》第十四册著錄至 13650 號。2007 年,方廣錩據最新掌握的資料,指出英藏敦煌文獻漢文部分目前已編至 13900 號,其中前 7000 號相對比較完整,後 7000 號大抵爲殘片,還有 20 餘號木刻品另行編號,同時在非漢文部分也夾雜了 100 多號漢文遺書,如此漢文部分總計可達 14000 號左右④。

（二）胡語文獻。斯坦因所盜劫的敦煌文獻中除了數以萬計的漢文寫本外,還有大量用藏文、于闐文、梵文、粟特文、回鶻文等文字書寫的卷子。方廣錩指出:"至 2007 年,英藏敦煌文獻中的非漢文部分包括梵文、于闐文、粟特文、藏文、龜兹文、回鶻文等各種文字寫本的總數在 3000 號以上,但至今缺乏完整的目錄。"⑤比利時佛學家瓦雷·普散(Vallee Poussin)曾爲敦煌藏經洞所出藏文寫卷編目⑥,其成果《印度事務部圖書館藏敦煌藏文寫本目錄》⑦著錄 765 號藏文佛典。由西

---

① 王冀青《1907 年斯坦因與王圓籙及敦煌官員之間的交往》,《敦煌學輯刊》2007 年第 3 期,第 60—76 頁。
② 王冀青指出在翟理斯所編《大英博物館藏敦煌漢文寫本注記目錄》中誤收 S.6964、S.6967、S.6970、S.5862、S.6965、S.6969、S.5864、S.5868、S.6966、S.6968、S.6972、S.5867、S.5870、S.5871、S.5872、S.5869、S.6971十七件和闐文書,參閱《〈英國博物院藏敦煌漢文寫本注記目錄〉中誤收的斯坦因所獲和闐文書辨釋》,《敦煌學輯刊》1987 年第 2 期,第 94—108 頁。
③ 榮新江《英國圖書館藏敦煌漢文非佛教文獻殘卷目錄(S.6981—13624)》,第 25—29 頁。
④ 方廣錩《方廣錩敦煌遺書散論》,上海:上海古籍出版社,2010 年,第 94 頁。
⑤ 方廣錩《敦煌遺書三題》,《吳越佛教》第二卷,北京:宗教文化出版社,2007 年,第 6 頁,後收入氏著《方廣錩敦煌遺書散論》,第 94 頁。
⑥ 關於普散對英藏藏文文獻的編目和定名的述評,可參劉忠《敦煌藏文文獻》,宋家鈺、劉忠主編《英國收藏敦煌漢藏文獻研究——紀念敦煌文獻發現一百周年》,第 74—78 頁。
⑦ 瓦雷·普散《印度事務部圖書館藏敦煌藏文寫本目錄》,牛津大學出版社,1962 年。20 世紀 60 年代初,榎一雄將印度事務部圖書館所藏大部分藏文文書的縮微膠卷購回日本,並編撰新的目錄。1977—1978 年,東洋文庫出版了《斯坦因搜集藏語文獻解題目錄》12 册,除了對普散已編文書重新編目整理外,還著錄了普散未收的藏寫本。後附《斯坦因收集敦煌藏語文獻各種番號對照表》、《本分册所收文獻番號一覽表》和《藏漢文書所在一覽表》,有助於人們瞭解印度事務部所藏敦煌西域藏文文書的全貌。轉引自榮新江《海外敦煌吐魯番文獻知見錄》,第 31—32 頁。

北民族大學、上海古籍出版社和英國國家圖書館合編的《英國國家圖書館藏敦煌西域藏文文獻》計劃出版全部英藏敦煌藏文文獻的圖版,至目前已出版六册,圖錄編號至5371。

(三)絹紙繪畫等。斯坦因自藏經洞所劫敦煌絹紙繪畫等文物的數量也相當可觀。1918年,任職於英國博物館的魏禮(Arthur Waley)編成《斯坦因敦煌所獲繪畫品目錄》①,對英國博物館和德里中亞古物博物館藏品分別著錄,共計收入絹紙繪畫、板畫、刺繡等500餘件。該目是研究敦煌繪畫不可或缺的參考書。

三、保存與修復

有關英藏敦煌文獻的保存狀況,體現爲保護與修復、庋藏地點的變化兩個方面。

(一)保護與修復。早在20世紀30年代,王重民自巴黎訪英考察斯坦因所獲敦煌文獻,簡單介紹了這批文獻的庫藏方式:"用書架先繞四壁一周,中間復並列二排,恰成一隸書之'目'字形。架上遍置長方盒,盒有隔,成爲上下二層,每盒長可二尺,寬約尺半,駢置經卷於其中。蓋其寬適爲經卷之長度,而其長又適可容駢列之經卷從二十乃至三十也。則每盒視卷子之粗細,容四五十卷或六七十卷不等。盒面施以緑漆,頗秀雅。"②近年來,方廣錩考察了多國收藏機構之敦煌文獻的保存情況,指出:"英國圖書館的敦煌遺書現存放在恒温、恒濕的書庫内,絕大部分備有特製的專用藏櫃。每號遺書均有特定的架位,不擠不靠,整齊碼放。"③同時指出印度新德里博物館所藏敦煌遺書都展平夾在玻璃板中陳列④。

郭鋒詳細介紹了近百年來大英博物館和英國圖書館對敦煌文獻進行保存和修復的大致歷程,指出修復和保存技術隨著時代的推進也在不斷地革新:初期的修復工作,主要是簡單地用薄紙條襯粘到卷子破損處的背面;1919年,翟理斯開始主持編目整理工作後,英博修復室採用了新的裝備修復手段,即使用厚灰紙和漿糊來修補卷子和製片;"二戰"後至70年代,先後嘗試過用

---

① 魏禮《斯坦因敦煌所獲繪畫品目録》,1931年。
② 王重民《英倫所藏敦煌經卷訪問記》,《大公報·圖書副刊》,1936年4月2日,後收入氏著《敦煌遺書論文集》,北京:中華書局,1984年,第1—6頁。二十年後,王慶菽訪問英倫,對斯坦因所劫寫卷的庋藏情況亦略有提及:"他們載在長約二尺餘,寬和高約尺餘的藍色紙盒内,每盒分爲二格,上格放十五卷,下格放十五卷的爲最多數,間有每盒放十卷的,也有因卷子只爲一頁,每盒即放數十卷的。"參閲王慶菽《英法所藏敦煌卷子經目記》,《文物》1957年第5期,第57—59頁。
③ 方廣錩《關於敦煌遺書的流散、回歸、保護與編目》,《中國社會科學院通訊》改版試刊12、13號連載,1998年11月18、27日,後收入氏著《方廣錩敦煌遺書散論》,第85頁。
④ 方廣錩《關於敦煌遺書的保管與修復》,國家圖書館編《文明的守望——古籍保護的歷史與探索》(卷首語),北京:北京圖書館出版社,2006年,第13頁。

厚牛皮紙作襯紙,用馬尼拉紙修復卷軸,用薄紗襯裱兩面有内容的寫卷,麵糊之外,使用了動物膠製粘劑;後來轉向使用中國字畫的裝裱技術,採用宣紙、絲片和棒軸來裝裱修復寫本。直至 90 年代以來,碎片的修復和保存纔有了行之有效的方法:一是對缺失部分做必要填補,梳理寫本紙纖維邊緣,將梳開纖維粘在鑲邊紙上;一是對較小的製片採取了透明塑膠膠片夾包的形式,"即把殘紙弄乾淨後,輕輕撫平,再夾入兩片非常堅硬的聚酯膠片中"①。方廣錩概括了英國圖書館對敦煌文獻的保護和修復經歷的幾個重要階段:絲網加固、硬紙粘貼、仿造書畫裝裱、塑膠硬膜夾護等②。

（二）庋藏地點的變化。榮新江介紹了斯坦因收集品初藏和分藏的情形,他指出斯坦因收集品中的考古文物材料入藏於大英博物館的東方古物部,文獻材料入藏於東方印本與寫本部③。1973 年,英國圖書館成立,原藏於大英博物館的敦煌文獻,全部移入英國圖書館東方寫本與印本部收藏。另外,郭鋒轉錄了吳芳思通過檔案信件整理的斯坦因所獲敦煌文獻的分配比例和分藏原則:各種語言文字文書分高、中、一般三個檔次判定寫本價值。總數的 4/5 歸英博,1/5 歸英印事務部圖書館。繪畫品,中國風格的歸英博,印度風格的歸英印政府;寫卷寫本中,漢文歸英博,吐蕃文、梵文、婆羅謎文歸英印事務部圖書館;蕃漢雙語文書,3/5 歸英印事務部圖書館,2/5 歸英博④。另外繪畫品也按照一定的比例進行了分藏。

四、主 要 内 容

英藏敦煌文獻内容的逐步披露得益於國内外學者對斯坦因收集品的整理編目和刊佈。不同時期的編目數量逐漸由少到多,著録條目也呈現由粗略到精詳。

（一）漢文文獻。斯坦因劫經自 1909 年鋦閉在不列顛博物院的東方部,因"一戰"爆發等原因很少向外流通。1923 年,羅福萇所譯《倫敦博物館敦煌

---

① 此外,絹紙繪畫絲織品等的展皺裝裱修復由東方古物部修復室負責,以後歸東方古物部東方印刷品與繪畫品分部專管,成立了專門的敦煌絹紙畫修復室。參閱郭鋒《敦煌漢文文獻》,宋家鈺、劉忠主編《英國收藏敦煌漢藏文獻研究——紀念敦煌文獻發現一百周年》,第 45—47 頁。
② 方廣錩《關於敦煌遺書的流散、回歸、保護與編目》,氏著《方廣錩敦煌遺書散論》,第 86—87 頁。
③ 斯坦因收集品運到英國後,文獻部分,凡漢文、粟特文、突厥文、回鶻文材料,歸英國博物館保存;凡于闐文、龜兹文、藏文材料,歸印度事務部保存;梵文寫本,用佉盧文書寫者歸前者,用婆羅謎文書寫者歸後者。其他文物材料,如絹畫、刺繡、木板畫、陶器、木雕、錢幣等,在印度德里中亞古物博物館和英國博物館之間平分。參閱榮新江《海外敦煌吐魯番文獻知見録》,第 6 頁;另可參氏著《敦煌學十八講》,第 87—88 頁;同作者《英倫印度事務部圖書館藏敦煌西域文獻紀略》,第 1—8 頁。
④ 斯坦因第二次中亞西域探險分別由英印政府和大英博物館提供 3∶2 的資助,按協定規定,全部收穫物應在印度和大英博物館兩地分藏。直到 1920 年,一部分物品被送到了印度事務部圖書館,一部分繪畫品被送到了印度德里中亞古物博物館(中亞古物博物館被合併爲印度國立博物館的一部分,成爲新館中亞古物部)。參閱郭鋒《敦煌漢文文獻》,宋家鈺、劉忠主編《英國收藏敦煌漢藏文獻研究——紀念敦煌文獻發現一百周年》,第 44—45、66 頁(注釋四)。

書目》①即本於法國人的轉錄內容。1936年至1937年間,向達赴英倫調查敦煌寫本和漢文古籍,由於遭遇敦煌寫卷保管員翟理斯的百般刁難,只查閱了五百多號卷子。向氏所撰《記倫敦所藏的敦煌俗文學》②是其在倫敦收集敦煌俗講資料的記錄,收錄了敦煌俗文學作品四十餘篇;《倫敦所藏敦煌卷子經眼目錄》③則是作者查閱敦煌寫卷時記下的簡要目錄,成爲當時人們利用查找敦煌藏卷的指南。其後,王重民編輯了《倫敦所見敦煌群書敍錄》④。此外,北京圖書館所編《國立北平圖書館藏海外敦煌遺籍照片目錄》著錄了王重民、向達、于道泉攝自大英博物館的所有敦煌文獻照片,稿本存於國家圖書館古籍部,因未刊佈流通,覽之者不多。

1957年,翟理斯《大英博物館藏敦煌漢文寫本注記目錄》⑤正式出版,該目錄把全部斯坦因所獲敦煌漢文資料分爲佛教文獻、道教典籍、摩尼教經、世俗文書和印本五類,並對每號寫本或印本著錄新編號、題名、卷數及品第、題記,以及書法、紙色紙質、長度等詳細信息,最後是斯坦因編號⑥。與此同時,劉銘恕歷時三個月編成的《斯坦因劫經錄》⑦,用題記、本文和說明三種方式對不同寫卷的內容和特徵進行著錄⑧。總體而言,翟目對佛典的比定和分類貢獻很大,而劉目在四部古籍和一些世俗文書的考訂上頗多貢獻,可補正翟目之不足⑨。

黃永武主編《敦煌寶藏》按編號順序著錄了斯坦因部分S.1—7599和碎片1—197及印本P.1—9號⑩。《敦煌遺書最新目錄》⑪主要是爲配合《敦煌

---

① 羅福萇譯《倫敦博物館敦煌書目》,《國學季刊》第1卷第1期,1923年。
② 向達《記倫敦所藏的敦煌俗文學》,《新中華雜誌》第5卷第13號,1937年,第123—128頁,後收入氏著《唐代長安與西域文明》,石家莊:河北教育出版社,2007年,第224—234頁。
③ 向達《倫敦所藏敦煌卷子經眼目錄》,《圖書季刊》新第1卷第4期,1939年,第397—419頁,後收入氏著《唐代長安與西域文明》,第201—233頁。
④ 王重民《倫敦所見敦煌群書敍錄》,《圖書週刊》第18期,1947年。
⑤ 黃永武對翟目中未知名殘卷一一尋檢,細加比對,共考得三四百號佛教經典,參閱《英倫所藏敦煌未知名殘卷目錄的新探索》(上中下),分別載於《漢學研究通訊》第1卷第2期,1982年4月,第41—43頁;第1卷第4期,1982年7月,第144—146頁;第2卷第1期,1982年10月,第1—4頁。
⑥ 王侃對該目錄的分類情況、編號系統、著錄方式以及附錄製作四個方面進行全面深入的剖析,並對該目錄的特點予以客觀、公正的評價,參閱《〈大英博物館藏敦煌漢文寫本注記目錄〉評述》,上海師範大學碩士學位論文,2008年5月。
⑦ 對於《斯坦因劫經錄》所收漢文寫卷中夾存的藏文寫卷情況,中國藏學中心的陳慶英有過詳細調查,參閱《〈斯坦因劫經錄〉、〈伯希和劫經錄〉所收漢文寫卷中夾雜的藏文寫卷情況調查》,《敦煌學輯刊》1981年創刊號,第111—116頁。
⑧ 王重民《敦煌遺書總目索引》之"後記",北京:中華書局,1983年(再版),第545頁。
⑨ 黃永武針對劉目中的訛誤加以辨識訂補,修正之處多達一千多條,參閱《劉銘恕〈斯坦因劫經錄〉之補正》(上、續),分別載於《文史學報》第12期,1982年,第1—18頁;第13期,1983年,第15—40頁。
⑩ 而所謂197件碎片,實係Or.8212編號下的文書,多爲斯坦因第三次中亞考察在吐魯番、和田、黑城子等地所得,而非敦煌文獻。
⑪ 黃永武編《敦煌遺書最新目錄》,臺北:新文豐出版公司,1986年。其中S.6981—7599是黃氏據縮微膠卷完成的較翟目、劉目爲新的目錄,參閱氏著《六百號敦煌無名斷片的新標目》,《漢學研究》第1卷第1期,1983年,第111—132頁。另可參方廣錩《對黃編〈六百號敦煌無名斷片之新標目〉之補正》,《中華文史論叢》第50輯,上海:上海古籍出版社,1992年,第61頁。

寶藏》使用的工具書。臺灣學者編製的《倫敦藏敦煌漢文卷子目録提要》①，在翟理斯、劉銘恕、黄永武等編目的基礎上，對 S.1—7599 做出分類整理。全書依四庫全書分類法排列，唯宗教典籍另外分類，不入子部。對每一件寫本，著録其書名、作者、斯坦因編號、卷子長度、紙色、全文完缺情况及起訖句，有題記者則照録全文，後爲説明，記録同卷其他情况，或對寫本年代、内容略加考訂。該書在四部古籍的考訂上有所貢獻，且分類編排，便於研討，但未能吸收已有的研究成果②。

  翟理斯對英藏敦煌漢文文獻分類著録僅至 S.6980 號。數十年間，S.6981 以下數千號寫本一直未公佈，其中包括四部書、佛典、道經、公私文書等許多富有研究價值的文獻資料。1991 年，方廣錩和榮新江應邀分别爲這批殘卷編目。榮新江編製的《英國圖書館藏敦煌漢文非佛教文獻殘卷目録（S.6981—13624）》按館藏編號順序排列，一號之内若有不同内容則分别著録。每號文書除擬定標題外，還記述有文書的外觀、内容、專有名詞、題記、朱筆、印鑒、雜寫、年代及與其他寫本的關聯等情况的提要。該目爲學術界瞭解 S.6981—13677 號敦煌寫本中的非佛教文獻提供了極爲方便的研究綫索，是研究敦煌學和古代文史必備的工具書③。S.6981 以下佛教文獻 6400 餘號，方廣錩《英國圖書館藏敦煌遺書目録（斯 6981 號—斯 8400 號）》即這批文獻的階段性編目成果。由於認識的不同，該目增收了諸如法堂請益文、齋文、發願文等具有雙重性質的文獻，並補充了榮目對非佛教文獻收録的少量遺漏。爲了展現英藏敦煌漢文文獻的整體内容，該目還納入榮目已經著録的編目成果，使之成爲一個完整的按流水號編輯的目録。囿於客觀條件的制約，該目僅著録至 8400 號，其後的内容會集中體現在《英國國家圖書館藏敦煌遺書》中。該叢書計劃出版英藏全部敦煌漢文文獻，每册均按英國圖書館收藏敦煌文獻的流水號刊佈圖版並定名，册後附有所收文書的條記目録，涵蓋和吸收了最新的研究成果。《英國國家圖書館藏敦煌遺書》目前已經出版 40 册，編目至 2433 號，對於讀者認識英藏敦煌文獻的總體面貌具有重要意義。

---

  ① "中國"文化大學中國文學研究所敦煌研究所小組編《倫敦藏敦煌漢文卷子目録提要》（全三册），臺北：福記文化圖書有限公司，1993 年。
  ② 榮新江《敦煌學十八講》，第 92 頁。
  ③ 與分類目録相比，按館藏編號順序編製的目録在目前有明顯的優點。其一，目録的編排順序與多數圖書館、博物館的收藏順序一致，與多數敦煌文獻縮微膠卷、大型影印圖集的編排順序一致，查閲十分方便。其二，對文獻内容的著録比較靈活。該目實際上是翟理斯《注記目録》和劉銘恕《斯坦因劫經録》的一個銜接目録，全部斯坦因漢文文獻，至此在編目上形成一個整體。如吴芳思博士在序言中所説：這本目録的出版"標誌著敦煌寫本漫長旅途的最後一個階段，從藏經洞到圖書館，從'碎片'到'殘卷'，直到今天的比定結果和爲各國學者所易於利用的狀態"。該目録具有重要的學術價值：其一，作者在編目過程中考出了一批文書的名稱；其二，考出了一批文書的年代；其三，考出了一批文書之間的聯繫；其四，詳細著録了文書的有關情况和内容；其五，向讀者提供了大量中外研究信息。參閲郝春文評《榮新江〈英國圖書館藏敦煌漢文非佛教文獻殘卷目録（S.6981—13624）〉》，《敦煌吐魯番研究》第一卷，北京：北京大學出版社，1995 年，第 359—367 頁。

《英藏敦煌文獻》主要收錄英藏敦煌文獻中漢文佛經以外的社會歷史文獻,其中第十二、十三、十四卷收錄英國國家圖書館藏斯六九八一以後的文獻和木刻本,英國國家博物館藏敦煌漢文寫本、木刻本和絹紙畫上的題名、題記,和原印度事務部圖書館藏漢文佛經以外的文獻。郝春文編著《英藏敦煌社會歷史文獻釋錄》按照《英藏敦煌文獻》的流水號順序對每一件文書進行釋錄,預計出版三十卷,目前已出版至十一卷,在瞭解英藏敦煌非佛經文獻的具體內容方面有重要的參考價值[①]。

(二) 胡語文獻[②]。1912年,時任大英博物館東方古物部主任的巴內特(L. D. Barnett)編成《斯坦因收集品中的中亞語言和梵文寫本草目》,是對斯坦因收集品中民族語言寫本的最早編目。但該草目沒有正式出版,僅有列印本藏於英國圖書館東方部閱覽室。藏文非佛教文書則由湯瑪斯(F. W. Thomas)負責整理編目[③],其撰《有關西域的藏文文獻和文書》[④]第二卷刊佈了敦煌的藏文世俗文書。巴考(J. Bacot)、湯瑪斯和圖森(Ch. Toussaint)三人合撰《敦煌發現的吐蕃歷史文書》[⑤]收錄敦煌藏經洞出土的《吐蕃王朝編年史》,可謂敦煌古藏文中最重要的文獻。敦煌藏經洞發現的于闐文寫本,主要由劍橋大學的貝利(H. W. Bailey)整理刊佈。1975年,日本學者田久保周譽所著《敦煌出土于闐語秘密經典集之研究》發表了敦煌出土梵文和于闐文混合書寫的佛典長卷的全部圖版,並附有轉寫、日文翻譯、考釋和索引,但其轉寫錯誤較多[⑥]。有關斯坦因收集品中粟特文書的研究成果,主要見於辛姆斯·威廉姆斯(N. Sims-Williams)與哈密頓(J. Hamilton)合著《敦煌出土九至十世紀突厥化的粟特語文書集》[⑦]一書,但一些文書的內容尚未最終解明。敦煌藏經洞出土的回鶻文《佛說天地八陽神咒經》是目前所見最古老的回鶻文佛教文獻,由班格(W. Bang)、葛瑪麗(A. von Gabain)和拉合買提(G. R. Rachmati)合作刊佈在《吐魯番突厥語文獻》第六集中。茨默(P. Zieme)與卡拉(G. Kara)合著《回鶻文死亡之書——英國博物館所藏敦煌寫本Or. 8212—109號

[①] 郝春文編著《英藏敦煌社會歷史文獻釋錄》第1卷,北京:科學出版社,2001年;第2—11卷,北京:社會科學文獻出版社,2003—2014年。另可參趙和平評《郝春文〈英藏敦煌社會歷史文獻釋錄〉(第一卷)》,《敦煌吐魯番研究》第六卷,北京:北京大學出版社,2002年,第389—393頁。

[②] 有關國際學者對英藏敦煌西域文獻的研究成果,主要參考和轉引自榮新江《海外敦煌吐魯番文獻知見錄》,第22—37頁。

[③] 關於湯瑪斯對英藏西域藏文文獻的編譯和研究,參閱劉忠《敦煌藏文文獻》,宋家鈺、劉忠主編《英國收藏敦煌漢藏文獻研究——紀念敦煌文獻發現一百周年》,第88—93頁。

[④] 湯瑪斯《有關西域的藏文文獻和文書》(第二卷),1951年倫敦出版。

[⑤] 巴考、湯瑪斯、圖森《敦煌發現的吐蕃歷史文書》,1934年柏林出版。

[⑥] 榮新江《英倫印度事務部圖書館藏敦煌西域文獻紀略》,第3頁。

[⑦] 辛姆斯·威廉姆斯、哈密頓《敦煌出土九至十世紀突厥化的粟特語文書集》,英國倫敦大學東方和非洲研究學院出版,1990年,第63—76頁。

四種藏文文獻的回鶻文譯本中的那饒巴教法》①對此文獻作了綜合研究。此後,哈密頓在《敦煌出土九至十世紀回鶻文寫本彙編》②中集中刊佈了文書類的回鶻文資料。

（三）絹紙繪畫、絲織品等。敦煌藏經洞出土的絹紙繪畫,是斯坦因收集品中的精華之一。韋陀(R. Whitfield)對大英博物館所藏絹紙繪畫做了系統的整理和研究,編成《西域美術——英國博物館藏斯坦因收集品》③三卷本。第一卷收錄敦煌絹畫,按佛傳圖、菩薩像、金剛力士像、天王像的順序排列;第二卷爲敦煌10世紀的大幅絹繪以及紙畫和木板畫;第三卷爲染織品、雕塑、壁畫等。1990年,由韋陀和法瑞爾(A. Farrer)合編的《千佛洞:絲綢之路上的中國藝術》④刊佈了斯坦因三次中亞考察所獲藝術品的圖版,包括敦煌絹、紙繪畫、板畫以及絲織品。

---

① 茨默、卡拉《回鶻文死亡之書——英國博物館所藏敦煌寫本 Or. 8212—109 號四種藏文文獻的回鶻文譯本中的那饒巴教法》,1979 年威斯巴登出版。
② 哈密頓《敦煌出土九至十世紀回鶻文寫本彙編》,法國彼特出版社,1986 年。
③ 韋陀《西域美術——英國博物館藏斯坦因收集品》(共三卷),東京:講談社,1982—1984 年。
④ 韋陀、法瑞爾合編《千佛洞:絲綢之路上的中國藝術》,倫敦:英國博物館出版公司,1990 年。該書是英國博物館"千佛洞展"的圖解目錄,對於認識英藏絹紙板畫等敦煌文物具有重要的參考價值。

法藏敦煌文獻基本情況研究綜述

宋雪春(上海師範大學)

  1908年2月至5月,法國伯希和(Paul Pelliot)率領的中亞考察團在敦煌逗留三個月,翻檢了藏經洞中所有的文獻和藝術品,最終從王道士手中騙取大量敦煌寶藏,其中寫本文獻現藏於法國國家圖書館,藝術品最初入藏盧浮宮美術館,後來陸續入藏集美博物館。所謂法藏敦煌文獻的基本情況,指的是其來源、數量、保存情況和主要內容等。本文擬對一百多年來學術界對以上問題的研究情況試作回顧。

  不同於斯坦因收集品的先期閉鋼英倫,國人對伯希和所獲敦煌文獻的瞭解較早。1909年,由於伯希和到北京爲法國圖書館購買漢籍,曾將隨身攜帶的敦煌文獻珍本展示給董康等人參觀,由此引發了我國學者研讀、抄錄和出版敦煌文獻的第一次高潮[1]。可以說,伯希和的北京之行客觀上促成了我國敦煌學研究的肇始[2]。自20世紀20年代開始,董康[3]、劉復[4]、胡適[5]、王重民[6]、于道泉[7]、姜亮

---

[1] 京師學界於1909年10月4日在北京六國飯店公宴伯希和,並與伯希和在影印出版法藏敦煌文獻的細節方面達成共識。羅振玉等人所編《石室秘寶》、《佚籍叢殘初編》、《鳴沙石室佚書》、《鳴沙石室佚書續編》、《鳴沙石室古籍叢殘》、《敦煌零拾》、《敦煌石室遺書三種》、《敦煌石室碎金》等書,大多據伯希和所提供的照片編成。在刊佈法藏敦煌文獻的目錄方面,主要成果有歷史博物館編《海外所存敦煌經籍分類目錄》,分別載於《國立博物館叢刊》第1卷第1、2、3期,1926—1927年。

[2] 關於伯希和1909年在北京的活動時間,王冀青通過親歷者的書信等檔案材料釐清了多年來的傳載疏誤,認爲伯希和於1909年5月21日離開河內,應於1909年6月下旬或7月上旬抵達北京,於1909年10月4日參加北京學術界的公宴,應於1909年10月11日傍晚從前門站乘火車離開北京,最終於1909年10月24日回到法國巴黎。參閱《伯希和1909年北京之行相關日期辨正》,《敦煌學輯刊》2011年4期,第139—144頁;同作者《清宣統元年(1909年)北京學界公宴伯希和事件再探討》,《敦煌學輯刊》2014年第2期,第130—142頁。

[3] 董康在1922年訪法國立圖書館,抄錄有關法制史資料。

[4] 劉復《敦煌掇瑣敍目》,《北大國學月刊》第3期,1925年。同作者《敦煌掇瑣》,中央研究院歷史語言研究所刻本,1925年,後收入黃永武主編《敦煌叢刊初集》(十五),臺北:新文豐出版公司,1985年。此書所收104件敦煌文書多爲我國學者前所未見,其內容包括民間文學、語言文字、社會經濟、官府文書等多個方面,遠遠超出了四部書的範圍。這部書開闢了國内研究者的眼界,爲他們開闢新的研究領域提供了原始材料。

[5] 胡適於1926年8—11月間,在伯希和的幫助下,查閱了巴黎國立圖書館,找到數種神會著作及其他禪宗典籍。他後來根據這些材料,編成《菏澤大師神會遺集》,並撰寫《菏澤大師神會傳》,於1930年在上海出版。參閱榮新江《北大與敦煌學》,北京大學中國傳統文化研究中心編《文化的餽贈——漢學研究國際會議論文集》(題爲"北京大學與早期敦煌學研究"),北京:北京大學出版社,2000年,後收入氏著《敦煌學新論》,蘭州:甘肅教育出版社,2002年,第103—104頁。

[6] 王重民所編《巴黎敦煌殘卷敍錄》在《大公報·圖書副刊》連載(1935年5月23日—1937年8月22日)。除此之外,他還就所見四部典籍,做了大量考釋工作,先後撰寫了一批跋語和研究性提要,輯出《敦煌殘卷敍錄》兩卷,分別於1936和1947年由北平圖書館出版,即後來氏著《敦煌古籍敍錄》的基礎。

[7] 于道泉是我國學術界從事敦煌藏學研究的先驅,他於1934年負笈巴黎,1949年6月回國。他曾就讀於巴黎索邦大學,師從巴考(Jacques Bacot)研修藏文。他受北平圖書館之托,在巴黎、倫敦拍攝敦煌文獻照片。他所攝"敦煌古書膠影片一箱",連同北平圖書館購買的西文書四箱,隨行押運,於1949年6月6日到館。國家圖書館古籍館所藏《國立北平圖書館藏海外敦煌遺籍照片目錄》稿本之"凡例"即有對于道泉所攝照片的說明。參閱劉波《國家圖書館與敦煌學》,河北大學博士學位論文,2013年,第101頁。

夫[1]等學者先後踏入法國國家圖書館對其館藏敦煌文獻進行專門的調查和研究,並取得豐富的研究成果。1962年王重民所編《伯希和劫經錄》得以正式刊佈[2],1986年黃永武主編《敦煌寶藏》[3],據縮微膠卷對法藏敦煌漢文文獻影印出版,均爲學術界提供了大量重要的敦煌學研究資料。近年來,國內學者對伯希和收集品之考察和研究著力最多的當屬榮新江,他詳細考述了伯希和一行三人的中亞考察路綫和重要收穫,介紹了法藏敦煌西域文獻的來源、收藏、編目和研究狀況,極富參考價值[4]。20世紀80年代初,中國獲得法藏敦煌藏文文獻的縮微膠卷,王堯組織了專門的藏文小組,以拉露目錄爲基礎,參考原卷和後人研究成果,編成《法藏敦煌藏文文獻解題目錄》[5],是對法藏敦煌藏文文獻的第一次全面披露。另外,《伯希和西域探險記》漢譯本的出版,爲伯希和劫掠敦煌文物的過程提供具有重要參考價值的研究史料;耿昇所作漢譯本的序言,對伯希和中亞考察團在新疆、敦煌等地從事考察和劫掠文物的史事鉤沉,值得參看[6]。近年來,法藏敦煌文獻圖版的刊佈取得重要進展,《法國國家圖書館藏敦煌西域文獻》[7]和《法國國家圖書館藏敦煌藏文文獻》[8]相繼出版,使學界對法藏敦煌西域文獻的整體狀貌有了更加清晰的認識和瞭解。

一、來　　源

繼英國探險家斯坦因1907年在藏經洞掠走大批敦煌寶藏之後,伯希和考察隊於次年年初來到莫高窟。榮新江介紹了伯希和劫掠敦煌文獻的大致過程:伯希和於1908年2月25日到達敦煌千佛洞,對莫高窟的全部洞窟做了編號,拍攝了大量的壁畫和塑像照片,抄錄了洞窟中的漢文和其他語言文字所寫的題記。因爲伯希和能講流利的漢語,所以很快得到王道士的同意,進

---

[1] 姜亮夫《瀛外訪古劫餘錄·敦煌卷子目次敍錄》,《志林》第1期,《說文月刊》第2卷第4期,1940年;同作者《瀛涯敦煌韻輯總目敍錄》,《國立中央圖書館館刊》第1號,1947年。
[2] 王重民《伯希和劫餘錄》,收入王重民主編《敦煌遺書總目索引》(北京:商務印書館,1962年初版),北京:中華書局,1983年再版,第253—313頁。
[3] 黃永武主編《敦煌寶藏》(112—135),臺北:新文豐出版公司,1985—1986年。
[4] 榮新江《歐洲所藏西域出土文獻聞見錄》,《敦煌學輯刊》1986年1期,第119—133頁;同作者《歐洲所藏西域出土漢文寫本調查隨記》,《中國史研究動態》1986年10期,第24—29頁;同作者《法藏敦煌西域文獻考察紀略》,《中華文史論叢》第57輯,上海:上海古籍出版社,1998年,第37—65頁。有關法國收集品之更爲詳盡系統的論述,收入氏著《海外敦煌吐魯番文獻知見錄》,南昌:江西人民出版社,1996年,第40—68頁;另可參氏著《敦煌學十八講》,北京:北京大學出版社,2001年,第97—102頁。
[5] 王堯主編《法藏敦煌藏文文獻解題目錄》,北京:民族出版社,1999年。
[6] 伯希和等著,耿昇譯《伯希和西域探險記》之"譯者的話",昆明:雲南人民出版社,2000年,第1—41頁。
[7] 上海古籍出版社、法國國家圖書館合編《法國國家圖書館藏敦煌西域文獻》(1—34),上海:上海古籍出版社,1994—2005年。《法藏敦煌西域文獻》所刊主體是伯希和在莫高窟藏經洞得到的文獻,少部分是從莫高窟北區第464和465窟得到的,少量新疆地區搜集品也編入這批文獻中,文獻有漢、藏、梵、于闐、粟特、回鶻、西夏、希伯來等文種。參閱李偉國爲該套叢書所寫的導言,載《法藏敦煌西域文獻》第一册第1頁。
[8] 金雅聲、郭恩主編《法國國家圖書館藏敦煌藏文文獻》(1—16),上海:上海古籍出版社,2006—2014年。目前仍在編輯出版中。

入藏經洞,將洞中所遺文獻和繪畫品全部翻閱一遍。借助他對中國和中亞歷史文獻的豐富知識,伯希和重點選取了佛教大藏經未收的佛教文獻、帶有年代的文書和文獻、非漢語文獻,最後將藏經洞中文獻的精品和斯坦因所遺絹紙繪畫及絲織品廉價購走。此外,伯希和還在莫高窟北區發現了許多西夏文、回鶻文、藏文文獻。5月30日,伯希和考察隊帶著豐富的敦煌收集品離開了莫高窟[1]。耿昇指出伯希和在藏經洞從他過手的全部1.5萬至2萬卷文書中劫走近1/3,即6000餘種,此外還有200多幅唐畫與幡、織物、木製品、木製活字板和其他法器[2]。

二、數　　量

（一）漢文文獻。有關敦煌漢文寫本的數量,王重民於20世紀30年代編成簡目《伯希和劫經錄》,著錄法藏敦煌漢文寫卷P.2001—5579號[3]。《敦煌寶藏》刊佈至P.6038號。二戰後,法蘭西科學院組織敦煌研究組,專門從事敦煌寫本的編目和研究,歷數十年所取得的編目成果即六卷本的《巴黎國家圖書館所藏伯希和敦煌漢文寫本目錄》,分別著錄P.2001—6040號以及藏文寫卷背面的漢文寫本[4]。2005年,由上海古籍出版社與法國國家圖書館合作出版的《法國國家圖書館藏敦煌西域文獻》全部影印完成,收入P.2001—6040號,但中間有多段空號,還有少量失號。方廣錩據最新調查指出法國國家圖書館收藏的漢文敦煌文獻,從伯2001號編到伯6040號,去掉中間的空號,加上夾雜在藏文中的漢文文獻,總數將近4000號[5]。

（二）胡語文獻。有關敦煌藏文文獻的數量,由拉露(Marcelle Lalou)窮盡畢生精力編成的《法國國立圖書館所藏敦煌藏文寫本注記目錄》[6]著錄P.T.0001—2216號,該目首次系統梳理了法藏敦煌藏文文獻,揭示了這批文

---

[1] 榮新江《海外敦煌吐魯番文獻知見錄》,第41—42頁。
[2] 伯希和等著,耿昇譯《伯希和西域探險記》之"譯者的話",第25頁。
[3] 對於《伯希和劫經錄》所收漢文寫卷中夾存的藏文寫卷情況,中國藏學中心的陳慶英有過相關調查,參閱《〈斯坦因劫經錄〉、〈伯希和劫經錄〉所收漢文寫卷中夾雜的藏文寫卷情況調查》,《敦煌學輯刊》1981年創刊號,第111—116頁。
[4] 法蘭西科學院敦煌研究組編《巴黎國家圖書館所藏伯希和敦煌漢文寫本目錄》共六卷。其中第一卷(2001—2500號)由謝和耐、吳其昱編寫,巴黎國家圖書館於1970年出版;第二卷(2501—3000號)由隋麗玫、魏普賢編寫,尚未出版;第三卷(3001—3500號)由蘇遠鳴主編,聖·波利尼亞基金會於1983年出版;第四卷(3501—4000號)由蘇遠鳴主編,法蘭西遠東學院於1991年出版;第五卷(上下冊,4001—6040號)由蘇遠鳴主編,法蘭西遠東學院1995年出版;第六卷著錄藏文卷子背面的漢文寫本,巴黎2001年出版。
[5] 方廣錩《敦煌遺書與佛教研究》,麻天祥主編《佛學百年》,武漢:武漢大學出版社,2008年,後收入氏著《方廣錩敦煌遺書散論》,上海:上海古籍出版社,2010年,第192頁。
[6] 拉露《法國國立圖書館所藏敦煌藏文寫本注記目錄》(全三冊):第一冊(P.T.1—849號),巴黎國家圖書館於1939年出版;第二冊(P.T.850—1282號),1950年出版;第三冊(P.T.1283—2216號),1961年出版。

獻的豐富內涵①。王堯主編的《法藏敦煌藏文文獻解題目錄》公佈了法藏敦煌藏文文獻的全部目錄，共計 4450 個編號，由於 P.T.2224—3500 之間空缺了 1276 個編號，實際佔有 3375 個卷號。2004 年開始，由金雅聲主編《法國國家圖書館藏敦煌藏文文獻》計劃出版 P.T.0001—3358 號的全部法藏藏文文獻，至今已經刊佈 16 册，圖錄編號至 1352。

漢、藏文獻之外，伯希和自藏經洞還獲得一定數量的回鶻文、粟特文和梵文文獻。由哈密頓（J. Hamilton）所輯錄的《敦煌出土九至十世紀回鶻文寫本彙編》②影印了 24 號敦煌回鶻文寫本的全部圖版，並做了精心的轉寫、翻譯、注釋和詞彙索引。伯希和所獲粟特文寫本共有 30 個編號，由辛姆斯·威廉姆斯（N. Sims-Williams）和哈密頓轉寫、譯注的《敦煌出土九至十世紀突厥化的粟特語文書集》③發表了其中的 5 號。此外，伯希和在藏經洞還收集了 13 號梵文佛教文獻。綜上，法國國家圖書館內收藏的漢文文獻 4000 多件，藏文文獻近 4000 件，其他還有粟特、回鶻、梵文、于闐文獻等接近百件。

（三）藝術品。1908 年，伯希和用 500 兩銀子從王道士處換取了大約 7000 件文物，其中包括 200 多件藝術品。《伯希和在敦煌收集的文物》擇要介紹了伯希和所獲敦煌藝術品的詳細內容和具體細節，並述及這批藝術品的數量和庋藏情況：1909 年 11 月，當伯希和收集品運回巴黎後，計有 220 餘幅繪畫品、21 尊木雕、絲織品殘片和畫幡、經帙等，於 1910 年入藏盧浮宮博物館。其後不久，15 幅繪畫品轉存於集美博物館。1922 年，又有 40 幅絹畫轉入。1947 年，集美博物館改組爲法國國家博物館的亞洲藝術部，收藏於盧浮宮的所有伯希和所獲美術品全部歸集美博物館收藏。這裏建成三個大展室，其中最大的展覽室用來展示敦煌發現的畫卷和畫幡④。王惠民簡要介紹了集美博物館所藏敦煌文物的概況，指出法國實際藏敦煌繪畫品爲 216 件。由於斯坦因早於伯希和劫走大量精美的繪畫，所以入藏集美博物館的繪畫品多數是菩薩、地藏等單體造像，其中較爲重要的有觀無量壽佛經變、宋初有紀年（981 年）的千手千眼觀音經變等⑤。

---

① 此外還有大量的《無量壽宗要經》和《十萬頌般若經》，因重複太多而沒有編目，計自 P.T.2217—2224 和 P.T.3500—4450 號。
② 哈密頓《敦煌出土九至十世紀回鶻文寫本彙編》，法國彼特出版社，1986 年。
③ 辛姆斯·威廉姆斯、哈密頓《敦煌九至十世紀的突厥化粟特語文書集》，英國倫敦大學東方和非洲研究學院，1990 年，第 63—76 頁。
④ 勞合·福奇兀撰，楊漢璋譯，楊愛程譯審《伯希和在敦煌收集的文物》，《敦煌研究》1990 年第 4 期，第 38—46 頁。
⑤ 王惠民《吉美博物館藏敦煌文物》，《深圳特區報》2007 年 4 月 17 日 B15 版。

三、保存與修復

有關法藏敦煌文獻的保存和修復情況,方廣錩據所考察的情況介紹道:"法國的書庫條件(相較英國)差一點,但敦煌遺書均放在特製的紙盒中,按照遺書大小不同,有的一盒一號,有的一盒數號。不論盒內藏數多少,每號遺書均有專門藏位,整整齊齊,也對讀者開放。"同時,方廣錩將世界敦煌遺書的修復類型分作三種,其中英國圖書館和法國圖書館屬於同一類型,具體修復方式可參閱"英藏敦煌文獻基本情況研究綜述"之詳細介紹,此不贅述①。

四、主 要 内 容

有關法藏敦煌文獻的整理編目和圖錄刊佈是揭示這批文獻內容的主要途徑。

(一)漢文文獻。作爲東方學家的伯希和精通漢語和數種中亞古代語言,所以他劫取了大量的具有重要研究價值的敦煌文獻和藝術品。在敦煌寫本文獻入藏法國國家圖書館後,伯希和便開始對漢文寫本進行編目,他完成了P.2001—3511、P.4500—4521號的法文原稿編目工作,但沒有正式刊佈②。這份目錄在傳入國內之後,很快有了兩種譯本,一是羅福萇譯《巴黎圖書館敦煌書目》③,所據乃葉恭綽抄錄的伯希和目錄前700號,但羅譯本過於節略。二是陸翔譯《巴黎圖書館敦煌寫本書目》④,根據的是張鳳遊學巴黎時所抄P.2001—3511號全部稿本。陸譯本竭力譯出了伯希和的原文原意,還附加了一些有關的參考資料,雖然也不可避免地出現了一些多義詞的翻譯失誤,但在《伯希和劫經錄》出版之前,一直是學術研究參考和利用法藏敦煌文獻的一部最好、最有用的目錄⑤。王重民於1934年至1939年留居巴黎專門調查敦煌漢文文獻,並爲北平圖書館進行照相、複製縮微膠卷工作。其所編製《伯希

---

① 方廣錩《關於敦煌遺書的流散、回歸、保護與編目》,《中國社會科學院通訊》改版試刊12、13號連載,1998年11月18、27日,後收入氏著《方廣錩敦煌遺書散論》,第85—87頁。
② 伯希和以後,在1932—1933年間留學巴黎的日本學者那波利貞(關於社會經濟文化史的論著《唐代社會文化史研究》,1970年由東京創文社出版),1934—1939年間作爲交換學者到巴黎國立圖書館工作的王重民(前揭主要研究成果《巴黎敦煌殘卷敍錄》就是在此階段完成)和1951年走訪巴黎的楊聯陞,都陸續爲敦煌寫本的編目作出貢獻。另外早期訪書巴黎並留下研究成果的還有:劉復編《敦煌掇瑣》,羽田亨編《敦煌遺書》活字本和影印本各一集(1926年上海東亞考古研究會印行),神田喜一郎編《敦煌秘笈留真》(1938年平安神田氏自印),神田喜一郎《敦煌秘笈留真新編》(1947年於臺灣大學出版)。參閱榮新江《海外敦煌吐魯番文獻知見錄》,第45頁;另可參氏著《敦煌學十八講》,第98頁。
③ 羅福萇譯《巴黎圖書館敦煌書目》,分別載於《國學季刊》第1卷第4期,1923年;《國學季刊》第3卷第4期,1932年。
④ 陸翔譯《巴黎圖書館敦煌寫本書目》,分別載於《國立北平圖書館館刊》第7卷第6期,1933年;《國立北平圖書館館刊》第8卷第1期,1934年。
⑤ 王重民主編《敦煌遺書總目索引》之"後記",第548頁。

和劫經錄》補正了伯希和編目的缺失和不足，是法藏敦煌文獻中全部漢文寫卷的第一個相對完整的目錄。該目在經、史、子、集四部書的定名和輯錄方面的貢獻較大，且都用現行本校對過，除注明原卷的殘缺情況，還就現行本注明了篇章和卷數；對同一寫本的不同殘片進行了拼綴，同一文獻的不同篇章也做到統一整理；凡寫經題記及應加的必要說明都在注文中做了簡要的記述。相較伯希和原目和國內流行的各種譯本，該目在內容和形式上都更加翔實可靠。

《巴黎國家圖書館所藏伯希和敦煌漢文寫本目錄》對法藏敦煌漢文文獻的每號內各項內容均一一給予著錄。一般是先列標題，對題目已殘者大多考證補出；詳記有關該寫本的研究文獻出處；對寫本尺幅長短、紙質、顏色等進行物質性描述；後附兩個索引[①]。榮新江高度評價了該目的著錄方式，指出其優點在於著錄詳盡，可以讓看不到原卷的人盡可能瞭解原卷的外觀，特別是一些縮微膠卷或照片上看不到的紅字和朱印；其每項內容附有研究文獻出處，與東洋文庫目錄相仿，雖然不夠完備，但極便學人使用；目錄按伯希和編號排列，便於檢索，又用主體分類索引的方式統一作了安排，是處理敦煌寫本編目的可取方法[②]。

（二）胡語文獻。伯希和受過嚴格的東方語言訓練，所以他主要選取了價值較高的非漢文文獻，其中包括大量的古藏文寫本。敦煌藏文文獻的抄寫年代大致在公元 9 世紀末到 10 世紀，屬於吐蕃王朝末期，從內容上看，有佛教經典、契約文書、法律條文、占卜文書、苯教儀軌等，涉及吐蕃時期的歷史、政治、經濟、文化、宗教等諸多方面，是研究吐蕃王朝的重要材料。拉露所編《法國國立圖書館所藏敦煌藏文寫本注記目錄》對每件寫本的外觀和內容都作了詳細的記述，佛典之外的文獻或文書，用拉丁字母轉寫出每項內容的起止詞句，如有研究成果發表，也加以著錄，前有主題索引，便於學者按類查找寫本。該目爲各國學者研究法藏敦煌藏文寫卷提供了極大的便利，一直受到學術界的高度評價。但該目也有不盡完備之處，如對 2216 號以外的散卷失錄，對於原卷全貌的描寫不足，也難以從目錄中判斷出具體寫卷的內容，同時僅依靠目錄無法瞭解某些寫卷的研究情況。

《法藏敦煌藏文文獻解題目錄》基本涵蓋了法藏敦煌藏文文獻的全部，該

[①] 一般是先列標題，凡文獻類先列漢文原文，再作法文轉寫；題目已殘者大都考證補出，並指出通行印本如《大正藏》、《道藏》、《四部叢刊》中的出處及同類寫本編號；凡書類則用法文擬題，並有簡要提要提示文中的專有名詞；有題記者譯爲法文；還詳記有關該寫本的研究文獻出處；最後是寫本尺幅長短、紙質、顏色等物質性描述；後附兩個索引，一是按拉丁字母順序排列的特殊項目四大類，前三類又細分爲若干小類，每小類下列屬於此類的寫本編號，這樣就彌補了按編號順序編目在分類上的缺陷；最後一類列出有題記、年代、年號、繪畫、其他民族文字、印鑒等專門內容的寫本編號；第四卷又增加了見於本冊目錄注記中的其他敦煌寫本和洞窟題記的編號索引。參閱榮新江《海外敦煌吐魯番文獻知見錄》，第 46 頁；另可參氏著《敦煌學十八講》，第 99 頁。

[②] 榮新江《海外敦煌吐魯番文獻知見錄》，第 46 頁；另可參氏著《敦煌學十八講》，第 99 頁。

目條例豐富，包括卷號、盒號、所收卷號的首末行藏文，卷子的大小尺寸、文字書寫及卷子的背面內容，國內外學術界對該卷號的專門研究或相關論著。與拉露《注記目錄》不同的是，該目對《十萬般若波羅蜜多經》均一一著錄編號。此外，該目將大量重複的《無量壽經》統一編號爲 P. T. 3500—4159，《般若波羅蜜多心經》統一編號爲 P. T. 4160—4367。總體而言，該目對原卷的描寫相對完整，對內容的判斷也較爲準確，尤其羅列了有關卷號的研究信息，方便學人查閱引用。但該目依然有許多可補正之處，如存在不少定名不確或沒有定名的文獻，對於某些同一卷號的數種文獻，也沒有做到完全析出等。

《法國國家圖書館藏敦煌藏文文獻》每册都編有藏漢文對照目錄，尤其是對同一卷號的內容分别予以標示，這樣對每一卷號的內容有了層次清晰的揭示，有利於全面認知該卷號的性質、內容等，便於讀者利用。在文獻的定名方面成果超出以往所編目錄，尤其對佛教文獻的定名有較大突破，對不少原來定名爲"佛經"的文獻給出了具體的名稱。但仍然存在一些未能解決的"定名"問題，有待今後進一步研究[1]。

《法藏敦煌西域文獻》首次全面影印出版了伯希和所獲敦煌文獻，主要是漢文文獻，同時包括部分古藏文、粟特文、回鶻文、于闐文文獻。其中于闐文、粟特文和部分回鶻文文獻原先編錄在漢文文獻序列中，現已按照漢文文獻的順序隨號刊出。同時加入了原被抽到藏文編號序列中的漢文文獻圖錄。該叢書在充分吸收和利用前人編目和研究成果的基礎上，多有新的發明，在法藏敦煌文獻的整理和刊佈方面具有里程碑的意義。

（三）藝術品。伯希和逝世以後，其弟子韓百詩（L. Hambis）曾組織一批學者，對伯希和考察隊的中亞收集品進行系統的分類和整理[2]，其成果計劃編爲《伯希和考察隊考古資料叢刊》十六卷，迄今已刊和未刊的有關介紹敦煌絲織品和絹幡繪畫等藝術品的卷次和成果如下：第十三卷，爲里博（K. Riboud）與維亞（G. Vial）合編的《集美博物館和國立圖書館所藏敦煌絲織品》[3]，主要是研究敦煌藏經洞出土的絲織品的材料和織法，共著錄了 99 件絲織品，並對每件物品注記其質地、大小、保存狀態、裝飾、組織結構和製作情形等項內容；

---

[1] 才讓回顧和總結了國內外學界在敦煌藏文文獻的編目、整理出版方面的成果，同時結合英法藏敦煌藏文獻的整理出版工作的啓動和全面刊佈的情況，對敦煌藏文文獻的未來研究趨勢提出展望。參閱《敦煌藏文文獻編目整理、出版方面的成果回顧及未來研究趨勢之展望》，《臺大佛學研究》第 22 期，臺北：臺灣大學文學院佛學研究中心，2011 年，第 106—136 頁。

[2] 這批美術品最早由阿甘（J. Hackin）從事整理和研究，他編過一個簡單的目錄，名爲《集美博物館指南目錄》，1923 年巴黎出版；走訪巴黎收集敦煌繪畫資料的日本學者松本榮一，在他的《敦煌畫研究》一書中，也大量刊佈了這些敦煌絹畫的圖版（二卷本，東京，1937 年出版）；1956 年，阿萊德（M. Hallade）和韓百詩又編有《中亞雕刻與繪畫目錄》，未正式出版。參閱榮新江《海外敦煌吐魯番文獻知見錄》，第 63 頁。

[3] 里博、維亞合編《集美博物館和國立圖書館所藏敦煌絲織品》，1970 年巴黎出版。

第十四卷,尼古拉—旺迪埃編《集美博物館所藏敦煌絹幡繪畫》(解説)[1]係整理伯希和敦煌所獲絹幡繪畫的成果之一,共著録216號總220幅作品。繪畫品分佛像、菩薩像、天王力士像、高僧像和其他形象五類加以記録,注記的内容包括原編號、名稱、質地、長寬、時代、内容概述、保存狀態、有關注記和參考文獻目録;第十五卷,係韓百詩編《集美博物館所藏敦煌絹幡繪畫》(圖版)[2],此卷與前一卷圖版相配合,刊佈了230幅敦煌絹幡繪畫照片,其中包括一些彩色圖版,其排列順序與解説卷相同,兩者可對照使用,是長期以來人們研究敦煌繪畫的重要原始資料。此外,該叢書第十二卷《敦煌絹幡繪畫的風格學與圖像學研究》與第十六卷《敦煌絹幡繪畫題記研究》均因故尚未出版[3]。另外,在伯希和所獲敦煌寫本中,保存有許多素描插圖畫和紙本繪畫,主要收録在饒宗頤所著《敦煌白畫》[4]一書中。

與韋陀所編《西域美術——大英博物館藏斯坦因收集品》一樣,由賈里覺、秋山光和合編的《西域美術——集美博物館藏伯希和收集品》[5]分類刊佈了法藏敦煌繪畫品,共兩卷。其中第一卷發表99件,主要是面積較大的佛傳圖、變相圖、佛像、菩薩像。第二卷發表89件,選印了一些國家圖書館藏寫經插圖,主要是篇幅較小的菩薩像、天王像、行腳僧圖等;然後是約30件絲織品,包括幡、幡頭、經帙;最後刊佈了新疆發現的塑像、彩繪舍利容器、壁畫、陶器、木器等西域美術資料。在《集美博物館所藏敦煌絹幡繪畫》圖版卷中看不清楚的一些題記,可以在本書中找到更清晰的圖版[6]。

---

[1] 尼古拉—旺迪埃編《集美博物館所藏敦煌絹幡繪畫》(解説),1974年巴黎出版。
[2] 韓百詩編《集美博物館所藏敦煌絹幡繪畫》(圖版),1976年巴黎出版。
[3] 耿昇認爲韓百詩規劃出版伯希和探險團的檔案目録共27卷:其中第十一卷《伯希和敦煌石窟筆記》6册,1980—1992年法蘭西學院亞洲研究所中亞和高地亞洲研究中心出版;第十三卷《敦煌的織物》,1970年法蘭西學院出版;第十四卷《敦煌的幡畫》(文字卷),1974年法蘭西學院出版;第十五卷《敦煌的幡畫》(圖版卷),1976年法蘭西學院出版。此外,該叢書第十二卷《敦煌的幡畫·風格與圖像研究》、第十六卷《敦煌絹幡繪畫·題記研究》、第十七卷《敦煌絹幡繪畫·圖像研究》、第十八卷《敦煌絹幡繪畫·風格研究》、第十九卷《敦煌的版畫與白畫》、第二十卷《敦煌的雕塑》、第二一至二三卷《敦煌的壁畫》(文字卷)、第二四至二六卷《敦煌的壁畫》(圖版卷)、第二七卷《敦煌的織物》(圖版卷)均因故尚未出版。參閲伯希和等著,耿昇譯《伯希和西域探險記》之"譯者的話",第35—36頁。
[4] 饒宗頤《敦煌白畫》,巴黎國家圖書館,1978年。
[5] 賈里覺、秋山光和合編《西域美術——集美博物館藏伯希和收集品》第一卷,東京:講談社,1994年;第二卷,1995年。
[6] 有關國際學者對法藏敦煌胡語文獻和藝術品的編目及研究成果之介紹,主要參考和轉引自榮新江《海外敦煌吐魯番文獻知見録》,第41—52、63—66頁。

敦煌石窟藝術與中外石窟藝術關係研究綜述
祁曉慶（敦煌研究院）

敦煌處於古代中西交通咽喉之地，這裏是東西文化交流的集散地，而高度發達的漢唐文化又是敦煌和河西走廊文化的根基。敦煌同時受到西亞、印度、中亞、西域文化的影響，又同周圍多個少數民族有著密切的聯繫，千年的敦煌石窟就是東西方文化交流及多民族文化互相融合滲透到敦煌石窟的建築、彩塑、壁畫的各個方面的見證，保留了豐富的東西方文化交融的形象材料。長期以來，研究者致力於在中西交流的大背景下，通過比較研究，找出敦煌石窟在內容和形式等方面受到的東西方文化及多民族文化的具體影響，並找出敦煌石窟藝術獨有的特點和價值，由此取得了一系列成果，現分述如下。

一、敦煌石窟藝術源流的探索與爭論

敦煌石窟藝術以佛教題材為主。佛教傳入中國，是自印度經由中亞的間接傳播，而佛教美術傳入中國，也同樣是自印度經由中亞和西域的間接傳播，這一過程是多種文化不斷交流的過程。由於佛教是由外傳入的，所以中國的佛教造像從題材到技法等各方面必然受到濃厚的外來影響。然而，在佛教傳入之前，中國的傳統文化已經在敦煌地區扎下了根，所以，佛教的傳入不可能是簡單的移植與複製，而是在吸收外來優秀文化藝術的精髓後，在中國傳統藝術的基礎上不斷進行的再創造，最終形成了中國佛教的特殊精神面貌，成為了中國文化的一部分，即中國化的佛教。因此，研究敦煌石窟藝術的淵源，既要研究古代印度、中亞的佛教藝術，也要研究中國新疆地區、中原地區，甚至南方地區的佛教藝術。

研究敦煌石窟的特性，要弄清楚敦煌石窟與印度、中亞、西域各地石窟的藝術傳承關係，對這一問題的研究，前期的考古發掘工作提供了可靠的依據和啓示。古代中亞地區（包括中國新疆、西北地方在內）的美術考古發掘及研究活動在19世紀末期就已經開始，首先是犍陀羅美術品的重新發現。19世紀末至20世紀初犍陀羅佛教美術品的發現引起了西方學者的極大興趣。1893年德國東方學者A.格林威德爾出版了世界上第一部研究犍陀羅佛教美術的專著《印度的佛教美術》[1]。1905年至1923年間，法國東方學家A.福舍

---

[1] A. Grunwedel, Buddhistische Kunst in India, Berlin 1893.

陸續出版了《犍陀羅希臘式佛教美術》①三卷本。英國東方學家斯坦因在1900年至1916年間在我國新疆、河西地區先後進行了三次探險考察活動,首次對我國西北的佛教遺跡做了比較詳細的調查,其中的《西域考古圖記》最具參考價值。而對敦煌美術較早進行研究的是法國漢學家伯希和,1920年至1926年間,由伯希和編著的《敦煌石窟圖錄》六卷本先後出版,這是莫高窟早期的照相記錄,對研究者具有非常重要的參考價值。此外,美國的華爾納、日本探險家橘瑞超等、瑞典的斯文赫定探險隊以及俄國的探險隊也參與了20世紀初期對中國新疆以及河西地區的考古調查,並出版了相關專著②。

與此同時,J. 哈金、D. 施留姆別爾爲代表的考古學家對古代中亞阿富汗、巴基斯坦等地區也進行了考古調查活動,在確定了一些佛教遺址的同時,對古代中亞地區的地方美術風格,尤其是伊朗系的美術風格提出了新的觀點。20世紀20年代至50年代,法國探險隊對阿富汗及周邊地區進行了長達三十年的考古調查活動,確定了哈達、貝格拉姆、豐都基斯坦、巴米揚等佛教遺址,並發表了系列考古報告和相關論著③。出土的文物讓學者們認識到在古代中亞美術中並存著多種美術流派,對佛教美術的產生及發展有了新的認識。1937年,J. 哈金發表《中亞佛教藝術:印度、伊朗和中國的影響(從巴米揚到吐魯番)》一文,文章從多角度論述了中亞佛教美術的特點以及中亞美術對中國的影響④。1960年,D. 施留姆別爾發表《希臘藝術的非地中海遺產》,詳盡地敘述了犍陀羅、巴克特里亞、敘利亞藝術中的西方影響,以及在安息和貴霜美術中的古代藝術的影響成分,並指出在貴霜時期出現了一些具有混合特徵的美術流派,如希臘—巴克特里亞風格、希臘—伊朗風格等,並將貴霜美術分爲王朝美術和佛教美術兩種類型。該文對研究古代中亞美術具有非常重要的啟示。

各國研究者經過近兩個世紀堅持不懈的努力後,對於古代中亞包括中國新疆和西北地方在內的廣大地區的考古取得了豐碩的成果,在此基礎上,他們從各個角度對古代中亞的歷史、文化與藝術等方面進行了深入研究。在藝

---

① A. Foucher, L'Art Greco — bouddhique du Candara. 3vols, Pairs 1905—1923.
② L. Warner, The Long Old Road in China, New York 1926;Buddhist Wall-paintings:A Study of a Ninth Century Grotto at Wan Fo Hsia, Harvard 1938;掘賢雄著,水野勉校閲《大谷探險隊——西域旅行日記》,白水社,1987年;[瑞典]斯文赫定著,徐十周等譯《亞洲腹地探險八年》,烏魯木齊:新疆人民出版社,1996年;姜伯勤《沙皇俄國對敦煌及新疆文書的劫奪》,《中山大學學報》(社科版)1980年第3期。
③ A. and Y. Godard, J. Hackin, Les Antiquites bouddhiques de Bamiyan, Memories de la Delegation Archeologique Francaise en Afghanistan, tome Ⅱ, Paris 1928; J. hackin and J. Car, Nouvelles Recherches archeologiquea a Bamiyan, Memoires de la Delegation Archeologique Francaise en Afghanistan, tome Ⅲ, Paris 1933; J. Hakin J. Carl and J. Meunie, Diverses recherches archeologiques en Afghanistan (1933—1940), Memoires de la Delegation Archeologique Francaise en Afghanistan, tome Ⅷ, Paris 1959.
④ J. Hackin, Buddhist Art in Central Asia, Indian, Iranian and Chinese Influences (from Bamiyan to Turfan), Studies in Chinese Art and some Indian Influences, London 1937.

術史的研究方面,有法國著名學者格魯賽爾在20世紀二三十年代出版的東方的文明叢書及考察性的報告《從希臘到中國》、G.A.普加琴科娃發表的《中亞古代藝術》、B.Ⅰ A.斯塔維斯基的《古代中亞藝術》、T.T.賴斯的《中亞古代藝術》、馬里奧·布薩格里的《中亞繪畫》、英國藝術史家韋陀的《西域美術》等,這些成果都爲研究中亞美術傳統奠定了堅實的基礎①。

對中國石窟藝術源流的探討始於20世紀初,首先是日本學者對雲岡石窟的源流問題進行了卓有成效的研究。1902年,日本學者伊東忠太發表《雲岡旅行記》於《建築雜誌》第189號,並發表了《北清建築調查報告》,專門討論雲岡石窟藝術的源流問題,提出雲岡雕像受到印度犍陀羅藝術的影響。之後,學界曾掀起關於雲岡雕像來源問題的探討熱潮,其中比較有影響力的研究成果有:松本文三郎《佛像の美術的研究》認爲雲岡雕像受印度笈多美術的影響;水野清一、長廣敏雄在《雲岡石窟》第12卷序章《雲岡雕刻の西方樣式》探討了雲岡石窟樣式受到西方藝術的影響;長廣敏雄《佛教美術の東流》提出佛教美術從印度東流至中亞、中國新疆、中原等地區,其中雲岡石窟即是受其影響而產生的。除此之外,法國人沙畹《北中國考古圖録》卷二(Mission archelolgiques dans la Chine septentrionale, Tome Ⅱ)解説(1915)、日本人大村西崖《支那美術史·雕塑篇》(1915)、松本文三郎《佛像·美術史的研究》(刊《哲學研究》1卷1號,1916)、小野玄妙《極東三大藝術》(1924)和關野貞、常盤大定《支那佛教史跡》第2册解説(1936)中都有關於雲岡石窟與中外文化交流方面的論述。稍後,梁思成、林徽因、劉敦楨《雲岡石窟中所表現的北魏建築》研究了雲岡建築裝飾中的西方因素(刊《中國營造學社彙刊》第4卷3、4期,1933年),之後陳垣又在《東方雜誌》第16卷2、3期上發表《記大同武州山石窟寺》。1950—1956年出版的水野清一、長廣敏雄的16卷本《雲岡石窟》,應該是迄50年代中期總結雲岡研究的巨作。該書第6卷序章《雲岡石窟の譜系》(1951)、第10卷代序章《雲岡樣式から龍門樣式へ》(1953)、第11卷序章《雲岡以前の造像》(1954)、第12卷序章《雲岡雕刻の西方樣式》(1954)、第15卷序章《中國にゎける石窟寺院》(1955)和第16卷總結《雲岡造窟次第》等論文对雲岡的源流、分期和窟室類型的研究,都達到了當時的高水平。

以上學者及其論著中或多或少也都提到了敦煌石窟藝術,這種追溯石窟藝術源流的研究方法和思路無疑爲敦煌石窟藝術源流問題的探討提供了較

---

① [法]雷奈·格魯塞著,常任俠等譯《近東與中東的文明》,上海:上海人民出版社,1981年;[法]雷奈·格魯塞著,常任俠等譯《印度的文明》,北京:商務印書館,1965年;[法]雷奈·格魯塞著,常書鴻譯《從希臘到中國》,杭州:浙江人民美術出版社,1985年;[法]雷奈·格魯塞著,常任俠等譯《中國的文明》,合肥:黃山書社,1991年;普加琴科娃、列穆佩著,陳繼周、李琪譯《中亞古代藝術》,烏魯木齊:新疆美術攝影出版社,1994年;斯塔維斯基著,路遠譯《古代中亞藝術》,西安:陝西旅遊出版社,1992年;[英]韋陀《西域美術》,東京:講談社,1982—1995年。

爲有益的借鑒。

至於敦煌石窟藝術的來源問題，也是敦煌學研究者首先必須要面對的問題。因此，研究者一開始就對這一問題給予了很大的關注。

對敦煌石窟源流問題的探討始於 20 世紀三四十年代。總的來說，至 70 年代之前，研究者對這一問題的探討還處於探索階段，發表的成果多以概括性的論述爲主。對這一問題的研究也是伴隨著對敦煌石窟的分期研究而進行的，在對敦煌石窟進行分期研究時，必然會將敦煌石窟與西域、中亞、印度等地同時期的石窟藝術特色進行對比，以及與中原各地同時期石窟營造特點進行對比。縱觀早期敦煌石窟藝術源流問題的研究成果，大體有三種觀點：

一是"東來説"。即認爲敦煌石窟藝術源自我國中原地區，尤其受雲岡、龍門石窟藝術的影響較多。首倡"東來説"的學者是宿白先生。他在《敦煌莫高窟早期洞窟雜考》[1]中根據資料當中樂僔"西遊至此"、法良"從東屆此"，以及"索靖題壁仙岩寺"的相關記載，認爲我們在探討敦煌石窟的淵源時，不能只注目西方，而不考慮東方因素，並從四個方面進一步深入分析了敦煌石窟受到東方影響的可能性，認爲從前秦到北魏晚期以前，莫高窟開鑿的石窟受到東方的影響不僅是可能的，而且是必然的。

二是"西來説"。賀昌群、向達則持"西來説"，認爲敦煌石窟藝術淵源於印度，印度佛教藝術逐漸向東傳播，影響了西域進而影響到中原諸石窟。賀昌群先生在《敦煌佛教藝術的系統》[2]一文中探討了敦煌石窟北魏佛教藝術的特徵，認爲"凡論到北魏佛教藝術的風格，便不能不提到所謂犍陀羅式……可知六朝時北魏的佛教藝術，至少亦受到印度笈多朝的影響"。向達先生也在《敦煌佛教藝術之淵源及其在中國藝術史上之地位》[3]、《敦煌藝術概論》[4]、《莫高、榆林二窟雜考》等文中，對這一問題作了全面、深入的論證。

三是所謂"東西交融説"。持這一觀點的最早的學者有常書鴻、段文傑等先生。常書鴻《敦煌藝術的源流和內容》等系列文章中對於敦煌石窟藝術的源流問題持"東西交融説"，認爲敦煌石窟藝術既有希臘、印度、犍陀羅等西方藝術影響的因素，也有與祖國民族傳統藝術一脈相承、受中原地區風格影響

---

[1] 宿白《敦煌莫高窟早期洞窟雜考》，載《中國石窟寺研究》，北京：文物出版社，1996 年，第 214—225 頁。
[2] 賀昌群《敦煌佛教藝術的系統》，《東方雜誌》1931 年第 28 期，第 11 頁。
[3] 向達教授講演，水天明記録《敦煌佛教藝術之淵源及其在中國藝術史上之地位》，《民國日報》，1994 年；又載《中國敦煌學百年文庫·藝術卷一》，第 48—50 頁。
[4] 向達《敦煌藝術概論》，《文物參考資料》第 28 期，第 11 頁。向達教授講演，水天明記録《敦煌佛料》，1951 年第 2 期，第 4 頁；《莫高、榆林二窟雜考》，《文物參考資料》1951 年第 2 期，第 5 頁。

的特點①。段文傑先生80年代的一批論文主要從敦煌石窟壁畫風格及繪畫技法等角度論述了敦煌壁畫兼有中西兩種風格②。

除此之外,與上述概述式的論述方式不同的是,閻文儒、蘇瑩輝、常任俠、夏鼐、潘絜兹等國内學者以及池田温、水野清一、桑山正進、吉村憐等日本學者對敦煌石窟與中外文化關係的論題也給予了很大關注。他們從敦煌石窟壁畫及出土文物等具體實物中探尋敦煌石窟藝術的外來藝術因素。如宿白《参觀敦煌第285窟札記》、季羨林《吐火羅語的發現與考釋及其在中印文化交流中的作用》③、蘇瑩輝《敦煌及施奇利亞壁畫所用凹凸法淵源於印度略論》、《魏晉南北朝時期的敦煌佛教藝術概説》④、池田温《8世紀中葉における敦煌のソグド人聚落》⑤、水野清一《いわゆる華嚴教主盧舍那佛の立像について》⑥、松本榮一《敦煌畫の研究・圖像篇》⑦、吉村憐《盧舍那法界人中像の研究》⑧等。他們或以某一洞窟作爲個案,或以單幅壁畫作爲研究的切入點,或以某一時期繪畫的技法爲視角,對敦煌石窟的源流問題進行分析研究。可以看出,這一階段學者們在討論敦煌石窟藝術與中外文化關係時側重於對敦煌石窟藝術源流的追溯,所依據的材料還比較有限,觀點也不盡相同,是對這一問題的試探性的研究,説明中外文化交融下的敦煌藝術成分十分複雜,但是這些研究成果卻爲以後的研究指明了方向,此後,這一問題也成爲學術界長期爭論的熱點課題。

二、敦煌石窟與中外石窟藝術的比較研究

從19世紀80年代起到20世紀末,對敦煌石窟與中外石窟藝術關係問題的研究進入蓬勃發展的時期。

研究者根據敦煌石窟壁畫、雕塑内容逐步探討敦煌石窟藝術與印度犍陀羅、希臘、伊朗、中亞、西域龜兹、于闐等地的佛教藝術的關係,以及敦煌石窟與河西大佛寺、炳靈寺、麥積山諸石窟,中原雲岡、龍門等地佛教藝術的相互

---

① 常書鴻《敦煌藝術的源流和内容》,《文物參考資料》1951年第2期。
② 段文傑《十六國、北朝時期的敦煌石窟藝術》、《早期的莫高窟藝術》、《敦煌早期壁畫的風格特點和藝術成就》、《融合中西成一家——莫高窟隋代壁畫研究》,《敦煌石窟藝術研究》,蘭州:甘肅人民出版社,2007年。
③ 季羨林《吐火羅語的發現與考釋及其在中印文化交流中的作用》,《語言研究》1956年第1期,第297—307頁;《龜兹佛教文化論集》,烏魯木齊:新疆美術攝影出版社,1993年,第1—14頁;《季羨林文集・第4卷・中印文化關係》,南昌:江西教育出版社,1996年,第138—154頁。
④ 蘇瑩輝《敦煌及施奇利亞壁畫所用凹凸法淵源於印度略論》,《故宫季刊》第4卷第4期,1970年,第13—17頁;《敦煌論集續編》,臺北:學生書局,1983年,第277—284頁;《魏晉南北朝時期的敦煌佛教藝術概説》,《斑苔學報》第4期,1970年;《敦煌論集續編》,臺北:學生書局,1983年,第269—275頁。
⑤ 池田温《8世紀中葉における敦煌のソグド人聚落》,《ユヲシァ文化研究》一,1965年,第49—92頁。
⑥ 水野清一《いわゆる華嚴教主盧舍那佛の立像について》,《中國の佛教美術》,1969年。
⑦ 松本榮一《敦煌畫の研究・圖像篇》,東方文化學院東京研究所刊,1937年。
⑧ 吉村憐《盧舍那法界人中像の研究》,收入吉村憐《中國佛教圖像の研究》,東京:東方書店,1985年。

關係等。對這些地區的佛教藝術進行嘗試性的比較研究成爲這一時期研究的主要方法與特徵。研究的對象開始多樣化,不僅從石窟形制、壁畫內容、塑像風格、繪塑技法等方面進行比較研究,在敦煌石窟考古,特別是洞窟分期問題上也取得了豐碩的成果,而且還注意到了藝術傳承與演變的脈絡,嘗試從單個石窟藝術元素出發探討敦煌石窟藝術的深刻內涵,逐步開始了石窟造像思想方面的研究與探索。

(一) 敦煌石窟考古與其他各地石窟考古研究

敦煌研究院樊錦詩院長曾總結敦煌石窟考古工作在六個方面取得了可喜的成果:1. 對沙埋土掩的遺跡和遺物進行科學的調查和發掘;2. 石窟時代與分期的研究;3. 石窟內容的調查研究;4. 系統收集整理洞窟資料,編寫記錄性的考古報告;5. 石窟專題調查研究;6. 運用石窟實物資料,探討研究石窟歷史[①]。其中洞窟時代分期研究工作分兩個方面:一方面,大量沒有紀年的洞窟,採用類型學和層位學的方法,對洞窟形制結構、彩塑和壁畫的題材佈局、內容等區分爲若干類別,分類進行型式排比……還通過縱向和橫向的比較,探討此類洞窟的淵源和性質。另一方面,依靠洞窟的題記、敦煌文書、碑銘結合歷史文獻,作了深入細緻的探討和校訂[②]。

將敦煌石窟與其他地區洞窟進行橫向、縱向的對比,參照印度、中亞、西亞等地石窟群和中國境內新疆諸石窟及河西地區,中原雲岡、龍門等地石窟群,來確定敦煌諸石窟的營建年代,這是敦煌石窟研究中不可或缺的方法。具體而言,就是通過與國內外石窟群的洞窟形制、造像題材、壁畫組合及繪畫技法等的比較研究,來判斷每一期洞窟的風格、淵源及流變,從而確定洞窟營建的年代。在這一方面,宿白、樊錦詩、馬世長、關友惠、李崇峰等先生都作出了積極的努力和貢獻。

宿白先生是中國石窟考古研究的開創者,在確定莫高窟北周時期的洞窟時,他將敦煌石窟與河北響堂山石窟、天水麥積山石窟進行了比較研究,將莫高窟原定爲後期魏窟的第428、430、438、442等窟和原定早於第302窟、305窟的隋窟如第290、294、296、299、301等窟,確定爲北周窟[③]。宿白先生在1978年發表的《敦煌莫高窟早期洞窟雜考》一文中論及北周窟時就把敦煌石窟與響堂山石窟、麥積山石窟進行比較,寫道:"莫高窟原定的後期魏窟如第428、430、438、442等窟和原定早於第302窟、305窟的隋窟如第290、294、296、

---

① 敦煌研究院編《敦煌研究文集·敦煌石窟考古篇》,蘭州:甘肅民族出版社,2000年,第2頁。
② 敦煌研究院編《敦煌研究文集·敦煌石窟考古篇》,蘭州:甘肅民族出版社,2000年,第3—4頁。
③ 《大公報在港復刊三十周年紀念文集》上冊,1978年。載姜伯勤《中國石窟寺研究》,北京:文物出版社,1996年,第219頁。

299、301等窟,造像頭大身短,面部方圓而平,與其前的清瘦體態迥然有別,褒衣博帶式的服飾也逐漸消失,取代的是多層次的衣擺寬大的大衣,這種佛像,在中原,無論河北的響堂和甘肅的麥積,都屬於齊、周時期的作品,因而,有理由懷疑上述諸窟是北周窟。"①

在確定莫高窟最早一批洞窟,即268、272、275窟時,宿白先生在時代上作了推定。1989年,宿先生在《莫高窟現存早期洞窟的年代問題》一文中認同樊錦詩院長等學者的《敦煌莫高窟北朝洞窟的分期》一文提出的268、272、275窟爲最早一組洞窟的判斷,但在時代上卻將這組洞窟從前述雲岡第一期往後推至雲岡第二期:"莫高窟這組現存最早洞窟的許多特徵都和雲岡第二期石窟相似。""雲岡中部和東部的主要石窟,主要即第7、8窟,第9、10窟,第11、12、13窟,第1、2窟,第3窟,屬第二期,年代約在北魏孝文帝都於平城的時期,即公元471年—494年。""莫高窟這組現存最早洞窟可以和雲岡相比的,不是雲岡第一期窟,最早只能對比到第二期的第7、8窟;比較合適的應是第二期的第9、10窟和第11、12、13窟,即雲岡中部偏西俗稱'五花洞'的五個洞窟。""莫高窟現存這組最早洞窟年代的上下限是:從接近太和八年(484)和太和十一年(487)起,至太和十八年(494)遷洛陽以後不久。"②

莫高窟第一、第二期洞窟有一些因素與雲岡石窟相似,宿先生在《莫高窟現存早期洞窟的年代問題》中提出:"如何判斷誰影響誰呢?就要考慮雙方的歷史背景。……平城、敦煌兩地在石窟方面的相似或接近,我們認爲只能是雲岡影響了莫高,即都城影響了地方,而不可能是相反。……既然可以判斷施以影響的是雲岡,那麼,即可根據雲岡有關石窟的年代推測莫高窟這組現存早期洞窟的具體年代了。"③

宿白先生對新疆石窟、河西石窟、雲岡石窟、龍門石窟等石窟都進行過深入研究,其主要成果彙集在文物出版社1996年出版的宿白個人文集《中國石窟寺研究》中。他關於敦煌石窟分期的已刊論文主要有《參觀敦煌第285號窟劄記》(1996年文集目錄名《參觀敦煌莫高窟第285窟劄記》、正文名《參觀敦煌莫高窟第285號窟劄記》)、《敦煌莫高窟早期洞窟雜考》、《莫高窟現存早期洞窟的年代問題》三篇④。他綜合武威天梯山、酒泉、敦煌吐魯番所出北涼石塔和肅南金塔寺、酒泉文殊山石窟的資料,並參考炳靈寺石窟的營造年代,

---

① 《大公報在港復刊三十周年紀念文集》上册,1978年。此據《中國石窟寺研究》,第219頁。
② 宿白《莫高窟現存早期洞窟的年代問題》,《中國石窟寺研究》,第271、274、277頁。
③ 宿白《莫高窟現存早期洞窟的年代問題》,《中國石窟寺研究》,第275頁。
④ 此三文分別發表在《文物參考資料》1956年第2期、《大公報在港復刊三十周年紀念文集》上册(1978年)、香港中文大學《中國文化研究所學報》第20卷(1989年),均收錄於姜伯勤《中國石窟寺研究》(北京:文物出版社,1996年)。

對涼州石窟遺跡進行階段劃分。他還指出，涼州系統的窟龕造像，大多來源於今新疆地區[①]。在論述莫高窟洞窟年代分期問題時，他將莫高窟早期洞窟分爲早、中、晚三期，並在劃分初期洞窟的上限時與雲岡石窟進行比對，提出"至於初期的上限，我們估計大約和大同雲岡第一期接近"[②]的看法。三十年後，他又將這一看法加以修正，把時間往後推至雲岡第二期。

既然宿先生認爲佛教藝術是"都城影響了地方，而不可能是相反"，那麼，敦煌在北涼時代受到首都姑藏的佛教藝術的影響就有可能。爲此，阿部賢次先生在1994年發表《北涼石塔與莫高窟早期三窟的年代問題》指出："北涼石塔和莫高窟最早的洞窟造像之間，既有風格的一致性，又有風格不同的差別，沒有人可以證實或是摒除它們是同時期的作品。"[③]2000年，殷光明先生發表《從北涼石塔看莫高窟早期三窟的建造年代》一文，將早期三窟與北涼石塔進行了比較，認爲"敦煌莫高窟早期三窟中，第268窟的建造年代爲北涼的牧犍時期，即公元433—439年之間；第275、272窟的建造年代在北涼末年至五世紀中葉，約在公元436年或北涼亡後至沮渠無諱逃離敦煌時，或在復法後的452—460年，但不會晚於北涼殘餘政權滅亡的460年"[④]。這是研究者將敦煌早期洞窟與北涼石塔進行比較研究所作出的對洞窟年代分期的判斷。

敦煌研究院樊錦詩院長在判定莫高窟第一期石窟的時代時，也將本期洞窟的若干特點和已知有較明確年代的材料進行比較，例如和雲岡石窟的第一期作比較，同時也和炳靈寺、新疆等地文物對照比較，從窟形、塑像風格、飛天形像等方面與雲岡石窟早期洞窟同類題材進行比較研究；在供養人服飾方面與炳靈寺建弘元年(420)前後、北涼石塔、新疆墓葬中承平十三年(455)沮渠封戴墓的供養人服飾進行比較研究[⑤]。

敦煌以外的十六國至北周時期的佛教石窟、造像碑、單尊像很多，盡可能多地收集這些資料，找出與敦煌早期洞窟的異同並分析其產生的原因，是需要重視的一個研究方法。特別是位於河西走廊的武威天梯山石窟(現存18窟)、張掖金塔寺石窟(現存2窟)、下觀音洞(現存1窟)、馬蹄寺千佛洞(現存

[①] 宿白《涼州石窟遺跡和"涼州模式"》，《考古學報》1986年第4期；《中國敦煌學百年文庫·考古卷四》，第148—161頁。
[②] 宿白《參觀莫高窟第285號窟劄記》，《中國石窟寺研究》，北京：文物出版社，1996年，第212頁。
[③] 阿部賢次《北涼石塔與莫高窟早期三窟的年代問題》，敦煌研究院編《1994年敦煌學國際研討會文集·石窟考古卷》，蘭州：甘肅民族出版社，2000年，第163頁。
[④] 載敦煌研究院編《2000年敦煌學國際學術討論會文集·石窟考古卷》，蘭州：甘肅民族出版社，2003年，第267頁。
[⑤] 樊錦詩、馬世長、關友惠《莫高窟北朝洞窟的分期》，《敦煌研究文集·敦煌石窟考古篇》，蘭州：甘肅民族出版社，2000年，第1—28頁。

北朝5窟）、童子壩石窟（現存3窟）、酒泉文殊山石窟（北朝洞窟存10餘窟）、昌馬石窟（現存11窟）等，其中有很多十六國、北朝時期石窟。這些河西石窟早在20世紀50年代就有了較詳細的調查報告①。暨遠志對河西石窟做了較爲詳細的調查與分期研究，他認爲河西石窟只有天梯山有5個北涼石窟（1、4、16、17、18窟），把其餘早期石窟的建造年代一律判定在北魏時期②。張寶璽認爲天梯山石窟等石窟均沒有北涼石窟，金塔寺、千佛洞、文殊山等石窟也是北魏始創的石窟群③。杜斗城將河西諸石窟及石塔進行比較研究後，判定河西地區早期石窟多數是北涼時期開鑿的④。

宿白先生也對新疆石窟、龍門石窟、雲岡石窟進行了考古學研究，對這些地區的石窟年代問題也給予了關注⑤。樊錦詩、關友惠、趙青蘭、李崇峰等研究者則對莫高窟各個歷史時期的洞窟分期進行了研究，主要的成果有：樊錦詩、趙青蘭《吐蕃佔領時期莫高窟洞窟的分期研究》⑥，樊錦詩《莫高窟唐前期石窟的洞窟形制和題材佈局——敦煌莫高窟唐代洞窟研究之一》⑦，李崇峰《敦煌莫高窟北朝晚期洞窟的分期與研究》⑧，樊錦詩、關友惠、劉玉權《莫高窟隋代洞窟的分期》⑨，樊錦詩、劉玉權《敦煌莫高窟唐前期洞窟分期》⑩，趙青蘭《莫高窟中心塔柱窟的分期研究》，⑪劉玉權《關於沙州回鶻洞窟的劃分》⑫，陳

---

① 史岩《酒泉文殊山的石窟寺院遺跡》，《文物參考資料》1955年第2期；《散佈在祁連山區民樂縣境的石窟群》，《文物參考資料》1956年第4期；《涼州天梯山石窟的現存情況和保存問題》，《文物參考資料》1956年第7期；甘肅省文物工作隊《馬蹄寺、文殊山、昌馬諸石窟調查簡報》，《文物》1965年第3期。
② 暨遠志《酒泉地區早期石窟分期試論》、《張掖地區早期石窟分期試論》、《武威天梯山早期石窟分期試論》，分別刊載於《敦煌研究》1996年第1期、第4期，1997年第1期。
③ 張寶璽《河西北朝石窟編年》，敦煌研究院編《1994年敦煌學國際研討會文集·石窟考古卷》，蘭州：甘肅民族出版社，2000年，第252頁。
④ 杜斗城《關於河西早期石窟的年代問題》，《敦煌學輯刊》1994年第2期。此據杜斗城文集《北涼譯經論》，蘭州：甘肅文化出版社，1995年，第157頁。
⑤ 宿白《克孜爾石窟部分洞窟階段劃分與年代等問題的初步探索》，載《中國石窟·克孜爾石窟》第1卷，北京：文物出版社，1997年；《洛陽地區北朝石窟的初步考察》，見《中國石窟·龍門石窟》（一），北京：文物出版社，1991年；《平城實力的集聚和"雲岡模式"的形成與發展》，見《中國石窟·雲岡石窟》（一），北京：文物出版社，1991年；《4至6世紀中國中原北方主要佛像造型的幾次變化》，見《走向盛唐文化交流與融合》，香港：香港文化博物館，2005年，第30頁；《雲岡石窟分期試論》，《考古學報》1978年第1期。
⑥ 樊錦詩、趙青蘭《吐蕃佔領時期莫高窟洞窟的分期研究》，《敦煌研究》1994年第4期；敦煌研究院編《敦煌研究文集·敦煌石窟考古篇》，蘭州：甘肅民族出版社，2000年，第182—210頁。
⑦ 樊錦詩《莫高窟唐前期石窟的洞窟形制和題材佈局——敦煌莫高窟唐代洞窟研究之一》（摘要），《敦煌研究》1988年第2期。
⑧ 李崇峰《敦煌莫高窟北朝晚期洞窟的分期與研究》，敦煌研究院編《敦煌研究文集·敦煌石窟考古篇》，蘭州：甘肅民族出版社，2000年，第29—111頁。
⑨ 樊錦詩、關友惠、劉玉權《莫高窟隋代洞窟的分期》，敦煌研究院編《敦煌研究文集·敦煌石窟考古篇》，蘭州：甘肅民族出版社，2000年，第112—142頁。
⑩ 樊錦詩、劉玉權《敦煌莫高窟唐前期洞窟分期》，敦煌研究院編《敦煌研究文集·敦煌石窟考古篇》，蘭州：甘肅民族出版社，2000年，第143—181頁。
⑪ 趙青蘭《莫高窟中心塔柱窟的分期研究》，敦煌研究院編《敦煌研究文集·敦煌石窟考古篇》，蘭州：甘肅民族出版社，2000年，第211—193頁。
⑫ 劉玉權《關於沙州回鶻洞窟的劃分》，敦煌研究院編《敦煌研究文集·敦煌石窟考古篇》，第294—316頁。

悦新《甘寧地區北朝石窟寺分期研究》①，李裕群《北朝晚期石窟寺研究》②等。

以上是研究者在考古學領域通過比較研究的方法對莫高窟洞窟分期及洞窟營建年代進行的探討。許多研究者還對新疆石窟、龍門石窟、雲岡石窟進行了考古學研究，對這些地區石窟的年代問題也給予了關注。

莫高窟出土的實物資料也爲洞窟分期研究提供了證據。1965年3月在125—126窟前發現的北魏太和十一年（487）刺繡就是一件重要的參考資料，敦煌文物研究所《新發現的北魏刺繡》一文在分析這件刺繡的年代時，與莫高窟251、259、260等窟和雲岡9、11、18等窟進行仔細比較，發現刺繡圖案與這些石窟壁畫存在類似的藝術元素，從而判定刺繡上的"十一年"就是太和十一年。這些資料的發現對判定莫高窟251、259、260等窟的大致年代是大有幫助的。

此外，將各區域內單個石窟或石窟內單個藝術元素進行對比研究，對於追溯石窟藝術的源流問題也是很有幫助的。董玉祥通過對甘肅其他地區石窟群與敦煌莫高窟十六國時期的窟龕進行比較研究後，認爲越是接近西域的酒泉、敦煌等地，受西域佛教藝術風格的影響越深，反之，越是接近中原的古代秦州、枹罕等地，佛教藝術作品更加民族化。由此可見，由於地域不同，即便是同一時期的佛教藝術作品，也各具藝術風格與特色③。柳洪亮由吐峪溝第44窟的諸多藝術因素佐證莫高窟早期三窟的年代，並對兩者之間的淵源關係進行了分析④；李玉珉對莫高窟第428窟新出現的須達拏太子本生圖像、盧舍那佛、涅槃圖、金剛寶座塔等形象的來源進行研究後，認爲在此窟中可以看到好似中原手卷形式的須達拏太子本生圖和流行於中原的盧舍那佛法界人中像，又可以發現中原常見的雙手平伸的涅槃佛，甚至可以找到與龍門石窟賓陽中洞類似的配置方式，這些自中原引進的新圖像爲敦煌佛教美術注入了新血，也刺激了隋唐佛教美術圖像的發展⑤。

（二）各地石窟藝術與敦煌石窟藝術關係的比較研究

古代印度文化分恒河流域與印度河流域兩支幹綫，佛教藝術亦是如此，前者稱中印度式，後者稱犍陀羅式。研究者們通過比較認爲，敦煌石窟受印度犍陀羅藝術的影響較多。佛教本身和其他宗教一樣，在開始的時候並不具備一定的藝術形象，從釋迦滅度的2世紀之後，印度阿育王爲了紀念釋迦生前

---

① 陳悦新《甘寧地區北朝石窟寺分期研究》，北京大學博士學位論文，2004年。
② 李裕群《北朝晚期石窟寺研究》，北京：文物出版社，2003年。
③ 董玉祥、杜斗城《北涼佛教與河西諸石窟的關係》，《敦煌研究》1986年第1期。
④ 柳洪亮《由吐峪溝第44窟佐證莫高窟早期三窟的年代》，《1990年敦煌學國際研討會論文集·石窟考古編》，1995年7月。
⑤ 李玉珉《敦煌四二八窟新圖像源流考》，《故宮學術季刊》第10卷第5期，1993年。

的聖跡,在紀元前3世紀的時候曾樹立了數十根銘刻著佛經文典的石柱,作爲傳佈和崇信佛教的象徵。當唐玄奘去印度時,那裏還保存有三十根柱子。與阿育王同時期,憑藉亞歷山大東征的勝利而入侵中亞與印度内地的希臘王國"亞歷山大里亞"建立。這個新政權的建立隨即把所謂希臘文明的形式灌注在北印度犍陀羅地方。犍陀羅藝術是希臘化的佛教藝術,大約在公元3世紀左右傳入敦煌,莫高窟早期洞窟中的犍陀羅特徵表現在彩塑藝術、故事畫藝術和裝飾藝術三個方面。這一糅合了印度佛教的教義與希臘藝術形式而產生的犍陀羅佛教藝術,在新形勢下從犍陀羅的大月氏國越葱嶺經西域而傳入中國,首達新疆(今存者有新疆拜城縣克孜爾明屋壁畫、庫車縣庫木吐拉千佛洞、森木塞姆千佛洞等),後又沿著絲綢之路,東來而至甘肅(見有敦煌莫高窟、安西榆林石窟等)。

　　鑒於這樣一條文化傳播的路綫和相應的時空關係,西域諸石窟對敦煌石窟的影響是顯而易見的。敦煌石窟藝術受西域尤其是新疆地區石窟藝術風格的影響最爲直接,因此許多研究者從西域尤其是新疆古龜茲地區石窟藝術中尋找敦煌石窟的來源,抑或將敦煌石窟與西域諸石窟進行比較,從而找出它們之間的淵源與傳播關係。金維諾先生曾指出:"龜茲在西域正處於中西交流的要衝,在佛教東傳的過程中,曾起了中介作用。"[①]宿白先生也指出:"克孜爾石窟内容豐富,位置重要,既可作爲龜茲石窟的典型代表,又是聯繫中亞和東方佛教遺跡的紐帶。"[②]這種直接和間接的影響作用的論斷是有證據可以證明的。西漢張騫通西域之後,西域正式列入中國版圖。北魏時期絲路繁榮,西域屬於北魏王朝,北魏時遺存的西域藝術主要是古龜茲的佛教藝術。印度佛教藝術傳入龜茲後,發生了許多變化,產生了許多與印度藝術不同的特點,人們稱之爲西域風格。現今遺存的以新疆拜城克孜爾石窟等爲代表的石窟,如庫車的庫木吐拉石窟、森木塞姆石窟、克孜爾尕哈石窟中的大部分作品,都是西域風格的作品。北魏中期以前,敦煌莫高窟壁畫中的風格多爲西域風格,受龜茲佛教藝術的影響較大[③]。

　　關於西域風格藝術對敦煌石窟藝術的影響的研究,研究者主要從洞窟形

[①] 金維諾《龜茲藝術的風格與成就》,《中國石窟克孜爾石窟》(三),北京:文物出版社,1997年。
[②] 宿白《克孜爾部分洞窟階段劃分與年代問題的初步探索——代序》,《中國石窟克孜爾石窟》(三),北京:文物出版社,1997年。
[③] 參見楊雄《中西同圖　疏密兼施——論莫高窟二四九窟(附第四三一窟)的藝術》,《敦煌石窟藝術·莫高窟第二四九窟附第四三一窟(北魏、西魏)》,南京:江蘇美術出版社,1995年,第11—23頁;《敦煌論稿·敦煌研究文集》,甘肅文化出版社,1995年,第43—75頁;張元林《融合中印藝術　獨具風情特色——論莫高窟第二五四窟、第二六〇窟的藝術成就》,《敦煌石窟藝術·莫高窟第二五四窟附第二六〇窟(北魏)》,南京:江蘇美術出版社,1995年,第11—28頁;段文傑《中西藝術的交匯點——論莫高窟第二八五窟》,《敦煌石窟藝術·莫高窟二八五窟(西魏)》,南京:江蘇美術出版社,1995年,第11—22頁;《美術之友》1998年第1期,第1—6頁;《1994年敦煌學國際研討會文集——紀念敦煌研究院成立50周年·石窟藝術卷》,蘭州:甘肅民族出版社,2000年,第52—87頁。

制、壁畫與塑像的風格、內容、繪塑技法以及洞窟營建思想等各方面給予了充分的探討,成果豐碩。

1. 洞窟形制

敦煌石窟的建築形制,一般分爲中心塔柱式、毗訶羅式、覆斗式、涅槃式、大佛窟及背屏式[1]。中心柱窟和禪窟(毗訶羅窟)受到印度、中亞風格的影響較大,研究者們對此的關注也較多。

(1) 中心柱窟

關於石窟中塔的設置,與佛教的宗教禮儀有關。在印度犍陀羅造型藝術興起以前,還沒有佛像,佛教徒們尊崇的對象是佛的遺物、遺跡。遺跡是代表佛生前經歷的紀念物,塔是佛涅槃的象徵,受到很大的尊崇,印度人在石窟裏鑿塔,信徒可以繞塔禮拜,這種信仰曾對我國早期佛寺佈局產生過深遠影響。早期佛寺盛行以塔爲寺的中心建築,中心塔柱式石窟實際上間接地反映了當時中國佛寺的佈局。這種佛寺佈局也是中國傳統的院落式建築與印度傳來的宗教觀念相結合的產物,是佛教建築形式民族化的一種表現。

中心柱窟是北朝時期敦煌莫高窟最流行的洞窟形制,40個北朝洞窟中,中心柱窟就有16個。對於敦煌石窟的洞窟形制的來源問題,爭論較多的是對中心塔柱式洞窟的淵源和流變的探索。許多學者都注意到這種窟形與印度支提窟之間的相似性。關於支提的内涵和意義,宫治昭曾在他的《涅槃與彌勒的圖像學》[2]一書中做過探討。印度早期的佛教建築中可見樸素的支提窟,如安德拉邦的共塔帕里支提窟、巴雅石窟、納西克石窟、阿旃陀第10窟等。到了中亞地區,典型意義上的印度式支提窟已經很少了。

我國的中心塔柱窟開鑿形式在佛教傳播過程中發生了一些變化。經研究認爲,我國龜茲、莫高窟等地的石窟形制參考了印度石窟寺的開鑿形式,尤其是中心柱窟的形制大體上參考了印度支提窟的鑿窟形式,"但是這種洞窟形制已經在很大程度上改變了印度本來的支提窟形式,而形成了具有龜茲文化特徵的中心柱窟"。例如,印度石窟内的圓塔與窟頂不相連接,而我國的石窟内方塔是直通到頂的,採用這種變化是因爲新疆和河西地區的石質較爲鬆散,爲了防止平頂坍塌而利用塔柱作爲支撐是一種因地制宜的做法,而在石質較好的地方,如永靖炳靈寺石窟第3窟中仿木結構的單層方塔就不是直通到頂的[3]。此外,莫高窟、龜茲地區的庫木吐拉、克孜爾尕哈、森木塞姆及克孜

---

[1] 蕭默《敦煌建築研究》,北京:文物出版社,1989年,第35頁。
[2] [日]宫治昭《涅槃與彌勒的圖像學研究》,東京:吉川弘文館,1992年。
[3] 馬世長《克孜爾石窟中心柱窟研究》,《中國佛教學術論典》第85册,高雄:佛光山文教基金會出版,2003年。

爾石窟等地的禪窟和禮拜窟的建築均呈現出蜂窩狀參差排列開鑿的形式,也是這兩地石窟最直觀的相似之處。

將敦煌石窟與新疆諸石窟中的單個洞窟進行比較研究,是這一研究領域的比較常見的方法。如將吐峪溝第 44 窟與莫高窟北涼洞窟進行比較研究[1]。吐峪溝第 44 窟與敦煌莫高窟第 268、272 和 275 窟,尤其是後兩窟,無論是洞窟形制、壁畫佈局和內容、人物造型、繪畫技藝及其所反映的佛教信仰等方面都有很多共同之處。

河西地區的中心柱窟較多,有武威天梯山石窟第 1、4、18 窟;張掖金塔寺石窟的東窟、西窟;張掖馬蹄寺千佛洞石窟第 1、2、4、8 窟;酒泉文殊山前山千佛洞、萬佛洞、後山古佛洞、千佛洞以及昌馬石窟第 2、4 窟;肅北五個廟石窟第 1、5、6 窟等。研究者都是將同一時期的石窟進行對比,並與新疆龜茲石窟的形制進行對比,發現它們受龜茲影響較多。

由西而東,雲岡石窟的中心柱窟有 1、2、3、4、6、11、39 等窟。雲岡石窟的中心塔更具體地模仿了中國式木塔建築,整體佈局更接近中國古代寺院。通過對這幾個地區中心塔柱石窟形制的對比,可以看出中外文化、中國內地各地區文化之間的流匯融合、交光互影。

趙聲良在研究雲岡中心柱石窟形制時,發現了中心柱窟在中國的變化:"首先是塔的變化……在中國西部的龜茲、于闐、高昌等地區曾有過犍陀羅風格的大塔,在河西地區是否有過,還不能確定。但有一些帶有濃厚印度樣式特徵的小塔曾在河西一帶流行,而類似的小塔在中原地區卻沒有出現。"[2]殷光明先生在研究北涼石塔時指出:"從北涼石塔等河西地區獨特的塔的形式,我們也可以看到由印度—中亞流行的大型覆鉢式塔演變爲中原式樓閣式塔的一種過渡形式。"[3]

日本學者八木春生比較了河西石窟、雲岡石窟的某些相似因素,認爲:"雲岡第 16、17 窟與河西石窟中的一些共同點是可以從西域石窟中找到其源頭的。雖說有些樣式表明河西石窟受到雲岡石窟的影響,但同時,河西石窟反過來影響雲岡的可能性也是存在的。"[4]

其他研究者對中國石窟中心柱窟的形制問題的探討,有的是對克孜爾石窟中心柱窟做系統而嚴密的研究[5];有的是對河西中心柱窟做深入的

---

[1] 賈應逸《吐峪溝第 44 窟與莫高窟北涼洞窟比較研究》,《敦煌研究》1988 年第 2 期。
[2] 趙聲良《敦煌北朝石窟形制諸問題》,《敦煌研究》2006 年第 5 期。
[3] 殷光明《北涼石塔研究》,臺灣:覺風佛教藝術文化基金會,2000 年。
[4] [日] 八木春生《雲岡石窟與河西石窟群》,《雲岡石窟紋樣論》,京都:法藏館,2000 年。
[5] 馬世長《中國佛教石窟類型與形制特徵——以龜茲和敦煌爲中心》,《敦煌研究》2006 年第 6 期。

研究與介紹①;有的從建築結構的角度對敦煌中心柱窟做詳細的分析研究②。其中李崇峰先生對中國和印度中心柱窟做了比較研究,他通過對印度、龜茲、克孜爾、敦煌以及中國中原北方地區的塔洞進行比較後,認爲中原北方地區的塔洞,是在"印度支提窟和龜茲中心柱窟的基礎上演化和發展的……由此看出,中原北方地區塔廟窟,是外來石窟藝術形式與本土傳統漢文化結合的產物,表明佛陀已經完成了從聖人轉變爲神的漫長旅程……這種塔柱成了連接凡人與神仙,即塵世與天堂的昇華之路"③;趙聲良先生考察了莫高窟北朝石窟禪窟和中心柱窟,並比較了印度、中亞以及中原地區同類洞窟形制的異同,探討了敦煌禪窟和中心柱窟的源流問題,闡明敦煌石窟在接受了印度及西域的影響下,既繼承了河西佛教藝術的傳統,又形成了自身的特點④。

對於敦煌莫高窟中心柱及其四壁造像的相關研究,趙青蘭以考古類型學的方法,全面地整理莫高窟28個中心柱窟内四壁及柱上的形制、内容、造像等並加以詳細的分類,從而找出各類中心柱窟之間的分期依據。文章還從整個北涼、北朝造像思想銜接的角度,提出"淨土"與"千佛"兩類造像思想,並與中心柱窟内被隔開的兩大空間相結合,闡述了北朝中心柱窟造像並行的兩大思想主軸⑤;賀世哲先生則集中闡釋中心柱窟内四面上下兩層的造像,並以佛教"五分法身"的義學思想來說明中心柱上各造像之間的關係⑥。

綜上,研究者在探討中心柱的淵源問題時,多舉中印度支提窟及中亞龜茲和克孜爾石窟的中心柱爲例,並與敦煌石窟群及河西其他地區的石窟進行比較;在中心柱窟佛教思想内涵的研究上,則注重從中印佛塔在室内空間、四壁及塔周的列柱作爲信衆禮拜的場所的角度進行探討。

(2) 禪窟

禪窟最早出現在北涼。莫高窟南區洞窟中現存禪窟僅三例,隨著北區考古發掘成果的公佈,發現北區還有大量禪窟。敦煌的禪窟在功能意義上接近於印度的毗訶羅窟,即專門供僧人修行的洞窟。爲此,日本的東山健吾先生曾提出莫高窟第285窟中心方壇爲戒壇的觀點⑦。趙聲良先生在論及"禪窟"時指出:"敦煌石窟中存在著禪窟與僧房窟兩種形式,它們最初可能受到印度

---

① 張寶璽《河西北朝中心柱窟》,《1987敦煌石窟研究國際討論會文集·石窟考古編》,瀋陽:遼寧美術出版社,1990年;董玉祥《河西走廊馬蹄寺、文殊山、昌馬諸石窟群》,《河西石窟》,蘭州:文物出版社,1987年;董玉祥《五—六世紀河西石窟與河西佛教》,《中國佛教學術論典》第84册,高雄:佛光山文教基金會,2003年。
② 蕭默《敦煌建築研究》,北京:文物出版社,1989年。
③ 李崇峰《中印度佛教石窟寺比較研究》,北京:北京大學出版社,2003年。
④ 趙聲良《敦煌北朝石窟諸問題》,《敦煌研究》2006年第5期。
⑤ 趙青蘭《莫高窟中心塔柱的分期研究》,《敦煌研究文集——敦煌石窟考古篇》,蘭州:甘肅民族出版社,2000年,第211—293頁。
⑥ 賀世哲《北朝洞窟圖像研究·十六國北朝卷》第二章,蘭州:甘肅教育出版社,2006年,第43—82頁。
⑦ 東山健吾《敦煌三大石窟》,東京:講談社,1996年,第83頁。

毗訶羅窟的影響。但與印度的毗訶羅窟已經有很大的不同……總之,魏晉以來敦煌乃至河西地區的佛教,受到西域尤其是龜兹的影響是十分明顯的,那麼在開窟修行方面接受龜兹的影響也在情理之中。"①

實際上,印度毗訶羅式的洞窟較多,佈局大體上是圍繞一個較大的方形窟室,除正面入口外,在左右壁和後壁開鑿一些小的洞窟。毗訶羅窟在敦煌發現有三處,都是早期洞窟,一是第267窟至第271窟,第二是北魏第487窟,第三是285窟。與印度毗訶羅窟的大窟室不同的是,敦煌這幾處洞窟的窟室較小,除了供不多的人禮佛迴行外,不能進行更多的活動。這一組洞窟的形制非常特殊,不僅各具特色,而且在以後的洞窟開鑿中再没有出現同樣的窟形。此外,在河西現存的諸石窟和中原内地的早期石窟中也没有見到這樣的窟形。但與此相類似的窟在印度早期石窟中卻很常見,如著名的阿旃陀石窟,全部26個窟中,就有22個是與敦煌第268窟相似的毗訶羅窟,其開鑿時間是公元前2世紀到公元後7世紀之間。在我國新疆地區也有這類窟,如拜城克孜爾和庫車以北銅廠河畔蘇巴什一帶。敦煌莫高窟第272窟的拱形穹窿窟頂和龕頂,似乎還帶有西域地區遊牧文化的遺意。因此,有理由認爲,敦煌現存最早的一組窟,在建築形制上,主要是繼承了西方傳來的藝術形式。

雲岡曇曜石窟的石窟形制和佛教題材内容與新疆及河西諸石窟有諸多相似之處,説明佛教藝術中國化的過程在石窟形制方面同樣有所體現②。

還有一種被稱爲瘞窟的洞窟,在功能上,主要是石窟瘞葬,即露屍葬的一種形式。中古中國露屍葬源自於印度。中國的石窟瘞葬實際上是外來僧人或本土僧人對林葬即直接曝屍林野的一種調和方式。③

在敦煌莫高窟北區石窟中發現有隋唐瘞窟,與同時期的龍門瘞窟進行比較後,研究者認爲,從文獻上看,隋唐時期的瘞窟已廣泛分佈於南、北各地,以長安、洛陽地區最爲集中,此外還散見於陝西、河南的其他地區以及江蘇、江西、山西等地。考古工作也證實洛陽地區存在著大批瘞葬遺跡,龍門石窟先後發現瘞窟41座,加上敦煌莫高窟北區石窟,是目前所知最大的兩處瘞窟分佈地。通過分析,可知敦煌與龍門的唐代瘞窟有一些時代共性,同時具體細節上的差異也十分明顯。從形制來源來看,兩地瘞窟的形制都是從禮佛窟借鑒而來④。

將龍門石窟瘞窟與麥積山石窟瘞窟進行對比,發現我國石窟瘞葬濫觴於

---

① 趙聲良《敦煌北朝石窟形制著問題》,《敦煌研究》2006年第5期。
② 王恒《〈魏書·釋老志〉與雲岡石窟——兼談佛教藝術中國化》,《敦煌研究》2001年第3期。
③ 劉淑芬《石窟瘞葬——中古佛教露屍葬研究之二(上)》,《大陸雜誌》第98卷第2期。
④ 倪潤安《敦煌隋唐瘞窟形制的演變及相關問題》,《敦煌研究》2006年第5期。

北朝,並與佛教信仰有密切關係①。

2. 雕塑藝術風格的比較研究

(1) 交腳佛(菩薩)造像

莫高窟的早期洞窟中,現存交腳菩薩 17 身,其中北涼 5 身,北魏 12 身。它們或作爲主尊,以高大突出的形象塑坐在洞窟正壁前面的正中間,如第 275 窟;或者作爲輔助形象,塑在兩側壁上部的小龕中,如第 259 窟;或者塑在中心塔柱兩側和後面的龕內,如第 251、254、257、260、246 等窟。這些塑像栩栩如生,在形式上明顯帶有古希臘、印度和犍陀羅的風格。有的學者考察後發現,這一時期中國藝術家的佛教雕塑,又表現出濃鬱的民族藝術氣質和風貌,是"在漢代雕塑藝術的基礎上,吸收了印度、犍陀羅的佛教雕塑藝術,創造出初期新型的佛教雕塑藝術"②。

交腳坐佛形象發源於印度,盛行於我國新疆地區,起初多見於現在巴基斯坦的白沙瓦地方,在敦煌莫高窟早期洞窟、麥積山石窟中也有出現,其所代表的佛教思想歷來爲學界所關注,對它們的定名、意義的探討是佛教圖像學的一個難點,迄今尚未完全弄清楚,發表的相關論文較多。其中顧森先生考察了犍陀羅、新疆、中原和敦煌的交腳菩薩像,認爲這"在西域地區是一種常見的坐式;而從敦煌往東,則是有明確身份的坐式。即交腳式主要用於彌勒佛(或菩薩),這種變化原因不明"③。日本學者肥塚隆指出"關於彌勒與交腳坐相關連的記述無法在經典中查出",但作者根據對中國初期佛教產生巨大影響的犍陀羅菩薩交腳像,並結合中國其他地區的交腳菩薩像的實例對敦煌石窟的交腳菩薩像進行了考察,認爲"可把莫高窟第 275 窟本尊看作彌勒,又可把側壁的交腳坐和半腳坐菩薩看成供養者"。文中所列犍陀羅所出各類塑像的實例的確爲這一問題的深入研究提供了堅實的證據④。王靜芬則認爲,"估計這是模仿當時阿富汗皇族的坐相,此坐式成了辨認彌勒的另一特徵"⑤。張學榮、何靜珍將莫高窟和麥積山等處早期洞窟中的交腳菩薩中的交腳坐式視爲彌勒結跏趺坐的一種"別式",認爲要在衆多的交腳菩薩像中區分哪一身是彌勒,哪一身是成佛前的釋迦,應當根據當時當地起主導作用的教義思想、窟內的總體佈局和內容來確定⑥。劉永增先生主要以犍陀羅、馬圖拉、雲岡、

---

① 張乃翥《龍門石窟唐代瘞窟的新發現及其文化意義的探討》,《考古》1991 年第 2 期。
② 閻文儒《中國雕塑藝術綱要》,桂林:廣西師範大學出版社,2003 年,第 43 頁。
③ 顧森《交腳像及有關問題》,《敦煌研究》1985 年第 3 期。
④ 肥塚隆《莫高窟第 275 窟交腳菩薩像與犍陀羅的先例》,《敦煌研究》1990 年第 1 期。
⑤ 王靜芬《彌勒信仰與敦煌〈彌勒變〉的起源》,《1987 年敦煌石窟研究國際討論會文集·石窟考古篇》,瀋陽:遼寧美術出版社,1988 年。
⑥ 張學榮、何靜珍《論莫高窟和麥積山等處早期洞窟中的交腳菩薩》,《1987 年敦煌石窟研究國際討論會文集·石窟考古篇》,瀋陽:遼寧美術出版社,1988 年。

龍門以及我國的單獨佛教造像爲素材,對莫高窟第275窟爲中心的北朝期石窟造像進行了比較研究,對莫高窟第275窟以及早期石窟造像受西域佛教影響的相關問題作出推論,認爲犍陀羅交腳菩薩像的圖像學研究表明,犍陀羅交腳菩薩很可能是觀音像。但是,對與莫高窟第275窟處在同一時代的北涼石塔的研究結果卻證明,交腳菩薩就是彌勒。雲岡、龍門石窟群以及單獨造像的在銘彌勒像均表明,北朝盛行的交腳菩薩很可能是彌勒[1]。

目前對這一問題的研究爭論較多,還有待新的考古資料的發現以進一步加以探討和研究。

(2) 其他形式塑像的研究

三尊形式的雕像,在貴霜時代的犍陀羅就相當流行。在敦煌莫高窟也出現了由佛和二脅侍菩薩組成的樹下説法的三尊形式的尊像,同時也有相當數量的佛三尊畫像。通觀莫高窟5世紀前期到8世紀中葉的三尊或五尊、七尊形式的樹下説法圖可以看出,這些圖像在表現形式上與犍陀羅石板雕刻上的三尊形式的佛樹下説法圖有許多相同之處。也就是説,在圖像上,中古早期佛教尊像是以犍陀羅雕刻藝術爲範本的,但是在樣式上,雖然三四世紀的中國佛教尊像受到了犍陀羅雕刻藝術的強烈影響,但在5世紀以後,中印度的秣菟羅雕刻的樣式經西域傳播到了中國的河西走廊地區,對北魏前期到北周的佛像製作有很大的影響[2]。

20世紀的考古發掘工作中,在巴基斯坦、阿富汗等地都發現了三佛造像。法國赴阿富汗考古隊還在貝克拉姆東5公里的肖特拉庫佛教遺址發現了一件石雕三佛。東山健吾先生研究後將此石雕三佛定名爲"三世佛",即過去世燃燈佛、現在世釋迦牟尼佛、未來世彌勒佛[3]。我國的三世佛造像,既源於古代印度,又不同於古代印度,在造像規模、組合形式等方面都超過了古代印度。賀世哲先生的系列文章,均列舉和參照莫高窟、北涼石塔、武威天梯山、張掖金塔寺、永靖炳靈寺、麥積山、龍門、雲岡等石窟群中的三佛和五佛造像進行對比研究,爲敦煌石窟中的三佛及組合形式的造像進行定名,並分析了三世佛與三佛造像盛行的原因[4]。

1996年6月至9月,在莫高窟第263窟南壁後部剥離出來三身立佛,各

---

[1] 劉永增《莫高窟北朝期的石窟造像與外來影響》(下),《敦煌研究》2004年第4期。
[2] 東山健吾著,賀小萍譯《敦煌莫高窟佛樹下説法圖形式的外來影響及其變遷》,《敦煌研究》1991年第1期。
[3] 東山健吾《麥積石窟の研究と上初期石窟に関する二、三問題》,《中國石窟・麥積山石窟》,東京:平凡社,1987年。
[4] 賀世哲《關於十六國北朝時期的三世佛與三佛造像諸問題》,《敦煌研究》1992年第4期;賀世哲《關於敦煌莫高窟的三世佛與三佛造像》,《敦煌研究》1994年第2期;賀世哲《莫高窟北朝五佛造像試釋》,《敦煌研究》1995年第3期。

著右袒袈裟,時代約爲公元 5 世紀的北魏時期。這些佛像與新疆克孜爾第 47 窟、48 窟右袒袈裟的立佛像有相似之處。繼續向西追溯至中亞地區,在興都庫什山脈以南的哈達遺址,發現了屬於 3 世紀的右袒袈裟立佛像,與新疆和敦煌發現的立佛像均有相似之處。金維諾在論及克孜爾石窟第 47 窟、48 窟時指出:"從壁畫上都可以看到這種新傳入的大乘題材的壁畫與其他同時期的中心柱窟裏的壁畫,在風格上有明顯的差别,如果説以第 38 窟爲代表的小乘壁畫具有更多的龜兹風格,那麽以 47 窟、77 窟爲代表的大乘壁畫,顯然與鳩摩羅什宣化大乘教義同時帶進的藝術風格是有密切關係的。"① 另外,在于闐的熱瓦克出土的並排站立的佛像,與敦煌莫高窟北魏 263 窟中的三身立佛畫像和哈達立佛造像都有相似之處。根據以上地區佛教圖像的對比,可以看出,克孜爾、于闐的立佛像和敦煌北魏時期的三身立佛像與哈達的立佛雕像,無論是從整體上還是從造像的髮髻、五官、服飾、立姿等細節上,都有許多共同之處,從圖像學的角度可以看出三者可能存在的淵源關係。從年代的先後及佛教美術東傳的路綫來判斷,有著阿姆河流派美術風格的哈達立佛應該是這種造像風格的原型,對新疆、敦煌等地的佛教美術有著一定的影響②。另外,在新疆米蘭遺址還發現了阿姆河流域的卡拉切佩遺址,出土了與"佛與比丘圖"相似的"佛與六弟子"的壁畫,而哈達遺址和卡拉切佩遺址,根據樋口隆康先生的觀點,認爲是中亞美術史上的阿姆河流派美術在興都庫什山脈以南的代表③。類似的圖像還可以找到很多,充分説明在塑像風格方面,敦煌與新疆、中亞等地區的藝術有傳承關係。

3. 壁畫題材内容的比較研究

通過單幅壁畫題材和内容的對比來對敦煌石窟壁畫與其他石窟壁畫之間的淵源承接關係進行探討,是研究敦煌石窟與中外文化交流課題的另一個重要的方法。研究者以壁畫的題材内容如佛教本生故事、因緣故事、佛傳故事、經變畫、世俗生活畫、山水畫、人物畫等,構圖形式如疏密關係、屏風畫等,以及壁畫中的單個藝術元素如服飾、髮式、持物等作爲切入點,與印度、中亞及國内諸石窟藝術中的同類題材進行對比,從而找出它們之間的關係。

印度浮雕、新疆壁畫和敦煌壁畫中的某些故事,特別是本生故事,雖然是同一個題材内容但構圖形式卻是不同的,顯示出不同地區、不同文化背景對故事性構圖的影響,説明佛教藝術在東漸過程中的地方化特徵④。在敦煌石

---

① 金維諾《龜兹藝術的風格與成就》,《中國石窟 克孜爾石窟》(二),北京:文物出版社,1997 年,第 191 頁。
② 劉波《敦煌美術與古代中亞阿姆河流派美術的比較研究》,《中國佛教學術論典》80,高雄:佛光山文教基金會,2001 年,第 74 頁。
③ 樋口隆康《シルクロ——ド考古學》,京都:法藏館,昭和六十一年。
④ 寧强《從印度到中國——某些本生故事畫構圖形式之比較》,《敦煌研究》1991 年第 3 期。

窟與新疆諸石窟壁畫題材内容的比較研究中,可見莫高窟與克孜爾石窟中存在畫幅内容相同的故事畫,通過對它們的表現形式、構圖藝術進行對比後,發現克孜爾石窟壁畫與莫高窟壁畫之間存在源流關係,即莫高窟創造性地繼承和發展了克孜爾石窟中的故事畫,並使佛教故事形式更完美,構圖更巧妙,内容更豐富,篇幅更宏偉[1]。敦煌莫高窟北朝第275窟的本生故事畫和出遊四門圖、第254窟降魔變等佛教故事畫,從其美學特徵可以判斷是受印度、中亞美術的影響而産生的[2]。對比克孜爾石窟和莫高窟壁畫中的本生故事畫可以看出:從佛經傳播的路綫和時間來看,佛教經由印度傳到西域,再經敦煌傳入中國,據此推測,本生故事畫的傳播和影響路綫也必然如此;克孜爾本生畫的題材和數量均大於莫高窟的;克孜爾的本生畫與説法圖絶大多數在窟頂,只有小部分在左右兩壁,敦煌石窟的本生畫一般畫在四壁;克孜爾石窟本生圖均爲西域式,即早期本生圖畫發展的樣式,造型簡單,而莫高窟的本生畫與克孜爾大不相同,大多爲長幅、多段、多情節的連環圖,出現這種不同之處,研究者認爲是受中原繪畫影響的結果[3]。

龜茲石窟與敦煌石窟壁畫中的伎樂形象十分豐富,龜茲與敦煌是北傳佛教的兩個重要地區,龜茲在敦煌之西,研究者通過對敦煌壁畫舞姿的分析,發現古代西域舞蹈風格對敦煌壁畫伎樂形象産生了很大的影響,説明在佛教藝術方面敦煌受龜茲影響更爲直接[4]。通過對兩地石窟音樂舞蹈藝術形象的對比,研究者還發現了我國傳統舞蹈在吸收、融合西域舞蹈的過程中自身發展演變的脈絡[5]。

佛教經變畫也同樣受到印度及西域藝術的影響。如開鑿於北周時代的莫高窟第296窟,在窟頂西、北披發現的《微妙比丘尼變》中的人物服飾,男女均著中國6世紀時期的時裝,唯獨圖中的梵志穿的是古代天竺服裝,這是古代中、印服飾同時出現在同一幅故事畫上的情況,類似情況還可見於敦煌石窟其他壁畫中。這種現象説明敦煌古代的畫師們,把中、印兩個民族的形象在壁畫中結合了起來[6]。

涅槃經變是敦煌石窟經變畫中非常重要的一類經變畫,由於時空的差

---

[1] 謝生保《克孜爾石窟故事畫對莫高窟故事畫的影響》,《敦煌研究》1999年第2期。
[2] 宫治昭著,顧虹譯,劉永增校《敦煌美術與犍陀羅・印度美術——早期敦煌美術受西方影響的二三個問題》,《敦煌研究》1995年第3期。
[3] 釋依淳《克孜爾與莫高窟的本生畫質考據》,《1990年敦煌學國際研討會文集》,瀋陽:遼寧美術出版社,1995年。
[4] 霍旭初《龜茲與敦煌壁畫伎樂之比較》,《1990年敦煌學國際研討會文集》,瀋陽:遼寧美術出版社,1995年,第252—272頁。
[5] 高金榮《從敦煌壁畫舞姿看古代西域對我國中原舞蹈的影響》,《1990年敦煌學國際研討會文集・石窟藝術編》,瀋陽:遼寧美術出版社,1995年,第190—204頁。
[6] 史葦湘《從敦煌壁畫〈微妙比丘尼變〉看歷史上的中印文化交流》,《敦煌研究》1995年第2期。

異,敦煌莫高窟隋代涅槃圖像與古代的印度、中亞以及日本等地的涅槃圖像,在表現形式上,諸如釋迦佛的臥姿、哀悼信衆(菩薩、天人、比丘諸聖衆)的人數、位置、姿態以及天神、聖樹、靈棺和涅槃後的場景,都有很大的不同。莫高窟隋代涅槃圖的基本形式明顯繼承了犍陀羅以及中亞地區的基本特徵[1]。

涅槃經變同樣是克孜爾石窟壁畫的重要内容之一,由於敦煌和新疆龜兹地區在地域、民族文化傳統和宗教派别等方面的異同,涅槃經變構圖的形式、内容、發展演變等都既表現出各自的特點,又有許多相似之處。從圖像構成上看,莫高窟受到了克孜爾的影響,但是内容卻比克孜爾豐富,畫面也更生動;從涅槃經變所表現的内容來看,涅槃經變是克孜爾石窟的重要内容,幾乎遍佈所有的中心柱窟和大像窟,而莫高窟涅槃經變内容雖然豐富,但卻僅有14鋪,這一現象可能與兩地的佛教發展和宗派信仰有關[2];另外,莫高窟148窟西壁佛涅槃塑像背後的涅槃經變畫中有許多故事情節,如摩耶夫人在佛涅槃後前來探望、佛坐在棺蓋上爲摩耶夫人講經説法、大出殯等場面都是佛經中不曾記載的内容,明顯受到中國傳統喪葬習俗的影響。

施萍婷先生對莫高窟第428窟的壁畫主題和作用進行了細緻的分析,爲428窟的降魔圖、涅槃圖等畫面與印度、龜兹石窟同類壁畫的聯繫提供了具體資料。降魔圖最早見於印度山奇第一塔,其後古代印度的佛教造像中廣泛流行降魔圖,4世紀中葉,龜兹克孜爾石窟開始出現降魔圖,中原地區的降魔圖見於北魏太和年間開鑿的雲岡第6窟西壁,麥積山第133窟10號碑左側下也刻有降魔圖。莫高窟的降魔圖始見於北魏第254、260、263等窟,加上第428窟,其造像與古印度的降魔圖比較,從構圖到情節基本上大同小異,區别主要在於古印度降魔圖中的魔衆源自印度民間信仰神,而莫高窟的魔衆源自我國東漢以來的傳統鬼神圖像;關於釋迦、多寶二佛並坐的圖像,在雲岡曇曜五窟中就有120多鋪,但是印度與西域考古遺物中没有發現實物;關於涅槃圖像,北朝時期的中原地區實物很多,但都有别於西域的涅槃圖,作者通過對比,認爲428窟的涅槃圖主要源於中原;五分法身塔是中西合璧之作;盧舍那法界人中像爲中原系統;薩埵太子本生應爲中原傳統;須達拏太子本生圖像既與西域有相似之處,又與中原圖像有一致的地方[3]。從施萍婷先生的論述可以看出,研究敦煌莫高窟藝術元素的傳承系統,不能一概而論,需要分析每一個細節,通過與各個時期、各個地區的圖像進行對比纔能發現其源流。

---

[1] 劉永增《敦煌莫高窟隋代涅槃變相圖與古代印度、中亞涅槃圖像之比較研究》,《敦煌研究》1995年第1期。
[2] 賈應逸《克孜爾與莫高窟的涅槃經變比較研究》,《1990年敦煌學國際研討會文集》,瀋陽:遼寧美術出版社,1995年。
[3] 施萍婷《關於莫高窟第四二八窟的思考》,《敦煌研究》1998年第1期。

1999年新疆庫車縣新發現了阿艾石窟,通過對其洞窟形制、壁畫題材内容、藝術風格、繪畫技法、歷史背景等的分析研究,發現阿艾石窟藝術與敦煌莫高窟藝術有驚人的相似之處,阿艾石窟的觀無量壽經變與莫高窟的完全屬於同一類型,後者是前者的範本;阿艾石窟壁畫的人物造型,也完全是敦煌莫高窟的翻版。唐代敦煌藝術造型上的另一個特點是菩薩都具有女性的風韻,阿艾石窟壁畫使用了敦煌式的疊暈方法,左壁藥師佛身上的衣紋就是同一色相的不同色度的多層疊暈。阿艾石窟壁畫與敦煌莫高窟壁畫的相似之處還有許多,如"不鼓自鳴"樂器裹的阮鹹、箏、鼓等。阿艾石窟經變畫中的團花紋飾圖案是敦煌莫高窟唐代最流行的圖案。再如敦煌唐代繪畫採用的輪廓綫描,産生透明效果,這在阿艾石窟壁畫的菩薩頭光和藥師佛的鉢上都可以看到。阿艾石窟與莫高窟的藝術風格的諸多相似引發了學界多方面的思考,使研究者對敦煌佛教藝術西傳有了時空方面的新認識[1]。

研究者還對洞窟中的單個藝術元素進行了對比研究。敦煌石窟中的天人誕生圖像的誕生形式早已見之於幹達拉和中印度的佛教圖像中,可以説這是受西方影響而形成的圖像[2]。在北魏末至西魏時期,敦煌石窟中可以看到許多諸如伏羲、女媧、風神及雷神等中國傳統的神與西方天人圖像同時出現,如莫高窟第285窟、259窟、249窟等。在莫高窟285窟中有印度神的造像,從印度教圖像的觀點檢視285窟中央大龕南北兩側六尊印度神——摩醯首羅天、塞犍陀天、毗那夜迦天、毗紐天、帝釋天和梵天,會發現各印度神在其本土都有許多不同的名稱和造型,到了中國其造型大都只表現出各神的一個或兩個藝術形態;位於285窟大龕北側的三尊印度神——濕婆、塞犍陀及毗那夜迦天的造像比較符合印度圖像,而南側毗紐天、帝釋天及梵天則離原有之圖像較遠,此六位神之衣著裝飾除了具有相當濃厚的印度風格外,南側三尊神之寶冠還深受西域風格影響,這類寶冠兩邊的飄帶可見於庫車與巴米揚造像上,溯其源則來自波斯薩珊藝術。中國風格的鬼神與印度諸神同時出現在一個洞窟中,充分顯示出這一時期敦煌石窟藝術中濃鬱的西方美術、印度、幹達拉美術及西域美術之風格[3]。

莫高窟唐以前的天王像及與天王相關的力士與神王等形象,其來源一是與中國世俗圖像的互動,二是對外來藝術形式及觀念的吸收,這些外來文化

---

[1] 霍旭初《敦煌佛教藝術的西傳——從新發現的新疆阿艾石窟談起》,《敦煌研究》2002年第1期。
[2] [日]吉村憐《敦煌石窟中的天人誕生圖——西方的天人與中國的天人》(摘),《敦煌研究》1988年第2期。
[3] 張文玲《敦煌莫高窟第二八五窟印度教圖像初探》,《1994年敦煌學國際研討會文集——紀念敦煌研究院成立50周年·石窟考古卷》,蘭州:甘肅民族出版社,2000年,第124—158頁。

就包括印度、犍陀羅、西亞以及古希臘羅馬的間接影響①。

4. 裝飾圖案藝術風格的比較研究

敦煌石窟圖案豐富多樣,是敦煌石窟藝術的一個重要組成部分,它融合了印度文化、西域文化、華夏文化裝飾紋樣的造型、色彩構成特徵以及特定象徵涵義,呈現出本土化和多元化的裝飾風格。圖案的種類從位置來看,主要分佈在窟頂藻井、人字披、平棋、龕楣、佛光以及四壁上部的天宫憑欄等部位,此外,還有各處的邊飾圖案、人物服飾圖案、華蓋圖案和供器圖案等。圖案表現的內容多由動物紋樣、植物紋樣以及抽象幾何紋樣構成,與壁畫、塑像、建築組成爲一個個莊嚴肅穆、不可分割的富於歷史內涵和象徵意義的裝飾藝術生命體。

作爲敦煌美術的重要組成部分之一,用於裝飾的圖案和紋樣由於其獨特的風格及其富於變化的特點,歷來受到藝術家的重視,多有文章進行研究。由於紋樣所具有的獨特性,使我們得以通過研究紋樣問題來窺視中西文化交流的情況。

敦煌早期石窟裝飾圖案在內容、繪畫技法、繪畫風格等方面都受到印度、中亞、西域及我國中原傳統裝飾紋樣的影響。從20世紀四五十年代起,就有研究者開始關注和研究敦煌石窟的裝飾圖案,並陸續有研究成果發表②。早期的裝飾圖案的研究側重對敦煌石窟壁畫圖案的總體風格和內容的介紹,例如金維諾《智慧花朵——談敦煌圖案的藝術成就》一文主要介紹了莫高窟各個歷史時期洞窟內裝飾圖案出現的位置、內容、風格以及圖案的演變等;常書鴻《談敦煌圖案》一文不僅分析了裝飾圖案在各個時期的內容特點和演變特徵,還具體分析了不同窟形的洞窟內裝飾圖案繪製的位置以及色彩變遷等。這一時期的研究者只是就莫高窟所有洞窟按照歷史分期特點對裝飾圖案進行梳理,還未關注敦煌石窟裝飾圖案的淵源問題,也没有探討中外不同文化對石窟裝飾圖案風格發展演變的影響因素。

80年代以後,歐陽琳、關友惠、薄小瑩、李敏、霍秀峰、趙聲良等學者進一步對莫高窟早期洞窟中的裝飾紋樣給予了關注③。這一時期研究者對這一論

---

① 李淞《略論中國早期天王圖像及其西方來源——天王圖像研究之二》,《麥積山石窟藝術文化論文集》(上),蘭州:蘭州大學出版社,2004年,第490—528頁。

② 敦煌圖案紋樣研究的成果主要有:王履祥《略談敦煌的圖案藝術》,《藝術生活》1954年第4期;常書鴻《談敦煌圖案》,《文物參考資料》1956年第8期;金維諾《智慧花朵——談敦煌圖案的藝術成就》,《文物參考資料》1965年第8期;勞幹《千佛洞壁畫圖案的分析》,《中國美術論集》1956年第2期。

③ 李敏《敦煌北涼、北魏壁畫裝飾圖案》,《敦煌研究》2008年第3期;《莫高窟西魏北周裝飾圖案研究》,2010年第1期;《敦煌北涼、北魏石窟圖案的裝飾風格》,《大衆文藝》2011年第3期。關友惠《敦煌莫高窟早期圖案紋飾》,《蘭州大學學報》1980年第2期;《莫高窟隋代圖案初探》,《敦煌研究》1983年第3期;《莫高窟唐代圖案結構分析》,《1983年全國敦煌學術討論會文集·石窟藝術編》,蘭州:甘肅人民出版社,1987年,第73—111頁;《敦煌石窟全集·圖案卷》,香港:商務印書館,2003年。薄小瑩《敦煌莫高窟六世紀末至九世紀中葉的裝飾圖案》,北京大學中古史研究中心編《敦煌吐魯番文獻研究論集》,北京:北京大學出版社,1990年。趙聲良《敦煌石窟北朝菩薩的頭冠》,《敦煌研究》2005年第3期。歐陽琳《談談隋唐時代的敦煌圖案》,《蘭州大學學報》1980年第2期。

題的研究逐步走向細化,或將同一期洞窟內的裝飾圖案作爲研究的内容進行比較研究,或者僅就某一裝飾圖案的特點及演變規律作較爲深入的研究。歐陽琳《談談隋唐時代的敦煌圖案》、《敦煌壁畫中的蓮花圖案》,關友惠《敦煌莫高窟早期圖案紋飾》、《莫高窟隋代圖案初探》,霍秀峰《敦煌唐代壁畫中的卷草紋》[①]等論文都是比較有代表性的論述。

　　李敏先後發表了兩篇文章專門就敦煌早期洞窟中的圖案紋樣内容及特點進行了深入研究。值得注意的是,由於莫高窟早期洞窟受西域外來文化影響較多,反映在裝飾圖案上也是如此。通過對這一時期裝飾圖案的深入分析後,他認爲"北魏時期圖案描繪方法受印度佛像人物畫的暈染影響,或暈染爲粗細綫的,或根據明暗作凹凸表現的'天竺遺法',有強烈的立體感。綫爲鐵綫描,遒勁有力,紋樣造型輪廓簡潔、概括,明確清晰,呈現出其精神大於裝飾形式的早期紋樣特徵。其中的蓮花紋,是受印度佛教影響,古老的桑奇佛塔建築上,即可見到浮雕蓮花圖案。佛教從印度傳至西域,再入中原,象徵佛教的蓮花,應用更加廣泛。敦煌莫高窟,從北涼至元朝,窟窟都有蓮花,蓮花主要裝飾於人字披、平棋、藻井等部位,是裝飾石窟的主要紋樣素材"。"西魏北周裝飾圖案,内容上不僅有佛教紋樣題材,而且加進衆多中國傳統動植物造型;在繪畫技法上,不僅有西域傳來的凹凸明暗畫法,又融入了多層次的暈染法,用筆流暢奔放,筆法由北涼、北魏簡潔、鮮明、質樸、奔放的風格逐漸轉向細膩柔和、層次多變;色彩清雅而華麗,新的色彩構成關係具有了新的時代特徵,不僅吸收了印度佛教造像藝術、西域藝術精粹,還繼承了漢晉以來的中國傳統文化,形成鮮明的時代特色"[②]。

　　趙聲良在研究北涼、北魏壁畫藝術時指出:"在莫高窟藝術的初創階段,儘管敦煌具有悠久的儒家文化基礎,但由於它直接受到西域佛教文化藝術的衝擊,使莫高窟佛教藝術一開始就大膽地接受了西域、印度等外來的藝術樣式。這與内地石窟是不太一樣的。在莫高窟早期藝術中,我們可以看到西域藝術風格的特徵,但又不完全是西域式的,而是作了部分改造;也可以看到漢畫傳統的特徵,但卻不是純粹漢畫的風格。畫家們一方面要適應中國傳統的審美習慣,一方面又要符合佛教時代發展的潮流,他們没有固步自封,而是大膽地吸取外來的優秀東西,體現出一種積極的進取精神。從北涼、北魏壁畫

---

① 歐陽琳《談談隋唐時代的敦煌圖案》,《蘭州大學學報》1980 年第 2 期;《敦煌壁畫中的蓮花圖案》,《敦煌學輯刊》1981 年第 2 期。關友惠《敦煌莫高窟早期圖案紋飾》,《蘭州大學學報》1980 年第 2 期;《莫高窟隋代圖案初探》,《敦煌研究》1983 年創刊號;《莫高窟唐代圖案結構分析》,《全國敦煌學術討論會文集・石窟藝術編(下)》,蘭州:甘肅人民出版社,1987 年。薄小瑩《敦煌莫高窟六世紀末至九世紀中葉的裝飾圖案》,《敦煌吐魯番文獻研究論文集》第五輯,北京:北京大學出版社,1990 年。霍秀峰《敦煌唐代壁畫中的卷草紋》,《敦煌研究》1997 年第 3 期。

② 李敏《莫高窟西魏北周裝飾圖案研究》,《敦煌研究》2010 年第 1 期。

中,就可以看出這種不拘成俗,大膽探索、生動活潑的品格。"①

敦煌壁畫中的一些動物形象,如牛、孔雀、金翅鳥、龍、虎、獅、馬、象等都與壁畫内容相結合構成裝飾性,其中的龍和金翅鳥形象,據研究,既有印度式的人頭上長蛇頭的龍王,也有完全中國特色的龍執行印度蛇王的護法任務的,敦煌壁畫有印度式的金翅鳥形象,也有中國傳統的鳳執行印度金翅鳥護法任務的,充分説明敦煌石窟藝術是繼承了古印度的形象文化而又把它中國化的佛教藝術,具有明顯的親屬關係。敦煌壁畫中頻繁出現的人頭鳥身的迦陵頻伽形象既有我國傳統文化的因素,又是印度佛教經典中經常出現的形象,受印度傳説和佛經記載的影響②。

北朝時期是一個政權分治的時期,同時也是一個多地區、多文化交融的時期。北涼、北魏的洞窟,繼承和發展了河西走廊漢晋文化的傳統,同時由於敦煌與西域各國交流頻繁,呈現出明顯的西域藝術風格,如忍冬紋、蓮花紋的傳入,又如北魏莫高窟435窟窟頂平棋方井四角畫飛翔飛天,飛天形象或袒裸上身、下著束角褲,有西域風格;或頭梳高髻,下著長裙,具中原特徵。又如菩薩頭戴的日月珠寶冠,日月珠寶冠上的日月紋樣裝飾顯示出來源於波斯薩珊王朝文化的影響等。雖然多元性的風格特徵貫穿於整個敦煌裝飾歷史時期,但與隋唐時期以華夏文化爲主導、外來文化已完全渾融於華夏大文化之中的裝飾現象相比,早期西域樣式風格的影響在石窟裝飾中更加明顯突出,佔據主導地位,並呈現出稚拙、單純相互並列,尚未完全交融的裝飾風格特徵。而到了後期,具有中國傳統裝飾圖案與風格壁畫則逐漸佔據了主導地位。

5. 石窟總體藝術風格的比較研究

從敦煌石窟壁畫、塑像藝術的總體風格特徵來探討敦煌石窟與中外文化的關係,是研究者的又一個視角。從發表的研究成果看,敦煌石窟藝術的風格既受到中原傳統風格的影響,又受到西域、中亞、印度風格的影響,不同的研究者從不同的角度對這一問題給予了論述。西域風格對敦煌石窟的影響已經在前文中進行了探討,這一節主要綜述研究者對敦煌石窟與中原各地石窟的關係的主要成果。

丁明夷在總結雲岡石窟研究問題時,曾指出:"關於石窟藝術在中國的傳播和發展,經常會遇到的問題是如何看待國內各石窟的相互關係的問題。傳統的看法是,大體上自西向東逐步傳佈,即由我國新疆地區傳到敦煌、麥積山等處,然後輸送到中原,到達雲岡、龍門、鞏縣乃至響堂山、天龍山等處。似乎

---

① 趙聲良《中國敦煌壁畫全集·敦煌北涼·北魏》,瀋陽:遼寧美術出版社,天津:天津人民美術出版社,2006年。
② [印度]譚中《從敦煌石窟藝術透視中印文化親屬關係》,《敦煌研究》1988年第2期;《1987年敦煌石窟研究國際討論會文集·石窟藝術編》,瀋陽:遼寧美術出版社,1990年,第112—149頁。

表明位於西方的石窟較早,而且對位於其東方的石窟產生了影響。而這一觀點在建國後部分地被修正。這裏既有由西向東依次傳遞的情況,也有各地區石窟相互影響的複雜現象,需要分別情況,具體對待。石窟藝術的發展,受到當時社會政治、經濟、文化發展狀況的一定制約。中國石窟藝術的傳播及發展歷史,不能僅用地理概念來概括和解釋,而必須按照當時的具體歷史情況得出合乎實際的結論。"

對這一問題最早進行論述的是宿白先生,他從敦煌早期洞窟可能受到的中原風格的影響進行了試探性的分析[①]。

段文傑先生80年代前後發表的一系列論文從各個歷史時期論述了敦煌壁畫的風格特點及其所受到的外來影響[②]。他在論述莫高窟285窟壁畫題材的藝術風格時講道:"在民族文化和中西文化交流融合的時代潮流中,敦煌畫師接受外來的佛教題材和表現技法,使之與中國的藝術傳統和民族審美思想相結合。兩種審美思想形成了兩種不同的藝術風格,那就是西域風格和中原風格。所謂西域風格就是我國西北地方各民族接受傳自中亞的印度佛教藝術之後,體現了西北民族的風土人情、審美理想和技法特色的風格。莫高窟第285窟的壁畫即具有濃厚的西域風格,是傳自阿旃陀石窟的壁畫。綫描是敦煌壁畫造型的主要藝術語言,起稿用土紅綫,定型綫用深墨綫,即鐵綫,希臘、印度壁畫也用鐵綫,不同的是他們用硬筆,敦煌的壁畫採用毛筆。在壁畫佈局方面,285窟西壁構圖形式借鑒了印度和西域壁畫的構圖方法。"[③]

關於中國石窟的中原風格,他曾經明確提出:"中原風格,是指北魏文帝實行漢化接受南朝文化政策之後北方出現的新風格。"[④]"中原風格,是指始於顧愷之、戴奎,成於陸探微的'秀骨清像'一派的南朝風格,它是以魏晉南朝士大夫的生活、思想和審美理想爲基礎的。"[⑤]關於中原石窟繪畫風格對敦煌石窟產生影響的傳播途徑,段文傑指出:"五世紀末,北魏孝文帝實行漢化政策遷都洛陽後,中國佛教及其藝術蓬勃發展,洛陽被譽爲'佛國'。南朝佛教藝術傳入北國,'秀骨清像'一派風格,從中原沿絲路西傳,經麥積山、炳靈寺、天梯山而到敦煌,回饋於西域,並逐漸發展到中亞和印度。"[⑥]

[①] 宿白《敦煌莫高窟早期洞窟雜考》,《中國石窟寺研究》,北京:文物出版社,1996年,第214—225頁。
[②] 段文傑《十六國、北朝時期的敦煌石窟藝術》、《早期的莫高窟藝術》、《敦煌早期壁畫的風格特點和藝術成就》、《融合中西成一家——莫高窟隋代壁畫研究》,《敦煌石窟藝術研究》,2007年;《敦煌早期壁畫的時代風格探討》,《敦煌石窟研究國際討論會文集·石窟藝術編》,瀋陽:遼寧美術出版社,1990年;《中西藝術的交匯點——論莫高窟第二八五窟》,《敦煌石窟藝術·莫高窟二八五窟(西魏)》,南京:江蘇美術出版社,1995年,第11—22頁。
[③] 段文傑《中西藝術的交匯點——論莫高窟第二八五窟》,第11—22頁。
[④] 段文傑《談敦煌早期壁畫的時代風格》(摘要),《敦煌研究》1988年第2期。
[⑤] 段文傑《敦煌早期的壁畫風格和藝術成就》,《敦煌石窟藝術研究》,蘭州:甘肅人民出版社,2007年,第180—200頁。
[⑥] 段文傑《談敦煌早期壁畫的時代風格》(摘要),《敦煌研究》1988年第2期。

龍門文物管理所的李文生在其《中原風格及其西傳》一文中,更加明確地指出:"中原風格,就是五世紀末六世紀初中原龍門石窟造像的藝術風格:身材修長,面瘦頸長,肩胛削窄,眉目開朗,嫣然含笑,衣裙飛揚。"[①]中原風格源於東晉的顧愷之、戴奎,成熟於南朝宋陸探微的秀骨清像。北魏南遷後,洛陽成爲中原的政治、經濟、文化和佛教中心。我國新疆、河西走廊、隴右、雲岡石窟,原先十六國、北朝早期的石窟造像都早於龍門石窟,內地現存的北魏後期的石窟,開鑿都晚於龍門石窟,或多或少受到龍門石窟的影響。北魏、北朝元榮、于義先後從中原來到敦煌,隨之中原的佛教和佛教藝術傳到敦煌,對莫高窟開窟造像影響很大。

除此之外,許多研究者專門就單個洞窟的藝術風格進行探討。楊雄在論述莫高窟第249窟和431窟的藝術風格時,認爲其特點是"中西同圖、疏密兼施"[②]。這裏的西,指西域,印度佛教藝術傳入中國首先影響了西域龜茲地區。古龜茲的佛教藝術受印度佛教藝術的影響,在自己的文化土壤上產生了許多變化,呈現出一些不同的藝術風格,稱之爲西域風格。盛期主要在公元五六世紀,現今遺存的以新疆拜城克孜爾石窟等爲代表的其他石窟中的大部分作品,是屬於西域風格。北魏中期以前,敦煌莫高窟壁畫中的風格屬於西域風格,受龜茲佛教藝術的影響很大。首先,從壁畫題材內容來看,克孜爾石窟中的巨大主尊的大像窟,莫高窟249窟西壁龕中的主尊佛像、龕內外的菩薩像,都與西域有相似之處。莫高窟431窟西壁的白衣佛,南壁的禪定佛和供養菩薩,北壁的禪定佛以及中心柱東西南北四面龕中的佛塑像和菩薩畫像、佛傳故事等,都是西域佛教藝術題材中已有的內容。其次,從壁畫佈局構圖方面來看,249窟西壁居中開龕塑像,佛像周圍是菩薩的造像,上部兩旁是飛天造型,克孜爾石窟中心柱窟主室正壁龕中也大多塑佛像,周圍是菩薩,頂部畫飛天,二者佈局相似;再次,從人物造型看,249、431窟的一些佛菩薩造型與龜茲石窟中的形象也頗多相似。

張元林也認爲莫高窟第254窟、260窟的特點是融合中印藝術,獨具風情特色,並指出:"正是敦煌的這種有利的地理位置,爲各種藝術的種子提供了肥沃的土壤,使印度藝術、西域藝術以及旁類諸佛教藝術在這裏與中國傳統藝術相互融合,形成了獨具特色的北魏石窟藝術。以二五四、二六〇窟爲代表的北魏前期石窟藝術的最大特色,也就是從石窟建築到彩塑和壁畫藝術,

---

① 李文生《中原風格及其西傳》,《敦煌研究》1988年第2期。
② 楊雄《中西同圖 疏密兼施——論莫高窟二四九窟(附第四三一窟)的藝術》,《敦煌石窟藝術·莫高窟第二四九窟附第四三一窟(北魏、西魏)》,南京:江蘇美術出版社,1995年,第11—23頁;《敦煌論稿·敦煌研究文集》,蘭州:甘肅文化出版社,1995年,第43—75頁。

處處都顯示著這一融合過程一開始所具有的集印度、西域佛教藝術和中國傳統藝術特徵爲一體的特殊風貌。"①

關友惠先生指出:"北方十六國的北魏佛教藝術與南方不同,多受西域影響。北魏孝文帝漢化改革開啓了南朝藝術北漸的閘門,雲岡、龍門石窟首開其端,融南北兩系形成以龍門賓陽洞爲代表的中原佛教藝術,進而逐漸影響於河西及其敦煌。"②北魏東陽王元榮從東而來,他的佛事活動對敦煌這一時期的佛教藝術影響很大。莫高窟藝術的南朝藝術新風,也正是在這一時期出現的。南朝佛教藝術之風漸入敦煌莫高窟,經歷了表象模仿、内容納入、技法融合的過程。作者還以莫高窟第249窟、285窟爲例,具體分析了這兩個石窟中塑像、壁畫風格所受到的南朝藝術風格的浸染。

敦煌石窟藝術風格受到南方藝術風格影響,還表現在以南朝後期張僧繇爲代表的畫家畫風的影響。其特點是"張得其肉,面短而艷,善圖寺壁,超越群工"。樊錦詩在論及莫高窟北周石窟的造像時就注意到了南朝畫風的影響:"敦煌莫高窟北周造像和各地所表現的圓渾厚重的共同風格特徵,正是張僧繇'張家樣'影響下的産物……其淵源歸根結底是受到南朝張僧繇一派畫風的影響。"謝成水、徐憶農兩位學者還從南京棲霞山石窟與敦煌石窟壁畫、塑像在風格、繪塑技法的相似性中,得出敦煌石窟受南朝文化思想影響的結論③。

以上所舉幾篇文章是論述敦煌石窟受中原風格影響的比較典型的論述。實際上,幾乎所有的研究者在述及敦煌石窟所受到的外來影響時都認爲,敦煌石窟既有印度、中亞、西域等西來文化影響,又同中國固有的傳統文化分不開,在各個不同的歷史時期所開鑿和繪製的洞窟裏,這兩種影響所佔的比重不同。總體而言,莫高窟早期洞窟受西域風格影響較多,隨著時間的推移,中原風格的影響逐漸增加,尤其到了元榮、于義時期,莫高窟洞窟壁畫中的中原風格尤其是南朝藝術風格比較濃厚,到了隋唐之際,西域風格逐漸減弱甚至消失,而成爲完全具有中國傳統藝術風格的石窟藝術了。而研究者們所謂的"中原風格"之説,是針對五六世紀時作爲中國政治文化中心的洛陽、平城等地流行的繪畫風格,這一風格對敦煌同時期壁畫的繪製產生了影響。只不過,研究者們的視角和研究的切入點不同而已。

---

① 張元林《融合中印藝術 獨具風情特色——論莫高窟第二五四窟、第二六○窟的藝術成就》,《敦煌石窟藝術·莫高窟第二五四窟附第二六○窟(北魏)》,南京:江蘇美術出版社,1995年,第11—28頁。
② 關友惠《敦煌北朝石窟中的南朝藝術之風》,《敦煌研究》1988年第2期。
③ 謝成水《從棲霞山石窟看南方文化對敦煌藝術的影響》,《南京棲霞山石窟藝術與敦煌學》,北京:中國美術學院出版社,2002年,第33—60頁;《敦煌研究》2002年第5期。徐憶農《論南京敦煌兩地佛教藝術之關係》,《南京棲霞山石窟藝術與敦煌學》,北京:中國美術學院出版社,2002年,第197—206頁。

此外，敦煌石窟與四川石窟在造像、壁畫內容、題材等方面也有很多可資比較的地方。

寧強分析了四川大足石刻中的題材內容和繪畫形式與敦煌壁畫的關係，認爲敦煌藝術對大足石刻產生了很大的影響[1]，巴中摩崖造像中的佛教史跡故事畫與敦煌流行的佛教史跡畫有淵源關係。作者在巴中南龕第86號龕和西龕第16號龕發現了曾經在敦煌莫高窟盛行一時的"瑞像"題材。通過與敦煌莫高窟中唐第231、237窟、五代第72窟西龕立佛像的特徵進行對比後，他將這些瑞像題材定名爲"分身瑞像"、"指日月瑞像"、"于闐海眼寺瑞像"，認爲巴中摩崖造像曾受到敦煌藝術的強烈影響[2]。寧強還將《歷代名畫記》中所記載的繪畫資料和遺存的繪畫作品與敦煌壁畫風格進行對比研究，對敦煌早期壁畫的作者身份、作品來源等作了推測，並進而分析認爲敦煌早期壁畫風格中的"秀骨清像"一類人物畫和山水畫的畫風是受到當時南朝畫風影響而產生的[3]。

將四川石窟與敦煌石窟中的經變畫進行比較研究也是研究者對四川石窟與敦煌石窟藝術關係研究的一個方面。在大足寶頂與敦煌的大方便佛報恩經變的比較研究中，分析兩地報恩經變畫所依據的佛經以及構圖和形象造型，發現它們有很多不同之處[4]。四川和敦煌石窟中的"西方淨土變"都是依據《無量壽經》和《觀無量壽經》而製作的，但是在這兩部經的形象化方面，四川和敦煌兩地卻有諸多不同之處。

以上是論述敦煌壁畫藝術風格方面比較具有代表性的觀點，他們以單個石窟壁畫爲研究對象，通過對壁畫風格、內容的詳細的解構與闡釋，充分說明敦煌莫高窟藝術所具有的中西文化共同影響的特點，用更加確鑿的證據證明了敦煌文化的"中西交融說"。

6. 波羅密教藝術對敦煌石窟藝術風格的影響

波羅密教風格源於公元8世紀中葉在東印度孟加拉地方興起的波羅王朝。印度波羅王朝信仰的密教何時傳入中國，因爲無文字記載而無法確證。但從中唐榆林窟出現的具有印度波羅密教風格藝術的壁畫分析，至遲在9世紀中葉以前的吐蕃王朝時期，這一支密教已經傳入西藏，並由西藏傳入敦煌。傳入敦煌的印度波羅密教藝術風格，體現在繪製的人物形象"曲髮披肩，袒胸露背，斜披天衣，著緊身透體長褲、釧環配飾華麗"。這種風格的藝術形象自

---
[1] 寧強《大足石刻中的繪畫性因素試析——兼談敦煌藝術對大足石刻的影響》，《敦煌研究》1987年第1期。
[2] 寧強《巴中摩崖造像中的佛教史跡故事畫初探》，《四川文物》1987年第3期。
[3] 寧強《〈歷代名畫記〉與敦煌早期壁畫——兼論南朝繪畫與敦煌早期壁畫的關係》，《敦煌研究》1988年第4期。
[4] 胡文和《大足寶頂和敦煌的大方便（佛）報恩經變之比較研究》，《敦煌研究》1996年第1期；《四川和敦煌石窟中"西方淨土變"的比較研究》，《考古與文物》1997年第6期。

中唐出現以後,經晚唐、五代、西夏,一直延續到元代。

宿白先生的《敦煌莫高窟密教遺跡劄記》較早關注到敦煌石窟的密教題材,他將敦煌石窟中的密教遺跡分爲唐盛期以前、盛唐時期、吐蕃統治時期、張氏時期、曹氏時期、西夏統治時期、蒙元時期七個階段進行分期著録和研究,對每個歷史時期典型的密教洞窟和密教形象繪製的特點等進行了初步分析。作者還對出現在西夏時期東千佛洞和榆林窟的密教遺跡以及蒙元時期的密教洞窟465窟、464窟、95窟等進行研究,詳細分析了在敦煌石窟中出現藏密風格壁畫的社會背景和它們的藝術特點。文章只是列出了他發現的敦煌石窟中的密教遺跡,並不全面,對藏傳密教的風格等問題也沒有進行更深入的研究。

敦煌莫高窟第465窟是典型的藏傳密教藝術遺存,内容神秘,藝術精湛,向來以"歡喜洞"爲世人所矚目。有關其時代及内容等問題,研究者卻分歧不小。敦煌研究院將其時代定爲元代,段文傑先生認爲"莫高窟第四六五窟爲薩迦派宗教藝術"[1]。宿白先生考察了莫高窟第465窟的内容後,則將其時代確定在"十四世紀左右"、"或可推測到十三世紀半",此"藏式密跡,顯然是與自元世祖起既重薩迦派領袖人物爲帝師,又重實力甚大、且長期活動於舊西夏領域的噶舉教派有直接關係"[2]。金維諾先生則認爲該窟建成於唐代,屬於藏密薩迦派藝術,壁畫内容爲"親近歡長龍王、白鳥天女、碼頭羅荼王、大黑天、大梵天、阿全耶天女"等[3]。楊雄認定此窟爲二輩噶瑪巴噶瑪拔希建立的蒙元窟。謝繼勝在楊雄研究的基礎上進一步分析認定465窟爲西夏窟,並對窟内壁畫中的雙身像等進行辨識[4]。

除了對莫高窟第465窟進行研究外,謝繼勝還對莫高窟第76窟的"八塔變相"進行了圖像溯源,並對黑水城唐卡中的護法與空行母圖像、杭州飛來峰藏傳石刻造像、聖彼得堡艾爾米塔什博物館黑水城藏品等藏傳系列造像進行研究,發表《藏傳佛教藝術東漸與漢藏藝術風格的形成》[5]一文,就藏傳佛教藝術在東漸過程中在各個地區留下來的遺跡及其風格特色進行了梳理,其中對敦煌和新疆地區與衛藏地區佛教藝術之間的影響承接關係進行了深入探討。

---

[1] 段文傑《晚期的莫高窟藝術》,《敦煌研究》1985年第3期。
[2] 宿白《敦煌莫高窟》,《敦煌莫高窟密教遺跡劄記(下)》,《文物》1989年第10期。
[3] 金維諾《敦煌窟龕名數考補》,《敦煌石窟研究國際討論會文集:石窟考古編》,第32—39頁;金維諾主編《藏傳佛教寺院壁畫》第1卷《序言》,天津:天津人民美術出版社,1989—1993年;金維諾、羅世平著《中國宗教美術史》,南昌:江西人民出版社,1995年,第165—168頁。
[4] 謝繼勝《關於敦煌第465窟斷代的幾個問題》、《關於敦煌第465窟斷代的幾個問題續》、《莫高窟第465窟壁畫繪於西夏考》,分别載於《中國藏學》2000年第3期、2000年第4期、2003年第2期。
[5] 謝繼勝《藏傳佛教藝術東漸與漢藏藝術風格的形成》,《中國藝術報》(京)2011年第9期,載《造型藝術》,《中國人民大學書報資料中心》2011年第6期。

他在文章中指出，唐代吐蕃時期漢藏藝術的交流是西藏藝術史上最重要的內容之一，吐蕃在西域盤桓近兩百年，佔領敦煌70年，與在西域經營的唐人和其他民族在西域敦煌地區進行了大範圍深入的文化藝術交流，藏族藝術影響了敦煌石窟藝術，反過來，新疆、敦煌等地的佛教藝術亦影響了吐蕃藝術風格，具體表現在：莫高窟第365窟古藏文榜題提到了主張唐蕃"舅甥一家"的赤熱巴巾贊普；中唐時期的《維摩詰變》與《涅槃變》壁畫中留下了贊普及其部從的身影；莫高窟465窟、462窟、464窟、北77窟等窟壁畫或雕塑都是西夏時期藏傳美術的集大成者，保留了12世紀至13世紀前後藏傳佛教派別整體的圖像體系；榆林窟25窟壁畫展示了唐蕃居民青廬成席、其樂融融的婚宴場景；榆林窟第2窟、第3窟和第29窟壁畫都是西夏具有藏傳風格的繪畫，反映了西夏藏漢佛教及佛教藝術風格的交融情形；藏經洞出土的9世紀絹畫或旗幡畫，亦是現今存世的最早的吐蕃卷軸畫，與後世唐卡的形成有直接關係；莫高窟晚唐密教洞窟如14窟、156窟窟頂壁畫菩薩、10世紀的76窟的《八塔變》等都有確定的吐蕃波羅風格；新疆9世紀前後的柏孜克里克石窟壁畫中所具有的"于闐"樣式對西藏藝術也產生了較大影響，形成了山南吉如拉康寺、札塘寺、日喀則地區的艾旺寺、聶薩寺等具有"敦煌遺韻"風格的雕塑。可以說這篇文章對我國境內藏傳風格造像發展演變進行了系統梳理。

繪於榆林窟第25窟正壁的毗盧遮那佛與八大菩薩曼陀羅，是中唐時期新見的有代表性的密教題材。這幅曼陀羅的構圖和人物裝飾都有濃鬱的印度波羅密教藝術風格，是敦煌首次出現的另一種外來藝術風格。

莫高窟第14窟是晚唐時期的洞窟，壁畫題材有顯有密，密教經變、密教曼荼羅繪畫呈對稱分佈。此窟北壁西側的金剛薩埵曼荼羅，主尊普賢菩薩位於曼荼羅中央，兩側眷屬十二身，有內四供和外四供菩薩以及持梵天菩薩、持寶瓶菩薩、二飛天、四忿怒尊。除飛天外，主尊和眷屬均頭戴寶冠，曲髮披肩，裸上身，斜披天衣，著重裙及緊身透體長褲，具有明顯的印度波羅密教藝術風格。南壁的金剛母曼荼羅主尊及眷屬諸菩薩風格與北壁同。

莫高窟崖體上方有一座獨立的建築，俗稱"天王堂"，關於其繪製年代，學界有吐蕃、盛唐、宋代等多種不同的看法，其中的密教壁畫堪稱密教代表性遺跡。天王堂西壁三面六臂觀音曼荼羅、東壁三面八臂觀音曼荼羅、南壁三面六臂觀音曼荼羅、北壁蓮花月輪菩薩、西北角上部三面六臂觀音菩薩、東北角上部三面二十臂觀音菩薩畫像風格均爲赤裸上身、曲髮披肩，配飾也比較獨特，其風格顯然具有波羅藝術風格。

以上幾個洞窟因爲密教內容豐富、題材多樣、風格獨特，受研究者關注較多，研究成果也較爲豐碩。除以上幾個典型洞窟之外，敦煌石窟中存在波羅密教風格壁畫的洞窟還有很多,如莫高窟第 10 窟、12 窟、76 窟、95 窟、144 窟、147 窟、148 窟、156 窟、158 窟、161 窟、176 窟、198 窟、192 窟、465 窟、464 窟、468 窟、358 窟、332 窟、334 窟、284 窟、361 窟、384 窟,榆林窟第 36 窟、16 窟、38 窟、20 窟、2 窟、3 窟、4 窟等,以及東千佛洞第 7 窟等。

此外,在敦煌藏經洞出土的多幅中唐時期絹畫,如"胎藏大日八大菩薩像"、"蓮花部八尊曼荼羅"、"不空絹索五尊曼荼羅"等,都同樣具有印度波羅密教藝術風格。藏經洞藝術品斯坦因收集品中編號爲 S・p・35・Ch・lvi・0019 的《千手千眼觀世音菩薩圖》,圖中摩醯首羅天左膝上坐著的明妃頗值得注意。松本榮一先生在《敦煌畫の研究》中就有初步的研究。謝繼勝稱"最引人注目的是此圖中出現的摩醯首羅天身側左腿之上坐有明妃,與印度早期的雙身像風格類似,這種女尊坐在男尊左腿之上的構圖是波羅時期的典型樣式,而尼泊爾畫派一般是將女尊置於男尊的身體一側而不是坐於腿上"。田中公明先生也認爲"男性尊將女性尊置於左膝上的形式爲尼泊爾所崇尚"。

對敦煌壁畫中出現這種所謂波羅藝術風格的密教圖像的傳播途徑的研究,學者們存在不同的觀點,有認爲是直接傳自東印度尼泊爾等地,也有認爲是這種風格先影響了西藏地區,然後由於吐蕃統治敦煌而間接影響到了敦煌的佛教藝術風格。

對敦煌石窟中密教題材作品的辨識和命名是這一領域研究的基礎工作。日本的田中公明、首都師範大學的謝繼勝、敦煌研究院的彭金章教授、劉永增教授、沙武田博士以及中央民族大學的張亞莎等都對吐蕃時期敦煌壁畫中的密教形象的定名以及藝術風格進行了識別和研究。

田中公明將敦煌出土密教繪畫編號爲 EO.1148 的作品定名爲"寂靜四十二尊",並對圖像進行了解析。他指出,公元 786 年以後吐蕃佔領敦煌時期的吐蕃密教作品是與漢地密教相互依存的,即使是出土的密教繪畫,也不能就此斷定是受到了吐蕃密教的影響,而寧瑪派的寂靜四十二尊是漢地所不知曉的尊格群,因此,敦煌藏經洞出土的這件藏傳密教作品是具有重要意義的[①]。田中先生還針對另一件大英博物館藏 Stein Painting 50 Ch 0074 文獻,結合吐蕃佔領敦煌前後的敦煌及周邊的八大菩薩等圖像對比並做了圖像上的解釋。同時他還結合印度、西藏以及瓜州東千佛洞保存的八大菩薩曼荼羅和藏經洞出土的相關密教文獻進行了細緻入微的比較研究,認爲此卷文獻是吐蕃時期的作品,內容是當時印度乃至吐蕃本土的中部西藏流行的一種尊像配置[②]。

---

① [日]田中公明著,劉永增譯《敦煌寂靜四十二尊曼荼羅》,《敦煌研究》2002 年第 5 期。
② [日]田中公明著,劉永增譯《敦煌出土胎藏大日八大菩薩》,《敦煌研究》2010 年第 5 期。

田中公明先生持續關注敦煌的密教題材壁畫,並集中於《敦煌密教と美術》一書中,將敦煌出土的密教繪畫與敦煌藏經洞出土的古藏文文獻相互比較,從而考察吐蕃佔領前後的敦煌密教,從一個新的角度對早期吐蕃密教圖像在敦煌的傳播及其來源作出了不少令人信服的新探索。書中所引用的材料除了安西榆林窟第25號窟盧舍那佛與八大菩薩像、藏東昌都仁達丹瑪摩崖造像、青海省玉樹結古鎮毗鄉大日如來像等幾處相同題材之外,還引用了過去國內學者未曾見到過的收藏在 Nel-son-Atkins Museum 的一件胎藏大日如來與八大菩薩佛龕,以及近年來在密教起源地印度本土奧利薩發現的一尊胎藏界大日如來與八大菩薩像和埃羅拉石窟第12號窟中的八大菩薩像,這些資料過去國內學者大多沒有能夠注意到。這些材料的運用為敦煌石窟中藏傳密教圖像風格來源的探討提供了更加可靠的依據[1]。

劉永增在《2004年石窟研究國際學術會議論文集》中發表了一篇題為《敦煌石窟的吐蕃繪畫傳統與波羅王朝的藝術風格》[2]的文章,分析了敦煌石窟中的西夏吐蕃時期繪畫採用硬筆繪畫的特點,並以安西東千佛洞第2、5、7窟中的藏傳密教壁畫內容為主要研究對象,從各造像題材和繪畫風格特點出發,分析認為東千佛洞這幾個洞窟的壁畫與敦煌石窟中西夏之前的漢密系統的壁畫有著明顯的不同,強烈地表現出波羅王朝的藝術風格特徵。之後劉永增在此基礎上發表系列研究論文[3],對敦煌石窟的一些典型密教風格造像進行深入研究。首先是對安西東千佛洞第2窟密教壁畫內容進行解說;接著為繪於安西東千佛洞第5窟的毗沙門天王與八大夜叉曼荼羅造像找到了相關的佛經依據,然後以印度新德里博物館藏品與4例西藏唐卡題材為實物證據,證明這種圖像佈局與古代印度教的信仰和寶藏神信仰有關,也屬於藏傳密教中的早期形式。後來他通過對敦煌石窟的系統考察,對榆林窟第20、25窟,莫高窟第14窟,以及新發現的有曼荼羅圖像的榆林窟第35、38窟,莫高窟第170、234窟及瓜州東千佛洞第7窟的八大菩薩曼荼羅進行了圖像學的解說,認為敦煌石窟中的八大菩薩,在圖像表現上與印度密教美術有著強烈的一致性,同時指出,除東千佛洞第7窟忠實地依照不空譯《八大菩薩曼荼羅經》繪製外,其他7幅八大菩薩曼荼羅風格當是印度後期密教影響西藏進而影響敦煌的結果。

彭金章先生對敦煌石窟中的密教題材進行了分期研究,將敦煌石窟中的

---

[1] 田中公明《敦煌密教と美術》,京都:法藏館,2000年。
[2] 劉永增《敦煌石窟的吐蕃繪畫傳統與波羅王朝的藝術風格》,《2004年石窟研究國際學術會議論文集(下)》,上海:上海古籍出版社,2006年,第801—830頁。
[3] 劉永增《安西東千佛洞第5窟毗沙門天王與八大夜叉曼荼羅解說》、《敦煌石窟八大菩薩曼荼羅圖像解説》(上、下),分別載於《敦煌研究》2006年第3期、2009年第4期、2009年第5期。

密教形象分爲敦煌漢傳密教的初創期(隋代—盛唐)、鼎盛期(中唐—宋代)、藏傳密教異軍突起的時代(西夏—元代)三個時期。並對其中具有波羅藝術風格的壁畫圖像進行了詳細論述①。彭先生認爲,從敦煌石窟現存遺跡看,不同時期波羅密教藝術的傳播途徑有所不同。中唐時期的波羅密教藝術風格由西藏傳入;有學者認爲晚唐、五代、宋代的波羅密教藝術是從中亞傳入,原因是這一時期敦煌與吐蕃關係緊張,密教原來的傳播途徑中斷,從中亞開闢了新途徑,到西夏、元時期,波羅藝術又恢復了從西藏傳入的途徑。彭先生還對敦煌石窟壁畫中出現的比較典型的密教經變畫如千手千眼觀音經變、不空絹索觀音經變、十一面觀音、十一面八臂觀音、密教曼荼羅眷屬及供養菩薩等進行了深入細緻的釋讀和研究②。

梁尉英《顯密雜陳　幽玄穩健——莫高窟第一四窟唐密内容和藝術特色》、《元代早期顯密融匯的藝術——莫高窟第四六四諸窟的内容和藝術特色》等對莫高窟晚唐第14窟、元代第464窟、3窟、95窟、149窟壁畫内容和風格特色進行考述,在論述這些洞窟中的密教題材繪畫風格時,作者認爲:"第一四窟藝術仍在漢地文化傳統内,未逸傳統孔學精神的中和之美的範疇。在某種意義上説,第一四窟藝術風格是介於顯教藝術與敦煌藏密藝術(第四六四、四六五窟等)的一種風格。"③

沙武田利用羅繼梅的照片對榆林窟第25窟八大菩薩曼陀羅圖像進行了綴合復原,並從其藝術風格角度考察了該鋪八大菩薩曼陀羅中"T"形榜題框設計所反映出來的"該類造像圖本畫稿來自吐蕃藏地",並進而分析認爲,"在吐蕃統治的敦煌地區看到了更爲純正的吐蕃傳入的波羅藝術風格造像,更進一步表明敦煌吐蕃時期藝術的多樣化特徵"④。張亞莎的研究也認爲敦煌的盧舍那並八大菩薩曼陀羅造像出現於中唐吐蕃統治時期,係傳入藏地的藝術題材與風格特徵⑤。

另外,榆林窟第25窟八大菩薩曼荼羅中彌勒菩薩披鹿皮衣,非常獨特,宮

---

① 彭金章主編《敦煌石窟全集10·敦煌密教畫卷》,香港:商務印書館,2003年。
② 彭金章《千眼照見、千手護持——敦煌密教經變研究之三》,《敦煌研究》1996年第1期;《敦煌石窟十一面觀音經變研究——敦煌密教經變研究之四》,《段文傑敦煌畫研究五十年紀念文集》,北京:世界圖書出版公司北京公司,1996年,第72—86頁;《敦煌石窟不空絹索觀音經變研究——敦煌密教經變研究之五》,《敦煌研究》1999年第1期;《莫高窟第14窟十一面觀音經變研究》,《敦煌研究》1994年第2期;《莫高窟第76窟十一面八臂觀音考》,《敦煌研究》1994年第3期;《莫高窟第148窟密教内外四供養菩薩考釋》,《敦煌研究》2004年第6期。
③ 梁尉英《顯密雜陳　幽玄穩健——莫高窟第一四窟唐密内容和藝術特色》,《敦煌石窟藝術·莫高窟第一四窟》,南京:江蘇美術出版社,1996年。
④ 沙武田《榆林窟第25窟八大菩薩曼陀羅圖像補遺》,《敦煌研究》2009年第5期。
⑤ 張亞莎《11世紀西藏的佛教藝術——從札塘寺壁畫研究出發》,北京:中國藏學出版社,2008年,第119—121頁。

治昭先生據此研究認爲其受到印度更早時期的藝術傳承的影響①。宮治昭還從斯瓦特的八臂觀音救難坐像浮雕作品探究敦煌與印度間的關係。文章介紹了日本名古屋一件私人藏品"八臂觀音救難座佛像"浮雕，推測是出自西北印度今巴基斯坦斯瓦特地區。在敦煌壁畫和藏經洞發現的絹紙畫中可以見到相當多的盛唐至北宋時期的多臂觀音像，其中的四臂觀音與印度半跏遊戲坐姿及印相和持物相似，通過將這件雕像與敦煌壁畫中的觀音像姿和印度出土其他觀音雕像的比較，發現此八臂觀音救難像融合了印度因素及在敦煌形成的因素。兩側的諸難場面的構圖形式是西印度一般化的形式，亦是敦煌盛唐以後普門品變相圖的構圖形式。刀難、獅子難、枷鎖難等圖像雖然與西北印度的形式接近，其細部表現與敦煌普門品變相圖關聯的部分也不少。總之，這件雕像中觀音的像容及周圍諸難救濟的内容，表現出連接印度和敦煌佛教美術的特徵，在美術史上具有重要意義②。

郭祐孟先生對安西榆林窟第 25 窟、莫高窟第 14 窟和被英人斯坦因劫去的"八大菩薩曼荼羅"絹畫等圖像進行對比研究，認爲這些圖像出現的時間恰好是不空三藏應河西節度使哥舒翰之請，遠赴河西傳法灌頂之後，也適逢敦煌陷入吐蕃統治的時期。作者從圖像學和圖像義理的角度，依序從經典、義理、造像儀軌、圖像比對等，對敦煌現存的幾個遺例加以細部考據，探尋其中的發展脈絡③。

張亞莎的系列論文《札塘寺壁畫與敦煌藝術》④、《印度·衛藏·敦煌的波羅—中亞藝術風格論》⑤、《敦煌中晚唐時期吐蕃系繪畫樣式考述》⑥等對敦煌與衛藏地區佛教藝術之間的淵源關係以及與中亞、印度波羅藝術風格佛教藝術之間的傳承關係進行了探討，指出，札塘寺壁畫對敦煌吐蕃系壁畫的繼承主要表現在：一是菩薩的頭髻與服飾；二是佛背光圖案；三是佛座下的白獅塑像，説明札塘寺壁畫與敦煌吐蕃系壁畫之間存在繼承關係，不過敦煌壁畫並不是札塘寺壁畫的唯一源頭。在此基礎上，作者還分析了敦煌與衛藏之間藝術傳播影響的途徑及可能的傳播路綫；衛藏的波羅—中亞藝術風格的形成與印度、敦煌佛教藝術有著相當密切的關係，9—11 世紀間，西北諸族間的佛教

---

① 宮治昭《インロから中國らの佛教美術の傳播と發展に關する研究》，名古屋：名古屋大學美術史研究室，2001 年。
② ［日］宮治昭著，李靜傑譯《斯瓦特的八臂觀音救難坐像浮雕——敦煌與印度間的關係》，《敦煌研究》2000 年第 3 期。
③ 郭祐孟《敦煌密教石窟主尊的毗盧遮那性格——以莫高窟第 14 窟圖像結構爲主的分析》，《佛教藝術與文化國際學術研討會論集》，甘肅蘭州，2004 年 7 月。
④ 張亞莎《札塘寺壁畫與敦煌藝術》，《中國藏學》2001 年第 4 期。
⑤ 張亞莎《印度·衛藏·敦煌的波羅—中亞藝術風格論》，《敦煌研究》2002 年第 3 期。
⑥ 張亞莎《敦煌中晚唐時期吐蕃系繪畫樣式考述》，《2010 敦煌論壇：吐蕃時期敦煌石窟藝術國際研討會》，敦煌研究院，2010 年 7 月。

藝術通過絲綢之路聯繫起來，印度波羅藝術也通過這條通道進入中國，在敦煌留下了豐富的文化遺物，作者認爲波羅—中亞藝術風格的醞釀合成是由西北吐蕃完成的，之後又通過"下路弘法"而進入衛藏；在敦煌石窟藝術漫長的發展過程中，吐蕃式藝術風格主要出現在兩個時期，一是中晚唐時期，二是西夏與蒙元時期。敦煌中晚唐時期的吐蕃系繪畫遺存有兩類：一類是壁畫，一類是藏經洞所出帛畫與紙畫。壁畫當中的典型代表是莫高窟第14窟北壁"觀世音曼陀羅"和榆林窟第25窟"八大菩薩曼陀羅"，作者推斷這兩幅壁畫似乎都有相當純正的東印度波羅繪畫藍本的支持，可能還包含了傳播路徑的不同；藏經洞帛畫有印度—尼泊爾樣式、典型的吐蕃樣式、漢藏合璧式三種類型。這些樣式在敦煌壁畫中非常獨特，但是卻與來自印度—尼泊爾的密教繪畫範本不同，作者認爲可能的情況是敦煌的吐蕃藝術家所爲，蕃化痕跡明顯。

陳清香《敦煌吐蕃時代的文殊菩薩圖像探討》[①]一文列舉了吐蕃時期莫高窟壁畫密教題材中的文殊菩薩圖像，就不同洞窟中的佈局、不同經變題材下所創作的不同的文殊風貌進行分析，並對證原經典文義，探討其宗教內涵。

趙曉星的系列論文《吐蕃統治敦煌時期的密教特點與定位——吐蕃統治敦煌時期的密教研究之一》[②]、《吐蕃統治敦煌時期的密教源流與藝術風格——吐蕃統治敦煌時期的密教研究之三》[③]、《莫高窟"天王堂"初探——吐蕃統治敦煌時期的密教研究》[④]、《吐蕃統治敦煌時期佛教研究的成果與問題》[⑤]等對吐蕃統治敦煌時期密教風格作品的淵源及特點等問題進行了闡釋。

與以上觀點不同的是，湯惠生先生和金申先生都認爲，包括藏地和敦煌在內的八大菩薩曼陀羅造像，應是傳自內地中原唐地的題材，這些觀點目前還沒有更多的研究，有待以後學者的進一步關注。

7. 敦煌與阿姆河流派美術之關係研究

20世紀中葉以後，隨著古代中亞地區考古工作的大規模開展，使得學者們對古代中亞地區的美術傳統有了新的認識。在豐碩的考古學成就的基礎

[①] 陳清香《敦煌吐蕃時代的文殊菩薩圖像探討》，《2010敦煌論壇：吐蕃時期敦煌石窟藝術國際研討會》，敦煌研究院，2010年7月，第141頁。
[②] 趙曉星《吐蕃統治敦煌時期的密教特點與定位——吐蕃統治敦煌時期的密教研究之一》，《邊疆考古研究》2006年第3期。
[③] 趙曉星《吐蕃統治敦煌時期的密教源流與藝術風格——吐蕃統治敦煌時期的密教研究之三》，《敦煌學輯刊》2007年第4期。
[④] 寇甲、趙曉星《莫高窟"天王堂"初探——吐蕃統治敦煌時期的密教研究》，《蘭州大學學報》2007年第2期。
[⑤] 趙曉星、寇甲《吐蕃統治敦煌時期佛教研究的成果與問題》，《絲綢之路民族古文字與文化學術討論會文集》（上），西安：三秦出版社，2007年，第395—422頁。

上,日本著名學者樋口隆康指出,作爲佛教東傳過程中的環節,在西域以西至印度河上游的犍陀羅地區的中間地帶存在一支獨立的美術流派,並將這一美術流派命名爲阿姆河流派美術①。樋口隆康關於阿姆河流派美術的倡說,使我們重新找到了佛教美術東傳過程中失落的環節,爲敦煌早期的佛教美術與阿姆河流派美術的淵源關係問題打開了新的研究領域。姜伯勤先生在其《論呾密石窟寺與西域佛教美術中的烏滸河流派》②一文中將阿姆河流派美術與敦煌美術進行了比較研究,他指出:第一,根據呾密石窟寺爲代表的阿姆河流派美術主要是在砂岩中開鑿的特點,敦煌石窟也是砂岩石窟,這樣,在呾密以東,經過庫車、克孜爾、柏孜克里克到敦煌,形成了一個砂岩石窟地帶,從而有别於印度的非砂岩石窟;第二,呾密卡拉切佩出土的佛與比丘圖的壁畫,在圖像學上所具有的重要意義是在此發現了考古學中最早的佛身光即背光的圖像,由此影響到後來的佛教雕塑,也影響到背光圖像在克孜爾和敦煌的佛教壁畫中流行;第三,阿姆河流派美術的倡說爲我們將敦煌美術與西域美術進行比較研究打開了廣闊的天地。

在姜伯勤先生研究的基礎上,劉波用比較研究的方法,對新疆、敦煌各地石窟中具有阿姆河流派美術特點的造像進行了個案研究,找出阿姆河流派美術與敦煌美術的共同點的同時,分析其流傳的軌跡和變遷的原因③。

8. 敦煌石窟藝術中的粟特因素

對於粟特祆教美術,姜伯勤先生指出:"祆教藝術的入華,不僅可以看到伊朗風藝術的影響,而且可以觀察到其中所折射的希臘—大夏風格、拜占庭風格、中亞風格、草原風格的影響。"④他的《中國祆教藝術史研究》是研究中國祆教藝術史的集大成之作,其中運用了大量新疆、敦煌以及河西地區的壁畫作爲考證的材料,其中第十四章"莫高窟 322 窟持動物畏獸圖像——兼論敦煌佛窟畏獸天神圖像與唐初突厥祆神崇拜的關聯",對莫高窟初唐第 322 窟圖像藝術所表現出的與粟特九姓胡人的關係問題有精彩的論述。姜先生根據 322 窟殘存的若干初唐供養人題記推知,初唐此窟爲史氏窟,"窟主史氏或爲突厥裔,或爲粟特裔"⑤。

姜伯勤先生通過對敦煌壁畫和粟特本土壁畫的比較研究,指出中原繪畫

---

① 樋口隆康《西域美術上的阿姆河流派》,《新疆文物》1989 年第 4 期。
② 姜伯勤《論呾密石窟寺與西域佛教美術中的烏滸河流派》,《敦煌藝術宗教與禮樂文明》,北京:中國社會科學出版社,1996 年。
③ 劉波《敦煌美術與古代中亞阿姆河流派美術的比較研究》,《中國佛教學術論典》80,高雄:佛光山文教基金會,2001 年。
④ 姜伯勤《中國祆教藝術史研究》,北京:三聯書店,2004 年,第 6—7 頁。
⑤ 姜伯勤《中國祆教藝術史研究》,第 217—224 頁。

藝術同粟特繪畫藝術之間存在著交流與融合關係①。他還利用敦煌、吐魯番出土的文書和粟特本土的考古發現，結合國內外學者的研究成果，對敦煌、吐魯番等地粟特祆教的薩保制度及胡祆祠做了系統考察。指出粟特神祇的來源是多方面的，有的來自伊朗，有的來自印度或其他地方。在論證粟特人對絲路貿易所起巨大作用的同時，也指出中原文化對粟特人也不無影響，如唐朝的貨幣、紡織品，乃至銀器製作技術及商業傳統等，也都被粟特人帶回本土，對粟特地區產生了積極的影響②。姜先生還在《莫高窟隋說法圖中龍王與象王的圖像學研究——兼論有聯珠紋邊飾的一組說法圖中晚期犍陀羅派及粟特畫派的影響》一文中通過對敦煌莫高窟隋代壁畫中的龍王圖像和象王圖像與粟特本土壁畫中的龍王和象王圖像進行比較研究，指出莫高窟隋代壁畫的繪製受到了粟特的影響③。

張惠明博士通過莫高窟中唐時期的五臺山屏風圖，探討了敦煌《五臺山化現圖》的早期底本圖像的形式，特別是其圖像的來源。認為莫高窟第 61 窟《五臺山化現圖》的粉本來自中原，佛教題材的文殊騎獅圖像與粟特藝術傳統之間存在著關聯。現存敦煌早期文殊騎獅與娜娜騎獅在圖像學上表徵相似，文殊騎獅這一圖像的創作很大程度上受到了粟特藝術中娜娜女神騎獅圖像的影響④。

周熙雋女士《敦煌佛教淨土變畫中來自粟特的影響》討論了敦煌佛教淨土，特別是阿彌陀西方淨土變畫中來自粟特祆教思想的影響⑤。

另外，學者們還注意到了居住在敦煌的粟特人在莫高窟石窟營建方面所作的貢獻。姜伯勤、鄭炳林、張元林、沙武田等分別依據莫高窟西魏第 285 窟，隋代第 244、390 窟，唐代第 44、129、158、171、196、322、359、387 窟相關圖像，以及敦煌文書的相關記載，逐步對這一問題進行了深入的研究。

鄭炳林先生《唐五代敦煌的粟特人與佛教》⑥一文根據莫高窟第 387 窟西壁龕下南側像列北向第一身是都僧統京城內外臨壇供奉大德闡揚三教大法

---

① 姜伯勤《敦煌壁畫與粟特壁畫的比較研究》，《敦煌研究》1988 年第 2 期，第 82—84 頁；全文載《1987 年敦煌石窟研究國際討論會文集·石窟藝術編》，瀋陽：遼寧美術出版社，1990 年，第 150—169 頁；收入氏著《敦煌藝術宗教與禮樂文明——敦煌心史散論》，北京：中國社會科學出版社，1996 年，第 157—178 頁；又收入《中國敦煌學百年文庫·考古卷》第 2 卷，蘭州：甘肅文化出版社，1999 年，第 328—339 頁。
② 姜伯勤《敦煌吐魯番文書與絲綢之路》，北京：文物出版社，1994 年。
③ 姜伯勤《莫高窟隋說法圖中龍王與象王的圖像學研究——兼論有聯珠紋邊飾的一組說法圖中晚期犍陀羅派及粟特畫派的影響》，《敦煌吐魯番研究》第 1 卷，北京：北京大學出版社，1996 年，第 139—159 頁；收入氏著《敦煌藝術宗教與禮樂文明——敦煌心史散論》，北京：中國社會科學出版社，1996 年，第 125—156 頁；又收入《中國敦煌學百年文庫·考古卷》第 3 卷，蘭州：甘肅文化出版社，1999 年，第 207—224 頁。
④ 張惠明《敦煌〈五臺山化現圖〉早期底本的圖像及其來源》，《敦煌研究》2000 年第 4 期。
⑤ [美] 周熙雋著，王平先譯《敦煌佛教淨土變畫中來自粟特的影響》，《2004 年石窟研究國際學術會議論文集》(下)，上海：上海古籍出版社，2006 年，第 831—839 頁。
⑥ 鄭炳林《唐五代敦煌的粟特人與佛教》，《敦煌研究》1997 年第 2 期。

師康維宥,此外依次有康應願、大乘賢者康知興、大乘賢者康□興、大乘賢者康易兒、康忠信、康昌進、右廂將頭康□信、康慶及其子侄等18名康姓人員的供養像和題名,認爲這個窟於五代時期已歸敦煌粟特人康家所有,成爲康家的家窟。此外還有敦煌莫高窟第129窟爲粟特人安氏的家窟;第171窟爲石姓粟特人的家窟;第196窟是粟特人何氏家族建立的家窟①;第44窟很可能是康秀華家族的功德窟②。鄭炳林、徐曉麗《晚唐五代敦煌地區粟特婦女生活研究》探討了晚唐五代時期敦煌地區粟特婦女的佛教信仰、婚姻關係、經濟生活等問題,揭示出這一特殊群體對當時社會生活的影響③。

張元林在《粟特人與莫高窟第285窟的營建——粟特人及其藝術對敦煌藝術的貢獻》④、《論莫高窟第285窟日天圖像的粟特藝術源流》⑤等文中對莫高窟285窟的圖像進行了專題討論,認爲該洞窟諸多圖像與粟特藝術具有密切的源流關係。莫高窟第285窟西壁的護法神日天、月天、摩醯首羅天等圖像都是有粟特藝術因素的圖像;北壁三鋪説法圖中的供養人形象及題記當中的記載,也可以判斷該窟中粟特形象的出現是5世紀中期入華粟特人及其文化藝術影響的必然反映,也表明粟特人參與了285窟的營建。

沙武田對粟特九姓胡人與敦煌石窟的關係問題給予了很大關注。他的《莫高窟第322窟圖像的胡風因素——兼談洞窟功德主的粟特九姓胡人屬性》一文,從以史葦湘先生爲代表的敦煌研究院專家對第322窟西壁雙層龕外層龕頂定名爲"人非人"⑥的兩身圖像入手,結合洞窟營建的歷史背景與供養人畫像、工匠題名反映出的粟特人屬性,認爲莫高窟初唐第322窟即是流寓敦煌的粟特九姓胡人營建的功德窟。至少,從洞窟的大量圖像與文字信息所表現出來的其與粟特文化、美術及審美觀念等因素的強烈關聯,可以初步推知該洞窟的贊助人與所僱傭的藝術家們,或多或少均與流寓敦煌的中亞粟特胡人有關。沙武田還分析了龕內彩塑造像的胡貌特徵及其"原創性"意義,對窟內包括葡萄紋樣在內的中亞西域特徵裝飾藝術、部分反映東傳粟特美術特徵的畫樣與圖像進行了研究,揭示出洞窟圖像受粟特美術影

---

① 敦煌研究院編《敦煌莫高窟供養人題記》,北京:文物出版社,1986年,第14頁。
② 鄭炳林《唐五代敦煌的粟特人與佛教》,《敦煌研究》1997年第2期;《敦煌歸義軍史專題研究》,蘭州:蘭州大學出版社,1997年,第433—465頁。鄭炳林《晚唐五代敦煌地區的胡姓居民與聚落》,《敦煌歸義軍史專題研究三編》,蘭州:甘肅文化出版社,2005年,第596—616頁;《粟特人在中國——歷史、考古、語言的新探索》,北京:中華書局,2005年,第178—190頁。
③ 鄭炳林、徐曉麗《晚唐五代敦煌地區粟特婦女生活研究》,《新疆師範大學學報》2004年第2期;收入《敦煌歸義軍史專題研究三編》,蘭州:甘肅文化出版社,2005年,第560—575頁。
④ 張元林《粟特人與莫高窟第285窟的營建——粟特人及其藝術對敦煌藝術的貢獻》,《2005年雲岡國際學術研討會論文集·研究卷》,北京:文物出版社,2006年,第394—406頁。
⑤ 張元林《論莫高窟第285窟日天圖像的粟特藝術源流》,《敦煌學輯刊》2007年第3期。
⑥ 史葦湘先生定名爲"人非人",長廣敏雄氏稱爲"畏獸"。人非人圖像,敦煌莫高窟西魏第249、285、288窟,北周第296窟,隋第276、305、419、420窟均有所繪。

響的特徵①。

沙武田《敦煌莫高窟第 158 窟與粟特人關係試考》（上、下）通過對莫高窟中唐第 158 窟内諸多現象，包括如"各國王子舉哀圖"的民族屬性、波斯薩珊風格的聯珠雁銜珠紋、兩件粟特納骨甕的文化意義、洞窟建築形制與入華粟特人的喪葬習俗、涅槃經變圖像的再解讀、金光明最勝王經變圖像的選擇意義、洞窟營建的歷史背景及吐蕃統治時期敦煌的粟特人、供養人畫像、與鄰窟張議潮功德窟的歷史關聯、敦煌粟特安氏的佛教信仰等問題的詳細分析，論證該洞窟作爲敦煌粟特九姓胡人功德窟的可能性②。《莫高窟吐蕃期洞窟第 359 窟供養人畫像研究——兼談粟特九姓胡人對吐蕃統治敦煌的態度》一文，根據新發現的莫高窟第 359 窟供養人題記，考證出此窟爲吐蕃時期粟特人石姓家族營建的功德窟，並結合當時的歷史背景，就供養人像所反映的服飾新現象、洞窟功德主、粟特胡人對吐蕃統治的態度等問題作了探討，最後回答了這一洞窟中供養人大量出現的原因③。《敦煌石窟粟特九姓胡人供養像研究》一文，通過對敦煌石窟中粟特九姓胡人供養像基本資料及其特點的梳理和分析，就粟特九姓胡人對洞窟營建的貢獻和粟特九姓胡人在洞窟中的供養功德觀念兩個問題進行了較爲全面的討論④。

郭萍《粟特民族對魏晉至唐初敦煌美術的影響》以前賢研究成果爲基礎，對魏晉、隋及唐初敦煌壁畫中反映出來的豐富的粟特美術跡象作了梳理，得出粟特人以不同身份對敦煌美術發展作出了相當貢獻的結論⑤。

此外，1907 年斯坦因在中國西北敦煌以西的長城烽燧遺址中發現了一組粟特文信劄，引起了研究者的極大關注，對這些信劄的釋讀與研究爲我們瞭解古代粟特人的生活提供了更加可靠的證據資料⑥。

三、敦煌出土實物及所反映出的中外文化交流與影響的研究

敦煌石窟壁畫以及敦煌周邊、新疆各地出土的大量文物反映了敦煌石窟

---

① 沙武田《莫高窟第 322 窟圖像的胡風因素——兼談洞窟功德主的粟特九姓胡人屬性》，《故宫博物院院刊》2011 年第 3 期。
② 沙武田《敦煌莫高窟第 158 窟與粟特人關係試考》（上、下），《藝術設計研究》2010 年第 1 期；《藝術設計研究》2010 年第 2 期。
③ 沙武田《莫高窟吐蕃期洞窟第 359 窟供養人畫像研究——兼談粟特九姓胡人對吐蕃統治敦煌的態度》，《敦煌研究》2010 年第 5 期。
④ 沙武田《敦煌石窟粟特九姓胡人供養像研究》，《敦煌學輯刊》2008 年第 4 期。
⑤ 郭萍《粟特民族對魏晉至唐初敦煌美術的影響》，《貴州民族研究》2010 年第 6 期。
⑥ 王冀青《斯坦因所獲粟特文〈二號信劄〉譯注》，《西北史地》1986 年第 1 期；林梅村《敦煌出土粟特文古書信的斷代問題》，《中國史研究》1986 年第 1 期；陳國燦《敦煌所出粟特文信劄的書寫地點和時間問題》，《魏晉南北朝隋唐史資料》第 7 輯，1985 年，第 10—18 頁；吳其昱《論伯希和粟特文寫本二號之年月》，《敦煌學》第 12 輯，臺北，1987 年，第 1—4 頁；李志敏《有關地名研究與斯坦因所獲粟特信劄斷代問題》，《中國歷史地理論叢》1992 年第 4 期；劉波《敦煌所出粟特語古信劄與兩晉之際敦煌姑臧的粟特人》，《敦煌研究》1995 年第 3 期。

藝術與中外各地藝術有著非常深厚的淵源關係，也爲這一領域的研究提供了可靠的證據。

聯珠紋是典型的具有薩珊波斯風格的紋樣，在莫高窟壁畫中也可以見到大量的聯珠紋壁畫圖案。謝梅《敦煌壁畫中的聯珠紋》[1]一文對敦煌壁畫中的聯珠紋裝飾圖案進行了全面系統的整理與羅列，共檢出莫高窟24個洞窟中的聯珠紋圖案，雖然没有對這些圖案進行進一步的分析研究，但卻提供了比較詳細的資料依據。沙武田在《敦煌莫高窟第158窟與粟特人關係試考》一文中專門就莫高窟第158窟彩塑涅槃佛頭下所枕的類似枕頭的半圓形物，表面彩畫團花聯珠雁銜珠紋所具有的中亞波斯風格特徵進行了專門論述，並指出："敦煌隋代洞窟壁畫中大量盛行聯珠紋樣，其中聯珠翼馬紋最具代表性，一圈聯珠中翼馬，單個之間及總體佈局都講求對稱性，應該是受中亞波斯風格的影響，而其最終傳入西域、河西和中國内地，則是與以九姓胡人爲主的粟特人在絲路上的經濟文化活動密不可分，粟特人扮演了文化傳播使者的角色。"[2]姜伯勤先生的《敦煌與波斯》[3]一文中專門就"敦煌所見薩珊風格的聯珠紋飾"進行探討，他在文中首先回顧了關友惠先生在《莫高窟隋代圖案初探》文中所羅列的莫高窟發現的聯珠紋圖案，並指出聯珠紋圖案比較集中地出現在隋代洞窟中並不是偶然的，這與當時薩珊波斯文化在昭武九姓諸國的壁畫、龜兹壁畫中產生的巨大影響有關。姜先生還在文中列舉了中亞各地遺址中發現的聯珠紋實物，通過將這些圖案與敦煌壁畫中的圖案進行對比，可以發現其中的聯繫。在莫高窟除這種明確的具有中亞波斯薩珊風格的聯珠紋樣外，莫高窟北區石窟隋末唐初瘞窟中的波斯薩珊銀幣和同爲莫高窟北區石窟盛唐瘞窟中的胡人木俑，同樣表明以九姓胡人爲主的粟特人藝術的流行[4]。另在莫高窟隋唐壁畫中，有大量各式各樣的玻璃器皿，據學者分析，這些玻璃器皿或是拜占庭式，或是波斯薩珊式，或爲伊斯蘭式。毫無疑問這些樣式的玻璃器物的傳入是絲綢之路上粟特胡人的功勞[5]。繪於公元642年敦煌壁畫中的兩件地毯可能是來自薩珊藝術，這一發現爲敦煌石窟壁畫内容受薩珊影響提供了罕見的可靠資料[6]。

---

[1] 謝梅《敦煌壁畫中的聯珠紋》，《社科縱橫》2005年第6期。
[2] 沙武田《敦煌莫高窟第158窟與粟特人關係試考》（上），《藝術設計研究》2010年第1期。
[3] 姜伯勤《敦煌與波斯》，《敦煌研究》1990年第3期。
[4] 彭金章、沙武田《試論敦煌莫高窟北區洞窟出土波斯銀幣和西夏錢幣》，《文物》1998年第10期；康柳碩《關於敦煌莫高窟出土的波斯薩珊銀幣和西夏錢幣》，《甘肅金融》1999年第3期；康柳碩《敦煌莫高窟出土的波斯銀幣》，《中國錢幣》2000年第4期。
[5] 安家瑶《敦煌莫高窟壁畫上的玻璃器皿》，《敦煌吐魯番研究文獻論集》二，北京：北京大學出版社，1983年。
[6] 梁莊愛論著，寧强譯《繪於公元642年敦煌壁畫中的兩件可能是薩珊地毯的罕見資料》，《敦煌研究》1991年第2期。

敦煌藏經洞發現了大量帶有明顯中亞風格的織錦。如 MAS.858 尖瓣團窠對獅紋錦、MAS.862 紅地聯珠對羊紋錦、MAS.863 淡紅地團窠對鴨紋錦、MAS.865 紅地寶花紋錦、MAS.917 黃地聯珠花樹卷草紋錦等都具有濃厚的中亞風格。趙豐等學者對這些絲綢及其圖案進行了系統研究[1]。敦煌莫高窟北區石窟考古發掘過程中發現的波斯銀幣、敍利亞文文獻、梵文文獻、婆羅謎文字書寫的梵文文獻、銅十字架、銅八角器以及一些具有西亞風格的絲織物等，它們或直接來自中亞、西亞，或者是受中亞、西亞影響而在中國本土產生的，是中外交往、中外文化交流的實物見證[2]。

四、總　　結

敦煌石窟藝術與中外文化交流課題所包含的內容相當廣泛，其內涵也十分豐富。敦煌石窟的營建跨越千年，敦煌特殊的地理位置及在中國古代所擁有的文化交流視窗的角色使得敦煌石窟所包含的文化藝術的成分也是紛繁複雜的。百年來，研究者從不同的角度和出發點去研究和探討敦煌石窟藝術產生的淵源以及它所融攝的內外文化元素，成果豐碩。

20 世紀 80 年代之前對這一問題的研究處在探索階段，論述以概述式地對石窟內容進行介紹爲主。80 年代之後研究者的研究視角越來越細化，以單個洞窟和壁畫元素（石窟形制、壁畫內容、繪塑風格、繪塑技法）爲切入點進行比較研究成爲這一研究領域的主要研究方法，將敦煌石窟與中原各地石窟、新疆、中亞、西亞、印度等地石窟進行比較研究，逐步找出敦煌石窟藝術產生的淵源、與各地石窟藝術的傳承關係、自身所具有的特色等。進入 21 世紀後，研究繼續向深入發展，阿姆河美術流派的提出與研究爲敦煌石窟藝術與中亞關係的研究找到了失落的環節，也進一步打開了我們研究的視野和思路；敦煌石窟中的粟特文化元素及粟特人在敦煌石窟營建中所作的貢獻等的研究進一步拓寬了研究的範圍；吐蕃統治敦煌時期，具有吐蕃佛教藝術特點的密教題材和風格也影響到了吐蕃時期敦煌石窟的營建，具有波羅藝術風格的壁畫引起了研究者的極大興趣；與此同時，有關石窟造像思想的研究也逐漸進入研究者的視野，並取得了一定的成就。關於這一點，賴鵬舉先生曾明確指出："在研究方法上，文獻學與圖像學是完全不同的兩種研究方法……其不同表現在研究對象及工具'語言邏輯'上的相異，故兩種研究工具的整合存在內在結構性的困難。具體的解決上，筆者以爲先由建立兩種研究工具事項的銜

---

[1] 趙豐主編《敦煌絲綢藝術全集》（英藏卷、法藏卷），上海：東華大學出版社，2007 年、2010 年；王樂、趙豐《敦煌絲綢中的團窠圖案》，《絲綢》2009 年第 1 期；趙豐、王樂《敦煌的胡錦與番錦》，《敦煌研究》2009 年第 4 期。

[2] 彭金章《從敦煌莫高窟北區石窟考古發現看古代文化交流》，《敦煌研究》2005 年第 5 期。

接上著手,如將同一石窟的文獻與造像內涵加以結合……具體而言,諸經變、佛傳等也是表達造像思想的重要工具與單元。每一經變,如涅槃經變、淨土變、維摩變、法華變及各界曼陀羅等,各有其代表的思想內涵。由一窟不同位置及不同經變的組合而產生的主尊性格可以看出開窟高僧的造像思想。"[①]對此,賴鵬舉先生已有多篇論文及專著發表[②]。此外,賀世哲《北涼三窟圖像研究》[③];宮治昭《バーミャーン石窟の天井壁畫の圖像構成——彌勒菩薩・千佛・飾ゥれた佛陀・涅槃圖》[④];李靜傑《敦煌莫高窟北朝隋代洞窟圖像構成試論》、《北齊至隋代三尊盧舍那法界佛像的圖像解釋》、《佛足跡圖像的傳播與信仰(上)——以印度與中國爲中心》[⑤];李玉瑉《敦煌四二八窟新圖像源流考》[⑥];張元林《莫高窟275窟故事畫與主尊造像關係新探》、《觀念與圖像的交融——莫高窟285窟摩醯首羅天圖像研究》;[⑦]郭祐孟《敦煌隋代法華主題洞窟初探》[⑧];沙武田《北朝時期佛教石窟藝術樣式的西傳及其流變的區域性特徵——以麥積山第127窟與莫高窟第249、285窟的比較研究爲中心》[⑨]等論文都是對莫高窟各個洞窟壁畫及造像的思想內涵的探討。

到目前爲止,敦煌石窟藝術與中外文化的關係這一課題的研究成果數量已經相當龐大,但是仍然有許多問題未被研究者涉及,或者研究者發現了一些問題卻由於資料和各項條件的限制還未深入,這些都需要我們在今後繼續關注和努力。

[①] 彭金章《從敦煌莫高窟北區石窟考古發現看古代文化交流》,《敦煌研究》2005年第5期。
[②] 賴鵬舉《北傳〈般舟三昧經〉的流傳與4世紀末"十方佛觀"的形成》,《蘭州大學學報》2006年第5期;《絲路佛教的圖像與禪法》,臺北:圓光佛教研究所,2002年;《西北印彌勒菩薩在中亞石窟的大小乘異化及其對莫高窟的影響》,《敦煌研究》2008年第4期;《西北印的"龍族"與大乘經典的起源》,《敦煌研究》2006年第5期;《麥積山石窟造像由"涅槃"到"盧舍那"的轉變》,《麥積山石窟藝術文化論文集》(上),蘭州:蘭州大學出版社,2004年;《唐代莫高窟的多重"華嚴"結構與"中心壇場"的形成》,《圓光佛學學報》7,第97—111頁;《東魏北齊以"佛衣畫"爲主的"盧舍那佛"造像銘文與思想》,《佛教研究的傳承與創新學術研討會論文集》,現代佛教學會,2002年;《西北印彌勒菩薩在中亞石窟的大小乘異化及其對莫高窟的影響》,《敦煌研究》2008年第4期;《中唐榆林25窟密法"毗盧遮那"與佛頂尊勝系統造像的形成》,《中國藏學》2007年第4期。
[③] 賀世哲《北涼三窟圖像研究》,《敦煌圖像研究・十六國北朝卷》,蘭州:甘肅教育出版社,2006年。
[④] 宮治昭《バーミャーン石窟の天井壁畫の圖像構成——彌勒菩薩・千佛・飾ゥれた佛陀・涅槃圖》,《佛教研究》191號,1990年。
[⑤] 李靜傑《敦煌莫高窟北朝隋代洞窟圖像構成試論》,《2005年雲岡國際學術研討會論文集・研究卷》,北京:文物出版社,2006年;《北齊至隋代盧舍那法界佛像的圖像解釋》,《藝術學》第22期,2006年;《佛足跡圖像的傳播與信仰(上)——以印度與中國爲中心》,《故宮博物院院刊》2011年第4期。
[⑥] 李玉瑉《敦煌四二八窟新圖像源流考》,《故宮學術季刊》第10卷第4期。
[⑦] 張元林《莫高窟275窟故事畫與主尊造像關係新探》,《敦煌研究》2001年第4期;張元林《觀念與圖像的交融——莫高窟285窟摩醯首羅天圖像研究》,《敦煌學輯刊》2007年第4期。
[⑧] 郭祐孟《敦煌隋代法華主題洞窟初探》,《蘭州大學學報》2006年第4期。
[⑨] 沙武田《北朝時期佛教石窟藝術樣式的西傳及其流變的區域性特徵——以麥積山第127窟與莫高窟第249、285窟的比較研究爲中心》,《敦煌學輯刊》2011年第2期。

敦煌壁畫兵器研究綜述

伏奕冰（蘭州大學）

敦煌莫高窟存十六國至元代壁畫 45000 多平方米，內容主要以佛教題材爲主，天上人間，過去未來，髮飾服裝，飛禽走獸，古代建築，將弁文武，兵甲器械等，可謂包羅萬象，實爲一部巨大的"百科全書"。自 1944 年 2 月 1 日國立敦煌藝術研究所成立以來，專家學者對敦煌壁畫的研究成果斐然、蔚爲壯觀。由於敦煌壁畫絕大部分内容爲佛陀、菩薩、天王、力士、飛天、供養人等，所以壁畫的研究成果也主要以佛教題材内容爲主。壁畫中兵器的研究較爲少見，可以説是一個比較新的課題。

楊泓先生撰寫的《敦煌莫高窟壁畫中軍事裝備的研究之一——北朝壁畫中的具裝鎧》[①]，以及《敦煌莫高窟壁畫中軍事裝備的研究之二——鮮卑騎兵和受突厥影響的唐代騎兵》[②]兩篇論文爲姊妹篇，是目前爲止學界爲數不多的專門討論敦煌壁畫中軍事裝備的論文，具有重要的參考價值。

《敦煌莫高窟壁畫中軍事裝備的研究之一——北朝壁畫中的具裝鎧》主要以莫高窟西魏洞窟 285 窟及北周洞窟 296 窟中南壁上繪製的官軍重裝騎兵圍剿步戰的"群賊"、"群賊"終成佛的壁畫故事爲引子，進而論述魏晉南北朝時期戰馬的護具——具裝鎧。文章通過大量傳世史料及考古發掘資料的討論，得出以下結論：漢末三國時期，具裝鎧開始出現；魏晉南北朝時期，得到廣泛的運用與推廣。文章認爲，騎兵用來保護戰馬的馬鎧——具裝鎧，目前所知最早的運用應是東漢末年曹操與袁紹的官渡之戰，經過三國、兩晉時期的發展，到東晉南朝時期已經非常普遍，軍隊中裝備的數量日益增多，由以十、百計，發展到以千、萬計。文章根據考古發現，將魏晉南北朝時期的具裝鎧在考古類型學上分爲三型：一型以草廠坡一號墓陶俑和冬壽墓壁畫爲代表。當時的具裝鎧對戰馬全身的保護比較完備，包括面簾、雞勁、當胸、馬身甲和搭後。最有特點的是面簾，由馬額至馬鼻是一條居中的平脊，向左右兩側擴展出護板，遮護住馬頭。二型以元邵墓陶俑和丹陽南朝墓拼鑲磚畫爲代表，這一時期的面簾已與一型的有所不同，採用整套套在馬頭上的樣式，雙目、雙耳

---

① 楊泓《敦煌莫高窟壁畫中軍事裝備研究之一——北朝壁畫中的具裝鎧》，收入《1983 年全國敦煌學術討論會文集・石窟・藝術篇上》，蘭州：甘肅人民出版社，1985 年。
② 楊泓《敦煌莫高窟壁畫中軍事裝備研究之二——鮮卑騎兵和受突厥影響的唐代騎兵》，收入《1990 年敦煌學國際研討會文集・石窟考古篇》，瀋陽：遼寧美術出版社，1995 年。

處有洞孔。三型以韓裔墓陶俑和鄧縣畫像磚爲代表，這一時期的面簾又由二型的套頭式改變成半面簾的形式，但和一型不同，雙耳仍由面簾的耳孔中伸出，面簾由頭頂蓋到鼻端，兩側護額部分呈弧曲妝。

　　由此可見，魏晉時期重裝騎兵戰馬護具的發展總體變化不大，主要是面簾的變化，這個變化由繁重變爲輕便，由複雜變爲簡單，由全護馬頭變爲半護馬頭，從而客觀上爲唐代以後輕騎兵的興起奠定了基礎。文章的最後討論了重裝騎兵與輕裝步兵戰鬥的問題，即一般條件下，重裝騎兵是可以較容易地戰勝輕裝步兵的。

　　《敦煌莫高窟壁畫中軍事裝備的研究之二——鮮卑騎兵和受突厥影響的唐代騎兵》主要以莫高窟285窟和296窟中騎兵戰鬥畫面爲主並參考其他北朝騎兵圖像，與唐代騎兵圖像進行比較研究，得出如下結論：北朝時期的騎兵以重裝騎兵爲主力，而唐代騎兵深受突厥騎兵的影響，主力由重鎧騎兵改變爲輕裝騎兵，使中國古代盛行重鎧騎兵3個世紀之久後，擺脫了鮮卑系統的重鎧護馬影響，騎兵恢復了輕捷迅猛的特點。在敦煌唐代壁畫中，我們看到的騎兵圖像，人披戰甲而馬不披，也是側面證明。

　　隋唐以來，大幅經變畫增多，壁畫內容非常豐富，所描繪的軍事場面和兵器也更多。關於唐代軍隊裝備的各種兵器，李筌《太白陰經》有較詳細的記錄，從中可以看出當時軍隊主要裝備的兵器是槍、刀（佩刀和陌刀）和弓箭，這是每個戰士都配備的兵器。另外，還配備有少數弩和棓。防護裝具方面，有甲和盾牌，此外，騎兵還要裝備長柄的馬稍。關於唐軍的常備武器之一的陌刀，鄭炳林先生有過詳細的論證，其《敦煌寫本〈張淮深變文〉所見兵器陌刀考》[1]，通過對《兩唐書》《宋史》《三國志》《北齊書》《南齊書》《梁書》《陳書》《晉書》《漢書》《北史》《唐六典》等史料細緻爬梳，詳細考釋了陌刀的起源、別名、最早使用、作用威力四個主要方面。文章得出結論：陌刀來源於斬馬劍，實際上在劍的基礎上將劍身加長，便於步兵持之斬馬，這樣發展的結果是刀身長，施雙刃。陌刀的別名是大刀，大刀最早見於《漢書·楊惲傳》，記載楊惲曾持大刀，大刀爲其常用隨身護衛兵器。陌刀使用最早見載於隋末杜伏威的起義軍中。陌刀在唐軍開拓疆域、平定周邊民族反叛的戰爭中起了巨大作用，且在很多戰爭中發揮了巨大威力。吳薇、郝麗梅《簡論敦煌邊塞詞中的兵器意向》[2]亦涉及相關兵器。

---

[1] 鄭炳林《敦煌寫本〈張淮深變文〉所見兵器陌刀考》，收入《慶祝寧可先生八十華誕論文集》，北京：中國社會科學出版社，2008年。
[2] 吳薇、郝麗梅《簡論敦煌邊塞詞中的兵器意向》，《懷化學院學報》第28卷第10期，2009年10月。

陳康《敦煌壁畫射箭圖像研究》[①]以莫高窟壁畫北朝壁畫和唐代壁畫中"射箭"圖像爲研究對象,試圖還原當時的"射箭"場面。文章介紹了北周290窟窟頂的《射靶圖》,該圖真實生動地描繪了古代射箭運動的場景,且習射者多著胡服,反映出古代北方各民族的交流與融合。北周428窟《薩垂那練靶圖》是一幅不可多得的"騎射圖",一位英姿勃發的射手,在飛馳的馬背上張弓搭箭,瞄射樹下的箭靶,非常逼真。西魏249窟的《狩獵圖》生動再現了當時的獵手:兩個獵手騎快馬飛奔,追逐一群野獸,畫面層次分明,具有透視效果,一人彎弓搭箭,回身射虎;另一人策馬縱横,追趕羊群,可以説是我國古代北方民族狩獵生活的精彩再現。盛唐130窟的《騎射圖》中,一個戰士騎馬飛奔,俯身彎弓,箭身一觸即發。這幅戰騎圖保存較好,色彩鮮明,是我們研究唐代軍隊騎射的重要資料。此窟中還有一幅跪射圖像,也能在一定程度上反映出唐代習射姿勢的發展。

李重申、李金梅長期專注敦煌體育文化與體育圖像的研究,其中也涉及兵器的内容,成果顯著,主要有:李重申《敦煌古代體育圖録》[②],李重申《敦煌古代體育文化》[③],李重申、李金梅《忘憂清樂——敦煌的體育》[④]。

王進玉《敦煌學和科技史》[⑤]一書中,第十四章《大漠疆場與軍事科技》第二節《石窟藝術中的軍事場面和兵器》有關於敦煌壁畫兵器的論述。文章認爲:在豐富多彩的敦煌壁畫、彩塑之中,保留了大量有關古代兵器的圖像資料,不僅有不同形式的交戰場景,而且有不少操練、出征和陣容設置。出現在歷代壁畫中的兵器就有手刀、長柄刀、腰刀、長矛、長槍、盾牌、戟、三叉戟、斧、金剛杵、弓、箭、寶劍、杖、鐵棒、鐵鈎、絹索、鐵爪籬等數十種,其中有些兵器在史册和圖書都不曾記載。文章對上述種種兵器僅提及而已,並没有展開深入的考釋和論證。除此之外,文章主要介紹了敦煌壁畫中的幾幅經典習射圖,與上述陳康文類似;書中關於具裝鎧的論述,主要採用楊泓先生觀點,故不再贅述。

綜上所述,我們可以看到,敦煌莫高窟壁畫中的兵器研究這一課題尚有待於更進一步的研究。既有的研究成果中,楊先生和鄭先生分别就具裝鎧和陌刀做了細緻深入的考證,就宏觀來看,屬於個案研究,有待於我們作全面系統的整理研究。陳康的文章,重點是壁畫中的戰爭場面而非兵器本身,當然也給予我們一定的啓示,就是將兵器本身與戰爭的結合研究。王進玉的文章由於是專著中的一小部分,對敦煌壁畫兵器只略有提及,没有展開論述。

---

① 陳康《敦煌壁畫射箭圖像研究》,《西北民族研究》2003年第4期。
② 李重申《敦煌古代體育圖録》,蘭州:甘肅教育出版社,2011年。
③ 李重申《敦煌古代體育文化》,蘭州:甘肅人民出版社,2000年。
④ 李重申、李金梅《忘憂清樂——敦煌的體育》,蘭州:甘肅教育出版社,2007年。
⑤ 王進玉《敦煌學和科技史》,蘭州:甘肅教育出版社,2011年。

總體而言,學界對敦煌壁畫兵器的研究還有待深入。莫高窟南北兩區現存大小洞窟 735 個,其中存有壁畫、塑像的洞窟 492 個。據筆者初步統計(筆者 2014 年年底在導師帶領下赴敦煌實地考察),在這當中至少有如下數個洞窟的壁畫中有兵器圖像,見下表:

莫高窟壁畫中所見兵器圖像表

洞窟編號	壁畫所在位置	壁畫名稱	朝代	兵器種類	其他
第 254 窟	南壁前部中層	降魔變	北魏	弓箭、刀、矛、劍四種	
第 428 窟		薩垂那練靶圖	北魏	弓箭一種	
第 249 窟	窟頂北披	狩獵圖	西魏	弓箭、矛二種	
第 285 窟	南壁上層	五百強盜成佛	西魏	弓箭、刀、矛、盾、甲五種兵器	
	南壁中層	沙彌首屆自殺緣品	同上	弓箭一種	
第 290 窟	窟頂	射靶圖	北周	弓箭一種	
第 296 窟	北壁中層	須闍提本生	北周	弓箭、矛、劍三種	
	南壁中層	五百強盜成佛	同上	弓箭、矛二種	
第 302 窟	人字披頂東披	無	隋	弓箭一種	
	人字披頂西披	無	同上	弓箭一種	
第 380 窟	東壁北側	天王圖像	隋末唐初	甲冑一種	
	東壁南側	天王圖像	同上	甲冑一種	
第 332 窟	南壁後部	涅槃經變	初唐	弓箭、矛、盾三種	
第 45 窟	南壁西側	觀音經變	盛唐	刀一種	
第 130 窟		騎射圖	盛唐	弓箭一種	
		跪射圖	盛唐	弓箭一種	
第 154 窟	南壁西側	天王、瑞像圖像	中唐	戟、劍、腰刀、甲冑四種	
第 156 窟	南壁、東壁南側下部	張議潮出行圖	晚唐	矛一種	
	北壁、東壁北側下部	宋國夫人出行圖	晚唐	矛一種	

112

續　表

洞窟編號	壁畫所在位置	壁畫名稱	朝代	兵器種類	其他
第12窟	前室西壁北側	天王圖像	晚唐	杵、甲胄二種	
第98窟	窟頂東南角	天王圖像	五代	杵、甲胄二種	
	背屏後面	獵手縱馬射鹿	同上	弓箭一種	
第100窟	窟頂東北角	東方天王	五代	杵、甲胄二種	
	窟頂西北角	北方天王	五代	塔、甲胄二種	
	窟頂東南角	南方天王	五代	弓箭、甲胄二種	
	窟頂西南角	西方天王	五代	劍、甲胄二種	
第6窟	西壁龕內北側	菩薩、天龍八部圖像	五代	劍一種	
第61窟	西壁佛傳圖	習學技藝	五代	弓箭	
	甬道南壁	熾盛光佛	元代	劍、矛二種	
第346窟	南壁	跪射圖像	五代	弓箭一種	

　　上表所列僅僅是部分內容，筆者還需要再赴實地做更詳細的統計。這些壁畫圖像以生動的形象集中展現了古代中國冷兵器的種類及運用場合，是研究中國古代戰爭史的珍貴資料。當然，兵器圖像沒有專門成爲一類壁畫，而是夾雜在各類壁畫當中，內容錯綜複雜，其研究纔剛剛拉開帷幕，需要我們抽絲剝繭、分門別類，在全面普查資料的基礎上做更深入而細緻的研究。

敦煌吐魯番文書所見唐代"自田"研究綜述
許鴻梅(北京師範大學)

　　敦煌吐魯番文獻所收錄的唐代户籍殘卷中，記載有民户的人口、園宅地面積、應受田和已受田數以及各段田畝的位置和四至等信息，是瞭解這一時期敦煌吐魯番地區基層社會歷史的重要材料。在各户已受田四至的記載中，常用"自田"、"自至"來描述田畝的地理位置和東南西北周邊鄰里關係。1955年，日本學者西川正夫在《史學雜誌》第64編第10號發表文章《敦煌發現の唐代户籍殘簡に現れな〈自田〉について》[1]，首次提及"自田"問題。此後，"自田"逐漸成爲唐史研究所關注的對象之一。中外學者對其多有分析和闡釋，並取得了一定成果。

　　"自田"研究的意義，在於其"牽涉到唐代的田籍究竟根據什麽原則登記各户的土地，均田制是否真正實行過，以及地主土地所有制的存在形式等多方面的問題"[2]。一直以來，學界關於"自田"的探討多包含在唐代土地制度研究之下。最先做初步總結的是張國剛《二十世紀隋唐五代史研究的回顧與展望》[3]。其後，胡戟等主編《二十世紀唐研究·經濟卷》第一章《土地》中"均田制外的私田問題"部分、李錦繡《敦煌吐魯番文書與唐史研究》、劉進寶《唐宋之際歸義軍經濟史研究》，以及李文益、徐少舉《唐代"私田"研究綜述》等均對歷年來"自田"的研究成果進行了梳理。《二十世紀唐研究》所收錄的有關唐代私田研究的文章基本上均涉及"自田"，並將有關其性質的研究成果總結爲"完全私田説"、"均田私田兩存説"以及"均田土地説"[4]。《敦煌吐魯番文書與唐史研究》在第一章第二節《自田、常田、部田與口分、永業》中有綫條式的敍述，可供參考[5]。劉進寶在梳理成果的基礎上，提出可將"自田"分爲三種，即"均田土地説、完全私田説、均田私田兩存説"[6]，與《二十世紀唐研究》的總結完全一致。《唐代"私田"研究綜述》在第三部分"自田與私田的關係"中把學者們對"自田"的觀點分爲"自田是均田制之外的私田"、"自田包括均

---

[1] 中譯文參見《關於敦煌發現的唐代户籍殘卷上的"自田"》(李德龍譯)，[日]鈴木俊著，姜鎮慶等譯《唐代均田制研究選譯》，蘭州：甘肅教育出版社，1992年，第63—103頁。
[2] 胡如雷《也談"自田"兼論與唐代田制有關的一些問題》，《中國經濟史研究》1986年第2期，第97頁。
[3] 《歷史研究》2001年第2期，第151頁。
[4] 胡戟等主編《二十世紀唐研究》，北京：中國社會科學出版社，2002年，第318頁。
[5] 李錦繡《敦煌吐魯番文書與唐史研究》，福州：福建人民出版社，2006年，第25—28頁。
[6] 劉進寶《唐宋之際歸義軍經濟史研究》，北京：中國社會科學出版社，2007年，第74頁。

田制之外的私田和已受田"、"自田是均田制之内的已受田"和"自田性質不確定"四類,認爲關於"自田"的性質,學界還没有取得一致看法①。

到目前爲止,對"自田"傾注心力較多的主要是中國和日本兩國學者,其中又以日本學者開始較早。就已有的成果來看,學者們的研究主要有以下兩方面的側重點:其一,關於"自田"的性質,大致有"私田"説、"公私兼具"説和"公田"説。其二,"私田"説與"公私兼具"説之下,關於"自田"的來源與歸屬問題,又有"籍外私田"説和"籍內外混合"説。

一、"自田"性質的研究

"私田"説由西川正夫最早提出。他通過統計分析,認爲許多民户在已受田之外還有"自田"存在,與"已受田"在當時的所有權觀念上不同②。文章發表後並未立即引起關注。1957年,池田温在《關於敦煌發現的唐大曆四年手實殘卷(下)》(《東洋學報》第40卷第3號)中,仍只將"自田"描述爲"和同一個人名義下的土地鄰接"③。而中國學者中,已知最早關注"自田"的是田野先生。1959年,他在《關於唐代均田制實施的幾個問題——均田制研究之四》中以常習才户爲例進行畫圖分析,指出"自田"是私有土地,在口分田和永業田之外普遍存在;唐代均田和私田是兩種不同的土地制度,一般農民都兼而有之④。

繼"私田"説之後,又出現"公私兼具"説。1962年,韓國磐發表《根據敦煌和吐魯番發現的文件略談有關唐代田制的幾個問題》⑤,從擁有"自田"的農户情況對比以及唐代賦税制度出發,認爲"自田"不是均田外的私田。然而,他在《關於中國封建土地所有制的幾點意見》中又指出,"對於户籍殘卷中各户各地段的田,還未能將其具體方位畫出來"。因此,這類"自田"可能即指自己另一段的已受田,它依然是均田下的土地,"也可能是均田以外的私田"⑥。

1966年,西嶋定生發表《從吐魯番出土文書看均田制的實施狀況——以給田文書、退田文書爲中心》,提出"公田"説。他認爲,唐代律法不允許私有土地的存在⑦。針對"自田"存在於籍外,既獨立於均田制又共存於均田制,而

---

① 李文益、徐少舉《唐代"私田"研究綜述》,《中國史研究動態》2011年第1期,第25—27頁。
② [日]西川正夫著,李德龍譯《關於敦煌發現的唐代户籍殘卷上的"自田"》,[日]鈴木俊等著,姜鎮慶等譯《唐代均田制研究選譯》,第84—85頁。
③ [日]鈴木俊等著,姜鎮慶等譯《唐代均田制研究選譯》,第147頁。
④ 《山東大學學報》(歷史版)1959年第4期,第46頁。
⑤ 《歷史研究》1962年第4期,第155頁。
⑥ 南開大學歷史系中國古代史教研組《中國封建社會土地所有制形式問題討論集》,北京:生活·讀書·新知三聯書店,1962年,第314頁。
⑦ [日]西嶋定生著,馮佐哲等譯《中國經濟史研究》,北京:農業出版社,1984年,第314頁。

115

由國家所公認的農民所有地的見解,他提出六點質疑:一、唐代律法原則上否定籍外土地;二、文獻中没有記載政府對籍外佔田如何反映,而這是不正常的;三、官方開鑿的水渠不爲私田服務,故私田不能與均田並存;四、"自田"的存在與均田制"田里不鬻"思想相違背;五、現存敦煌户籍僅是殘卷,可將"自田"考慮爲缺損部分的已受田;六、如果田畝四至標識有死殁者名字的土地是其永業田或"自田"並爲現户主繼承所有,則無法解釋部分四至中標識現户主名字,部分標識"自田"的現象①。

"私田"説、"公私兼具"説和"公田"説在中日學界引起了長期的争論。1972年開始,山本達郎陸續發表《對均田制末期敦煌地區土地四至記載的考察(一)——開元十年籍草案和大曆四年手實的比較》(《東方學會創立二十五周年紀念東方學論文集》,1972年)、《對均田制末期敦煌地區土地四至記載的考察(二)——現在的户主和過去的户主》(《東方學》第46輯,1973年)、《對均田制末期敦煌地區土地四至記載的考察(三)——改寫四至的順序》(《東方學》第48輯,1974年)②、《敦煌發現籍帳中所看到的"自田"》(《東方學》第53輯,1977年)、《敦煌發現籍帳中所看到的"自田"續篇》(《東方學》第56輯,1978年)③等文章,認爲"自田"不是均田法之内的土地,不能在已受田範圍内加以解釋。"自田有時是指均田法之内的田,有時是指均田法之外的田,它與土地的法律性質無關,只意味著户主自己所擁有的土地而已"④。1978年,杉山佳男在《駿台史學》第44期發表《從西域出土文書看均田制實施狀況》⑤一文,文章遵從西嶋説,否定西川説和山本説,認爲唐代律令文書不承認均田法之外的土地。若將"自田"視爲與均田制無關,會推翻已有的研究成果,進而總結均田法外不存在"自田"。此後,山本達郎又發表《敦煌發現大曆四年手實中所見地段記載》(《東方學》第60輯,1980年)和《敦煌地區均田制外存在的田地》(《東方學》第65輯,1983年),認爲"均田制下有私田存在"⑥。

日本學者對"自田"的争論正酣之際,中國學者亦不甘落後。1981年,侯紹莊發表《"自田"考釋》⑦,針對韓國磐提出的"自田"可能即指"自己另一段的已受田"、"是受田的彼此關係"的説法進行反駁,認爲户籍殘卷上的"自

---

① 參見楊際平《從唐代敦煌户籍資料看均田制下私田的存在——兼與日本學者西嶋定生商榷》,《廈門大學學報》1982年第4期,第31—32頁。
② [日]鈴木俊等著,姜鎮慶等譯《唐代均田制研究選譯》,第186—254頁。
③ [日]鈴木俊等著,姜鎮慶等譯《唐代均田制研究選譯》,第317—367頁。
④ [日]山本達郎著,艾廉鉴譯《敦煌發現籍帳中的"自田"(續篇)》,[日]鈴木俊等著,姜鎮慶等譯《唐代均田制研究選譯》,第364頁。
⑤ [日]鈴木俊等著,姜鎮慶等譯《唐代均田制研究選譯》,第419—421頁。
⑥ 李文益、徐少舉《唐代"私田"研究綜述》,《中國史研究動態》2011年第1期,第26頁。
⑦ 《社會科學》1981年第2期,第68頁。

田"並不指各段受田彼此間的關係,而應該是歸該户所有、不屬於均田範圍内的私地,不是國家授地的反映。

1982年,楊際平撰文對西嶋定生的觀點和質疑進行商榷。他認爲,唐代敦煌户籍田畝四至中的"自田"是私田存在的表現。它既包括實際上已經私有化的永業、口分田,也包括永業、口分田之外的私田[①]。同年,張維訓發表《唐代敦煌地區户籍和手實中的"自田"問題》[②],一方面總結學者們的觀點,指出"自田"研究的核心是其性質問題;另一方面,他通過分析敦煌户籍中的土地授予資料,認爲均田地由於多次還授而被切割得非常零碎,這很有可能導致民户在同一地段的均田地被分多段記載,進而相互爲鄰,並用"自田"標識。這些土地分佈滿足圖示法,可以指均田地。但同時他也認爲均田制之外有私田存在,甚至"自田"是唐代敦煌地區對土地的泛稱,既包括均田制内的土地,也包括籍外私田。

1983年,袁昌隆在《初授的永業田不是均田農民原有私地——永業田性質探討之一》[③]中列舉了韓國磐、侯紹莊的觀點,並明確對後者表示了支持,指出"自田"是均田之外的私地。1986年,胡如雷發表《也談"自田"——兼論與唐代田制有關的一些問題》[④],文章在列舉西川正夫、侯紹莊、韓國磐觀點的基礎上,提出不論四至相符與否,"自田"均爲均田制範圍以外的私田,否定了韓國磐的觀點。他以宋代文書中把私田記作"自田"的現象作補充,認爲這是對唐代舊習的沿襲。此外,他還對西嶋定生的法律問題做了解答,指出唐朝統治者多次下令禁止買賣口分田和永業田,卻没有下令禁止一般性兼併土地。因此,從法律的角度來否定"自田"作爲"私田"存在的可能性,是站不住腳的。

經中日學者深入討論,"公田"説逐漸停息,爭論在"私田"説和"公私兼具"説之間繼續展開。同年,池田温發表《唐代敦煌均田制考察之一——以天寶後期敦煌縣田簿爲中心》,在總結山本達郎研究成果的基礎上,他從"自田"的來源出發,對天寶後期敦煌縣壽昌鄉三十一户絶户受田記載中的"自田"進行統計,將其分爲"可認爲已受田的自田"、"已受田以外的自田"、"是否已受田未詳的自田"三類,並"大致上把地段所在同一而相互以鄰接'自田'來滿足的田地看作爲已受田,把同一所在中僅一段的自田看作爲已受田之外"[⑤],主張"公私兼具"説。

[①] 楊際平《從唐代敦煌户籍資料看均田制下私田的存在——兼與日本學者西嶋定生商榷》,《廈門大學學報》1982年第4期,第30頁。
[②] 《中國社會經濟史研究》1982年第1期,第52—58頁。
[③] 《社會科學》1983年第6期,第80—81頁。
[④] 《中國經濟史研究》1986年第2期,第97—113頁。
[⑤] 《敦煌學輯刊》1986年第2期,第170—171頁。

1989年，杜紹順發表《唐代均田地段四至辨疑》①，也認爲"自田"有的是在均田制以内的土地，有的是在均田制以外的私有土地。它只是受田地段四至中的某種寫法，表示各段受田之間以及受田與本户均田外私田的相鄰關係。同年，朱健發表《從唐代敦煌户籍中的"自田"看均田制》②，他在總結"公田説"和"公私兼具"説之後指出，"自田"是一種籍外私田，且得到了官方的承認。唐政府鼓勵墾荒，允許寬鄉以"借荒"的形式發展籍外佔田，這刺激了私田的發展。

1990年，葛金芳發表《論五朝均田制與土地私有化的潮流》③，指出均田制實行的目的是維護小農土地所有制，但並不能阻止土地兼併的發展。因此，政府不僅承認小農的"買田"、"自田"和"籍外田"，還給地主階級大土地所有制種種照顧。其間的含義，亦是認爲"自田"是一種私田。

1998年，朱雷在《唐代"均田制"實施過程中"受田"與"私田"的關係及其他》④中指出，唐代存在私有土地，但已經被納入均田制軌道，"自田"亦屬其中一種。籍帳中所登記的土地，既包括均田地，也包括私田。而"自田"記載出現卻又找不到相應土地的現象，則有可能是記載錯誤或相鄰土地較多，甚至有可能是土地形制並不規整等問題造成的。此外，趙雲旗《論唐代均田制下的土地買賣》⑤把"自田"解釋爲"自買田"，無疑也認爲其乃私有土地。

沉寂多年後，楊際平對"自田"的研究又有了新進展。同樣是1998年，他發表《再論唐代敦煌户籍中的田畝四至"自田"》⑥，對已有研究做了有益的補充。他通過對唐宋時期敦煌地區土地形狀的分析，明確當時的田土幾乎都呈長方形、方形。而對"自田"的性質，他仍舊堅持"私田"説。2002年，他又發表《〈唐令·田令〉的完整復原與今後均田制的研究》⑦，再次論及"自田"問題，並從律法的角度反駁西嶋定生關於唐律不允許私田存在的觀點，指出唐代律令體制並未否認私田存在的合法性。

二、"自田"來源與歸屬的研究

在"私田"説和"公私兼具"説之下，"自田"又存在來源與歸屬問題，即"自田"如何産生，政府又如何處理等。關於這一點，目前存在"籍外私田"説

---

① 載《紀念陳寅恪教授國際學術討論會文集》，廣州：中山大學出版社，1989年，第555—568頁。
② 《浙江學刊》1989年第6期（總第59期），第108頁。
③ 《社會科學戰綫》1990年第4期，第167頁。
④ 《魏晉南北朝隋唐史資料》第14輯，1996年，第82—84頁。
⑤ 《社會科學戰綫》1998年第2期，第161頁。
⑥ 《中國社會經濟史研究》1998年第3期，第21頁。
⑦ 《中國史研究》2002年第2期，第63—64頁。

和"籍内外混合"説兩種説法。"籍外私田"説始自西川正夫,他認爲"自田"在均田範圍之外,且唐政府允許佔有這種田地①。此外,山本達郎、田野、韓國磐、張維訓、袁昌隆、胡如雷、杜紹順、朱健等均認爲擁有"私田"屬性的"自田"來源於均田制之外。山本達郎指出有均田法之外的土地存在,"自田"即可指這類土地;田野認爲唐代均田與私田並存;侯紹莊亦認爲"自田"是指均田制外的私田。所以,"均田制的範圍,並不包括這些屬於個人所有的私地,僅僅是國家直接控制的那部分官田"②。張維訓甚至指出,"自田"的重要意義即在於它證實政府在一定程度上承認了籍外田的存在③。如此種種,兹不贅述。

"籍内外混合"説由楊際平提出。他認爲,"自田"作爲私田既有可能由均田地私有化而來,也有可能由其他途徑而來。"均田制下的永業田會逐步轉化爲私田。這種私田在各户中世代相傳,逐漸積累,從而使絶大多數農户都有私田"④。另外,池田温對"自田"來源的三種劃分,表明他也是"籍内外混合"説的支持者。

此外,關於"自田"與均田的關係問題,學者們多認爲兩者並存。然而,朱雷提出了並軌説。"並軌説"強調"自田"作爲私有土地被納入均田制軌道,既承認其"私田"性質,同時又力圖在制度與現實之間找到平衡,爲"自田"在籍帳中的出現尋找合理性。

到目前爲止,有關"自田"的研究仍舊衆説紛紜。正如盧向前在《部田及其授受額之我見》中總結的,"唐代西州之'自至'、沙州之'自田'等概念及性質有重新考察之必要"⑤。2002年繼楊際平後,中外學界對"自田"的研究基本停息,没有再取得大的進展。

三、值得討論的問題

就在學者們的關注逐漸下降時,2000年,韓國學者金聖翰在《論唐代敦煌户籍文書中的"自田"》⑥中對"自田"進行了新的闡釋,認爲"自田"可能是指屯田。這爲我們探討"自田"提供了新的切入點,值得關注。但總的來説,"自田"還有很多問題有待解決。

首先,畫圖研究法的合理性和有效性值得商榷,應加以改進。學者們在

---

① [日]鈴木俊等著,姜鎮慶等譯《唐代均田制研究選譯》,第63頁。
② 侯紹莊《"自田"考釋》,《社會科學》1981年第2期,第92頁。
③ 張維訓《唐代敦煌地區户籍和手實中的"自田"問題》,《中國社會經濟史研究》1982年第1期,第55頁。
④ 楊際平《從唐代敦煌户籍資料看均田制下私田的存在——兼與日本學者西嶋定生商榷》,《廈門大學學報》1982年第4期,第45頁。
⑤ 季羨林等主編《敦煌吐魯番研究》第一卷,北京:北京大學出版社,1996年,第225頁。
⑥ 季羨林等主編《敦煌吐魯番研究》第五卷,北京:北京大學出版社,2000年,第181頁。

研究敦煌户籍中各户土地的分佈狀況時多採用畫圖法，根據籍帳中所記載的土地狀況畫出示意圖。然而，這種研究方法後來逐漸受到質疑。韓國磐在對《唐大曆四年（769年）沙州敦煌縣懸泉鄉宜禾里手實》中唐元欽户和令狐娘子户的均田地分佈情況進行圖解的基礎上，指出圖示法並非科學可行的研究方法，無法證明"自田"是均田還是私田[1]；山本達郎亦曾明確表示，畫圖研究最大的弱點是進行地段四至對比時没有論述地段的大小和形狀，而且目前還找不出更好的方法[2]；胡如雷也指出，圖示的方法具有主觀隨意性，具有不同論點的人可以根據自己的需要畫出不同的田段示意圖，但它們都很難令人信服[3]。

　　畫圖法主觀隨意性產生的原因，是我們對唐代敦煌吐魯番地區的土地分佈並不瞭解。朱雷認爲其形制不規整，楊際平、朱健卻持完全相左的觀點。而大部分學者在畫圖時，都迴避了這個問題，自覺將其設定爲四方形，整齊劃一。從該分歧點出發，土地究竟如何規劃，是阡陌相連抑或七零八落，是規矩方圓還是形式多變，都需要認真審視。只有清楚地知曉這一點，建立在畫圖法上的研究纔有價值。

　　其次，將"自田"置於均田制之下進行研究是否合適，亦應慎重思量。均田制是一個制度框架，其實質，"就是'均平'佔田。它是一種全國土地的最高所有權屬於國家，官僚、地主、百姓等臣民依照一定的標準和條件'均平'佔田（通過國家授受的方式而佔有）的土地制度"[4]。到今天，均田制的研究成果仍在不斷更新。但簡單地以制度和律法框架衡量，或以"自田"佐證均田制下私田的存在甚至以此反證"自田"屬於私田，都有著明顯的邏輯狹隘。這一點上，劉進寶的總結可供參考："自田"與均田制相聯繫，無法解釋爲何在均田制早已瓦解的歸義軍時代仍舊有"自田"大量存在。此外，"自田"既是指自有土地，爲何有的文書在一户土地四至的記載中要寫户主的名字而不標注"自田"；以及爲何明明只有一段土地卻在四至中有"自田"存在[5]。這些問題都應加以關注。

　　再次，學界目前已經普遍接受了"自田"屬於私田的説法，楊際平甚至總結説："確認均田制下私田的存在，對於我們研究北朝隋唐的均田制實施狀況，研究當時土地所有制的性質，以及研究當時農民生產生活及各種負擔狀

---

[1] 韓國磐《根據敦煌和吐魯番發現的文件略談有關唐代均田制的幾個問題》，《歷史研究》1962年第4期，第154頁。
[2] ［日］山本達郎著，艾廉鎣譯《敦煌發現籍帳中的"自田"續篇》，《唐代均田制研究選譯》，第365頁。
[3] 胡如雷《也談"自田"——兼論與唐代田制有關的一些問題》，《中國經濟史研究》1986年第2期，第99頁。
[4] 武建國《論唐朝土地政策的變化及其影響》，《漢唐經濟社會研究》十五，北京：人民出版社，2010年，第261頁。
[5] 劉進寶《唐宋之際歸義軍經濟史研究》，第75—76頁。

況,都有很大的意義。"①然而,"私田"説也存在難以解釋的問題。正如韓國磐所分析的,"自田"屬於私田,一方面無法解釋爲何户等高者"自田"數反少於户等低者,另一方面也無法解釋爲何唐政府會放任這種影響户等高下進而影響户税收入的土地的存在②。西嶋定生也有類似的質疑。同時,它與"官田"、"買田"等土地之間有什麽聯繫,在唐代土地制度變遷中充當什麽角色? 所有這些,都應有更加合理的解釋。

最後,在"自田"問題的研究上,不僅我們所擁有的出土文獻相對單薄,且與傳世文獻之間很難找到相互印證的依據,對"自田"的認知大都是依靠有限的材料間接佐證和推測而來。如在畫圖法基礎上,學者們或因無法在籍帳中找到"自田"所對應的土地而推測其爲私田,或根據部分民户的記載與畫圖結果一致而無法否定其"公田"屬性,最終得出"公私兼具"這樣模棱兩可的結論。此外,"自田"在籍帳中大量存在,卻在傳世文獻中找不到任何記載,以致學者們只能根據史料中相關的律令格式加以推測,進行間接論證。材料的缺乏,是"自田"研究的硬傷所在。

總之,"自田"仍是有待解決的問題。包括"自田"的性質、來源與歸屬,以及"自田"與政府和民間的關係等,都需要深入探討。且亟待明確的一點是,研究"自田"的目的究竟何在,是要藉此證明私田的存在,還是探究"自田"本身。前者已基本得到解決,後者卻方興未艾。從"自田"出發,將有助於我們探索唐代基層社會的管理運作、社會習慣等更加豐富的問題。而認識"自田",我們需要從敦煌吐魯番地區的實際情況入手,更要從文獻中尋找有效的支撐和解釋。唯有如此,研究纔能取得突破。

以上對歷年來"自田"研究成果的總結尚有不足之處,望方家予以斧正。

---

① 楊際平《從唐代敦煌户籍資料看均田制下私田的存在——兼與日本學者西嶋定生商榷》,《廈門大學學報》1982年第4期,第45頁。
② 韓國磐《根據敦煌和吐魯番發現的文件略談有關唐代均田制的幾個問題》,《歷史研究》1962年第4期,第154—155頁。

敦煌文獻中"神會禪籍"研究綜述

趙世金（蘭州大學）

神會大師，是禪宗六祖慧能晚年的弟子之一，是菏澤宗的建立者，也是南宗迅速發展壯大的重要人物，是禪宗史上不可或缺的禪學大師。神會大師俗姓高，襄陽人。幼年之時即已精通五經，深明老莊，後因讀《漢書》，始知浮屠之説。於是無仕進之意，遂辭親出家。後又聞慧能之名，遂拜和尚爲師，居於曹溪數載，深通慧能之法。開元八年（720）又配居洛陽龍興寺，廣行禪法。天寶年間，兩京版蕩，大師因常支軍費，頗有功勞。動亂之後，肅宗皇帝"詔入內供養，敕將作大匠，併功齊力，爲造禪宇於菏澤寺中是也"[①]。神會大師在佛教史上的作用是不言而喻的，特别是敦煌文獻中有關神會的禪籍被發現之後，神會的歷史地位又被進一步提高，使得我們能夠更加清楚地瞭解神會大師的豐功偉績。正如胡適先生所説："（神會）是中國佛教史上最成功的革命者，印度禪的毁滅者，中國禪的建立者，袈裟傳法的僞史的製造者，西天二十八祖僞史最早製造者，《六祖壇經》最早原料的作者，用假造歷史來做革命武器而有最大成功者，——這就是我們的神會。"[②]所以神會大師的禪學思想、歷史地位、他與南宗慧能的關係以及菏澤宗的傳承法系都是值得我們去研究的。而自從敦煌文獻中神會禪籍被發現之後，對於神會的研究著作更是充塞於各個書屋，顯現於不同期刊，禪宗的傳承關係也得到了重新建立。晚輩撰此拙文，總結敦煌文獻中神會禪籍的百年研究狀況，望衆學者以及各位前輩指正。

一、敦煌本"神會禪籍"文獻總説

20世紀20年代，敦煌文獻中的禪籍陸續被中日學者發現。這些文獻中不僅包含了大量的北宗禪籍和歷史著述，而且也發現了成書最早的寫本文獻《六祖壇經》和神會的《南宗定是非論》、《南陽和尚問答雜徵義》、《菏澤大師神會和尚五更轉》等南宗的作品。這些文獻的發現，引起了學術界極大的興趣，特别是中、日兩國學者用力最勤，而關於禪宗研究的大量作品也薈萃於世。在敦煌文獻之中，關於神會的著作一共發現了五個種類，是目前發

---

① （宋）贊寧《宋高僧傳》卷八，載《大正藏》第五十卷，第327頁。
② 胡適《神會和尚語録的第三個敦煌寫本：南陽和尚問答雜徵義，劉澄集》，載於1960年臺灣《中研院歷史語言研究所集刊》外編第四種《慶祝董作賓先生六十五歲論文集》。1968年收於臺灣胡適紀念館新版《神會和尚遺集》"附録"之中。

現關於中國古代高僧著述中最完整的,也最具有代表性。神會禪籍的發現使得學界對於禪宗的研究更上一層高樓,也更接近於禪宗初期發展的具體情況。

敦煌本神會禪籍《南陽和上頓教解脱禪門直了性壇語》迄今發現了三種敦煌寫本,均被校勘行世。《南陽和上頓教解脱禪門直了性壇語》是神會大師在滑臺(也稱作白馬,在今河南省滑縣東)與北宗禪僧辯論(開元二十年,732)之前而作,是神會大師於龍興寺傳授禪法的記録。這三種敦煌《南陽和上頓教解脱禪門直了性壇語》寫本分别爲:北京圖書館今中國國家圖書館(寒八一)本,也被簡稱爲平本;巴黎國立圖書館藏本(P.2054),由王重民先生發現;敦煌縣博物館本(敦博七七)。這三個寫本是内容相同的同本異體抄本,"三本比較相似,巴黎本比北京本錯誤少一些,與敦博本内容基本上差别不大。巴黎本有錯頁(一紙三十一行),敦博本首位基本完整,字跡也比較清晰,錯誤較少"[①]。所以三本對校,可以得出一個完美的版本,對於校勘工作,學界已經成績顯著,出現了不同的校勘本子來供我們參考、研究。

《菩提達摩南宗辨是非論》,由唐代神會弟子獨孤沛編撰,主要記述了神會於唐玄宗開元二十年(732)在滑臺大雲寺與北宗崇遠法師辯論及其向信徒説法的部分語録。在敦煌一共發現了四個寫本,其中最早發現並且被整理的三個寫本都是法國伯希和從中國掠取的,後來藏在巴黎國立圖書館。第一個寫本是 P.3047 號,有作者、標題以及首部,一共大約有一千六百多字,佔全書篇幅近五分之一。除了幾處字跡難以辨認之外,大部分比較清楚。第二個寫本爲 P.3488 號,缺首尾,僅存中間兩千六百多字,約佔全篇的四分之一,字跡大部分比較清晰。第三本爲 P.2045 號,首缺,除了幾個段落完全殘缺外,大部分保存得相當完整。有幾個段落因爲字跡不清,致使難以讀通,與後面的敦博本相比較,這些段落缺漏大約有四百五十個字。此本約佔全論篇幅的五分之四,與 P.3047 號合編可以成爲一個完整的版本。第四個寫本是敦煌博物館藏本,編號七七,簡稱敦博本。此抄本上有五個抄件,《南宗定是非論》是第一個抄件,缺首部,篇幅較大,佔全論的五分之四還多,文字清晰,没有文字殘缺,可以補充前面三個寫本的不足之處。

敦煌本禪籍《頓悟無生般若頌》,根據學者的研究,也基本上認定是神會大師的遺著。共有兩件抄本,一件由胡適先生在 1926 年發現於大英博物館,編號爲 S.468,題爲"頓悟無生般若頌一卷",缺首部。另外一件由日本學者矢吹慶輝先生在 1925 年於大英博物館發現,編號爲 S.296(今編號爲S.5619),

---

[①] 楊曾文《神會和尚禪話録》,北京:中華書局,1996 年,第 4 頁。

照片收在1930年岩波書店出版的《鳴沙餘韻》第七十八個圖版。此卷有頭而無尾,僅殘存二十行。兩者結合,基本上可以形成一部完整的著作。

《南陽和尚問答雜徵義》,學術界又將其稱爲《神會語錄》或者《神會錄》,共存三個寫本。第一個寫本1926年胡適先生發現於法國巴黎圖書館,最初發現的寫本編號爲 P.3047,缺首尾。第二個寫本是日本學者石井光雄的收藏本,首部缺,大部分比較完整,尾部有"菩提達摩至慧能的六代祖師略傳及大乘頓教頌並序"字樣,最後題記中有"唐貞元八年歲在末,沙門寶珍判官趙秀琳於北庭峯張大伏處分,命堪記。其年冬十月廿日記"。第三個寫本原件在大英博物館,編號爲 S.6557,首尾皆缺。但是首部殘存編者劉澄的序,據此可知原書題目是"問答雜徵義"。"這與日本圓仁入唐新求聖教目錄中的'南陽和尚問答雜徵義,劉澄集'的記錄相合。由此可以推斷出前面提到的兩種神會錄的原題"[①],並且可與殘存的本子進行比較研究。

敦煌本還有神會《五更轉》兩首和《五言律詩》一首。在敦煌文書中發現了稱作五更轉的曲子詞寫本有多種,其中可以確定爲神會著作的一共有兩種,一是《菏澤寺神會和尚五更轉》,一是《南宗定邪正五更轉》,現存寫本大約有八九件之多。《荷澤寺神會和尚五更轉》發現於倫敦大英博物館,編號爲 S.2679 和 S.6103,原本爲一副連寫的卷子,前一副抄有"菏澤和尚五更轉"七個黑字題目,右邊有硃筆加的"寺神會"三字,合爲《荷澤寺神會五更轉》。而《南宗定邪正五更轉》發現於法國巴黎圖書館所藏的 P.2045 長卷之上。另外在敦博七七號抄件上的第三個抄件,緊接著《南陽和尚頓教解脫禪門直了性壇語》之後,有五言律詩一首。

以上所述即目前敦煌寫本中發現的所有有關的神會禪籍。相對於其他僧人,神會的著作在敦煌卷子中可以算得上卷帙浩繁、琳琅滿目。因爲在傳統的佛教論著中有關神會的著作並不多見,正如胡適先生所説:"……寫到慧能,我已經很懷疑了;寫到神會,我不能不擱筆了。我在《宋高僧傳》中發現了神會和北宗鬥爭的記載,又在宗密的書中發現了貞元十二年敕立神會爲第七祖的記載,便決心要搜求神會的史料。"[②]正因關於神會資料的缺乏,胡適先生在浩如煙海的敦煌典籍中爲我們發現了這些珍貴的史料,方便了目前學者對於神會的進一步瞭解,也使學界重新對禪宗的發展變遷有了新的認識。當然,對於南宗的師承關係也有了新的看法,尤其是將神會的豐功偉績重新公佈於衆。

---

① 楊曾文《神會和尚禪話錄》,第4頁。
② 胡適《神會和尚遺集》之《校寫後記》,《胡適論學近著》第1集,濟南:山東人民出版社,1998年,第228頁。

二、敦煌文獻中"神會禪籍"的校釋與早期研究

在敦煌本神會禪籍發現之後,日本學者鈴木大拙、矢吹慶輝、公田連太郎以及中國學者胡適、王重民、向達等人在這一方面的研究頗有建樹,尤其是胡適先生對於敦煌禪籍文獻的研究可謂不遺餘力,提出了一些非常新穎、大膽的結論,以至於到現代仍然影響深遠。而其他幾位學者也都爲禪宗的研究作出了自己的貢獻。

《南陽和上頓教解脱禪門直了性壇語》的三個版本中,今國家圖書館藏本(寒八一)是日本學者鈴木大拙於 1934 年發現的,鈴木先生並對其進行了校勘,發表於《少室山遺書及解説》(1936 年安宅佛教文庫刊)之中,後又收入他的《禪宗研究第三》一書中(1968 年岩波書店版)。"鈴木在治禪學的方法上是歷史與非歷史兼容並蓄,邏輯非邏輯雙管齊下。歷史的觀念是爲了説明非歷史觀念的合理性,邏輯更是爲了證明非邏輯的必然性"[①],所以鈴木先生的工作成果還是非常值得參考的,胡適就對照鈴木先生的敦煌本《南陽和上頓教解脱禪門直了性壇語》的校勘底本進行了比較研究。巴黎國立圖書館藏本(P.2045)由王重民先生首先發現。胡適先生以此作爲底本,參考了鈴木大拙先生發現的北京本進行校勘,與新訂的《菩提達摩南宗定是非論》一起,以《新校的爲敦煌寫本神會和尚遺著兩種》爲題,發表於 1958 年臺灣的《中研院歷史語言研究所集刊》第二十九本《慶祝趙元任先生六十五歲論文集》中。胡適先生過世之後,他的這部著作又被收録到新影印出版的《神會和尚遺集》的附録中。胡適先生的治學方法聞名中外,即"大膽假設,小心求證",他的研究注重歷史史料,擅長於考證,並且觀點新穎。"當胡適對禪宗研究産生懷疑時,正是由於這種方法,纔使得胡適先生不是僅僅懷疑,而是從中國、日本的文獻材料以及巴黎、倫敦圖書館的敦煌材料中去找尋"[②]。正是由於這種"大膽假設,小心求證"的治學方法,胡適先生不斷地發掘材料,進而提出一些異常新穎的觀念,把神會及關於神會的研究提昇到了一個新的高度。他在校釋和研究了這一系列的敦煌神會禪籍之後,寫下了著名的《菏澤大師神會傳》[③],文中胡適先生詳細考證了菏澤神會大師的一生,包括其傳法思想、生卒年份、師承關係等。他認爲"神會費了畢生的精力,打倒了北宗,建立了南宗爲禪門正

---

① 麻天祥《〈胡適、鈴木大拙、印順〉禪宗研究方法之比較》,《求索》1997 年第 6 期,第 108 頁。
② 王西亞《胡適對神會的研究初探》,《吉林省教育學院學報》2012 年第 7 期,第 133 頁。
③ 胡適《菏澤大師神會傳》一文,原來收入《胡適文叢》三集卷二和《神會和尚遺集》(1930 年 12 月上海亞東圖書館出版)。1958 年,胡適對此書做了進一步的校訂和修改。1968 年 12 月,臺北中研院紀年館影印出版胡適的《神會和尚遺集》手校本。1986 年臺北遠流出版公司出版《胡適作品集》,第 18 册《神會和尚傳》收入本文,文内加入胡適的按語。本文採用《胡適文集》卷五,北京:北京大學出版社,1998 年,第 199 頁。

統,居然成了七祖。但後來禪宗的大師都出於懷讓和行思兩支的門下,而神會的嫡嗣,除了靈坦、宗密之外,很少有大師誕生。臨濟、雲門之後,更是無人追憶當日爲了南宗崛起出死力的神會和尚了。在《景德傳燈錄》等書裏,神會只是佔了一個極其不重要的位置。他的歷史著述,埋没在敦煌石室中,一千多年,幾乎没有人知道神會在禪宗史上的地位。歷史上最不公平的事,莫有過於此事了"①。估計胡適先生是首位爲神會大呼不平之人,正是胡適的一系列大作纔引起了學術界對神會的研究,開啓了一個禪學研究的新時代。胡適先生在倫敦、巴黎對禪宗卷子進行研究,他對收穫的結果也是非常滿意的。他後來將這種研究稱爲整理國故,認爲整理出這些"據款結案"的證據,"可以把達摩、慧能以至'西天二十八祖'的原型都給打出來。據款結案,既是打鬼,也是捉妖。這也是整理國故的目的與功用"②。研究神會,必須注意胡適先生的一系列成果,他的這些成果不僅資料充分、觀點新穎,更在學術界具有獨創一見之功。雖然他的一些觀點引起了學術界的爭論,但是先生的許多成果仍然是後學難以望其項背的。

《菩提達摩南宗定是非論》是神會的又一部代表性著作,它代表了神會的重要思想,是神會在滑臺爲天下學道者"辯是非,定正邪"之作。胡適先生對此用力最多。他在1926年發現了巴黎所藏的兩個版本,並把前本(P.3047)校勘爲神會語錄第二殘卷——《菩提達摩南宗定是非論》,收在《神會和尚遺集》卷二(1930年東亞圖書館館刊),1958年又重新校勘爲《菩提達摩南宗定是非論》上卷。他把後本(P.3488)校勘爲神會語錄第三殘卷,疑是《菩提達摩南宗定是非論》的後半,收在《神會和尚遺集》的卷三。第三個寫本,胡適得到之後於1958年用此作爲底本,參校巴黎本及舊本,寫爲《菩提達摩南宗定是非論》的下卷。胡適在校勘中對原來殘卷的缺漏部分作了一些補充。第四個寫本由於發現相對較遲,所以校勘工作相對較後。根據學者們研究,《菩提達摩南宗定是非論》是神會於滑臺寺大會論辯的主要内容。論題爲獨孤沛撰。獨孤沛,生平不詳,但根據論文,他自稱爲佛之弟子;"叨陪學侣,濫預門徒",是神會的一位俗家弟子。這部論,"起初是記録當時滑臺召開大會的情形;但後來,顯然是利用這一知名度相當高的會議,著成了一部論,是菏澤宗的宣傳材料"③。從論的開頭就可以清楚看到這種現象:"弟子於會和尚與崇遠法師論諸義,便修。從開元十八年、十九年、廿年,其論並不定,爲修未成,言論不

---

① 《胡適文集》卷五,北京:北京大學出版社,1998年,第229頁。
② 曹伯言、季維龍《胡適年譜》,合肥:安徽教育出版社,1993年,第32、322、324、325、328頁。
③ 印順《中國禪宗史》,南昌:江西人民出版社,1999年,第244頁。

同。今取廿載一本爲定。後有《師資血脈》一卷,亦在世流行。"①所以,敦煌本《菩提達摩南宗定是非論》非神會親手所作,是其弟子記載他的禪語記錄,但是完全可以代表神會的思想。這就可能與《六祖壇經》相似,因爲《壇經》亦非慧能親手所作,而是其弟子記載他的思想的一部著作。在《菩提達摩南宗定是非論》中,崇遠法師對神會大師提出一系列問題,神會一一作答,神會的思想完全沒有脫離南宗的禪法,他在此論中的一個重要的目的就是弘揚南禪的禪法,攻擊北宗,動搖北宗的歷史地位。所以神會的最大功績莫過於此。從這部著作而言,神會大師是忠實於南宗的。

《南陽和上問答雜徵義》是一部神會與人問答爲主的集子。如劉澄序所言:"南陽和尚,斯其盛焉。秉六代爲先師,居七數爲今教。……貴賤雖問,記錄多忘。若不集成,恐無遺簡。更訪得者,遂綴於後。勒成一卷,名曰《問答雜徵義》。"②從序言中"秉六代爲先師,居七數爲今數"看來,這篇《南陽和尚問答雜徵義》可能是神會被貶黜之後所作。稱爲"南陽和尚",可能也是習慣上的稱呼,並不是南陽時代所集成的。日本圓仁和尚(838)入唐求法,留學十年,取回的經籍之中,有"南陽和尚問答雜徵義一卷,劉澄集",與入矢義高所見寫本的題目相符。遲一些,圓珍(853—858)來中國,請得《南宗菏澤禪師問答雜徵》一卷,也是同一部書,近代人稱之爲《神會語錄》。從書中的內容來看,《南陽和尚問答雜徵義》與《菩提達摩南宗定是非論》基本上是一致的,都極力弘揚南宗的頓悟思想,提倡"人人皆有佛性,人人皆可成佛"的觀點,所謂"有佛無佛,性相常住。以諸衆生煩惱覆故,不見涅槃,便謂爲無。常知涅槃是常住法,非本無今有。佛性者,非陰界入,非本無今有,非已有還無。從善因緣,衆生得見佛性,以得見佛性故,當之本自有之"③。這與《六祖壇經》的"人人皆有佛性,人人皆可成佛"的思想完全契合,從這個意義上説,神會及其門下弟子對於南宗禪學的弘揚可謂不遺餘力,至少對於慧能的思想他們全盤接受。也難怪胡適先生爲神會鳴不平、唱不公了。可以説,敦煌文獻中神會禪籍的發現重新恢復了一千多年來被埋沒的神會的地位,他不僅僅是菏澤宗的創始之祖,也是南宗的繼承者。

神會禪籍另有《頓悟無生般若頌》,其體裁並非偈頌,但不知爲何被稱爲"頌"。胡適在1958年把英藏的兩個寫本綴合,對其進行了校勘。全書篇幅較短,不到一千字,文中充滿了"無念、般若、衣法相傳"等詞語,尤其強調衣法相傳的功用:"衣爲法言,法是衣宗。衣法相傳,更無別付。非衣不弘於法,非

---

① 楊曾文《神會和尚禪話錄》,第17頁。
② 印順《中國禪宗史》,第249頁。
③ 楊曾文《神會和尚禪話錄》,第62頁。

法不受於衣。衣是法信之衣,法是無生之法。無生即爲虛妄,法是空寂之心。知空寂而了法身,了法身而真解脱"①。法衣相傳,正是神會攻擊北宗的一個最有力的武器,正如胡適所言:"神會是袈裟傳法的僞史的製造者,西天二十八祖僞史最早製造者,《六祖壇經》最早原料的作者,用假造歷史來做革命武器而有最大成功者,這就是我們的神會。"②從佛教史上來看,衣法相傳這個公案肯定是神會及其門下一手捏造的,在滑臺大會上,神會爲了攻擊北宗普寂,大肆渲染慧能受五祖法衣,完全是爲了標榜慧能及其自己纔是正統,是合法的繼承者。

在敦煌本神會禪籍中,還有一種特別奇特的文本——五更轉,目前,可以確認爲神會之作的共有兩首五更轉和一首五言律詩。這兩首五更轉分別爲《荷澤寺神會和尚五更轉》和《南宗定邪正五更轉》,文本簡潔明快,也更容易被大衆接受。在敦煌文獻中發現了大量的類似這種五更轉的歌辭,其中不僅僅有南宗歌辭,而且也有其他宗派的歌辭。"歌辭全篇宣傳南宗頓悟,反對作意凝心,反對端座禪定,這均與慧能一系的南宗宗旨相符合"③。另外,神會也有自己的一首五言律詩,即"真乘實罕遇,至理信幽深。慾離相非相,還將心照心。髻中珠未得,衣裏寶難尋。爲報擔麻者,如何不重金"④。詩言禪意,是唐代高僧或者文人的一種寫作手法,劉禹錫、白居易、王維等均有類似的著作問世,而神會作爲南宗的代表性人物,在這樣的歷史大背景之下,以詩言禪意,表達自己對於禪宗的理性思考,是一種完全避免不了的做法,只可惜,在敦煌典籍之中,僅發現這樣一首詩文。

從上面的論述中可以看出,在敦煌文獻中,神會的五種禪籍是非常難能可貴的發現,而一些佛學研究者,特別是胡適先生,對神會的研究可謂不遺餘力。胡適先生在研究中適應需要而不斷地開拓視野,"他早期的計劃之一是研究敦煌禪籍以滿足日本學者的迫切需要,於是,堪稱胡適早期敦煌禪籍著作的資料彙編《神會和尚遺集》出版了"⑤。胡適與鈴木大拙之間的學術交流很多,促成了胡適關於神會著作的發表。另外,胡適先生與朝鮮學者金九經也有過密切接觸,金是一位朝鮮學者,在鈴木大拙與胡適的指導下研究禪學。當然,金九經的一些著作與神會大師並沒有太大的關係,我們暫且不論。在

---

① 楊曾文《神會和尚禪話録》,第50頁。
② 胡適《神會和尚語録》的第三個敦煌寫本《南陽和尚問答雜徵義,劉澄集》,載於1960年臺灣《中研院歷史語言研究所集刊》外編第四種《慶祝董作賓先生六十五歲論文集》。1968年收於臺灣胡適紀念館新版《神會和尚遺集》"附録"之中。
③ 王志鵬《從敦煌歌辭來看唐代敦煌地區禪宗的流傳與發展》,《敦煌研究》2005年第6期,第99頁。
④ 楊曾文《神會和尚禪話録》,第132頁。
⑤ [日]田中良昭著,楊富學譯《敦煌漢文禪籍文獻研究略史》,《敦煌學輯刊》1995年第1期,第118—119頁。

晚年之時,胡適先生又開始了對於禪宗的研究,在1953年9月,他發表了《六祖壇經原作〈壇經〉考》,接著又發表了《宗密的神會略傳》,後來又著述了《新校訂的敦煌寫本神會和尚遺著兩種》,受到了國際學術界的關注。鈴木大拙、宇井伯壽、柳田聖山等日本學者都對敦煌禪籍進行了詳細的校勘和著述,或多或少地涉及神會的著述,前輩學者們對於禪學真理孜孜不倦的追求,是值得我們後學仿效的,國際學術之間的交流,更是值得發揚的。

三、近三十年来神會思想以及敦煌"神會禪籍"研究情況

由於神會大師在佛教史上的特殊地位,任何禪宗研究著作都無法迴避,在80年代以後,相關研究著作已非常豐富,大陸學者對於神會及其禪宗思想從各個方面進行了挖掘,出版或發表了許多具有代表性的著作。這一時期,印順、楊曾文、杜繼文、方廣錩、麻天祥等人都對敦煌文獻中的神會禪籍進行了研究,他們或對文獻進行校釋,或對神會思想進行研究,或採用傳統文獻與敦煌神會禪籍進行比較研究,在一定程度上還原了神會禪學的本來面目。

印順法師密切聯繫敦煌文獻中的神會禪籍,發表了代表性著作《中國禪宗史》,對神會及其敦煌文獻中的神會禪籍進行了詳細的整理與研究。《中國禪宗史》的重點是論述唐五代時期中國禪宗的一些具體情況,對於宋代以後的禪宗只是略有提及,並沒有進行詳細的說明。在論述隋唐五代禪宗史的時候,印順法師提出了許多新穎的見解,特別是對於神會的研究,他博採眾長,形成一家之言,例如對於《六祖壇經》的歷史地位和其作者的問題,印順法師針對胡適的"神會偽造說"[①]和錢穆先生對於胡適先生的批判,提出"敦煌本《六祖壇經》可以代表慧能的思想"[②],認爲"《六祖壇經》是慧能的代表作,但是神會肯定對其更改過,尤其是其中的傳法思想上,神會爲了宣傳自己的觀點,更改了其中的一部分內容,敦煌本《六祖壇經》至少經過兩次大的更改"[③]。當然,敦煌本《六祖壇經》究竟是神會一手偽造,還是慧能的作品,仍然有待進一步考證,本文暫且不論。在《中國禪宗史》中,印順法師用兩章的內容來講述神會,對神會的生卒、參學生涯、傳法的過程及敦煌文獻中的神會禪籍進行了詳細的說明。尤其對於敦煌出土的神會禪籍,包括《南陽和上頓教解脫禪門直了性壇語》、《菩提達摩南宗定是非論》、《南陽和尚問答雜徵義》、《頓悟生般若頌》等文獻,他一一做了說明。印順法師認爲,從這些禪籍中,可以更

[①] 胡適《菏澤大師神會傳》,原來收入《胡適文叢》三集卷二和《神會和尚遺集》(1930年12月上海亞東圖書館出版)。1958年,胡適對此書做了進一步的校訂和修改。1968年12月,臺北中研院紀念館影印出版。
[②] 《東方雜誌》41卷14號,1945年;《〈六祖壇經〉研究論文集》(《現代佛教學術叢刊》),臺北:大乘文化出版社,1976年,第81—108頁。
[③] 印順《中國禪宗史》,第199頁。

加清楚地看出南宗的禪法思想,因爲在傳統的佛教文獻中,關於神會的著作相對較少,尤其是《傳燈録》、《宋高僧傳》等作品也並不是特別可靠,所以敦煌文獻中神會禪籍的發現可以彌補各方面的缺憾。神會爲了慧能的"南宗頓教"的正統性,與神秀門下對抗,是當時禪宗的一個重要事實。對於神會主要的思想,印順法師認爲是"南頓北漸"。"南北對立,不只是師承傍正的爭執;'南頓北漸',纔是法門對立的實質"①。頓與漸的關係,是南北對立的重要依據,宣傳"南頓北漸"的神會,當時是有根據的。初發心"一念相應","唯存一念相應,實非更有階漸"。在敦煌禪籍文獻中,印順法師認爲"神會的《南陽和上頓教解脱禪門直了性壇語》對於神會的禪學體系來説,最爲完整。而《菩提達摩南宗定是非論》是菏澤宗的宣傳材料,是在滑臺召開的大會上,神會攻擊北宗最有力的武器。《南陽和尚問答雜徵義》是神會與人問答爲主的集子,可能集成的時間相對比較遲的"②。從方法上來講,印順法師注重史料,但他並不以歷史方法作爲禪宗史研究的唯一手段,他承認禪的境界是一切知識語言和文字表達無能爲力的,但他也並不把禪看得那麼神秘,認爲禪不僅僅是自己的體驗與感受,而且是可以言説的。"雖然與胡適、湯用彤這些學貫中西的著名學者相比較,印順法師並不擅長於考證,儘管他在研究中大量地運用材料,但是卻没有仔細辨別各家資料的真僞問題。但是他擅長集各家研究之所長,省去了許多辨別史料的功夫,在當代禪學史上是獨樹一幟的"③。他結合胡適、錢穆、柳田聖山、鈴木大拙等人的具體思想,創造出自己獨樹一幟的研究方法。

  楊曾文先生對於敦煌文獻中神會禪籍的研究也是非常具有代表性的,他的代表作《神會和尚禪話録》、《唐五代禪宗史》等都對神會禪籍的研究作出巨大貢獻。特別是《神會和尚禪話録》對於敦煌文獻中神會禪籍的校勘博採衆長,爲我們帶來了一個研究神會的善本。他對照英、法、中、日的各個藏本進行校勘,並且參考胡適、鈴木大拙等人的研究成果,努力地還原神會禪籍的本來面目,書後還附了傳統佛教文獻中關於神會的一些傳記和相關的記載。對於神會的思想,楊曾文先生把他與慧能進行了對照研究,他認爲"在慧能的禪法思想中,主張既要分辨任何事物的兩個相互對立的方面,如常與非常、善與非善、淨與垢等"④。神會繼承了這種思想,如佛性之本源、無住爲本、佛性無受的思想、不二的思維方法等。神會在慧能門下時期就已經形成了他以後的

---

① 印順《中國禪宗史》,第251頁。
② 印順《中國禪宗史》,第242—250頁。
③ 馬格俠《論印順法師對敦煌禪宗文獻的研究》,《社科縱横》2007年第8期,第137頁。
④ 楊曾文《神會和尚禪話録》,第166頁。

佛法思想,也深深受到慧能禪學思想的影響,從這一方面來説,《六祖壇經》究竟能不能代表慧能的思想,這一點是不容置疑的。另外,楊曾文先生也注意到了南宗的"頓悟"思想,在這一點上他與胡適、鈴木大拙以及印順法師的觀點是一致的,這也是必然的,因爲頓、漸之分是南宗、北宗區別的根本。通過神會的禪話語録,這一觀點更得以印證。楊曾文先生認爲神會在宣傳自己的禪學思想時主要包括"戒、定、慧三學的新理解,提倡頓教思想,袈裟正統論"[1]。楊曾文先生對神會的五言律詩也進行了詳細的闡發,認爲這首詩的意思是説:"最真實的大乘佛法是難以遇到的,最高真理既實在又深奧。如果想從'相'與'非相'的執著中解脱,就應當求助於内心。之所以不能擺脱生死輪迴,是因爲没有信奉南宗頓教禪法,不能識心見性,頓悟成佛。那些修持北宗'凝心入定'禪法的人們,爲什麽不捨棄舊的漸教禪法而修'無念'禪法呢? 豈不是如同阿含經弊宿經中所説的尋寶的愚人那樣,捨棄金寶而擔麻而歸嗎?"[2]這首曲子詞概要地反映了神會傳教的基本方法,宣傳南宗頓教"無念"禪法的觀點。楊曾文先生還結合"神會碑銘"[3]與敦煌文獻來研究神會生平,爲神會的研究增添了神來之筆。楊曾文先生的大作《唐五代禪宗史》也是研究禪宗史的一本重要著作,詳細論述了唐五代時期禪宗各個派別的代表人物及其佛法思想,其中也不乏對於神會的論述,强調了神會在禪宗史上的重要地位。楊曾文先生在研究神會及其禪籍文獻時不僅僅注重對於史料真僞的辨別,更廣泛蒐集各方面有關神會的史料,注重比較研究,不僅重視南北兩宗的比較,也重視神會與慧能的比較研究,注重從整體上把握神會的禪宗思想和神會的生平。

除了楊曾文先生、印順法師之外,向達、杜繼文、方廣錩、麻天祥、張子開等人也或多或少地對神會及其思想,當然也包括敦煌文獻中的神會禪籍進行了或詳或簡的考證和論述。方廣錩先生成立了專門的研究班研讀並校勘《六祖壇經》,取得了一系列成果,補充了原來對於《六祖壇經》研究的不足或者一些錯誤,兼及神會的生平及其著作。麻天祥先生在禪宗史的研究上碩果累累,他的代表性著作《中國禪宗思想發展史》是一部禪宗通史,從唐五代一直論述到近代的禪宗思想,語言犀利,思路清晰。書中也論述了一些關於神會的思想,而對於禪宗傳法系統,因除了宗密等幾人比較有名之外再没有知名高僧,而石頭希遷與百丈懷海門下人才濟濟,是後世禪學的主流,所以慧能—神會—宗密這一系在麻天祥先生的著作中只是略加敍述,一筆帶過,他更加

---

[1] 楊曾文《神會和尚禪話録》,第178頁。
[2] 楊曾文《神會和尚禪話録》,第240頁。
[3] 楊曾文《〈神會塔銘〉和〈慧堅碑銘〉的注釋》,《佛學研究》1998第1期,第27—37頁。

注重的是叢林禪學和宋代以後的文字禪學。杜繼文先生的《中國禪宗通史》對於神會的論述還是比較豐富的，其中考證了菏澤一系的傳法思想，重視傳法過程中對於印度原始佛教典籍的引用情況，他論述了《金剛經》思想對於神會的影響以及吐蕃佛教與菏澤宗的關係，認爲《金剛經》中的"無念"思想是神會思想的主流，"據神會來看，'無念'即是'一切智'，這一切智即是'甚深般若波羅蜜'。在一切般若波羅蜜中，'金剛般若波羅蜜最尊最勝第一'，因此，'無念'本質就是'第一義空'"①。另外，杜繼文先生認爲神會也完全繼承了慧能的思想，即"佛性本有"，所以神會大量引用《金剛經》中的思想，"與此前的禪宗歷史面貌全被改變了"②。神會對於慧能的思想既有繼承，也有創新，開創了禪宗發展的新局面。

在禪宗史上，神會究竟扮演著什麽角色，敦煌文獻中神會禪籍的發現得出了非常鮮明的結論，即"神會擔當了正本清源的歷史重任，神會把握了鬥爭勝敗的歷史機緣"③。當然，神會也是南宗崛起的助推器，是禪宗傳承關係的締造者。

四、敦煌文獻中"神會禪籍"研究過程中所存在的問題與展望

不可否認，經過近百年，對於敦煌文獻中的神會禪籍的研究取得了巨大的成就，特別是胡適、鈴木大拙、柳田聖山、印順法師、楊曾文等人更是功德無量，尤其"神會禪籍"的校勘研究，爲我們總結出了一系列神會著作的善本，方便了以後學者的研究。但對於神會的研究還存在許多問題未被涉及，例如對於神會與唐朝士大夫的交往以及對他們的影響，學術界並沒有進行詳細研究。畢竟，初期的南宗以其微薄之力，擊敗"兩京法主，三代帝師"的神秀一系，離不開士大夫的支持，從文獻中來看，神會與許多士大夫都有過交往，例如平定安史之亂的郭子儀、户部尚書王趙公、崔齊公、禮部侍郎蘇晉、潤州刺史李峻、張燕公、侍郎苗晉卿、嗣道王、常州司户元思直、潤州司馬王幼琳、相州別駕馬擇、南陽太守王弼等，這些人都是當世名流，神會與他們的廣泛交流，爲他後來傳播南宗禪法提供了有生力量。作爲一種思想，傳播是一個方面，接受也是一個方面，要達到傳播與接受相結合，就離不開"人"這個主體，我們應該從傳統的佛教文獻和敦煌所遺留的"神會禪籍"中總結神會的人際關係，從中可以明確地釐清神會是如何戰勝北宗的這個歷史公案。

---

① 杜繼文、魏道儒《中國禪宗通史》，南京：江蘇古籍出版社，1993年，第155頁。
② 杜繼文、魏道儒《中國禪宗通史》，第155頁。
③ 胡京國《南北之爭中神會的作用》，《學術研究》1998年第6期，第46頁。

當然，在佛教思想極其盛行的唐代，各個宗派都已基本形成，這些宗派間很多都互相關聯，即使相互對立的北宗和南宗也是出自於同一個法系——東山法門，神秀、慧能都爲五祖弘忍門下弟子，他們兩個也是弘忍大師確定的十個繼承人之一。此外，牛頭法融還有法相宗、天台宗、密宗等之間的相互關係也值得研究，神會對於這些宗派思想的看法也值得研究，從中我們應該能夠明確瞭解這些宗派的區別或者聯繫，搞清楚爲什麼在唐宋時期佛教宗派如此盛行。唐代的許多佛教宗派都與中國傳統文化圈密切相關，甚至可以把這些宗派看成是當時社會所獨有的佛教團體，他們是如何接受與融合中國傳統思想中的儒家思想、道家思想的，這也是值得深入研究的課題。例如神會的五更轉和五言律詩完全是中國傳統文化的產物，爲了傳播南宗的"頓悟"思想，神會就利用了這種在當時社會中非常常見的語言形式來擴大自己的門派影響。

禪宗是中國文化史上非常重要的產物，在敦煌文獻中的禪宗文獻也是相當可觀的，神會禪籍僅僅是其中之一。這些禪宗文獻的產生年代更接近作品原本的時代，雖然其中有許多殘缺等不足，但也是我們研究禪宗文獻最有力的第一手資料，我們應該更加重視對這些資料的發掘和應用，對於禪宗的研究不應該僅僅局限於《傳燈錄》、《高僧傳》這些在宋代以後產生的史料，而應更加重視更早產生的敦煌禪籍文獻的價值。在敦煌禪籍的引領之下，相信將爲禪學的研究開創更爲廣闊的空間。上述這些都值得我們進一步去探索，去發掘。

基金項目：本文爲國家科技支撐計劃國家文化科技創新工程項目"絲綢之路文化主題創意關鍵技術研究"（2013BAH40F01）階段性成果之一。

敦煌本《六祖壇經》近百年研究述評

趙世金（蘭州大學）

　　20世紀20年代日本學者矢吹慶輝發現英藏敦煌寫本S.5475《壇經》之後，在不到一百年的時間裏，國內外學者對於敦煌本《壇經》的研究成果很多，甚至完全可以編纂一部敦煌本《壇經》研究概論，晚輩自忖學養未逮，撰此拙文，望衆家學者、前輩指正。

　　《壇經》是中國僧人説法講經記録中唯一被稱爲"經"（sutra）的佛教文獻，是禪宗的宗經，在禪宗史以及佛教史、哲學思想史上，都具有不可替代的地位和深遠影響[1]。所以《壇經》是歷代學者研究的熱門課題，特別是敦煌本《壇經》的陸續發現，更進一步推動了這一研究的深入。對於敦煌本《壇經》的研究，主要集中在版本的校釋、語言修辭的研究，以及《壇經》的主題思想，當然也包括壇經的著作者六祖慧能的一些思想觀點等方面。前面已經提到，1923年日本學者矢吹慶輝發現了英藏本S.5475《壇經》，之後在國內外又陸續發現了《壇經》的一些寫本。據方廣錩先生的統計，一共有六種，依次爲敦博本（甘肅省敦煌市博物館館藏遺書77號，縫繢裝，首尾完整），斯本（英國圖書館館藏S.5475號，縫繢裝，首尾完整），旅博本（原藏於旅順博物館敦煌本《壇經》，縫繢裝。現在下落不明，僅存龍谷大學圖書館所藏三個半頁照片。其首部半頁照片爲《壇經》，首尾兩個半頁照片爲其他文獻），北本（中國國家圖書館館藏敦煌遺書北敦04548號背1，卷軸裝，首殘尾存），北殘片（中國國家圖書館藏敦煌遺書北敦08958號，卷軸裝，殘片，僅五行），以及20世紀20年代以來發現了一些西夏文書寫的《壇經》殘片，至今共發現12號。有關學者研究認爲，這些西夏文殘片，與敦煌本漢文《壇經》屬於同一個系統，很有可能是根據漢文本《壇經》翻譯的，至於詳細概況還有待於進一步研究[2]。以上一共六種《壇經》寫本，雖然有的並不是特別完整，但是這些文獻的發掘對於禪宗，尤其是南禪的研究具有非常重要的意義。四川大學張子開先生將敦煌發現的《六祖壇經》一共概括爲五個寫本，分爲四個系統[3]。當然無論是方廣錩先生的六個寫本，還是張子開先生的四個系統，都囊括了陸續發現的所有敦煌本《壇經》寫本。以下將從不同的方面來考察敦煌本《壇經》的一些具體

---

[1] 蔣宗福《敦煌本〈壇經〉相關問題考辯》，《佛學研究》2007年第4期，第83頁。
[2] 方廣錩《敦煌本〈壇經〉校釋疏義》，《藏外佛教文獻》2008年第1期，第330頁。
[3] 張子開《敦煌寫本〈六祖壇經〉校讀拾零》，《四川大學學報》1998年第1期，第65頁。

研究情況,以及尚未解決的具體問題。

一、敦煌本《六祖壇經》的版本及其校釋研究

敦煌本《壇經》在學術界一般被認爲是目前發現的最接近曹溪原本的一個版本,大多數學者都持此觀點。1923年矢吹慶輝發現了英藏本 S.5475 號《壇經》之後,於1928年5月刊行於《大正藏》第48卷(NO.2007),1930年及1933年,分別將其收入《鳴沙餘韻》和《鳴沙餘韻解説》之中。此後引起了學術界關於敦煌本《壇經》是否是最早的本子的長期争論,迄今仍然没有形成一致的結論。在國内,胡適先生首先對敦煌本《壇經》進行了詳細的研究,他認爲敦煌本《壇經》出自曹溪七祖神會或者神會一系之手,所以從這個意義上説敦煌本《壇經》爲目前所存的最古本[1]。胡適先生的一個有力證據就是《壇經》中的二十年懸記,即"衆僧既聞識大師意,更不敢争,依法修行,一時禮拜。即之大師不求住世,上座法海向前言:'大師,大師去後,衣法當付何人?''大師言,法即付了,汝不須問。吾滅後二十餘年,邪法遼亂,惑我宗旨,有人出來,不惜身命,定佛教是非,豎立宗旨即是吾正法,衣不合轉。汝不信,吾與誦先代五祖傳衣付法誦,若據第一祖達摩頌意,即不合傳衣'"[2]。因爲在慧能去世第二十年(732),神會在滑臺大雲寺以爲"天下學道者定是非,爲天下用心者辨邪正"[3]的口號,向以神秀爲代表的北宗展開了全面反擊,這也是胡適先生所説的"神會是南宗的第七祖,是南宗北伐的總司令,是新禪學的建立者,是《壇經》的作者。……南宗的急先鋒,北宗的毁滅者,新禪學的建立者"[4]的主要依據。胡適的這種説法,在一定程度上否定了禪宗六祖慧能在佛教史上的作用,這就引來了許多學者的不滿。錢穆首先發難,他在1945年發表《神會與壇經》一文,對胡適的證據做了新的解釋:"韋文所謂壇經傳宗,猶云壇經嗣法。韓愈送王秀才序云:'孔子没,獨孟軻氏之傳得其宗',即用此傳宗二字。明人周海門著《聖學宗傳》,宗傳猶傳宗也。今俗語云傳宗接代,莊周之論墨徒,所謂'冀得爲其後世',此即傳宗也。……而神會獨成壇經之傳宗,即謂其壇經之真傳也。至於神會語録某些部分與《壇經》相同,錢氏認爲只不過是神會用了祖師慧能的語句,《壇經》古本是慧能弟子法海記集,代表了慧能

---

[1] 胡適《胡適文集五卷二〈壇經〉考之一》(原載於1930年4月《武漢大學文哲季刊》第1卷第1期),北京:北京大學出版社,2013年,第239頁。
[2] 楊曾文《敦煌新本〈六祖壇經〉》,北京:宗教文化出版社,2001年,第68頁。
[3] 楊曾文《神會和尚禪話録》,北京:中華書局,1996年,第43頁。
[4] 胡適《神會和尚遺集》序,《胡適文集》卷二,第235頁。

的思想。"①所以,他認爲胡適的觀點是偏激的,不能因爲敦煌出土的幾件寫本,而完全否定慧能在佛教史上的作用。

著名佛學大師印順法師認爲:"慧能在大梵寺説法,弟子們記錄下來,就稱爲《壇經》或者《施法壇經》。這就是《壇經》的主體,《壇經》的原始部分……以現存的《壇經》來説,敦煌本最古。但敦煌本已經不是《壇經》的原型,而有過補充、修改,這是古人所曾經明白説到的。"②至於神會及其門下對於《壇經》曹溪原本有没有更改,或者説是否完全是曹溪原本,依據印順法師的見解來看,"神會門下未必專重傳授《壇經》的形式,然而以傳授《壇經》爲付法的依約,從敦煌本來看,確實如此"③。所以説,《壇經》代替袈裟作爲傳宗的根據,神會及其門下必須使得《壇經》傳法的這部分有利於自己,只有這樣,纔能在與神秀一系的鬥爭中獲得更加有利的地位,所以他們對《壇經》的更改也在所難免。"從《壇經》原本到敦煌本,至少已經有過兩次重大的修改,此後《壇經》不斷的改變,不斷的刊行,變化是非常多的"④,而敦煌本《壇經》是神會門下"壇經傳宗"的修正本。目前學界都比較贊同印順法師的觀點,即《壇經》的版本流傳應該爲曹溪原本—敦煌本—惠昕本—至元本—德異本。楊曾文先生也贊同此種觀點,認爲"敦煌石窟所發現的這本《壇經》還是應該承認是一部較早的抄本,從時間上來看很難確認它是唐代抄本,但至少不會晚於五代時期至宋初"⑤。正是因爲敦煌本《壇經》的這種價值,所以楊曾文先生對於《壇經》的研究可謂不遺餘力。潘重規先生也持有與楊曾文先生一樣的觀點:"我們必須承認敦煌寫本確實是當時最普遍、最通行的抄本,並非被後世輕視的所謂誤本惡本。我們把這種錯覺掃除後,再仔細觀察這個倫敦所藏的壇經寫本,便應該承認他是一個很質樸、很接近原本的早期抄本。"⑥日本學者柳田聖山認爲:"矢吹慶輝發現的敦煌本現存最古,由此書可知唐代《六祖壇經》的特點不是分卷而總寫的一卷本,從内容上看,也是只給繼承南宗佛法的入室弟子的傳授本。"⑦所以,敦煌本《壇經》的價值是不容置疑的,對其版本問題的認識,學術界也是比較一致的。但是,這就不等於所有學者的觀點完全一致,這也即前文提到的自從敦煌本《壇經》發現之後,學術界對於其中的一

---

① 《東方雜誌》41 卷 14 號,1945 年;《六祖壇經研究論文集》(《現代佛教學術叢刊》),臺北:大乘文化出版社,1976 年,第 81—108 頁。
② 印順《中國禪宗史》,南昌:江西人民出版社,2000 年,第 199 頁。
③ 印順《中國禪宗史》,第 201—202 頁。
④ 印順《中國禪宗史》,第 218 頁。
⑤ 楊曾文《敦煌新本〈六祖壇經〉》,第 1 頁。
⑥ 潘重規《敦煌〈六祖壇經〉讀後管見》,《中國文化》1992 年 2 期,第 49 頁。
⑦ [日] 柳田聖山著、俊忠譯《〈六祖壇經〉諸本集成説明》,《法音》1984 年第 1 期,第 25 頁。

些問題一直存在爭論,如一些日本學者認爲敦煌本《壇經》文字鄙俗繁雜,難以捉摸,甚至認爲其爲惡本;胡適先生認爲敦煌本《壇經》是神會一系攻擊神秀一系的武器;錢穆則堅決反對,表示既然神會把《壇經》作爲曹溪傳宗的依據,其地位是不容質疑的;印順法師則中和諸家思想,認爲敦煌本《壇經》至少被修改過兩次,最起碼其傳法的一部分應該是神會一系篡改的結果;楊曾文、潘重規、張子開等學者都肯定了敦煌本《壇經》的價值,也均認爲它是最接近曹溪古本的本子;但是仍然有一些學者對於《壇經》版本的傳承提出反對的觀點,至少他們不贊同曹溪原本—敦煌本—惠昕本—至元本—德異本這種傳承關係。

拾文先生針對學界對於敦煌本《壇經》的崇拜,以至於貶斥敦煌本以外的其他諸本《壇經》都是畫蛇添足、販運私貨的勾當的說法,提出一個全新的觀點,即"敦煌寫本《壇經》當真就是慧能所說、法海所記的《壇經》'最古'、'最初'的範本嗎?從尊重歷史和尊重事實的觀點出發,我認爲不能這樣下結論"。他進而推斷出一個非常新穎的結論:"從慧能逝世到宗寶本《壇經》問世的五百七十八年間,《壇經》的發展演變並不像中外許多學者所指出的一個由簡到繁的過程,即敦煌本—惠昕本—契嵩本—宗寶本等;而是一個由繁到簡,又到由簡復原的過程,即古本(曹溪原本)—惠昕本(或類似之本)—敦煌本(或類似之本)—契嵩本(復原本)。這個由繁到簡、由簡復原的過程,通過資料考察,證明它實際上是存在的。"[①]對於這個觀點,馬上有人反對,蔣宗福先生認爲"這個觀點比較新穎,但是假設成分太多,並無有力的證據"[②]。而楊曾文先生指出,"很明顯是把敦煌寫本的抄寫時間(唐末宋初)說成是成書時間"[③],又把發現的時間當成抄寫的時間。距離慧能逝世一千二百五十多年後發現的敦煌寫本《壇經》,並不等於就是"一千二百五十多年後"的寫本。雖然拾文先生的觀點異常新穎,但是由於以上原因,沒有得到學術界的完全認可。1980年,柳田聖山在《敦煌佛教と禪》的總說第二"敦煌本《六祖壇經》の諸問題"中,圍繞敦煌本介紹了《壇經》研究的各方面情況,同時談到了對向達《西征小記》關於任子宜收藏的《六祖壇經》等禪籍的嚮往:"已經反復說過,敦煌本《六祖壇經》仍然是天下的孤本。《大正新修大藏經》最初把他收編進去,就向國際學術提出了研究新課題,向達所說《六祖壇經》有英法兩種藏本雖然有誤,但這裏介紹的四本,每一種都是令人聞其名而饞

[①] 拾文《〈敦煌寫本壇經〉是"最初"的〈壇經〉嗎》,《法音》1982年第2期,第43—46頁。
[②] 蔣宗福《敦煌本〈壇經〉相關問題考辯》,《佛學研究》2007年第4期,第87頁。
[③] 《〈壇經〉敦博本的學術價值和關於〈壇經〉諸本演變、禪法思想的探討》,見《敦煌新本〈六祖壇經〉》附編(二),上海:上海古籍出版社,1993年,第205頁。

涎欲滴的東西。"①所以説敦煌本《壇經》的價值是不容懷疑的,當然對於其版本先後問題仍然有待於進一步討論,特別是西夏文本《六祖壇經》的研究比較少。由於學術界對於西夏文字的研究相對比較單薄,加之出土的文獻不是特別完整,所以對於西夏文《六祖壇經》的研究,也僅僅集中於個別專家學者。史金波先生就於20世紀90年代對出土的西夏文本《壇經》殘片進行了詳細的校釋,著成《西夏文〈六祖壇經〉校釋》一文,認爲"西夏文《壇經》的内容,接近法海所集唐中期古本,而與惠昕本、契嵩本、宗寶本相去甚遠"②。所以,基於以上原因,西夏文《六祖壇經》也被歸入敦煌本《壇經》系統。

對於敦煌本《六祖壇經》的校釋工作一直是學術界討論的熱門話題,上面已經提到矢吹慶輝的成果,之後1934年鈴木貞太郎和公田連太郎對《壇經》進行了進一步修訂,出版了《敦煌出土六祖壇經》(森江書店出版社),之後有宇井伯壽《第二禪宗史研究·壇經考》(岩波書店,1941年);Philip B. Yampolsky, *The Platform sutra of the Sixth Patriarch*, Columbia Univ. Press, 1967;柳田聖山《禪語録·六祖壇經》(中央公社論,1974年);石井修道《惠昕本〈六祖壇經〉の研究——定本の試作と敦煌本との對照》(《駒澤大學佛教學部論集》第11、12號,1980年、1981年);郭朋《〈壇經〉對勘》(齊魯書社,1981年);郭朋《壇經校釋》(中華書局,1983年);金知見校訂《校注敦煌六祖壇經》(《六祖壇經世界》,民族出版社,1989年);宋紹年校録《六祖壇經》(劉堅、蔣紹愚主編《近代漢語語法資料彙編·唐五代卷》,商務印書館,1990年);楊曾文校寫《敦煌新本〈六祖壇經〉》(上海古籍出版社,1993年)。總之,"據不完全統計,到目前爲止,國内外共發表各種録校本約30種"③。校釋方面的研究可謂前赴後繼,學者們都力圖恢復敦煌寫本的原來面目,或者可以説恢復得接近曹溪原本的面目。就所發表的校釋成果來看,可以説各有所長,其中有幾個版本是比較完整的,包括楊曾文先生、潘重規先生、周紹良先生、鄧文寬先生、中島至郎先生等人所校釋的版本,也是學術界目前最新的成果。在2008年以後由方廣錩先生所帶領的敦煌寫本《六祖壇經》研讀班,陸續發表了一系列關於敦煌本《壇經》的校釋成果,彌補了各家所缺,是非常值得信賴的一個版本。與此同時,在敦煌本《壇經》的校釋過程中,也有許多文章發表在國内外各個刊物上,如四川大學張子開先生的《敦煌寫本〈六祖壇

---

① 原文見《敦煌講座》之八《敦煌仏教と禪》,東京:大東出版社,1980年,每35—36頁;漢譯轉引自楊曾文《〈壇經〉敦博本的學術價值和關於〈壇經〉諸本演變、禪法思想的探討》,《敦煌新本〈六祖壇經〉》附編(二),上海:上海古籍出版社,1993年,第194—195頁。
② 史金波《西夏文〈六祖壇經〉殘頁校釋》,《世界宗教研究》1993年第3期,第86頁。
③ 方廣錩《敦煌本〈壇經〉校釋疏義》,《藏外佛教文獻》2008年第1期,第329頁。

經〉校讀拾零》在前人的基礎上,對於敦煌寫本中的三十一處進行了校釋[①],指出了其中的一些錯誤,一些觀點也是非常中肯的。黃連忠先生的《敦博本〈六祖壇經〉文字校正與白話譯釋的方法論》通過比較研究,認爲"以透過文字校正後的白話譯釋程式,纔能真正的完成現代的整理工作"[②]。敦煌本《壇經》的許多不恰當的校釋,也在不斷地發現和修改之中。文字問題是敦煌本《壇經》所存在的主要問題,因爲每一個字的正確與否,直接關繫到對於《壇經》思想的研究,進一步説,就是對於禪宗思想的整體把握,所以對於敦煌本《壇經》的校釋工作任重而道遠,是一個長期的探索發現過程。當然,目前學術界對於敦煌本《壇經》的校注成果也是值得慶賀的。

二、敦煌本《六祖壇經》的語言、修辭、句式的研究

對於敦煌本《壇經》語言、修辭、句式等方面的研究也是學界比較重視的一個課題,因爲畢竟敦煌本《壇經》"抄本甚爲草率,似非深於禪學研究者所録,因之中間錯落衍誤,舉目皆是。……文字鄙俚繁雜,遂各自加工整理,形成各式各樣的定本"[③]。加之敦煌本《六祖壇經》距今最少已經一千多年了,禪宗又以"不立文字、教外別傳、直指人心和見性成佛"[④]爲宗旨,《壇經》又是禪宗的早期文獻,這一特點更加明顯,所以對於敦煌本《壇經》語言、修辭的研究也具有非常重要的意義。一方面我們努力恢復敦煌本《壇經》的本來面目,也力圖還原使其接近曹溪古本;另一方面,進一步把握古代語言、修辭、句式與現代的不同之處,也使我們能從根本上瞭解、把握敦煌本《壇經》的禪學思想。

敦煌本《壇經》中含有大量的假借字,"而在運用'敦煌學'方法時,確認通假字從而進行校理又是解決問題的關鍵"[⑤]。鄧文寬先生對敦煌本《壇經》中的13處通借字進行了詳細的考證,這13處通借字分別是"起、去通借;雖、須通借;諸、之、知通借;依、於、衣通借;但、坦通借;汝、以、與通借;是、事、示、時通借;第、定通借;爲、謂通借;於、如通借;智、值通借;無、不通借;迷、名通借"[⑥]。通過對這13處通借字的認識,我們對於敦煌本《壇經》的研究更加容易,在一定的程度上抛棄了那種詰屈聱牙的特徵。關於敦煌本《壇經》的語法成分研究,高增良的《六祖壇經中所見的語法成分》一文,考證和梳理了寫本

---

① 張子開《敦煌寫本〈六祖壇經〉校讀拾零》,《四川大學學報》1998年第1期,第65頁。
② 黃連忠《敦博本〈六祖壇經〉文字校正與白話譯釋的方法論》,《敦煌學輯刊》2007年第4期,第98頁。
③ 楊曾文《敦煌新本〈六祖壇經〉》,第2頁。
④ 杜繼文、魏道儒《中國禪宗通史》,南京:江蘇古籍出版社,1993年,第3頁。
⑤ 鄧文寬《英藏敦煌本〈六祖壇經〉通借字芻議》,《敦煌研究》1994年第1期,第79頁。
⑥ 鄧文寬《英藏敦煌本〈六祖壇經〉通借字芻議》,《敦煌研究》1994年第1期,第80—85頁。

中所見的"介詞、副詞、助詞、連詞以及其句式,具體包括'是'字判斷句、'被'字被動句、動補句式"①。另外,對於敦煌本《壇經》中的人稱代詞,陳年高先生著録了《敦博本〈壇經〉的人稱代詞》一文,"對於敦博本《壇經》中的'吾'與'汝'的配詞使用,弄清了敦博本《壇經》語言在時間或者地域上的特點,這將有助於廓清敦煌寫本《壇經》的性質問題"②。敦煌本《壇經》修辭方面的研究成果,還有張子開先生的《敦煌本〈六祖壇經〉的修辭》一文,文章中詳細談論了"敦煌寫本《壇經》的修辭方式省略、引用、比喻等,另外還探討了寫本中所使用的積極的修辭方式和消極的修辭方式"③。所謂的積極的修辭方式包括對偶、排比、映襯、比擬等,而消極的修辭方式包括方言的使用和句式的變化兩個方面。例如對偶句式,他列舉了"一燈能除千年暗,一智能滅萬年愚","著境生滅起,如水有波浪,即是於此岸;離境無生滅,如水永長流,即名到彼岸"④等。當然敦煌本《壇經》中消極的修辭手法更能體現出早期禪宗的特點——"直指人心,見性成佛",不刻意追求文字效果,尤其是南禪更注重的是頓悟,文字只是輔助,並不是結果,這種狀況直到宋代纔有所改變。各種修辭手法的運用,無非是爲了讓更多的人更加容易理解和接近禪宗。另外在慧能時期,慧能長期生活在曹溪這一地區,南禪還没有迅速崛起,所以《壇經》中大量使用方言、俚語是可以理解的。對於敦煌本《壇經》中被動句的研究,有陳年高先生的《敦博本〈壇經〉的被動句》一文,詳細討論了敦煌本《壇經》中所使用的被動句式,他得出了這樣一個結論:"寫本多使用施動主語,謂語動詞前後皆附加成分,能被否定詞修飾。"⑤以上學者的成果,使得詰屈聱牙、古本文繁的敦煌本《壇經》更容易被研究者理解,也在一定程度上還原了敦煌本《壇經》的本來面目。

敦煌寫本《壇經》中的一些小的細節也得到了學界的關注,並有學者對此進行了專門研究。例如敦煌寫本《壇經》中的書寫符號,吳士田先生進行了專門的研究,並將其成果寫成《敦煌寫本〈壇經〉中的書寫符號》一文,發表於《河北青年管理幹部學院學報》上。作者發現"敦煌寫本《壇經》的書寫符號形式繁蕪,對之進行的系統的研究爲我們理解原文、删疑補漏,辨别俗字提供了幫助"。文章對於敦煌本《壇經》中的"篇名符號、間隔號、重複號、換位號、卜删號、勾框删除號、墨删除號"等進行了詳細的討論⑥。從中我們可以窺見

---

① 高增良《六祖壇經中所見的語法成分》,《語文研究》1990年第4期,第33—38頁。
② 陳年高《敦博本〈壇經〉的人稱代詞》,《淮陰師範學院學報》2001年第2期,第23卷,第269頁。
③ 張子開《敦煌本〈六祖壇經〉的修辭》,《敦煌研究》2003年第1期,第59—60頁。
④ 張子開《敦煌本〈六祖壇經〉的修辭》,《敦煌研究》2003年第1期,第59頁。
⑤ 陳年高《敦博本〈壇經〉的被動句》,《淮陰師範學院學報》2010年第6期,第784頁。
⑥ 吳士田《敦煌寫本〈壇經〉中的書寫符號》,《河北青年管理幹部學院學報》2009年第2期,第47—50頁。

唐五代宋初的一些書寫符號運用的具體情況,也更加有利於對敦煌本《壇經》進行閱讀和理解。

敦煌本《壇經》中有"獦獠"一詞,具體如下。弘忍和尚問慧能曰:"汝何方人,來此山禮拜吾？汝今向吾邊,復求何物？"慧能答曰:"弟子是嶺南人,新州百姓,今故遠來禮拜和尚,不求餘物,唯求作佛法。"大師遂責慧能曰:"汝是嶺南人,又是獦獠,若爲堪作佛。"慧能答曰:"人即有南北,佛性即無南北；獦獠身與和尚不同,佛性有何差別？"①對於這個詞理解的正確與否,直接關係到慧能在未遇五祖之前的身份和地位,甚至包括當時對於南方佛學的認識,所以"獦獠"是值得討論的一個詞語。潘重規先生認爲"敦煌壇經中'獦'字亦應當是'獵'的俗寫字,而'獠'是蠻夷之人,居山傍水,多以漁獵爲生"②。蒙默先生則認爲"獠人遲至晚唐五代尚且沒有打獵的習俗,'獵獠'應該爲'仡佬'的異寫"③。在此基礎上張新民先生又對"獦獠"一詞進行了重新考訂,認爲"獦獠"仍當讀作"獵獠",但指"獵頭獠人",而非"打獵獠人"④。2013年譚世寶發表了《"獦獠"的音義形考辯》一文,他認爲"'獦獠'中的'獦'爲正字,應該讀lie,而獠應該讀lao,'獦'應該作爲祖姓解釋,而'獠'是嶺南地區諸方言對於漢獠等各族平民男子的統稱"⑤。可見無論對於"獦獠"一詞如何進行解釋,都必須明確一點,就是在唐代中期對於嶺南人的一些看法,這其中包括語言文化、思想意識、生活習俗、族群活動等方面。因爲這不僅關涉"獦獠"一詞之意,更關係到當時佛學界對於嶺南人的具體看法,所以譚世寶先生認爲"慧能成佛,對於嶺南地區,完全具有革命性的意義"⑥。當然,在敦煌本《六祖壇經》中仍然有許多值得我們進一步研究的細節性問題,此不贅述。

三、敦煌本《六祖壇經》的禪學思想研究

《六祖壇經》的思想代表著曹溪禪學的佛法思想,尤其是慧能的禪學思想。而慧能的禪學思想,是指他對禪學的見解及其有關的佛教理論。慧能作爲南禪的開山之祖,按照"不立文字,以心傳心"的宗旨來弘揚自己的禪理,故而"慧能直接論述禪法思想的地方比較少,而更多的也僅僅是論述修持禪法和達到解脫所依據的佛教理論,其中就包括衆生達到覺悟解脫的內在依據、

---

① 楊曾文《敦煌新本〈六祖壇經〉》,第8頁。
② 潘重規《敦煌寫本〈六祖壇經〉中的"獦獠"》,《中國文化》1994年第1期,第58頁。
③ 蒙默《壇經中"獦獠"一詞讀法》,《中國文化》1995年第11期,第257頁。
④ 張新民《敦煌寫本〈壇經〉"獦獠"辭議新解》,《貴州大學學報》1997年第3期,第84頁。
⑤ 譚世寶《"獦獠"的音義形考辯》,《敦煌研究》2013年第6期,第58頁。
⑥ 譚世寶《"獦獠"的音義形考辯》,《敦煌研究》2013年第6期,第59頁。

法門的頓漸、禪法與日常生活、不二法門與頓教禪法等大乘佛教理論"①。關於敦煌本《六祖壇經》的主要思想,楊曾文先生進行了細緻的研究,他將慧能的思想概括爲"通過向信徒授無相戒,強調衆生皆有佛性"。"無相戒"也就是"無相心地戒","心地"即"心",也就是"佛性",所以説慧能的無相戒也就是一種以佛性爲戒體、本源的大乘菩薩戒。慧能的無相戒在敦煌本《壇經》中包含了四項内容:"皈依自三身佛,四弘誓願,無相懺悔,自性三皈依戒。"②另外,敦煌本《六祖壇經》強調"頓教法門和識心見性",慧能所説的"一悟即至佛地",是頓時豁然開朗,是頓悟。慧能雖然主張頓悟,但是他認爲佛法本身没有頓漸,只是人們理解佛法的素質有利鈍之別。同時敦煌本《六祖壇經》強調"無念爲宗和淨土唸佛",強調"頓教禪法和不二法門"③。慧能所創立的南宗禪法,使佛教進一步走向世俗化,修行方法簡易化,不提倡苦讀佛經,也不過分強調坐禪,有利於佛教向更廣大的範圍傳播,擴大影響。對於上文提到的敦煌本《六祖壇經》的"無相戒",湛如法師認爲"《六祖壇經》中的無相懺悔,與禪宗授無相戒儀有著直接的聯繫。……敦煌本的《六祖壇經》等都是關於禪宗戒儀的重要資料。慧能所主張的無相戒,其全稱爲無相金剛心地戒。作爲大乘戒法之一,其特點即以遠離一切定相堅固不壞之佛心爲戒體"④。

敦煌本《壇經》在佛性本體論、修行方法論和頓悟境界論三個方面都體現了"不二"的精神。佛家一共有八萬四千個法門,而不二法門爲第一法門,人一旦入門,即進了超越生死的涅槃境界便可以成佛。當然,這只是從思想境界上而不是從空間上來説的,法門可以理解爲一種門道或途徑,所有修行的人只要依著這樣的途徑去不斷修煉便可以獲得正果。既然説它是一種思想境界,那麼它又體現了什麼樣的思想呢?"不二"是一種非常深奧的理念,很難用簡單的言語可以説清楚,概而論之,不是一,不是二,没有彼此的分別就是不二。佛教認爲世界上的萬事萬物儘管在現象上有千差萬別,但從佛性上來看是没有分別的,只不過是因緣湊合,都是虛無的,没有相對,也没有絶對。不二思想在本質上是否定性的思想,"它力圖通過這種思維的渠道,去揭示對象事物、邏輯概念中存在著的矛盾或二律背反,從而實現跨越一切二元對立的超越精神,由本體而強固不折不扣的自我意識"⑤。這種基於本體無對、無相的基礎上的自然主義的隨緣是對現象界否定的結果,而不是對現象界的肯定,也就是"三十年看山是山,看水是水"的意思。伍先林先生對於敦煌本《壇

---

① 楊曾文《唐五代禪宗史》,北京:中國社會科學出版社,1995年,第138頁。
② 楊曾文《唐五代禪宗史》,第140頁。
③ 楊曾文《唐五代禪宗史》,第144—148頁。
④ 湛如《簡論六祖壇經的無相懺悔——兼論唐代禪宗懺法體系的形成》,《法音》1997年第3期,第16—17頁。
⑤ 麻天祥《中國禪宗思想發展史》,武漢:武漢大學出版社,2007年,第30頁。

經》的"不二"思想進行了仔細的研究,他認爲敦煌本《壇經》中的"不二"思想主要包括三個方面,即"本體的不二,方法的不二,境界的不二"①。關於"本體的不二"主要是指自性是佛,衆生皆有佛性,體現了慧能在佛性本體論中法身與色身、化身不二的辯證不二思想。關於"方法的不二",則强調"無念爲宗"的思想,於念而不念,不是"百物不思"、斷絶一切念頭的,而是於自念上離境,自念是正念,無分别念等。關於"境界的不二",强調"見性成佛",慧能把他從本體論到方法論都一以貫之的堅持的宗教直覺——無分别性的般若直觀稱之爲"悟",悟也叫作見性,所以在這個方面來説,"境界的不二"體現了曹溪禪的中心宗旨。禪宗思想與其他宗派關係非常密切,尤其對於大乘佛學精華廣爲汲取,於上堂説法、機鋒應對之際,時時揭舉大乘經典話頭,《楞伽經》、《楞嚴經》、《金剛經》、《華嚴經》、《法華經》等,都是禪宗比較推崇的文獻。"《壇經》思想的形成,也是熔鑄了大乘經典的精華而成"②,所以對於禪宗史上重視經典的事實,"研究禪宗思想、禪語思維、禪宗詩歌,就不可以對其漠然置之"③。當然,對於敦煌本《壇經》的思想與其他佛教宗派的關係需要更加深入地去理解,例如《壇經》中的"淨土説"的觀點,吕建福先生就進行了專門的研究,認爲《壇經》的淨土説,正是後人妄認"自性彌陀,唯心淨土",而撥無西方淨土的重要根據④。

敦煌本《六祖壇經》"無念爲宗、無相爲體、無住爲本"的思想是慧能禪學的主要思想。在寫本《壇經》中云:"善知識,法無頓漸,人有利鈍。迷即漸勸,悟人頓修。識自本心,是見本性。悟即元無差别,不悟即長劫輪迴。善知識,我此法門從上已來,頓漸皆立無念爲宗,無相爲體,無住爲本。何名爲無相?於相而離相。無念者,於念而不念。無住者,爲人本性,念念不住,前念、今念、後念,念念相續,無有斷絶……"⑤所謂的"'三無',既不是什麽什麽都不想、不看、不聽、不感覺,似乎也不是我們日常狀態中的想、看、聽和感覺,而是'雖即見聞覺知,不染萬境而常自在',也就是雖然見聞覺知卻不執著於見聞覺知"⑥。禪是講究實證的,如果禪的受用和實證是真是不虛的,那麼就算我們對於"三無"的領悟頭頭是道,終究是"説食不飽",所以即使我們真正地"讀"懂了,其實還是不懂到底什麽是"三無"。另外,慧能的南宗思想是佛教與中國傳統文化糅和的產物,所以在敦煌本《壇經》中包含了許多中國傳統文

---

① 伍先林《試論慧能〈壇經〉的不二思想》,《佛學研究》2010年第1期,第243—247頁。
② 胡順萍《六祖壇經思想之傳承與影響》,《臺灣師範大學國文研究所集刊》第33期,第212頁。
③ 吴言生《禪宗思想淵源》,北京:中華書局,2006年,第2頁。
④ 吴建福《〈六祖壇經〉"淨土説"辨析》,《法音》2004年12期,第29—30頁。
⑤ 楊曾文《敦煌新本〈六祖壇經〉》,第19頁。
⑥ 秦萌《解讀敦煌本〈壇經〉中的"三無"思想》,《浙江學刊》2009年第2期,第45—46頁。

化的影子,道家思想、玄學思想、傳統的儒家思想都在《壇經》中有自己的內容,正是這樣,南宗慧能在神會之後,受到許多中國本土士大夫的歡迎,慧能在與北宗神秀一系的鬥爭中脱穎而出,"從中唐到宋代的大量文獻證明,曹溪本《六祖壇經》與道家、道教思想有密切的關係,這就爲以'洪州禪'爲代表的南宗禪的道家化提供了新的證據,從而也可以清楚地看到中國禪宗發展中三教合一思潮確實是一個不以人的主觀意志爲轉移的歷史趨勢"[1]。對於敦煌本《壇經》的禪宗思想的研究是一個重點,目前研究成果也非常豐富,但相對於寫本《壇經》的校釋、版本、語言以及修辭等方面的研究還是比較單薄的,所以對於敦煌本《壇經》内容的深入研究,還有待於進一步發掘。因爲從另外一層意義上來説,這不僅僅是敦煌本《壇經》的思想,更是六祖慧能乃至曹溪禪宗的具體思想,我們應該熟悉和瞭解其他《壇經》版本的思想,進行相互比較研究,採用"二重證據"之法,探索六祖慧能禪學之意。

四、敦煌本《六祖壇經》研究中尚未解決的問題

前文已經提到西夏文本《六祖壇經》與敦煌本《六祖壇經》屬於同一個系統,但是對於西夏文本《壇經》的研究是目前最薄弱的一個環節,發表的學術論文也比較少。史金波先生在20世紀90年代對所有的西夏文本《壇經》進行了校釋、整理(12頁西夏文本《壇經》,包括羅福成5頁譯紙),認爲西夏文本《壇經》是非常接近法海的曹溪古本的[2]。其價值不言而喻,相關研究也不能僅僅停留在對其文字的翻譯與校釋上,更應該瞭解當時西夏人對於《壇經》的認識,並且與其他版本的《壇經》進行比較研究。需要説明的是,由於西夏文本《壇經》殘缺厲害,有的字跡模糊不清,需要有西夏文功底的學者進行仔細認真的分析研究。

《壇經》是佛教與中國傳統文化相結合的產物,我們對於《壇經》的研究不應僅僅集中在其本身的佛教價值上,更應該結合中國傳統的儒家思想、道家思想來進行研究,無論敦煌本《壇經》是胡適所説的"神會進行攻擊北宗神秀的僞造之作",還是印順法師認爲的"它代表了慧能的思想,神會及其法系對它只是進行了部分的改動,尤其集中於其傳法上",敦煌本《壇經》是中國傳統思想文化與佛教的結晶,這一點是不能被否定的。根植於傳統,傳播於大衆,這是敦煌本《壇經》的本來面目。就目前而言,敦煌本《壇經》作爲最接近曹溪古本的經典,在唐末五代傳播於遥遠的敦煌,從中可以看出當時《壇經》在佛

---

[1] 張培鋒《〈六祖壇經〉與道家、道教關係考論》,《佛教研究》2008年第2期,第91頁。
[2] 史金波《西夏文〈六祖壇經〉殘頁校釋》,《世界宗教研究》1993年第3期,第86頁。

教界的廣泛流行,也正是由於這一原因,在公元732年,神會抱著"爲天下學道者明正邪,辨是非"的決心,力圖在最短的時間内戰勝以神秀、普寂等人爲代表的"二京法主,三代帝師"的北宗,並且達到了自己的目的。從這個方面來説,神會確實偉大,他深諳當時學道者的心理,把傳統文化與儒家、道家思想結合,變劣勢的南禪爲優勢,是南禪中獨一不二的領導者。

在20世紀初,大批的禪宗經典被發現,包括《絶觀論》、《菩提達摩南宗定是非論》、《歷代法寶記》、《敦煌出土神會録》、《四入二行論》、《修心要論》等已經遺失的禪宗文獻,根據柳田聖山先生的考證,其數大概有數十種[①]。筆者以爲,可以把這些敦煌禪籍文獻(包括敦煌本《六祖壇經》)全部收録於一部書中,包括目前學術界的一些研究成果,在此基礎上,我們可以從更深層次理解禪宗,理解中國的傳統文化,從而使研究者能更清楚地瞭解禪宗自形成初期的一些思想特徵,以及在一千多年的演變過程,從不立文字到文字禪學的盛行,從艱苦修行到叢林禪學的誕生,從達摩一家獨尊到南北禪學的對立,一直到後來一葉五花的繁盛,這一系列過程所產生的原因,各個不同時期的思想有何不同之處,這種變化是禪宗内因導致,還是中國傳統文化和時代變遷的外因導致。佛教講求因緣,我們也必須瞭解禪宗這種變化的因緣。而禪宗如何融入中國的傳統文化中,唐宋時期爲什麽一些文學作品都深含禪理,爲什麽許多文人、士大夫都以學習禪宗爲榮,爲什麽中國古代的帝王將相乃至宦官都對禪宗大加褒揚,以及禪宗形成的經濟基礎等,所有的這些問題都值得學者去探索,去研究,並追求到禪宗的實相。

基金項目:本文爲國家科技支撐計劃國家文化科技創新工程項目"絲綢之路文化主題創意關鍵技術研究"(2013BAH40F01)階段性成果之一。

---

① [日]柳田聖山著,劉方譯《敦煌禪籍總説》,《敦煌學輯刊》1996年第2期,第110頁。

蒙元統治敦煌史研究述評

陳光文（蘭州大學）

西夏後期，蒙古崛起於北方。西夏天慶十二年（1205）三月，蒙古軍首次進攻西夏統治下之河西地區，並掠奪瓜、沙等州，開啓了持續長達22年的蒙古滅夏戰爭。瓜、沙二州位於河西西陲，與蒙古草原相去不遠，故而成爲蒙古軍隊最早的掠奪對象。西夏乾定元年（1224）五月，蒙古軍再度攻打沙州但未攻克，於是屯軍圍困沙州。至是年十一月，西夏遣使蒙古請降，沙州圍遂解，但此次圍困對沙州造成了重大損耗。蒙古太祖二十二年（1227）三月，蒙古軍終於攻破沙州，自此開始了敦煌歷史上的蒙元統治時期。蒙元大一統時代，帝國疆域空前遼闊，中西通道日益多元化，敦煌作爲漢唐時期中西交通樞紐之重要性已大不如前。而元代後期遷走漢民、駐扎軍隊的做法，更導致漢唐時期以漢文化爲主體的城邦文化逐漸斷流，軍鎮化、遊牧化趨勢日漸突出。另一方面，由於蒙元統治敦煌史屬於敦煌學與蒙元史的交叉研究領域，因而具有一定的複雜性和邊緣性。上述諸種原因，使得學術界對蒙元統治時期敦煌史的研究，無論是重視程度還是研究成果，皆遠不及漢唐時期。隨著敦煌學的不斷發展，其研究領域正在逐步拓展，學術界也越來越施以更多重視並已取得不少研究成果。本文旨在對已有成果進行回顧述評，並進行總結與展望。

一、蒙元統治時期瓜、沙二州的研究

（一）蒙古軍攻克瓜、沙二州的歷史過程

由於史料的零散和缺失，學術界對西夏攻克瓜、沙的歷史過程特別是攻克時間，説法不一，分歧較大。不同的是，關於蒙古軍攻克瓜、沙的歷史過程，《元史》、《西夏書事》等史料記載清楚。蒙古軍經過西夏天慶十二年（1205）、乾定元年（1224）以及蒙古太祖二十二年（1227）的三次戰鬥，最終攻克西夏瓜、沙二州。美國學者德斯蒙德·馬丁《1205至1227年間蒙古與西夏的戰爭》（H. Desmond Martin, *The Mongol Wars with HsiHsia*(1205‑1227), *Journal of the Royal Asiatic Society of Great Britain and Ireland*, 1942(3), pp. 195‑228. 中譯稿見陳光文譯、楊富學校《1205至1227年間蒙古與西夏的戰爭》，《西夏研究》2013年第3期）以及阿木《成吉思汗滅西夏的戰爭》、博彥《成吉思汗征服西夏戰爭》（並載《蒙古族古代軍事思想研究論文集》，内蒙古文史書店，

1989年)三文,在梳理蒙古滅夏戰爭時對蒙古軍攻克瓜、沙的歷史過程有所涉及。敖特根通過對史書的細緻考察,對蒙古軍攻克沙州的歷史過程進行了比較深入的研究,在所撰《成吉思汗對河西諸州的攻克》(《敦煌學輯刊》2005年第2期)一文中,對成吉思汗率軍進攻河西的時間、路綫等問題進行了梳理,在文中第七部分"對沙州的攻克"中作者對史料進行了認真的考察,在此基礎上得出了1226年蒙古軍進兵沙州、1227年攻克沙州的認識。昔里鈐部是西夏在沙州的最後一任守將,他在蒙古軍最終攻克沙州的過程中起到了重要作用,很可能是接替了1224年的前任沙州守將籍辣思義而擔任了最後一任沙州守將。敖特根《西夏沙州守將昔里鈐部》(《敦煌學輯刊》2004年第1期)一文首先對有關昔里鈐部的史料進行了全面梳理,對其名號、名釋、族屬進行了詳細考察,同時還對昔里鈐部降附蒙古、詔諭沙州等事跡進行了鉤索。

(二) 蒙元時期對瓜、沙二州的統治

日本敦煌學界於1980年集體編撰了《講座敦煌》書系。該書系第2册爲榎一雄責任編集的《敦煌の歷史》(東京:大東出版社,1980年)一書,其中由日本著名蒙元史專家大島立子撰寫了第八章《元時代(の敦煌)》(中譯稿見高然譯、烏曉民校《元代的敦煌》〈上、下〉,《民族譯叢》1984年第2、3期)。該文首先分和林時代、世祖忽必烈時代、忽必烈汗時代以後三個階段探討了元代東西交通路綫的變遷以及敦煌地位的下降,其次論述了敦煌在元代邊防中的作用以及元政府在敦煌的行政建制與屯田情況,最後對元代敦煌佛教的發展進行了簡述。該文篇幅雖然不大,但涉及内容較廣,因此總體介紹意味濃厚,但該文爲學術界最早對元代敦煌進行研究的論文,迄今仍具有指導意義。李并成《元代河西走廊的農業開發》(《西北師大學報》1990年第3期)從史料入手,分"回歸流民"、"徙來的新民"、"少數民族部衆"以及"留戍將士"四個部分,對元代開發河西農業的勞動力進行了分類探討,並在文中對元代政府開發河西農業的一系列舉措進行了分析,文中也涉及對沙州、瓜州農業的開發情況。楊富學《敦煌與吐蕃、回鶻、蒙古學研究》(《西北民族學院學報》增刊"海峽兩岸藏學蒙古學維吾爾學論文集",1997年)第三部分"蒙古"首先對蒙元時期敦煌的建制沿革進行了簡要勾勒,同時對敦煌莫高窟、西千佛洞、瓜州榆林窟中的回鶻式蒙古文與八思巴蒙古文題記進行了介紹,文末還對蒙元時期敦煌的佛教發展情況進行了梳理。

出伯家族形成於14世紀上半葉,包括豳王、肅王、西寧王和威武西寧王,分别鎮守肅州、瓜州、沙州和哈密,負責防守西起吐魯番東至吐蕃一綫,對元明時期敦煌影響甚巨。日本學者杉山正明對豳王家族世系進行了深入研究,發表了《豳王チュベイとその系譜——元明史料と『ムーイッズル・アンサ

一ブ』の比較を通じて——》(《史林》第 65 卷第 1 號,1982 年。中譯稿見特克希譯《豳王出伯及其世系——元明史料與〈穆依玆·安薩布〉之比較》,《蒙古學信息》1982 年第 3 期)一文,該文利用 1426 年至 1427 年寫成的《穆伊玆·安薩布》系譜集,並結合《元史》、《明實錄》之記載,對元明時代豳王出伯世系進行了細緻辨析。杉山正明研究之後,由於敦煌遺書、黑水城文書、河西石刻以及莫高窟、榆林窟回鶻文題記的刊佈和譯釋,爲豳王家族研究提供了日益豐富的新資料。楊富學、張海娟《蒙古豳王家族與元代西北邊防》(《中國邊疆史地研究》2012 年第 2 期)結合文獻,首先對蒙古諸王在西北的混戰與豳王烏魯斯的形成進行了細緻梳理,進而探討了豳王家族對西北的鎮守,在第三部分"豳王家族之固邊措施"中,從"發展屯墾,實邊固疆"角度,對元政府在瓜、沙二州的屯田情況進行了探討,並對西寧王速來蠻在沙州推崇佛教之舉進行了論述。張海娟、楊富學《蒙古豳王家族與河西西域佛教》(《敦煌學輯刊》2011 年第 4 期)對豳王家族的崇佛建窟之舉進行了專門研究,在其統治時期,西域至敦煌間的佛教獲得了較大發展,也使河西石窟營建活動在元末漸趨高漲,莫高窟、榆林窟現存的 14 處元代洞窟大多即爲元朝晚期之遺存。速來蠻爲出伯之孫,後繼承其父、出伯之子忽答里迷失爲西寧王,駐沙州。速來蠻是元代後期敦煌歷史上的一位重要人物,莫高窟迄今還保存有元順帝至正八年(1348)所立《莫高窟六字真言碣》,徐松《西域水道記》、羅振玉《西陲石刻錄》對該碑石有錄文,碑文爲六種文字所刻,其中即有"功德主速來蠻西寧王"之記載。閻文儒《元代速來蠻刻石釋文》(《敦煌研究》試刊第 1 期,1982 年)、李永寧《敦煌莫高窟碑文錄及有關問題(二)》(《敦煌研究》試刊第 2 期,1983 年)、敖特根《〈莫高窟六字真言碣〉研究》(《敦煌研究》2005 年第 6 期)、楊富學《河西多體文字六字真言私臆》(《中國藏學》2012 年第 3 期)對該碑石均有細緻研究。敖特根《蒙元時代的敦煌西寧王速來蠻》(《蘭州大學學報》2004 年第 4 期)對西寧王速來蠻始祖及其譜系進行了考察,並對速來蠻家族出鎮沙州之原因進行了探討,認爲從最初"破其城以隸八都大王"到西寧王鎮守沙州,表明蒙元統治者對沙州經營方式的變化,並指出元代河西地區繁榮與出伯後裔對河西的經營密不可分。

除了以上涉及蒙元時期敦煌歷史或人物的研究外,在一些有關敦煌歷史的通論性著作中對蒙元時期對瓜、沙二州的經營也有論述,如寧可、郝春文《敦煌的歷史和文化》(新華出版社,1993 年),胡戟、傅玫《敦煌史話》(中華書局,1995 年),劉進寶《敦煌歷史文化》(甘肅人民出版社,2000 年),榮新江《敦煌學十八講》(北京大學出版社,2001 年),鄭炳林、李軍《敦煌歷史地理》(甘肅教育出版社,2013 年),等等。

二、敦煌石窟蒙元時期題記與出土文獻的研究

（一）對敦煌石窟蒙元時期題記的研究

法國漢學家伯希和最早對莫高窟中的蒙古文題記進行了調查，在所撰《敦煌藏經洞訪書記》（載伯希和著、耿昇譯《伯希和敦煌石窟筆記》，甘肅人民出版社，2007 年）中提道："屬於第 2 類（八思巴文）勉強只有 10 方左右，它們全部都已經無法利用了。此外還有藏文、回鶻文、以常用字書寫的蒙古文和少許的婆羅迷文（Brahmis）的題記。但這些附記均指某名當地鄉民聲稱他曾在洞窟中焚香之事，它們只具有一種不太重要的價值。"伯希和所指的"不太重要的價值"的題記，應是指遊人題記。1987 年 5 月 20 日至 6 月 22 日，由敦煌研究院考古研究所與內蒙古師範大學蒙古語言文學系組成敦煌石窟蒙文題記考察組，對敦煌石窟的 531 個洞窟進行了考察。1987 年，哈斯額爾敦、嘎日迪、梁尉英率先發表《敦煌莫高窟元代回鶻蒙文〈圖勒黑圖古思題記〉釋讀》（《敦煌研究》1987 年第 3 期）一文，對莫高窟第 144 窟甬道北壁左側第一身供養像左上方的一處被稱爲"圖勒黑圖古思題記"的回鶻蒙文遊人題記進行了釋讀、轉寫和漢譯，文章認爲該題記是由肅州遊人宗教信奉者圖勒黑圖古思寫於至治亥年（1323）七月二十三日。1989 年，哈斯額爾敦、嘎日迪、巴音巴特爾《莫高窟第 61 窟甬道南壁回鶻蒙文題記釋讀》（《敦煌研究》1989 年第 1 期）對該窟甬道南壁西側掃灑尼姑像右側榜題下的一方回鶻蒙文題記進行了抄錄和釋讀，並進行了現代蒙文的轉寫。1990 年，敦煌研究院考古研究所和內蒙古師範大學蒙文系共同整理發表了《敦煌石窟回鶻蒙文題記考察報告》（《敦煌研究》1990 年第 4 期），根據報告，在對敦煌莫高窟、西千佛洞、瓜州榆林窟進行了蒙文題記考察後，共抄錄和譯釋回鶻蒙文題記 50 處 28 條，八思巴蒙文題記 14 條。陸永龍《莫高窟內發現元代墨書回鶻蒙文共有二十多處》（《光明日報》1986 年 7 月 5 日）在考察組考察前已在媒體上進行了報導，阿斯剛《敦煌研究獲新成果，石窟蒙古文題記考察有重要收穫》與《敦煌石窟發現回鶻和八思巴蒙文題記》（並載《光明日報》1989 年 12 月 23 日）也在隨後進行了報導。

自 90 年代開始，中外學界陸續開始了對這些蒙元時期石窟題記的釋讀和研究工作。哈斯額爾敦、嘎日迪、巴音巴特爾《安西榆林窟第 12 窟前室甬道北壁回鶻蒙文題記釋讀》（《敦煌研究》1990 年第 3 期）首先對該窟前室甬道北壁的一方遊人回鶻蒙文題記進行了釋讀，並進行了現代蒙文轉寫和譯釋。從譯文中看，出現了僧格奴、吉斯僧格、圖熱等人名，還出現了達魯花赤，文章根據譯文中的官名和字體，將題記判定爲元代中晚期所寫。榆林窟第 12 窟前

室北壁還有一則被稱爲"道爾吉題記"的回鶻蒙文題記。哈斯額爾敦、巴音巴特爾、嘎日迪《榆林窟第 12 窟道爾吉題記釋讀》(《敦煌研究》1992 年第 2 期)一文對該"道爾吉題記"進行了臨摹、轉寫和漢譯,根據題記中出現"永昌府"、"沙州"以及"午年七月初十日",判定該題記寫於 1414 年或 1426 年,屬於明代題記。1998 年,法國學者哈密頓與我國學者牛汝極,合作發表了《榆林佛教石窟回鶻語銘文(Hamilton James/Niu Ruji: Inscriptions ouïgoures des grottes bouddhiques de Yulin)》(《亞洲學雜誌(Journal Asiatique 286)》)一文。同年,哈密頓、牛汝極、楊富學又聯名發表了中文稿《榆林窟回鶻文題記譯釋》(《敦煌研究》1998 年第 2 期)一文,文章對榆林窟保存的回鶻文題記進行了音標、轉寫、考釋,並進行了漢譯,指出這些題記多爲草書,其時代多在元代至明初,該研究成果是對榆林窟保存回鶻文題記的一次全面整理譯釋,爲進一步挖掘其歷史、語言、宗教等多方面價值打下了基礎。2002 年,牛汝極發表《敦煌榆林千佛洞第 12 窟回鶻文題記》(《新疆大學學報》2002 年第 1 期)對榆林窟第 12 窟的 12 則回鶻文題記及榆林窟第 19、28、36 窟各一則回鶻文題記進行了標音、轉寫、考證和譯釋。日本學者也對敦煌石窟中的回鶻文題記給予很大重視。弘前大學松井太教授於 2006 年以及 2010 年至 2012 年間,對莫高窟和榆林窟的 87 個窟的 170 條回鶻語、蒙古語的題記銘文資料進行了調查,並於隨後相繼發表了一系列有關敦煌石窟中回鶻文題記的研究論文。所發表《榆林窟回鶻文銘文再考(Revising the Uighur Inscriptions of Yulin Caves)》(《内陸アジア言語の研究》23,2008 年)一文,在哈密頓、牛汝極文章基礎上,對榆林窟第 12 窟的 3 處回鶻文題記進行了重新譯釋,判定這三處題記寫於蒙古時代,並對其歷史意義進行了探討。2013 年 12 月 21 日,松井太教授在蘭州大學敦煌學研究所舉辦的"法藏敦煌文獻輪讀會"上作了題爲《敦煌莫高窟、榆林窟的回鶻文、蒙古文題記銘文續考》(蘭州大學法藏敦煌文獻輪讀會報告 15,蘭州,2013 年 12 月 21 日)的報告,介紹了所調查的部分題記銘文資料。此後,松井太教授還發表了《敦煌諸石窟のウイグル語題記銘文に關する劄記》、《敦煌諸石窟のウイグル語題記銘文に關する劄記(2)》(《人文社會論叢》人文科學篇 30,2013 年;32,2014 年)等論文,對所調查的敦煌石窟中的回鶻文題記進行了譯釋和研究。

　　需要指出的是,囿於當時條件,在上述有關莫高窟蒙文題記的研究中,沒有充分重視《伯希和敦煌石窟筆記》的最早調查和原始記録。薩仁高娃《伯希和洞窟筆記所見少數民族文字題記》(敦煌研究院編《2004 年石窟研究國際學術會議論文集》下,上海古籍出版社,2006 年)一文即指出,1987 年敦煌研究院與内蒙古師範大學合作調查的結論,即"敦煌石窟發現回鶻蒙文題記 50

處28條,其中六字真言題記最多只能算作1條",其數字與伯希和洞窟筆記中的蒙文題記數量有很大出入。作者對伯希和石窟筆記中涉及少數民族文字的洞窟和題記數量進行了統計,根據統計,伯希和記錄的227處少數民族文字題記中有86處蒙文題記(7處或回鶻文題記,1處爲近人用粉筆塗寫),其中八思巴題記4處;抄錄的有13條,其中八思巴文的僅有1條。在此基礎上,作者對其中13個洞窟的蒙文題記進行了介紹和翻譯,並再次強調了《伯希和敦煌石窟筆記》的重要價值和意義。

除了蒙文題記,莫高窟、榆林窟還有大量蒙元時期的漢文遊人題記。伯希和在其敦煌石窟筆記中進行了詳細的記錄。史岩《敦煌石室畫像題識》、謝稚柳《敦煌藝術敍錄》分別於1947年(比較文化研究所、國立敦煌藝術研究所、華西大學博物館聯合編印)和1957年(上海出版公司)出版。敦煌研究院編《敦煌莫高窟供養人題記》於1986年由北京文物出版社出版。張伯元《安西榆林窟》(四川教育出版社,1995年)則刊佈了爲數甚多的榆林窟蒙元時代遊人題記。由是,目前莫高窟、榆林窟的蒙元時期漢文遊人題記已全部刊佈。在此基礎上,徐自强《敦煌莫高窟題記研究》(《敦煌文獻論集》,遼寧人民出版社,2001年)一文對莫高窟題記進行了全面統計和分類探討,在"遊人題款"部分共統計出元代漢文遊人題記計29洞82條,其中元世祖忽必烈的至元時期有7洞10條;元仁宗延祐時期有4洞5條;元惠宗至元、至正時期有20洞44條,文章指出在元朝建國的一百多年裏,各地群衆、官吏與敦煌的聯繫一直未絕,其內容反映了元代在統治和開發西域的過程中,始終把敦煌地區作爲一個重要活動點的盛況。莫高窟第256窟東壁門北有一條漢文遊人題記:"即是/大宋國/至正十三年六月",在元順帝至正十三年(1353)六月的題記中出現"大宋國"一名,頗令人費解。張小剛《莫高窟第256窟至正年間"大宋國"題記考釋》(《敦煌學輯刊》2003年第2期)一文對該題記的歷史背景進行了考察,並在《元史·順帝紀》中找到了至正十二年(1352)五月元朝政府徙宋朝皇室後裔趙完普及親屬於沙州安置的記載,該題記與趙完普遷徙敦煌安置事件有關,而書寫者可能是趙完普或其親屬。王力平《莫高窟漢文遊人題記史料價值探析》(《敦煌學輯刊》2014年第3期)一文結合《伯希和敦煌石窟筆記》、《敦煌莫高窟供養人題記》等,對莫高窟漢文遊人題記的數量、時代和來源進行了細緻考察,並對其史料價值進行了論述,文中對部分莫高窟元代漢文遊人題記的歷史背景進行了初步探討。遺憾的是,目前學術界還未對榆林窟保存的蒙元時期遊人題記進行整理和研究。如果將莫高窟與榆林窟等敦煌石窟的蒙元時期遊人題記進行綜合性整理研究,並進行比對,相信能發掘出更多的歷史價值。

(二) 對敦煌莫高窟北區石窟出土蒙古文文獻的研究

　　1907 年,英籍匈牙利人斯坦因從莫高窟獲取的一件"至正十年(1350)虎歲六月四日"的題記,很可能攫自北區石窟。隨後,伯希和、奧登堡亦對北區石窟進行了調查,獲取了回鶻文木活字等文物。森安孝夫(《ウイグル語文獻》(載山口瑞鳳責任編集《敦煌胡語文獻》,大東出版社。中譯稿見楊漢璋譯、陳世良校《敦煌出土蒙元時代的回鶻文書》,《敦煌研究》1990 年第 3 期)對伯希和在莫高窟 464 窟獲取的元代回鶻文書進行了分組介紹和研究,這批元代回鶻文書絕大多數爲佛教文書,作者認爲伯希和編號 181(即 464)窟爲蒙古統治時代的回鶻人所營建,反映了蒙元時代佛教的興盛。1988 年至 1995 年,敦煌研究院考古研究所組織專業人員對莫高窟北區洞窟進行了清理發掘,並對文物進行了整理研究,出土了大批遺物,其中出土有殘損不等的回鶻蒙古文和八思巴蒙古文文獻 60 多份。1998 年,彭金章、沙武田發表《敦煌莫高窟北區洞窟清理發掘簡報》(《文物》1998 年第 10 期),對北區洞窟的類型、遺物進行了介紹,並探討了北區洞窟的時代問題、北區洞窟在莫高窟石窟群中的重要性以及北區洞窟清理發掘的意義。敦煌研究院對北區石窟的考古調查成果分別於 2000 年(彭金章、王建軍主編《敦煌莫高窟北區石窟》第一卷,文物出版社)、2004 年(同名第二卷、第三卷,文物出版社)分三卷出版,爲學術界對北區石窟的研究提供了極大便利。在該書第二卷和第三卷中,蒙古古文字專家嘎日迪教授分別撰寫了《敦煌莫高窟北區出土蒙古文文獻標音釋讀(一)》、《敦煌莫高窟北區出土蒙古文和八思八文文獻標音釋讀(二)》兩文,識別出蒙古文文書殘葉 63 件,其中回鶻蒙古文文書 58 件、八思巴文文書 5 件,文書書寫年代均爲元代,内容有官方文書、社會往來文書、宗教文書、法律文書等,雖然殘損嚴重,但作爲全新資料仍有重要研究價值,作者對該批文書進行了標音、漢譯。嘎日迪《近十幾年來敦煌石窟區考古發現中的蒙古文文獻》(載鄭炳林、樊錦詩、楊富學主編《絲綢之路民族古文字與文化學術討論會文集》,三秦出版社,2007 年)分官方、佛教、民間契約、法律、習語諸文書以及題記,對敦煌石窟考古發現的蒙元時代的回鶻蒙文和八思巴文文獻進行了介紹。

　　對莫高窟北區石窟出土蒙古文文獻進行全面系統研究的是敖特根。在《莫高窟北區出土蒙古文殘文書 B119:7》(載鄭炳林、樊錦詩、楊富學主編《絲綢之路民族古文字與文化學術討論會文集》,三秦出版社,2007 年)一文中,作者對北區第 119 窟編號爲 B119:7 的文書進行了譯釋,認爲該文書是有關懲治商人違反驛站管理行爲的法律文書。《莫高窟北區出土八思巴蒙古文〈薩迦格言〉殘片研究》(《中國藏學》2007 年第 4 期)一文首先介紹了《薩迦格言》

蒙古文譯文的傳承源流以及後人的研究情況,並在此基礎上對莫高窟北區出土的八思巴蒙古文《薩迦格言》進行釋讀、翻譯和注解。同稿英文稿也發表在2009年《中國藏學》英文版上(*Fragments of Sakya Mottoes in Mongolian Quadratic Script unearthed in the Northern Section of Mogao Grotto*, *China Tibetology*, Number 2, September 2009)。《莫高窟北區出土"阿剌忒納失里令旨"殘片》(《敦煌學輯刊》2006年第3期)對莫高窟北區出土編號B163:46蒙古文殘文書進行了系統考察,認爲該文書很可能是1324年出鎮沙州的阿剌忒納失里頒發給吐蕃地區某個招討司的令旨,內容爲對招討司有關軍事事務的請示的答覆。敖特根對莫高窟北區出土蒙古文文獻的研究集中體現在其博士論文《敦煌莫高窟北區出土蒙古文文獻研究》(蘭州大學博士論文,2006年)中,作者在前人研究基礎上對現已刊佈的莫高窟北區出土51件蒙古文殘文書進行了深入研究,從中可以看出,敦煌莫高窟北區出土蒙古文文獻中,手寫本世俗文書居多,內容包括官方文書、契約文書、格言詩、書信、習字等,時代從忽必烈汗時期到北元初期,較爲全面地反映了元代敦煌一帶的政治、經濟、文化和社會情況。該博士論文後於2010年由北京民族出版社出版。

三、蒙元統治時期敦煌石窟藝術的研究

蒙元統治者推崇佛教,此時期敦煌石窟藝術得到了新的發展,但也到了敦煌石窟藝術的尾聲階段。段文傑《榆林窟党項蒙古政權時期的壁畫藝術》(《敦煌研究》1989年第4期)對榆林窟的蒙元時期壁畫藝術進行了考察,認爲西夏和元代壁畫屬於一個獨立體系,具有獨特的內容和藝術風格,內容上顯密同在、漢藏並存,風格上中原風格、西藏風格、回鶻風格並在,但以前兩者爲主。金忠群《敦煌千佛洞三號窟元代壁畫藝術初探》(《美術》1992年第2期)一文對莫高窟第3窟的壁畫藝術進行了分類探討,指出該窟壁畫藝術在具有革新工藝的濕壁面上,塑造世俗凡人化了的神仙形象,表現藝術家獨立人格價值的題記和精妙的筆墨技藝,反映出元代壁畫藝術不同於前代的審美境界。不過關於莫高窟第3窟的年代學術界有爭議,例如霍熙亮《莫高窟回鶻和西夏窟的新劃分》,關友惠《敦煌宋西夏石窟壁畫裝飾風格及其相關的問題》(並載《1994年敦煌學國際學術研討會論文提要》,敦煌研究院,1994年),沙武田、李國《敦煌莫高窟第3窟爲西夏洞窟考》(《敦煌研究》2013年第4期)均認爲該窟營建於西夏時期。梁尉英《元代早期顯密融匯的藝術——莫高窟第四六四諸窟的內容和藝術特色》(載《敦煌石窟藝術·莫高窟第四六四、三、九五、一四九窟(元)》,江蘇美術出版社,1997年)對莫高窟464窟的

内容進行了介紹，並對元代早期顯密融匯的藝術代表——464窟的藝術特色進行了分析。楊富學《敦煌莫高窟第464窟的斷代及其與回鶻之關係》（《敦煌研究》2012年第6期）一文對464窟的斷代進行了新的考證，指出該窟開鑿當在北涼，原爲禪窟，至元代纔被改造爲禮佛窟，文章考證出窟内三榜題爲勝光法師譯《金光明最勝王經》之摘抄，同時結合該窟發現的回鶻文寫本和其他題記，證明464窟甬道與前室爲元代末期的回鶻窟，後室壁畫爲元代早期遺存。學術界對莫高窟第465窟的年代問題有較多爭議，目前主要有蒙元説、西夏説、吐蕃説。宿白《敦煌莫高窟密教遺跡劄記（下）》（《文物》1989年第10期）一文認爲465窟的時代在14世紀左右或13世紀後半期，他不僅推斷該窟爲元窟，而且認爲其壁畫內容爲薩迦、噶舉二派之雜糅。楊雄亦持465窟營建於蒙元説，在《敦煌藏傳密教藝術的珍貴遺存——莫高窟第四六五窟附榆林窟第四窟的內容與形式》（《敦煌石窟藝術·莫高窟第465窟》，江蘇美術出版社，1996年）一文中，作者對465窟的年代、壁畫、內容及其風格進行了詳細考察，認爲此窟爲二世噶瑪巴噶瑪拔希建立的蒙元窟。但也有學者持不同看法，如吐蕃説和西夏説。

　　王克芬《元代敦煌壁畫舞蹈形象的考察與研究》（《舞蹈》1996年第6期）一文對元代敦煌莫高窟第465窟和瓜州榆林窟第3窟、第4窟中的舞蹈形象進行了細緻的考察與研究。敦煌蒙元時期壁畫中還有豐富的蒙古族服飾資料，蘇瑩輝《敦煌壁畫供養者像舉隅——隋迄元代服飾史料簡介》（臺灣《故宮文物月刊》第3卷第4期，1985年）對元代壁畫中的服飾進行了介紹。包銘新與韓國學者崔圭順合作發表《敦煌莫高窟第332窟元代供養人服裝研究——兼論元代質孫面料之"毛子"織物類別》（《敦煌研究》2005年特刊）一文，對莫高窟332窟中的元代供養人服裝進行了研究，並結合壁畫與文獻資料，探討了元代質孫面料中"毛子"的織物類別。董曉榮對敦煌壁畫中的蒙古族服飾圖像有深入研究，在所撰《敦煌壁畫中的固姑冠》（《敦煌研究》2006年第3期）一文中，作者對敦煌壁畫中的蒙古族婦女所戴固姑冠的形制、元代蒙古族進駐沙州之時間、蒙古族大量做佛事的時間等方面進行了考察，認爲敦煌壁畫中的固姑冠是元代中期至晚期流行的樣式。《敦煌壁畫中蒙古族供養人半臂研究》（《敦煌研究》2010年第3期）通過對元代文獻資料和元代傳世畫像、墓室壁畫、出土實物資料的考察，對敦煌壁畫中的蒙古族供養人所著半臂的形制進行了探討，認爲屬於元代流行的比肩。《敦煌壁畫中的蒙古族供養人雲肩研究》（《敦煌研究》2011年第3期）一文結合元代與金代文獻、圖像、出土實物資料等，認爲敦煌壁畫中所繪蒙古族供養人所著雲肩是元代流行的樣式。榆林窟第6窟前室西壁北側和南側繪有蒙古族男女供養人像，盤腿坐於一張極低、無腿的長方形坐具上。董曉榮、齊玉華《榆林窟第 6 窟蒙古族供養人坐具》(《敦煌研究》2007 年第 3 期)對該窟蒙古族供養人坐具進行了深入探討,認爲這種坐具是蒙元時期設在諸王宫帳中"寳座"的一種。謝靜對敦煌石窟中的少數民族服飾有深入研究,其中對敦煌壁畫中的蒙古族服飾也有專門研究。謝靜《敦煌石窟中蒙古族供養人服飾研究》(《敦煌研究》2008 年第 5 期)一文對莫高窟第 332 窟、第 462 窟和榆林窟第 3 窟、第 4 窟、第 6 窟的蒙古族供養人服飾進行了研究,並根據壁畫和其他資料對蒙古族男女服飾進行分類探討。此後她又發表《敦煌石窟中蒙古族服飾研究之二——蒙元時期漢族服飾對蒙古族服飾的影響》(《敦煌研究》2010 年第 5 期)、《敦煌石窟中蒙古族服飾研究之三——蒙元時期各少數民族服飾對蒙古族服飾的影響》(《藝術設計研究》2012 年第 3 期)對蒙元時期漢族和其他少數民族對蒙古族服飾的影響進行了探討。謝靜對敦煌石窟中少數民族服飾的研究,集中體現在其博士論文《敦煌石窟中的少數民族服飾文化研究》(蘭州大學博士論文,2007 年)中,其中對敦煌壁畫中的蒙古族服飾進行了專門探討。

四、總結與展望

從以上的回顧來看,學術界對該課題的研究重點,大多集中在對敦煌石窟蒙元時期題記和出土蒙古文文獻的整理譯釋,以及對蒙元時期敦煌石窟藝術風格與壁畫材料的歷史學考察這兩大方面,均取得了豐碩成果。但利用新資料對蒙元統治時期敦煌歷史的全面、系統研究還非常缺乏,基本還沒有成系統的成果誕生。對敦煌石窟中蒙元洞窟的分期斷代具有相當的難度,學術界雖然在認定蒙元洞窟時還存在分歧,但無疑取得了很大進步。對壁畫中體現的蒙古族服飾文化的研究取得了長足進展,爲蒙古族服飾研究和蒙古文化研究提供了新鮮材料。對題記的研究成果集中體現在敦煌研究院考古研究所和内蒙古師範大學蒙文系研究人員發表的調查報告和研究論文中。學術界對敦煌石窟蒙元時期漢文遊人題記的研究還很不夠,表現在未對榆林窟題記進行研究,也未將其與莫高窟的漢文遊人題記、蒙古文題記結合起來並放在當時歷史大背景下進行系統考察,更未與正史、碑刻等史料相結進行探討。對莫高窟北區石窟出土蒙古文文獻的研究,集大成者爲敖特根《敦煌莫高窟北區出土蒙古文文獻研究》一書。對北區石窟蒙古文文獻的整理和譯釋,爲研究蒙元時代敦煌歷史提供了珍貴的新材料。正如敖特根在其書中"結論"里所言:"總之,敦煌莫高窟北區出土蒙古文文獻從一定程度上反映了元代敦煌一帶地區的政治、經濟、文化和社會情況,從而爲研究蒙元時期的敦煌歷史,提供了新的資料。"因此,利用敦煌石窟蒙元時期的蒙文題記、漢文遊人題記、莫高窟北區石窟出土蒙古文文獻、碑刻以及《元史》等史料，對蒙元時期敦煌歷史進行系統研究，成爲敦煌學界的一項新課題和新任務。

　　基金項目：本文爲教育部人文社會科學青年基金項目"西夏至清代敦煌史研究"（批准號：13YJCZH012）、國家科技支撐計劃國家文化科技創新工程項目："絲綢之路文化主題創意關鍵技術研究"（項目編號：2013BAH40F01）的階段性成果。

明清時期敦煌史研究述評

陳光文（蘭州大學）

敦煌通史之研究，按時代大致可劃分爲漢唐時期和西夏元明清時期。由於敦煌遺書多抄寫於唐五代，加之敦煌在當時是溝通中西交通的樞紐，因此百年來學術界利用敦煌遺書對唐五代宋初時期（在敦煌分別對應唐前期、吐蕃、張氏歸義軍、金山國、曹氏歸義軍統治時期）的敦煌歷史進行了深入的研究，取得了非常豐碩的成果。諸如日本學者於20世紀80年代集體編撰的《講座敦煌2·敦煌の歷史》一書，該書對敦煌歷史首次進行了通史性研究。對敦煌通史的斷代研究，以榮新江《歸義軍史研究——唐宋時代敦煌歷史考索》（上海古籍出版社，1996年）一書堪稱典範。2013年，由大陸中青年敦煌學家集體編撰的"敦煌講座"書系由甘肅教育出版社陸續出版，其中張德芳《河西漢簡與敦煌社會》、陸離《敦煌的吐蕃時代》、馮培紅《敦煌的歸義軍時代》、楊富學《回鶻與敦煌》等著作，利用漢簡與敦煌遺書並結合傳世史料，分別對漢代、吐蕃、歸義軍、回鶻統治時期的敦煌歷史進行了深入鉤索。但與上述成果形成鮮明對比的是，由於西夏以後無敦煌遺書可徵，加之敦煌地位的日趨下降，因而學術界對西夏以降的敦煌歷史不夠重視，缺乏深入和系統性研究。毋庸置疑，西夏以降的敦煌已失去漢唐時代的重要地位和繁榮文化，逐漸淪落爲位處西陲的普通邊城，甚至明代還以嘉峪關爲界棄置敦煌。郝春文先生敏銳地指出："古代敦煌興起、興盛的過程，就是以長安爲都的中原王朝把它建設成爲一個具有與内地經濟、文化水準相當的邊防軍事重鎮的過程；其衰落的過程，也就是由邊防重鎮逐步下降爲塞外小城的過程。"（《略論古代敦煌的興衰與邊防》，《中國邊疆史地研究》1992年第4期）以此觀之，西夏以降的敦煌無疑屬於後者，但即便如此，西夏以降敦煌歷史的研究，不論對彌補敦煌通史研究的完整性，還是對促進敦煌學學科的全面發展，均具有重要意義。由於目前學術界對明清兩代敦煌歷史的研究成果尤少，因此本文在此一併進行總結與述評，並提出今後研究的一些看法。

一、明　代

公元1368年，朱元璋建立明朝，年號洪武，元朝滅亡，明軍繼續對元朝殘餘勢力進行追剿。洪武三年（1370）春，任命徐達爲征虜大將軍，李文忠、馮勝、馮愈、湯和副之，分道北征。五年（1372）六月，"馮勝克甘肅，追敗元兵於瓜、沙州"。因此在洪武五年以前，瓜、沙二州尚被故元勢力控制，莫高窟第464窟有元"至正卅年（1070）五月五日甘州……"的題記。但明軍敗元兵後並未佔據瓜、沙二州，蒙古殘部又開始在瓜、沙一帶遊牧，莫高窟第465窟中又出現了北元"宣光三年（1373）凌住罕到此"的遊人題記。馮勝率軍東返後於肅州西設嘉峪關，控守西域，屏蔽河西。此後，明代又相繼在嘉峪關以西設置了安定衛、阿端衛、曲先衛、赤斤蒙古衛、沙州衛、罕東衛和哈密衛，由蒙古貴族擔任首領，稱爲"關西七衛"或"蒙古七衛"。位處敦煌境内的是沙州衛（處沙州）、赤斤蒙古衛（處瓜州）和此後在沙州衛故城上建立的罕東左衛。但在明代中後期，由於吐魯番勢力的崛起和進逼以及七衛的互相襲擾，明代最終關閉嘉峪關，棄置了整個敦煌地區。因此，明代敦煌史的内容，在相當程度上就是敦煌三衛的設置、變遷與廢棄的歷史，以及三衛的蒙古等諸少數民族活動與人口遷徙的歷史。

　　學術界對關西七衛的研究較多，對赤斤蒙古衛、沙州衛、罕東左衛的地望也進行了討論。赤斤蒙古衛、沙州衛的地望比較清楚。關於赤斤蒙古衛的地望，《明史·西域傳》記載："出嘉峪關西行二十里曰大草灘，又三十里曰黑山兒，又七十里曰回回墓，墓西四十里曰騸馬城，並設墩臺，置了卒。城西八十里即赤斤蒙古。漢敦煌郡地，晉屬晉昌郡，唐屬瓜州，元如之，屬沙州路。"沙州衛位於赤斤蒙古衛以西，《明史·西域傳》記載："自赤斤蒙古西行二百里曰苦峪，自苦峪南折而西百九十里曰瓜州，自瓜州而西四百四十里始達沙州。漢敦煌郡西域之境，玉門、陽關並相距不遠。後魏始置沙州，唐因之，後没於吐蕃。宣宗時，張議潮以州内附，置歸義軍，授節度使。宋入於西夏，元爲沙州路。"赤斤蒙古衛是西出嘉峪關後的第一個衛，在今玉門市赤金鎮，唐元時屬於瓜州；赤斤蒙古衛往西經過苦峪、瓜州後到達沙州，沙州衛即在今敦煌市。瓜州、沙州在元代時並屬於沙州路。唐景紳《明代關西七衛述論》（《中國史研究》1983年第3期）對赤斤蒙古衛、沙州衛的地望，與明代的茶馬互市、貢使貿易以及沙州衛廢弛等問題進行了深入研究。高自厚《明代的關西七衛及其東遷》（《蘭州大學學報》1986年第1期）結合《明史》記載，對赤斤蒙古衛與沙州衛的設置、東遷及其殘破進行了梳理，指出赤斤衛在今玉門市赤金堡，永樂八年（1410）建衛，正德八年（1513）徙居甘州；沙州衛在罕東衛之北，治所在位於今甘、新交界的故沙州城，永樂二年（1404）建衛，宣德十年（1435）徙苦峪，正統九年（1444）徙居甘州。

　　學術界對罕東衛的地望爭論較多，有西域説、西寧説、敦煌一帶等説法。《明史·西域傳》記載："在赤斤蒙古南，嘉峪關西南，漢敦煌郡地也。……（洪武）三十年，酋鎖南吉剌思入貢，詔置罕東衛，授指揮僉事。"但不少學者對這段記載的準確性提出質疑,認爲《明史》誤將罕東左衛的地望串記入罕東衛。岑仲勉《明初曲先、阿端、安定、罕東四衛考》(《金陵學報》第 6 卷第 2 期,1936 年)一文通過對文獻的細緻梳理,對曲先、阿端、安定、罕東四衛的名義、地望進行了詳細考辨,認爲罕東衛不在青海,而在新疆和闐以東 430 里的克里雅耳。不過有更多學者認爲罕東衛在青海境内,鄧瑞齡《明初安定、阿端、曲先、罕東等衛雜考》(《歷史地理》第 2 輯,1982 年)首先指出《明史·西域傳》在記載罕東衛時混入了罕東左衛的記載,否定了岑仲勉將罕東衛定在新疆克里雅耳的判斷,認爲"罕東部衆大致駐牧於青海湖東側,北以青海湖北諸山口爲限,南則以黄河爲限"。唐景紳《明代關西七衛述論》(《中國史研究》1983 年第 3 期)認爲明初罕東衛在西寧西北,仁熙、宣德以後由於部落矛盾和明政府壓迫,罕東人越過祁連山來到酒泉西南,在安西、敦煌一帶放牧。此後在《明代罕東衛地望小考》(《青海社會科學》1985 年第 2 期)一文中又補充了資料,作了進一步論證。吳均《安定、曲先、罕東、必里等衛地望及民族瑣議》(《青海師範大學學報》1988 年第 3 期)對諸説進行了辨析,認爲罕東衛轄區"不僅以青海湖北及其東側,南至歸德境黄河爲限,實際擁有南至巴顔喀拉山南北、西至海西香日德河流域,以青海湖爲中心的遼闊地區"。高自厚《明代的關西七衛及其東遷》(《蘭州大學學報》1986 年第 1 期)對西域説和西寧説均予以批駁,認爲明初罕東衛"西接曲先衛,西南接安定衛,北接沙州,東界祁連主峰與西寧相望",而明中葉吐魯番東侵,罕東衛損失較大,隨後於嘉靖七年(1528)東遷至甘州南山。雖然關於罕東衛的地望還存在爭論,但唐景紳、高自厚等從時空變遷的角度動態地去考察罕東衛地望,這種研究方法無疑是正確的。由於永樂年間罕東衛發生内部爭鬥,其中庵章一支遷徙至沙州衛附近地區。正統九年(1444),明政府將沙州衛部衆内徙甘州,而庵章子班麻思結則趁機佔據沙州。成化十五年(1479),班麻思結孫只克奏請明廷設衛,明政府准於沙州故城設置罕東左衛。唐景紳、高自厚上引文對罕東左衛的設置過程進行了梳理,罕東左衛後在吐魯番勢力的進逼下難以維繫,正德十一年(1516)其大部徙入肅州境内。

在研究包括敦煌三衛在内的關西七衛時,早期的研究者多關注於對地望的考證,之後的研究者則越來越注意對七衛民族來源、民族構成和民族遷徙的研究。由於關西七衛多由蒙古貴族統率,而這些蒙古貴族多出自元代豳王家族後裔,故而有必要上溯到元代對這些蒙古貴族的淵源進行探討,只有這樣纔能更深刻地瞭解諸衛設立的背景。日本學者杉山正明對豳王家族世系進行了深入研究,發表了《豳王チュベイとその系譜——元明史料と『ムーイッズル・アンサーブ』の比較を通じて——》(《史林》第 65 卷第 1 號,1982

年。中譯稿見特克希譯《豳王出伯及其世系——元明史料與〈穆依兹·安薩布〉之比較》,《蒙古學信息》1982年第3期),該文利用1426年至1427年寫成的《穆伊兹·安薩布》系譜集,並結合《元史》、《明實錄》之記載對元明時代豳王出伯世系進行了細緻辨析。胡小鵬較早關注到元明豳王家族與關西七衛的關係問題,在《元明敦煌與裕固族的歷史關係》(《敦煌研究》1999年第4期)一文中對元代蒙古族在敦煌一帶的活動進行了非常細緻的梳理,指出元代以來察合台後裔出伯系逐漸獲得了瓜州、沙州、哈密一帶作爲其烏魯斯分地,至元中後期形成了豳王(瓜州至肅州一帶)、西寧王(沙州)、肅王與威武西寧王(哈密)分治河西西部的格局。而豳王家族在哈密覆滅後,該支系歸順明朝,轉化爲明代沙州衛。作者最後指出,"正因爲肅州以西在元代因成爲諸王分地而出現蒙古化、部落化、遊牧化的趨勢,所以明朝在平定河西的過程中,採用了因俗而治的策略,即承認了元裔對嘉峪關外各族部落的傳統統治地位,以哈密的肅王、威武西寧王系統置哈密衛,以豳王、西寧王系統置沙州衛,以安定王系統置安定衛,以赤斤蒙古部落置赤斤衛,此外還有曲先、阿端等衛,統稱關西七衛,將其納入明朝的邊疆經營體制"。這一論述極爲重要,真正弄清了關西七衛設立的歷史背景和民族來源問題。此後,程麗英《明代關西七衛探源》(《內蒙古社會科學(漢文版)》2006年第4期)從元中期開始考察,對明代關西七衛設立的背景、經過及設立意圖進行了探討。楊富學、張海娟《蒙古豳王家族與元代西北邊防》(《中國邊疆史地研究》2012年第2期)利用敦煌遺書、黑水城文書、河西石刻以及莫高窟、榆林窟的回鶻文題記等新刊佈或新譯釋的資料,對蒙古諸王在西北的混戰與豳王烏魯斯的形成進行了細緻梳理,並探討了豳王家族對西北的鎮守問題,在第三部分"豳王家族之固邊措施"中,從"發展屯墾,實邊固疆"角度,對元政府在瓜、沙二州的屯田情況進行了探討。學術界對豳王家族史的梳理,對認識敦煌三衛的來源、形成和演變歷史具有重大意義。

上述論著對關西七衛的民族構成及其內遷也均有不同程度的論述。明中期以後,西域吐魯番勢力日益強盛,不斷掠奪七衛,甚至兵鋒直抵嘉峪關下,諸衛日漸殘破。明政府閉嘉峪關,內遷諸衛部衆至肅州、甘州地區,整個嘉峪關以西地區完全棄置。程麗英《明代關西七衛內遷去向和內遷人數探》(《貴州民族研究》2005年第4期)利用《明史》、《殊域周咨錄》和《邊政考》等史料,對明代關西七衛內遷去向和內遷人數進行了探討。陳光文《明朝棄置敦煌考略》(《敦煌學輯刊》2011年第1期)對敦煌三衛的設置以及廢棄過程進行了梳理,並探討了明代棄置敦煌的原因及其影響。需要指出的是,關西七衛雖由蒙古貴族統治,但其民族構成衆多,有撒里畏兀兒、藏、蒙古等族。

而關西七衛内遷的一大結果,就是促成了裕固族的形成。學術界對關西七衛内遷與裕固族的形成做了大量研究,如高自厚《明代的關西七衛及其東遷》(《蘭州大學學報》1986 年第 1 期)、《撒里畏兀兒東遷和裕固族的形成》(《西北民族研究》1986 年第 1 期)、《撒里畏吾與蒙古宗王出伯——裕固族源流中蒙古支系的由來、演變及其重大影響》(《西北民族大學學報》1990 年第 4 期),胡小鵬《元明敦煌與裕固族的歷史關係》(《敦煌研究》1999 年第 4 期),錢伯泉《明朝撒里畏兀兒諸衛的設置及其遷徙》(《西域研究》2002 年第 1 期),高啓安《安定衛的殘破與部衆遷徙覓蹤——兼論安定衛與裕固族形成的關係》(《西北民族大學學報》2004 年第 4 期),以及楊富學、張海娟、安玉軍《從蒙古豳王到裕固族大頭目》(《河西學院學報》2014 年第 3 期)等均有深入論述,因是明代敦煌史外的另一重要課題,故此不再附贅。

莫高窟内的明代遊人題記,對從側面瞭解明代敦煌之一斑具有獨特的歷史價值。徐自強《敦煌莫高窟題記研究》(《敦煌文獻論集》,遼寧人民出版社,2001 年)對莫高窟的題記進行了全面統計和分類論述。根據作者統計,唐、五代、元窟中有明代題款 4 洞 6 條,不過文中對明代遊人題記所蘊含的史料價值未作進一步解析。王力平《莫高窟漢文遊人題記史料價值探析》(《敦煌學輯刊》2014 年第 3 期)對莫高窟内的漢文遊人題記進行了新的統計,統計出莫高窟的明代遊人題記爲 5 條,時間分别爲洪武、正統、成化、萬曆年間,指出題主多爲軍人和官員,只有一條爲萬曆二年(1574)鞏昌府普通遊人所題,文章還對這些題記的歷史背景進行了述論,將學術界對明代遊人題記的研究推向前進。不過王文對明代遊人題記的統計並不全面,根據筆者統計,莫高窟明代漢文遊人題記有 7 條,分别爲明正統十二年(1447)、成化十三年(1477)、成化十五年(1479)、弘治三年(1490)、正德十二年(1517)、萬曆二年(1574),共 5 個年號、7 條題記。明軍於洪武五年(1372)攻克瓜、沙二州,洪武五年以前莫高窟有至正二十八年(1368)題記 3 條、至正三十年(1370)題記 1 條;洪武五年以後還有北元宣光三年(1373)遊人題記 1 條。因此,如以明代年號統計莫高窟明代遊人題記,則有 7 條;如以明代攻克敦煌之後統計,則有 8 條;如以明代建立元年統計,則有 12 條。此外,在榆林窟還有至正二十八年(1368)遊人題記 5 條、至正三十年(1370)題記 1 條、明代成化十四年(1478)題記 1 条。實際上這些明代遊人題記所蘊含的史料價值還遠未得到完全挖掘,將這些遊人題記與《明史》、《明實錄》等史料以及《重修肅州新志》、《敦煌雜抄》、《敦煌縣志》等志書結合起來進行深入考察,對明代敦煌歷史的研究將會得到大大推進。需要特别提及的是,由高啓安、邰惠莉整理點校的《肅鎮華夷志》一書已於 2006 年由甘肅人民出版社出版,該書對明代敦煌的道路、風俗、物産、民族、人口變遷等均有記載，爲進一步深入研究明代敦煌史提供了寶貴的新資料。

二、清　代

公元 1644 年，明朝滅亡，清朝定鼎北京，隨後進行統一中原的戰爭與招降工作。此時清朝還無暇顧及嘉峪關外的敦煌地區，只能依明朝舊制，劃關而治。康熙三十五年（1696），哈密維吾爾首領欲擺脱准噶爾部控制，歸順清朝。清軍以此爲契機，在哈密駐軍。五十四年（1715），控制西域的蒙古准噶爾部進犯哈密，清軍調集軍隊，著手準備統一西域的戰爭。此時，因爲在轉運物資與經營西域上的重要性，敦煌地區重新受到重視，五十七年（1718），由於移民的到來而在西吉木設赤金衛，達里圖設靖逆衛。雍正元年（1723），於布隆吉爾設安西衛，敦煌設沙州所。次年，設立沙州衛。自此，敦煌地區的建制得以重新恢復，而嘉峪關以西也形成了 2 廳（靖逆、安西）5 衛（靖逆、赤金、安西、沙州、柳溝）的行政架構。

設立行政建制與實行移民屯田是清朝重新開發敦煌的主要措施。1985 年，秦佩珩發表《清代敦煌水利考釋》（《鄭州大學學報》1985 年第 4 期）一文，較早對清代敦煌的水利建設進行了探討，文章主要對党河渠道的水利灌溉、党河的流向與灌溉區域以及敦煌農田水利的開發情況進行了研究。此後，王希隆對清代對關西地區的開發進行了較全面的研究，在《清代西北屯田研究》（蘭州大學出版社，1990 年）中對關西五衛的移民與屯田情況進行了初步論述，在此後發表的《清代關西五衛述論》（《蘭州大學學報》1992 年第 3 期）一文中對關西五衛的設立背景及其過程進行了詳細論述，指出五衛的設立對清廷統治和開發關西地區，並保證清軍平定青海和統一新疆起到了積極的作用，文章還對關西地區的移民和屯田等開發措施進行了深入研究，並對明代衛所制度在清初的變革和推行以及清代邊地建置的特點進行了探討。聶紅萍《清代雍乾朝經營敦煌述論》（《敦煌學輯刊》2007 年第 4 期）在王文基礎上，對作爲關西五衛一部分的敦煌地區進行了專門研究，文章首先分析了清朝經營敦煌的背景，並對沙州軍政建置的設立進行了梳理，其次對清朝移民沙州屯墾及其成效進行了詳細論述，文章最後對明朝衛所制度在清初的演變進行了總結，指出清代雍乾朝對沙州的經營，爲控制關西地區及統一新疆提供了物質和後勤基地，而大量移民的到來也爲推行衛所制到州縣制奠定了基礎。清朝對敦煌的移民舉措是學術界關注較多的一個問題，王淵《清代敦煌移民》（《敦煌文史資料選集》第 1 輯，1991 年）通過實地調查，對敦煌地區各坊的移民來源、各坊與現代村鎮的關係進行了梳理。路偉東《農坊制度與敦煌雍正移民》(《歷史地理》第22輯,上海人民出版社,2007年)一文對雍正時期敦煌移民的來源、時間、數量,以及坊的名稱、數量、分佈和農坊制的組織、管理、演化等問題,進行了非常細緻的研究,指出雍正敦煌移民是一次典型的由政府主導的邊疆移民,是一次有組織、非強制的開發性移民,爲雍正以後邊疆移民及開發提供了寶貴經驗。

党河是流經敦煌的一條重要河流,也是敦煌農業灌溉的主要河流。邢衛、侯甬堅《18～20世紀初党河下游河道變遷研究》(《西域研究》2010年第2期)通過翻檢歷史文獻,並結合古地圖、現代地形圖、衛星影像,嘗試還原清初党河下游原貌,並推測至少在300年前党河下游可能還有足夠的水流匯入哈拉湖和疏勒河。以党河爲主要水源,清初開始在敦煌地區或新修或翻修水渠,爲農業開發提供充足水源。邢衛《清代敦煌渠道修建與管理研究》(《古今農業》2010年第1期)一文分清初敦煌渠道建設的緣起、清代敦煌地區逐步完善的灌溉體系、清代敦煌水利機構的建立與渠道管理三部分,對清代敦煌水渠修建的背景、過程,以及用水矛盾與清代水利管理機構的建立、運行等問題進行了探討,指出清代敦煌的渠道因清初移民灌溉需要而始,乾隆以後人口增多,增修渠道,拓展舊渠,而清後期及民國不斷激化的灌溉矛盾迫使敦煌官員不斷完善了渠道灌溉的管理制度。邢衛還發表了《清至民國敦煌渠道管理運行研究》(《河西走廊人地關係的演變論文集》,三秦出版社,2010年)等論文。邢衛在其碩士論文《清至民國敦煌水利設施興修與管理研究》(陝西師範大學碩士論文,2010年)中,從敦煌水利設施興修的歷史地理基礎、清代敦煌水利設施的興修、民國敦煌水利設施的興修、清至民國敦煌水利的管理與運行等方面,對該課題進行了更加系統全面的論述。車雯婧對清代對開發敦煌進行了比較全面的探討,在其碩士論文《清代對敦煌的開發》(蘭州大學碩士論文,2012年)中,作者從清代開發敦煌的歷史契機、開發敦煌的具體措施以及開發後敦煌社會的緩慢發展三個方面,對清代對敦煌的開發進行了研究,指出清初在敦煌設所置衛,結束了明代中後期敦煌無建制的局面。而通過向敦煌移民、興修水利、建設新城等一系列有效措施,促使敦煌社會經濟在恢復中緩慢向前發展,但總體看清代敦煌地區的社會經濟發展水準已遠不如從前,大有盛極難復之勢。

敦煌莫高窟、榆林窟裹有大量清代遊人題記,反映了當時遊窟禮佛的盛況,也從側面反映出清代敦煌歷史與社會面貌。據徐自強《敦煌莫高窟題記研究》(《敦煌文獻論集》,遼寧人民出版社,2001年)一文統計,在北魏、西魏、北周、隋、唐、宋、西夏、元窟中,有清代題款25洞69條,其中題款在10條以上的時期有:雍正8洞14條,乾隆9洞19條,嘉慶9洞11條,其餘各朝代都在

10條以下。王力平《莫高窟漢文遊人題記史料價值探析》(《敦煌學輯刊》2014年第3期)一文統計出清代遊人題記共計60餘條,並對部分比較重要的清代遊人題記的史料價值進行了探討。總體來看,對莫高窟清代遊人題記的統計、整理、研究做得還很不夠,特別是目前學術界對榆林窟的清代遊人題記尚未進行研究。

三、通　　論

除了以上對明、清敦煌的分别研究外,還有不少論著將明清時期的敦煌進行一併研究,爲避免繁冗,在此亦一併作綜述。1980年,由日本學者榎一雄責任編集、數位學者聯合撰寫的《講座敦煌2·敦煌の歷史》(大東出版社)一書出版,書中分漢魏時代、五胡十六國至南北朝時代、隋唐王朝支配期的河西與敦煌、吐蕃支配時代、歸義軍(唐後期、五代、宋初)時代、回鶻與敦煌、西夏支配時代、元時代、明清時代對敦煌歷史進行了通史性研究。其中明清時代部分由日本著名明清史專家松村潤撰寫,明代部分内容很簡略,作者首先簡述了元代時期對河西統治的變化,進而較爲詳細地梳理了明洪武、永樂年間對河西的經略政策,在此基礎上對明代設置哈密、沙州、赤斤、罕東四衛的情況進行了介紹。清代部分内容略多,作者首先對清代開拓西域的背景進行了論述,其次分田賦、水利、縣城、驛站、營制、歲時等部分對清代敦煌的歷史和文化進行了分類討論。賈俊霞《明清時期的敦煌》(該文首先發表於《第五屆中國明史國際學術討論會暨中國明史學會第三届年會論文集》,西安,1993年;後經删減和修改發表於《史學集刊》1994年第1期)對明清時期敦煌的建制沿革進行了比較詳細的梳理,其次對明清時期敦煌的地理環境、農業經濟及交通進行了論述,指出由於敦煌本身的地理條件較差,加上人爲破壞,周圍沙漠化現象日益嚴重,而明清時期特别是清代,經過清政府和當地人民開發,敦煌的自然條件有所改觀。文章最後還對明清時期敦煌莫高窟的修繕與開鑿進行了探討。公維章《元明清時期的敦煌佛教》(《敦煌學輯刊》1999年第2期)對明清時期的敦煌佛教與莫高窟的遊人禮佛活動進行了研究,其中明代部分非常簡略,作者重點對清代敦煌的佛教信仰進行了探討,指出遊人來敦煌拜佛進香主要集中於清代雍正、乾隆、嘉慶年間,時間多集中在四月初八日浴佛節及其前後,朝聖者多爲中下層勞動群眾,而敦煌與外地之間的佛教交往也時有發生。

郝春文、李正宇從宏觀角度對兩千多年的敦煌歷史進行了審視,總結了影響敦煌歷史興衰的諸多因素和發展特點。郝春文《略論古代敦煌的興衰與邊防》(《中國邊疆史地研究》1992年第4期)對影響敦煌興衰的因素進行了宏觀論述,指出敦煌歷史大致可以分爲唐宋以前和唐宋以後,唐宋以前敦煌的發展雖有曲折,但總的説來保持著上昇的趨勢;唐宋以後的敦煌雖經歷了大一統的元、明、清三代,但還是逐漸衰落。究其原因,主要在於敦煌在中原王朝的邊防體系中先後所起的作用不同,而這種差別又是中原王朝國都遷徙的結果;另外中原王朝與絲路的興衰以及少數民族活動等因素,也在不同時期、不同程度上發生過積極或消極的影響。李正宇《敦煌古代歷史發展的特殊歷程》(《敦煌學輯刊》1997年第1期)對敦煌古代歷史發展的特有現象進行了有深度的思考,認爲敦煌古代歷史發展具有三個特點:首先,漢代擊潰匈奴而對敦煌的軍事佔領和移民開發、清軍對敦煌的移民屯田和再度開發,是歷史上兩次較大的社會進步,都是突然發生、迅速完成的;其次,漢朝和清朝大軍的兩次武裝佔領,對敦煌地區的社會進步起到了決定性的促進作用;第三,漢、清兩朝的大規模移民及移民文化,對迅速提高敦煌地區的物質文明和精神文明起到了不可替代的巨大作用。作者最後探討了敦煌歷史發展的特殊性對敦煌史和敦煌學研究的意義,指出敦煌歷史進程的各個發展階段,只有時間和空間形式上的連接,卻没有内在和内容的連接,爲敦煌史和敦煌學研究提供了借鑒。

除了以上論著外,在一些有關敦煌歷史的通論性著作中對明清時期的敦煌也有論述,如寧可、郝春文《敦煌的歷史和文化》(新華出版社,1993年),胡戟、傅玫《敦煌史話》(中華書局,1995年),劉進寶《敦煌歷史文化》(甘肅人民出版社,2000年),榮新江《敦煌學十八講》(北京大學出版社,2001年),鄭炳林、李軍《敦煌歷史地理》(甘肅教育出版社,2013年),等等。

四、研 究 展 望

上文對明清時期敦煌史的研究進行了回顧與總結。總體來看,對明代敦煌歷史的研究主要集中在敦煌三衛的地望、民族等方面,諸如岑仲勉、唐景紳、高自厚等對關西七衛地望的考證,杉山正明、胡小鵬、楊富學、張海娟等對元明豳王家族史的研究,以及高自厚、錢伯泉、高啓安、胡小鵬等對明代關西七衛與裕固族形成史的探討,這些成果爲進一步從整體上研究明代敦煌史奠定了基礎。同時我們也需注意到,明代敦煌實際上只是關西七衛的一部分,而且明代前期對關西七衛從統而不治發展到後期的閉關棄置,這兩點提示我們有必要從關西七衛和明代西北邊疆政策變遷的大背景下考察敦煌歷史。而高啓安和邰惠莉整理、點校並出版的反映明代敦煌的重要志書《肅鎮華夷志》,爲進一步深入研究明代敦煌史提供了新資料,正如點校者在該書"前言"中所説:"由於資料的缺乏,明代敦煌歷史幾乎是空白,而《肅鎮華夷志》中記録了不少敦煌的資料。比如關於東遷各衛的記載,有不少涉及到了當時沙州的民族、人口變遷,居民生産方式以及與周邊的關係等,可以説大大豐富了明代敦煌研究的資料和内容。"學術界對清代敦煌史的研究,主要聚焦於清代敦煌移民、屯田與水利建設兩大方面,取得了豐碩的成果。清代時期有關敦煌的史料較多,加之清代在敦煌重新設立行政建置,因此清代敦煌史的研究内容要遠較明代豐富,且許多問題尚未充分論及。要之,利用《明史》、《明實録》以及《敦煌雜抄》、《敦煌縣誌》、《肅鎮華夷志》、《重修肅州新志》等資料以及莫高窟、榆林窟明代遊人題記,對明初西北邊疆政策與敦煌三衛的設立,明代敦煌的地域範圍及其變遷,明代敦煌的民族構成與人口遷徙,明中後期吐魯番的崛起與棄置敦煌等問題進行深入研究;以及利用《清實録》、《平定准噶爾方略》、《朱批諭旨》、《重修肅州新志》、《敦煌雜抄》、《敦煌縣誌》等史料,並結合莫高窟、榆林窟的大量清代遊人題記,對清代敦煌的建制沿革、屯田水利、文化教育、宗教信仰等問題進行全面和系統的研究,均是未來研究的方向。對明清敦煌史的研究,雖然有相當的難度,但無疑具有很大的學術價值與學術意義。

基金項目:本文爲教育部人文社會科學青年基金項目"西夏至清代敦煌史研究"(批准號:13YJCZH012)、國家科技支撐計劃國家文化科技創新工程項目:"絲綢之路文化主題創意關鍵技術研究"(項目編號:2013BAH40F01)的階段性成果。

一次石窟考古、佛教美術研究的盛會
——"2014敦煌論壇：敦煌石窟研究國際學術研討會"綜述

張先堂　顧淑彥（敦煌研究院）

　　爲紀念敦煌研究院成立70周年，由中國敦煌研究院、中國敦煌吐魯番學會共同主辦，中國敦煌石窟保護研究基金會資助的"2014敦煌論壇：敦煌石窟研究國際學術研討會"於2014年8月16—18日在莫高窟舉行。來自美國、英國、匈牙利、德國、印度、日本、韓國等國與中國大陸、臺灣等地區的147位學者與會。其中英國Roderick Whitfield（韋陀），美國汪悦進，德國Lilla Russell-Smith（畢麗蘭），日本百橋明穗、小山滿、田中公明、八木春生，韓國梁銀景，中國柴劍虹、霍旭初、賈應逸、羅世平、張總、李靜傑、胡文和、張乃翥等國内外石窟考古、佛教美術研究領域的權威、資深學者參與了本次學術會。

　　此次學術會採用大會報告和分組報告兩種方式交叉進行。16日上午首先由敦煌研究院科研處處長張先堂先生主持舉行了大會開幕式，敦煌研究院樊錦詩院長致歡迎詞，中國敦煌吐魯番學會副會長兼秘書長柴劍虹致辭；之後舉行大會學術報告，下午進行分組學術報告。17日上午進行了分組學術報告，下午先進行了大會報告，之後舉行了閉幕式，由張乃翥、羅世平、張總、百橋明穗四位學界資深學者對本次學術會進行了總結評點，最後樊錦詩院長致閉幕詞。在兩天的大會和分組報告會上，共有73位學者報告論文。

　　本次國際學術會共收到中外學者提交的論文117篇，堪稱收穫豐碩。這些論文不僅内容豐富，廣泛涉及敦煌學史、石窟考古、佛教美術史、佛教歷史文化、佛教藝術傳承創新、古遺址古墓葬、敦煌文獻等諸多研究領域，而且許多學者在諸多研究領域提出了一些富有新意、頗具價值的學術觀點。

　　在敦煌學史研究方面，樊錦詩《守護敦煌藝術寶藏，傳承人類文化遺産——敦煌研究院七十年》回顧了敦煌研究院從國立敦煌藝術研究所、敦煌文物研究所、敦煌研究院三個歷史時期七十年來的艱辛歷程，重點回顧總結了敦煌研究院建院以來在敦煌石窟的保護、研究、弘揚事業中取得的舉世矚目的成就。柴劍虹、古麗比亞《關於如何推進石窟藝術研究的思考》認爲今後的石窟藝術研究需要進一步拓展思路，更新方法，在研究内容上要注重石窟建築、彩塑、壁畫中體現的物質材料與科技手段、工藝傳承及其三者之間的關係問題，尤其是其中的核心是創造了敦煌藝術物質財富與精神財富的"人"；還要注意利用數字化科技所獲取的高清圖像，以求圖像學研究上新的突破；

注意擴大徵引的文獻典籍資料範圍；要注意莫高窟藏經洞所出大量絹畫、經幡等繪織品以及寫本中"白畫"作品與石窟藝術關係的研究。劉進寶《向達敦煌考察的身份問題研究評議》考證向達起初參加"西北史地考察團"是由中央博物院籌備處聘請的，是以個人身份參加，並不是代表北京大學；但後來北大從開始的無所謂到積極參與，向達從開始的以個人身份到強調代表北大，雖然此次考察北大不是合作單位，但北大文科研究所由於向達的參加已開始介入，並爲下次參與合組"西北科學考察團"奠定了基礎。王見《"敦煌美術學"建立之必要——結合常書鴻〈敦煌藝術與今後中國文化建設〉一文》認爲從"敦煌美術學"在"敦煌學"中的薄弱地位，在現代美術的創作和批評的需要等方面來看，有必要建立"敦煌美術學"。

石窟考古研究是本次會議的第一主題，其中敦煌石窟考古研究爲最大宗，共有23篇論文，佔全部論文的1/5。其中又牽涉到以下三個方面的熱點問題：

第一，經變畫研究。汪悦進《道場時空與觀想次第：第31窟法華三昧試探》認爲莫高窟第31窟窟頂圖像、東壁門南北兩側的壁畫以及洞窟南北兩壁的金剛經變和報恩經變等內容體現了法華三昧的思想，完整體現了佛教四諦，同時也體現了天台宗的禮懺法，而金剛經變中的盧舍那佛以及報恩經變均表現了佛的前世。張元林《敦煌莫高窟76窟南壁法華經變及相關問題探識》考察莫高窟第76窟南壁法華經變屏風畫的內容、榜題及其圖像來源，認爲此經變並不是敦煌法華圖像演進的自然結果，而是在特定歷史條件下受到很可能來自西域、印度或周邊民族藝術影響的反映。八木春生《敦煌莫高窟唐代西方淨土變相圖的展開》將敦煌唐代前期的西方淨土變分爲4期，認爲從唐前期第4期開始，石窟內部變成了以教育爲目的的場所，這種變化導致了經變畫特別是西方淨土變形式上的固定化。王治《敦煌莫高窟中唐西方淨土變理想模型之構成》以中唐吐蕃統治時期成熟的西方淨土變作爲研究樣本，考察了其整體畫面結構、設計理念及所隱喻的宗教內涵，提出"視階"這樣一個新概念來觀察西方變淨土空間的圖像結構規律，並且利用中國古代畫學思想中的視學理論加以具體分析。潘亮文《敦煌石窟華嚴美術的再思考》考察敦煌石窟唐代的15鋪華嚴經變，分析了各品在經變中的具體位置，並對華嚴經變與其他經變的配置關係等問題進行了研究。郭俊葉《莫高窟第217窟佛頂尊勝羅尼經變中的看相圖及其相關問題》認爲莫高窟第217窟南壁佛頂尊勝陀羅尼經變中繪有祈子、生子、看相圖，其中看相圖不管是畫面中出現的建築、人物，還是服飾，都表現出粟特人的特徵，反映了粟特人的生活情況。張景峰《滅罪的殿堂——敦煌莫高窟第217窟研究》考察莫高窟第217窟主室四壁經變畫,認爲此窟的内容表現了佛教的三種滅罪法門,體現了濃厚的滅罪思想與功能。大西磨希子《九品來迎圖考——論唐代變相圖中的空間認知》詳細分析敦煌石窟觀無量壽經變中的九品來迎圖,指出其構成的基本要素,並辨析來迎圖與往生圖的區別,最後對唐代變相圖中的空間構圖進行了分析。賴天兵《莫高窟第 465 窟熾盛光佛變相考》考察莫高窟第 465 窟東披三佛,認爲南側佛像爲熾盛光佛,其周邊或呈寂靜相或呈憤怒相的共 11 身眷屬爲十一星曜,與佛像共同組成熾盛光佛變相。

　　第二,專窟研究。劉永增《瓜州榆林窟第 3 窟的年代問題》根據壁畫内容和遊人題記考證榆林窟第 3 窟的營建年代,認爲此窟始建於西夏時期,經歷了元、明、清三代的重修,歷時六百餘年。王惠民《莫高窟第 390 窟"幽州總管府長史"題記考》考證莫高窟第 390 窟供養人畫像及"幽州總管府長史"等題記,認爲此窟與敦煌李氏家族有關聯,窟主可能是李克讓之祖、李達之父李操。沙武田《敦煌莫高窟"太保窟"考》認爲查找敦煌研究院藏 DY322《臘八燃燈分配窟龕名數》中記載的"太保窟"必須符合五個條件:一是五代曹氏時期新修的洞窟,二是節度使一級人物的功德窟,三是公元 951 年臘月時已經建成或基本完工,四是位於第三層崖面,五是位置與今第 454 窟相近,並考證莫高窟第 261 窟當爲文獻記載中的"太保窟"。陳菊霞《榆林窟第 20 窟是一水陸道場》論證榆林窟第 20 窟繪製的佛聖與敦煌文獻《結壇散食迴向發願文》所奉請的佛聖有高度的一致性,提出此窟是一水陸道場的新觀點。濱田瑞美《試論敦煌莫高窟第 323 窟〈張騫出使西域圖〉》重新考察莫高窟第 323 窟北壁張騫出使西域圖,及其與南壁對應的石佛浮江故事畫的關係,認爲它是以具體歷史故事與感應内容來表示中國佛教的正統性。董廣强《莫高窟 275 窟洞窟形態的建築學考察》認爲莫高窟第 275 窟的縱長方形的平頂、兩側面爲較短的斜坡瓦屋面窟形是仿照佛寺的建築形式而開鑿的,而這種建築形式是魏晉時期遷徙到河西地區的中原人在原有建築形式的基礎上積極進行改造的結果,是對盝形帳的簡單模仿。黄京《莫高窟第 332 窟主室東向面合掌立佛是彌勒造像》認爲莫高窟第 332 窟作爲在武則天聖歷時由敦煌大族李克讓修建的洞窟,其東向面主尊爲彌勒,代表武則天,同時把彌勒佛、二佛並坐、西龕涅槃佛配置在中軸綫上,體現了受持法華經往生兜率彌勒淨土的思想。顧淑彦《莫高窟第 296 窟須闍提故事畫新考》重新釋讀莫高窟第 296 窟須闍提故事畫的畫面,認爲其依據經典非以前考證之《賢愚經》的《須闍提品》,而是《大方便佛報恩經》中的《孝養品》。魏健鵬《莫高窟新發現晚唐贊普問疾聽法圖研究——兼談莫高窟第 9 窟功德主》認爲莫高窟晚唐第 9 窟北壁"微型維摩詰經變"中的吐蕃贊普像反映了張氏歸義軍時期敦煌與吐蕃地區存在的一定交流，並根據供養人圖像和題記推測該窟的營建者可能爲歸義軍時期留居敦煌的吐蕃遺民和粟特胡人聯姻家族。

第三，專題研究。賈應逸《敦煌壁畫中的于闐八大守護神研究》考察了敦煌五代石窟中的于闐八大守護神圖像，認爲這些圖像是現在或今後解開和田出土壁畫內容的鑰匙。馬德《敦煌石窟與佛教社會化散論》從敦煌菩薩竺法護與中國大乘佛教思想的奠基、"末法思想"與敦煌石窟、唐代前期石窟與綜合國力、密教與藏傳佛教對敦煌石窟佛教的促進和敦煌石窟的民族精神五個方面論述了敦煌石窟佛教社會化的問題。林春美《莫高窟北朝時期的鳥銜綬冠》認爲敦煌北朝時期的鳥銜綬冠是由波斯古代王朝信仰相關的吉祥鳥經西域傳入敦煌，並與漢文化的大瑞鳥鳳凰、顯貴佩綬的習俗相輔相成，流行於漢地。陳明《莫高窟東壁門上供養人像的圖像意義》認爲莫高窟主室東壁門上繪製的父母或祖父母肖像具有"家祠"的性質，是將佛教的"往生極樂"概念與中國傳統的羽化成仙等觀念很好的結合，是佛教中國化、世俗化的具體表現。李旭東《莫高窟156窟唐代披鎧騎兵及相關問題探析》分析了莫高窟第156窟出行圖保留的唐代騎馬出行的歷史資料，指出其中反映了敦煌地方騎兵的裝備及歸義軍部分官職的名稱，戰馬、馬具、披甲騎兵甲械等具體情況。

另有一批論文關注新疆、甘肅石窟考古研究。李并成《從炳靈寺石窟題記看絲綢之路河隴段交通狀況》考察炳靈寺石窟相關洞窟的題記和供養人題記，認爲炳靈寺石窟在中西交通、文化傳播、民族關係、政治軍事和藝術風格上都有重要地位。張小剛《涼州瑞像造像研究——以敦煌地區爲中心》考察總結了唐前期、中晚唐、五代、宋、回鶻、西夏、元代各個時期敦煌地區和河西地區涼州瑞像造像現象及其特點。陳玉珍、陳愛峰《吐峪溝石窟第44窟善事太子入海品考》重新考釋吐峪溝石窟第44窟南壁東起第一幅故事畫，認爲應該是善事太子入海品的故事，所依據的經典應該是《賢愚經》卷九《善事太子入海品》。夏朗雲《麥積山第133窟爲西魏文皇后乙弗氏寂陵補正——兼注第43窟爲隋文帝敕葬神尼舍利地宫窟》認爲麥積山第133窟爲西魏的"寂陵"窟，而第43窟則應是隋代"神尼舍利加室"窟。孫曉峰《麥積山127窟頂部正中壁畫考釋》認爲麥積山石窟第127窟窟頂正中的壁畫內容是佛教帝釋天信仰和中國傳統喪葬文化思想綜合而成的帝后昇天圖。屈濤《額珠嚴飾重寶莊嚴——絲路東段等地佛教大像頭部新發現的北周貼餅玻璃碗和相關文物》認爲拉梢寺摩崖大像、炳靈寺大佛、麥積山造像、樂山大佛等大佛頭部新發現的巨型木製佛耳、北周貼餅玻璃碗等新材料或反映古代工藝巧思，或揭示中古絲路中西文化交流，或間接呈現古代佛教徒的宗教情愫等，爲今天的研究工作提供了使用多元材料的可能性。石勁松、王秀玲的《炳靈寺第70

窟十八羅漢圖像考》考證炳靈寺第70窟十八羅漢圖主要依據藏文典籍《十八羅漢禮供》，在藏民族傳統的宗教信仰和審美基礎上，融入了漢傳佛教中的信仰元素、藝術形式和文化內涵，展現了漢藏交接地帶佛教藝術相互交融影響的地域特徵。

還有一些論文涉及中原石窟考古研究。趙昆雨《北魏平城幢倒伎樂圖像考》指出北魏平城出現的多例幢倒伎圖反映了當時百戲的盛行與繁榮，北魏平城地區百戲演出活動胡、漢、鮮卑相融並存的史實。張成渝、張乃翥《武則天家族的龍門因緣——以新近發現的文物資料爲主》從龍門石窟涉及武氏家族的石刻資料反映的東都各界政教意識、龍門地區的田野文物遺跡與武氏家族生活聚落的形成、龍門地區以信仰爲紐帶的鄉土聚落的出現、武氏家族村居聚落的傳延等五個方面考察武則天家族與龍門地區的關係。楊超傑《龍門石窟1443窟正壁造像佈局分析及相關問題的探討》認爲龍門石窟1443窟（古陽洞）正壁罕見的造像組合、不規則的形制是因爲受到該窟內所存溶洞的客觀限制；左壁4龕的雕造可能存在時間上的先後，即由窟門依次向裏推進，正壁造像晚於八大龕；根據左壁圓楣龕、尖拱龕的胡人供養像，推測它們開鑿在孝文帝遷都洛陽之前。李曉霞、陳向茹《龍門石窟題刻所蘊含的中國民俗節日》整理龍門石窟現存的石刻題記資料，梳理僧俗在中國民俗節日於龍門石窟進行的種種佛事活動，分析佛教是如何借助節日這一易於被接受的形式，逐漸成爲中國文化的重要組成成分，進而探索龍門石窟佛教文化與中國傳統文化的融合問題。郝良真《淺談響堂山石窟雕刻藝術對古代磁州窯裝飾的影響》認爲無論是在磁州窯的胎裝飾階段還是彩裝飾階段，響堂山石窟的雕刻藝術對古代磁州窯裝飾風格的影響，基本上伴隨了磁州窯興起與發展的全過程，對磁州窯裝飾藝術特色的形成起到了至關重要的作用。張林堂《響堂山石窟博山爐裝飾風格研究初探》調查響堂山石窟裝飾圖案中博山爐的圖像資料、演變及其特徵，認爲從中可以看到北齊造像由盛向衰的演變過程。邱忠鳴《拈花的胡人：初議北齊青州佛像上的胡人畫像》研究龍興寺出土的一件佛像雙肩部彩繪的五位拈花胡人畫像，認爲他們是粟特供養人，此件彩繪佛像是由北齊時期流寓青州的一個粟特商隊出資修造的，並指出與鄴城、并州相似，北齊青州地區亦爲粟特商胡的流寓地，該地區活躍著一批粟特商人，他們或以雄厚的經濟實力以及與突厥間的密切關係而進入當地的統治階層，並與當地的經濟、政治、宗教、文化和藝術的日常生活與實踐發生著密切的關係。王瑞霞、劉華國《青州雲門山第二窟一幅圖像的考證》認爲青州市雲門山石窟第2窟的左側菩薩裙帶上的圖案爲蓮花化生，並以此推測第2窟的造像內容應爲西方三聖——阿彌陀、觀世音、大勢至。莊明軍、傅萍《山東青州石佛寺出土造像與堯王山石窟造像年代考證》考察堯王山上五處石窟造像,並結合在其山下寺院遺址出土的造像以及帶有題刻的文物,指出堯王山上這五處石窟造像的雕刻建造年代應爲宋代。巴圖吉日嘎拉《簡論阿爾寨石窟中有關八思巴重要活動的幾幅畫》研究阿爾寨石窟第31號窟中與八思巴活動有關的圖像,並據阿爾寨石窟寺遺址發現的建築磚瓦和其他建築材料標本,認爲阿爾寨石窟是元代較大規模的寺廟,是一座修煉佛教密宗的聖地。

還有一批論文關涉四川、西藏石窟考古研究。胡文和《四川巴中唐代龕窟門額(楣)結構與雲岡、龍門的比較研究》比較巴中石窟唐代窟龕門楣與雲岡、龍門及寶慶寺"長安三年"銘像龕等相同題材,認爲巴中石窟中的重簷龕楣是從巴中漢畫像磚上的門闕衍變而來。胡良學《大足石刻的老子造像研究》指出大足石刻中的老子造像具有數量衆多、延續時間長、保存完好等其他任何石窟所不具有的特點,有很高的歷史、科學和藝術價值,爲研究北宋至民國時期大足的老子信仰提供了珍貴的歷史資料。雷玉華、王建平《四川大邑藥師巖的調查與初步研究》考察四川省大邑縣藥師崖造像的崖面關係、開鑿順序、內容題材等相關問題,並重點對7號龕雕刻的定名問題進行了進一步的研究。何匯、林金勇《巴中石窟供養人造像、題記初探》初步分析巴中石窟供養人造像、題記,並考察了供養人造像與位置組合、身份、動機、願望及供奉的主尊。汪信龍《南龕單尊毗沙門天王造像》考察巴中石窟南龕的單尊毗沙門天王造像,認爲毗沙門天王造像的單獨出現與唐代四川地區頻繁的少數民族叛亂戰爭有著密切的關係。董華鋒、張媛媛《宋代四川地區的善財童子五十三參圖像及相關問題試探》考察了四川地區的6例宋代善財童子五十三參圖像,認爲善財童子五十三參圖像的發展經歷了三個階段,這一演變過程與《佛國禪師文殊指南圖贊》有密切的關聯。李小强《唐宋時期巴蜀地區羅漢信仰簡述》指出在13世紀之前的巴蜀一地羅漢信仰非常盛行,不僅在繪畫和文獻史料上記載頗多,而且在石窟藝術中遺存甚多,羅漢組合和造型豐富多彩。李翎《西藏的鬼子母信仰:經典與圖像》從圖像和經典兩個方面考察西藏地區曾經流行的鬼子母信仰,認爲藏文鬼子母的材料不算豐富,但也存在不少,但與漢地文化傳統完全不同的西藏,對於一個生育之神,可能並不重視,這也是漢、藏兩種文化在對同一尊神的信仰方面所反映出的差異。王迎《雪山岡底斯——立體的曼陀羅》指出岡底斯之所以成爲最神聖的雪山,首先取決於它的地理形態和交通位置,以及很可能因爲它的存在而產生的宇宙觀和宇宙圖像,它以曼陀羅的形式存在,更加明確了它位於信仰者心中宇宙中心的位置。

佛教美術史研究是本次學術會的第二大主題,共提交有20篇論文。黃文昆《中國早期佛教美術考古泛議》耙梳十六國至北朝時期的佛教造像,說明了北方佛教的中心經歷了從涼州轉移到北魏平城,雲岡成爲代表的一個過程。韋陀《〈瑞像圖〉加一殘片,再提幾個問題》考察印度新德里國立博物館藏斯坦因收集品中 S.452 殘損絹畫,認爲這是一幅以十一面觀音爲主尊的瑞像圖,年代應爲公元 7 世紀晚期的武則天統治時期,對於考察中國十一面觀音菩薩像的起源具有重要意義。百橋明穗《佛教故事畫與俗講——敦煌與日本》指出無論是在日本,還是長安,或是敦煌,人們都在誦讀帶繪畫的經典,將之供奉入塔、佛殿,又通過俗講向民衆傳播佛教教義,在以繪畫的形式進行表現時,爲了便於觀衆理解都出現了一些妥協性的偏離與變化。田中公明《河西走廊的密教美術》比較莫高窟第 465 窟、天王堂、瓜州東千佛洞、榆林窟等石窟的密教美術與以前的研究成果,認爲不依據文獻的翻譯而是經過圖像間的直接傳播的這種可能性,在敦煌密教美術品的傳播過程中是存在的。李靜傑《印度滿瓶蓮花圖像及其在中國的新發展》指出起源於印度的滿瓶蓮花圖像,伴隨著佛教物質文化的發展,在中印兩國獲得充裕發展空間;在印度突出豐饒多產意涵的同時也富於裝飾意義,在中國豐饒多產意涵與裝飾功能各有側重;滿瓶蓮花實際成爲一種吉祥圖像,在印中兩國千古流傳、芳香四溢。史曉明《"凹凸法"研究綜考》分析中國造型藝術史上繪畫技法中的"凹凸"畫法的印度式、西域式及敦煌(中原)式三種類型,並對"凹凸法"的歷史淵源及文脈進行了討論。羅世平《莫高窟唐代吐蕃補繪窟雜識》調查唐代吐蕃時期補繪前代的一批洞窟,認爲這些洞窟開窟時代有早有晚,但廢棄時間相對集中,其中不僅均繪製了吐蕃裝供養人,而且對其統一管理,並加以利用;繪畫內容既有前代流行題材,也出現了新的題材。寧強《天國想象——跨文化的比較研究》以現存古代視覺材料特別是敦煌壁畫中的天國圖像爲重點,對"天堂"與"地獄"的概念做綜合的研究,説明了不同的地區、宗教、文化傳統對死後世界的認知特點。畢麗蘭《回鶻佛教藝術的起源:研究進展淺談》研究德國亞洲藝術博物館藏的高昌故城建築殘件,並對敦煌與吐魯番壁畫藝術進行了對比研究。陳悦新《法海寺壁畫中的佛像著衣》考察北京西郊法海寺壁畫中的佛衣與菩薩衣,認爲其佛衣形式來源於唐代以後流行的中衣搭肘式。戴曉雲《一種菩薩裝佛像的新樣式——談水陸畫中的菩薩裝佛像》考察武威市博物館藏清代水陸畫中出現的菩薩裝佛像,認爲這些造像的經典依據應該不是水陸文獻,而是依據佛藏中的一些其他佛經。阮麗《敦煌白畫 Pel. chin 4518(33)與西夏時期的金剛界曼陀羅之比較研究》比較敦煌白畫 Pel. chin 4518(33)中的圖像與榆林窟第 3 窟、東千佛洞第 2 窟、第 5 窟中西夏時期的金剛界曼陀羅,認爲其與西夏時期的金剛界曼荼羅不屬於同一系統,是在不同的時代分別傳入敦煌的。王友奎《優填王旃檀瑞像新考》探考笈多式佛座背障在漢地不同時代先後施用於優填王像、彌勒佛像、菩提瑞像等多種造像的情形及其源流演變。何鴻《"善業泥佛像"存在時限考釋》認爲"善業泥佛像"出現在唐高宗時期，與武則天有某種關係。王敏慶《吳越王金塗塔形制淵源考辨》認爲阿育王所造之塔爲覆鉢形塔，而吳越王所造之塔則是在中國古塔的發展中吸收外來因素形成的寶篋印塔，吳越王之塔的形制並非阿育王所造之塔的形制。李惠東、張舒《力量與象徵——從盛唐的金剛力士彩塑看中國傳統雕塑對形體結構與解剖結構的理解和轉換出的"勢"與"境"》認爲在藝術家看來敦煌彩塑中的金剛力士造像的精、氣、神有著內在的一致性，也強調著"勢"與"境"所體現出的力量感與象徵性。

佛教歷史文化研究是本次學術會的第三大主題。霍旭初《論隋代佛教"恥小慕大"思潮對龜茲佛教的影響——龜茲佛教"邊緣化"歷史探尋之一》指出隋代佛教流行"恥小慕大"思潮，即抬高大乘、貶斥小乘，以部派佛教説一切有部爲主流思想的龜茲佛教被忽視，至唐代後期吐蕃入侵、回鶻西遷，龜茲佛教受到打擊，在中國佛教史上的"邊緣化"狀況日益加劇。小山滿《薩珊王朝強化祆教導致大乘佛教向東傳播》認爲在薩珊王朝波斯國王死後的幾十年中，由於強化了祆教的作用，中亞流行的大乘佛教遂向東傳播，流傳到中國的西域等地。張總《三階教文獻懺儀兩題》認爲敦煌龍興寺有官經，還有一大批包括三階教經典在內的疑僞經，爲當地僧尼民衆喜好需要，流通於龍興等寺廟內外，反映出三階教在敦煌至少中唐吐蕃期及其後受到一般的歡迎；《七階佛名經》是佛名禮懺的起源，不應局限於北方。穆紀光《敦煌文化學術創新四題議——以敦煌"佛"的藝術再生爲例説起》圍繞敦煌"佛"的再生歷程、當代文化學術"藝術創新"中的"數字莫高窟"研究與建設、"窟外敦煌學"研究與實踐、"敦煌哲學"研究的宗旨等幾個問題闡述了自己的見解。梁銀景《古代朝鮮人在中國參與佛事活動之諸問題探討》調查中國甘肅、陝西、河南、陝西等地石窟及佛教造像中古代朝鮮人參與的佛事活動，認爲南北朝時期在中國進行佛事活動的主要是通過姻親聯盟或強制移民留在中國的高句麗人，到了唐代，由於高句麗和百濟的滅亡，在中國參與佛事活動的主要是被強制移民中國的新羅的貴族階層。張文玲《佛教典籍與本生壁畫的幾點省思——以梵本聖勇〈本生鬘〉及和闐文〈佛本生贊〉爲依據》指出印度阿旃陀石窟中有一半的本生故事畫與《本生鬘》的內容相同，而敦煌和克孜爾石窟的本生故事畫則有一半以上與和闐文《佛本生贊》內容相同。崔中慧《敦煌彌勒經變中"老人入墓"的印度文化源流試探》認爲敦煌彌勒經變中的老人入墓圖並不符合印度文化中的生死觀，而是佛教帶給中國文化的另一種生命觀。賴文英《從文殊、普賢二聖信仰看中土法華、華嚴的交涉》認爲文殊、普賢二聖信仰在法華、華嚴兩大義學思想的交互作用下,到唐代完成華嚴三聖信仰的建立。簡佩琦《文本地圖——報恩經變的文本系統及其流傳區域》認爲四川、山西兩地區的報恩經變圖像,受到了敦煌地區的影響,敦煌地區報恩經變的文本來自《雙恩記》,四川地區的文本則來自《報恩科儀》,而山西的不明。下野玲子《關於佛陀波利譯〈佛頂尊勝陀羅尼經〉的經序與陀羅尼》對佛陀波利譯的《佛頂尊勝陀羅尼經》的經序中改定的陀羅尼及陀羅尼的原貌等問題進行了研究。王建林《從佛教壁畫看佛教僧團的内部鬥爭》認爲在克孜爾石窟中存在大量的謗佛題材,説明龜兹地區僧團是有分歧的,兩條路綫的鬥爭依然很激烈。李瑞哲《龜兹大像窟的開鑿與大佛思想在當地的流行》認爲大像窟的開鑿是龜兹佛教發展到一定階段的産物,在龜兹佛教藝術中佔據重要地位,大像窟的開鑿與鳩摩羅什在龜兹宣揚大乘思想關係密切,與彌勒信仰在當地的流行也有很深的關係。苗利輝《説一切有部佛教美術思想芻議——兼談它在龜兹石窟中的反映》認爲龜兹本生因緣譬喻故事畫揭示了諸行無常、諸法無我、因果相應的義理,佛傳故事畫則主要表現了"有餘涅槃"、"無餘涅槃"思想,它具有提供觀想對象、宣教、認識、教育以及供養、祈福和發願的功能。湯士華《高昌法華信仰考》指出高昌地區先後爲前涼、前秦、後涼、西涼、北涼所管轄,均信奉佛法,尤其是普遍信仰《法華經》,在高昌地區大量開窟建塔、禮佛誦經,佛教臻至極盛。項一峰《敦煌、麥積山石窟彌勒像教思想探尋——以早期的幾個代表性洞窟爲例》認爲敦煌 268、272、275 三窟和麥積山 74、78、165 三窟經變造像題材皆以弘傳彌勒信仰思想爲主導,同時弘傳相關的三世諸佛等佛教思想,説明兩地最早開窟造像時同屬長安佛教中心弘傳的佛教思想體系,並具有各地的特點。張善慶《歷史記憶的層累與〈涼州禦山石佛瑞像因緣記〉的撰寫——以正光元年瑞像示現事件爲中心》認爲正光元年瑞像示現事件及莫高窟第 61、98、72 等涼州瑞像相關圖像表現的獵師李師仁的原型是"離石人"劉薩訶,這是精英文化和民間文化相互交融與碰撞的結果。

　　佛教藝術的傳承與創新研究是本次會議的第四大主題。謝成水《敦煌藝術的傳承與創新》結合自身的研究工作經歷,從敦煌雕塑的現代運用與創新、敦煌壁畫在南方潮濕地區的新製作和敦煌藝術的教學與新課題研究三個方面闡述了自己對敦煌藝術的傳承與創新問題的實踐和見解。趙俊榮《追逐美的心路——敦煌藝術研究 70 年》滿懷感恩之情地回顧了敦煌研究院常書鴻、段文傑、史葦湘、李其瓊等幾代藝術家七十年來在敦煌石窟藝術的保護、臨摹和研究領域作出的不可磨滅的重要貢獻。卓民《回歸壁畫——現代中國工筆畫發展的源動力》從中國工筆畫的形成,到日本畫近代轉型過渡中的"工筆畫"樣式以及現代中國工筆畫的展望三個方面對現代中國工筆畫發展的源動力問題闡述了自己的觀點。郭峰《覓跡尋蹤——龜茲壁畫臨摹歷程回顧》分三個階段對龜茲石窟壁畫臨摹的歷史進行了回顧，認爲龜茲壁畫臨摹不僅是對壁畫的記錄還原，更是一種基於對古代藝術傳承的再創造。陳海濤、陳琦《敦煌藝術經典的現代媒體闡釋——以莫高窟第 254 窟降魔成道圖的數字動畫創作爲例》闡述了作者借助現代動漫多媒體手段，將莫高窟第 254 窟降魔成道圖故事中所蘊含的內涵，轉化爲影視媒體這一過程的實踐經驗與理性思考。芮櫻《莫高窟第 372 窟阿彌陀經變壁畫殘缺部分復原探究》介紹了作者運用風格學、圖像學等諸多方法模擬同時期的敦煌、西安、四川等地壁畫、雕塑、絹本畫，對莫高窟第 372 窟阿彌陀經變壁畫殘缺部分進行復原臨摹的研究成果。方金達《莫高窟 205 窟唐代殘損彩塑復原研究》介紹了作者對莫高窟第 205 窟中心佛壇南側半跏菩薩現狀進行研究與考證，並進行原大客觀臨摹，然後對其殘缺進行復原修復臨摹，還原彩塑原本面貌的研究成果。

還有一批論文關涉古遺址、古墓葬研究。吳葒《涇川佛教遺址及相關問題》介紹了對甘肅涇川縣 2012 年發現的一處佛教造像窖藏坑的發掘情況，並對此次佛教遺存發現的價值及意義，舍利發現的意義以及窖藏與舍利埋葬的關係等問題進行了初步的研究。李重申、林春《絲綢之路古代墓葬磚畫和壁畫墓中狩獵圖像小考》考察河西一帶魏晉古墓中出土的鷹獵彩繪磚畫，認爲鷹獵活動，不僅是一種覓食方法，更是一種娛樂，也是一種競技。李宏偉《鎖陽城遺址考古調查研究百年綜述》比較全面地介紹了從 1914 年斯坦因的考古發掘到 2013 年近百年間九次對瓜州鎖陽城考古發掘調查的基本情況、特點、主要成果及結論。楊效俊《寂滅爲樂——陝西韓城盤樂宋墓壁畫試析》認爲陝西韓城盤樂宋墓壁畫將宋遼時期業已成熟和完善的圖像重新組合、繪製在墓室的相應空間，從而產生了獨特的建築與圖像程式和象徵意義：從生的短暫到死亡的永恒；從俗世的有限歡樂到聖域的無限寂寥，而這種轉化具有戲劇性、藝術性的特徵，即寂滅爲樂。馬冬、辛峰《青海烏蘭茶卡棺畫人物圖像中"河西"因素小議》認爲很可能繪製於 4—5 世紀的烏蘭茶卡棺畫表現出明確的"河西"因素影響，直接而生動地揭示了中古前期在民族遷徙的潮流中，祁連山兩側地區以圖像爲載體的文化藝術之傳播與變化的模式和機理。張淑敏《山東博興縣博物館館藏盧舍那佛造像題記敘錄》介紹了山東博興縣博物館所藏 1 件盧舍那佛造像和 9 件帶"盧舍那"題記的造像座，指出它們對北齊古青州地區流行盧舍那信仰的結論提供了更加有力的證據，也爲研究本地區的佛教文化、佛教藝術等提供了重要的實物資料。

還有一些論文關注敦煌文獻研究。彭金章《對張君義文書發現及文書卷尾題跋的思考——兼述張大千羅寄梅在敦煌所獲其他文書》認爲敦煌出土的張君義文書可能是張大千在莫高窟北區 B223 窟中獲得的，收藏於日本天理大學天理圖書館的其他敦煌文書、羅寄梅先生舊藏敦煌文書也均出自莫高窟北區。張寶洲《伯希和與奧登堡敦煌莫高窟考察的關係——莫高窟考察歷史文獻解讀》從敦煌石窟編號的關係及藝術風格的差異兩個方面對伯希和與奧登堡在敦煌石窟的考察情況進行了研究，認爲伯希和對敦煌石窟藝術的分類法要比奧登堡分類法更接近歷史斷代的真實規律。王志鵬《敦煌 P. 3619 卷一首有關涼州瑞像的詩歌考釋》對渾惟明《謁聖容》詩結合佛教史實和傳說進行考釋，並指出除涼州石佛瑞像外，至少還有張掖西影像瑞像和酒泉呼蠶河瑞像，說明晚唐五代時期佛教瑞像的崇拜風氣在甘肅河西地區十分盛行。趙曉星《敦煌文獻 P. 2991〈報恩吉祥之窟記〉寫作年代》重新釋讀敦煌文獻 P. 2991《報恩吉祥之窟記》，認爲它不是寫於吐蕃時期，而是寫於晚唐五代時期，報恩吉祥窟爲晚唐五代敦煌僧人、國師氾福高營建的功德窟，莫高窟第 233 窟有可能是文獻中所記載的報恩吉祥窟。

　　總括而言，本次國際學術研討會圓滿順利，成果豐富，尤爲引人注目的是集中展示了近年來國內外學者有關石窟考古、美術研究領域的大量新成果，堪稱爲一次石窟考古、佛教美術研究的盛會。中外學者交流了學術，互通了信息，增進了友誼，不僅爲敦煌研究院創建 70 周年獻上了一份厚禮，而且對於加強國內外學者有關石窟考古、佛教美術研究等領域的學術交流，促進相關學術領域研究的進展，都將產生積極的作用。

吐魯番與絲綢之路經濟帶高峰論壇暨
第五屆吐魯番學國際學術研討會綜述

湯士華（吐魯番學研究院）

2014年10月20日至22日，"吐魯番與絲綢之路經濟帶高峰論壇暨第五屆吐魯番學國際學術研討會"在金秋十月的吐魯番博物館隆重召開。研討會由新疆維吾爾自治區文化廳、新疆維吾爾自治區文物局、吐魯番地區行署主辦，吐魯番地區文物局、吐魯番學研究院、吐魯番博物館承辦。本次會議主題緊緊圍繞絲綢之路經濟和貿易進行，吐魯番是絲綢之路上著名的貿易中轉站和文化交流的集散地，其經濟社會發展與絲綢之路密不可分，因而此次會議在國內外學術界反響熱烈。

參加研討會的有來自德國、英國、美國、日本、土耳其、哈薩克斯坦、吉爾吉斯斯坦、土庫曼斯坦、蒙古等國家和國內包括中國社會科學院、中國科學院、中國人民大學、中央民族大學、首都師範大學、武漢大學、吉林大學、西北大學、西北師範大學、陝西師範大學、澳門理工學院、中華書局、國家博物館、天津博物館、河南省社科院、甘肅省社科院、湖南省長沙市文廣新局、長沙簡牘博物館、新疆社會科學院、新疆大學、新疆師範大學、新疆民族古籍辦、新疆博物館、龜兹研究院等大學院校及科研學術機構在内的共10餘個國家和地區的60餘名專家學者。

新疆維吾爾自治區黨委常委、自治區副主席艾爾肯·吐尼亞孜親臨吐魯番出席開幕式，並發表重要講話。艾爾肯·吐尼亞孜常委站在貫徹習近平主席"絲綢之路經濟帶"講話精神的高度，指出深入挖掘絲綢之路經濟帶内涵的重大意義，提出了廣聚各方人才、廣結各界友人的殷切希望，表達了對國内外專家的誠摯謝意。他強調吐魯番要抓住歷史機遇，充分發揮自身優勢，把提高文化開放水準作爲推進文化體制、機制創新的重要内容和目標，創新人文交流方式，加強國際傳播、交流與溝通，並希望與會代表以這次學術研討會爲契機，圍繞各項議題深入研究探討，不斷拓展新疆文化遺產保護與研究事業的深度和廣度，爲推進新疆文化遺產保護事業的繁榮發展和改革創新積極建言獻策，爲推動國際文化遺產保護交流合作和"絲綢之路經濟帶"建設貢獻自己的智慧和力量。

本次研討會的題目是"吐魯番與絲綢之路經濟帶"，來自國内外的專家學者緊緊圍繞絲綢之路經濟和貿易這一主題展開研討，交流學術界最新研究成果。大會共收到國内外學者提交的研究論文五十二篇,大會發言四十餘篇,涉及内容廣泛,匯聚資料詳實,主要體現在四個方面:一是對絲綢之路經濟帶作用的理性探討;二是對絲綢之路沿綫文物的發現認識及其在絲路上的經濟文化價值;三是對作爲絲路樞紐之地吐魯番出土文獻的研究;四是對吐魯番及其相鄰地區文物遺跡的研究。

吐魯番地區文物局書記趙强以《爲吐魯番參與絲綢之路經濟帶建設打下堅實的文化基礎——交河、高昌故城申報世界文化遺産回顧》爲題,第一個作了大會主旨發言。他回顧了從20世紀90年代就開始的吐魯番交河、高昌故城申報世界文化遺産的過程,重點講述了從2006年8月世界文化遺産中心在吐魯番召開了絲綢之路申遺協商會後,吐魯番堅持不懈的申遺努力,以及2014年前半年打響的絲綢之路申遺攻堅戰,講述了吐魯番地區文物工作者爲交河故城和高昌故城申報世界文化遺産所付出的努力與艱辛,同時,表達了吐魯番地區文物工作者對文化遺産的保護管理和研究、對建設絲綢之路經濟帶的信心。中國敦煌吐魯番學會副會長、秘書長,來自中華書局的柴劍虹先生代表學會向大會召開表示祝賀,同時轉達了年過九旬的國學大家馮其庸先生對本次會議的關注和問候,他的《關於"絲綢之路經濟帶"與吐魯番學的一點思考》一文,高屋建瓴,從四個方面闡述了絲綢之路經濟帶與吐魯番學的觀念、視野與研究方法。大會主旨發言的專家學者還有德國柏林勃蘭登堡科學院吐魯番研究所研究員、中央民族大學少數民族語言文學院教授、長江學者阿不都熱西提·雅庫甫的《回鶻文占星術書殘卷與絲綢之路的宗教文化生活》、德國柏林勃蘭登堡科學院吐魯番研究所所長德金的《絲綢之路文化變遷——伊朗語使用者之貢獻》、武漢大學歷史學陳國燦教授的《對吐魯番地名發展演變規律的探討》和吐魯番學研究院特聘專家、新疆維吾爾自治區考古所研究員吕恩國的《洋海貨幣的歷程》,他們從不同的學術角度,在古代宗教、語言、文字、地名和貨幣等方面闡述了吐魯番在絲綢之路上發揮的重要作用。

武漢大學歷史學院朱雷教授的《跋唐西州交河城名山鄉差科簿》、武漢大學歷史學院副院長劉安志教授的《唐代解文的發現及其意義——以吐魯番出土文書爲中心》、中國社科院邊疆史地研究中心李方研究員的《唐西州高昌城西水渠》、新疆維吾爾自治區博物館伊斯拉非爾·玉蘇甫研究員的《回鶻文哈密本〈彌勒會見記〉敬品新發現的第二葉》、武漢大學經濟學院乜小紅教授《十六國時期高昌絲織業的織造户》、西北大學裴成國副教授的《高昌國的葡萄酒生産與絲路貿易》、西北師範大學文化學院劉再聰教授的《吐魯番出土文書所見中古基層行政體系》、陝西師範大學楊春榮博士的《北涼高昌太守隗仁研究》等論文,利用吐魯番出土文書所提供的資料信息,對中古時期的吐魯番及絲綢之路沿綫地區的社會、經濟、文化、宗教進行了多方位的研究，提出了許多新思考，展現了新成果。

　　吉林大學邊疆考古中心朱泓教授的《小河墓地古代人群的口腔健康與飲食》、新疆維吾爾自治區博物館王博研究員的《額敏縣也迷里古城遺址墓葬出土顱骨的人種研究》、中山大學人類學系劉文鎖教授的《洋海墓地研究》、中國科學院蔣洪恩教授的《吐魯番勝金店墓地農業活動研究》、新疆維吾爾自治區博物館魯禮鵬研究員的《吐魯番阿斯塔那墓地出土鎮墓神獸研究》、阿麗婭·托拉哈孜研究員的《阿斯塔那187號墓出土的仕女騎馬俑所反映絲綢之路經濟帶文化內涵研究》、中國社科院楊益民研究員的《吐魯番阿斯塔那墓地出土陶燈燃料的科技分析》、吐魯番學研究院副研究員祖力皮亞·買買提的《吐魯番史前皮革製品的考察與研究》、吐魯番學研究院館員陳新勇的《吐魯番洋海墓地出土最早馬球考》等論文，從絲綢之路沿綫的最新考古和出土文物進行了科學深入的研究，成果斐然。尤其值得一提的是吐魯番學研究院副研究員祖力皮亞·買買提的《吐魯番史前皮革製品的考察與研究》和陳新勇館員的《吐魯番洋海墓地出土最早馬球考》的論文，其研究領域是學術界極少有人涉足的，可謂開吐魯番學早期皮革用品研究之先河。

　　新疆龜兹研究院霍旭初研究員的《高昌回鶻佛教圖像研究補證》、中央民族大學張鐵山教授與李剛博士的《吐魯番雅爾湖千佛洞5號窟突厥文題記研究》、敦煌研究院楊富學研究員與陳愛峰博士的《吐魯番古代宗教演變及其特點》、龜兹研究院副院長趙莉研究員的《流失海外吐魯番大桃兒溝石窟壁畫復原》、龜兹研究院苗利輝副研究員的《龜兹風佛教藝術及其對吐峪溝石窟的影響》、新疆大學歷史系艾合買提·蘇萊曼教授的《維吾爾傳統文化中的拜火教遺存初探》、中國人民大學國學院研究生劉政的《吐魯番出土雙頭鳥紋樣與佛教"共命鳥"無涉》等論文，從高昌與龜兹的宗教傳播與演變到佛教石窟壁畫藝術等方面，呈現了絲綢之路上不同時代、不同宗教、不同民族的宗教傳播與發展的研究成果。

　　澳門理工學院譚世寶教授的《身毒、浮屠、祁連、單于、可汗、莫賀等詞考釋》、新疆師範大學歷史與民族學院劉學堂教授的《説"七"》、新疆社科院歷史研究所所長賈從江研究員的《古代絲綢之路對世界經濟的貢獻及啓示》、甘肅社科院李志鵬研究員的《試論"高昌吉利"錢兼有民俗錢之風韻及其用途》、新疆維吾爾自治區民族事務委員會古籍辦副主任艾爾肯·依明尼亞孜編審的《絲綢之路的維吾爾族傳統文化與古籍文獻簡況》、河南省社科院歷史與考古研究所副研究員陳習剛的《拓展吐魯番學軍事領域研究大門，助推吐魯番學邁進中期發展階段》、西北師範大學魏軍剛碩士的《淝水戰後初期河西地域集團政治活動考察》、吐魯番學研究院碩士生苟翰林的《基於正史〈西域傳〉的西域地域範圍演變探微》等論文,根據傳世文獻和出土文物,從研究絲綢之路歷史的角度,對絲綢之路沿綫一帶的民族、政治、經濟、軍事等領域,進行了進一步的探討,爲今後拓展吐魯番學研究的視野提供了許多借鑒。

參加研討會的國外專家不僅向大會提交了自己的最新研究成果,而且在大會上進行了學術交流。英國倫敦大學亞非學院辛姆斯·威廉姆斯教授的《索格底亞那和巴克特里亞的品質與重量銘文研究》、亞非學院教授蘇珊·魏泓女士的《塔里木的貿易》、德國哥根廷科學院西蒙尼·克麗絲汀教授的《藏於伊斯坦布爾 Aratestate 的一些材料》、美國夏威夷大學教授馬林·莫克的《歐亞大陸中部和東部地區先民對麻黃植物的認識和利用》、日本東京農業大學農學部教養分野主任山部能宜教授的《吐峪溝 K18 壁畫的數碼復原》、哈薩克斯坦阿拉木圖克里米亞修復實驗室院長阿勒滕別科夫·克雷姆的《文物考古安全方法》、哈薩克斯坦歐亞大學阿勒泰與突厥研究中心研究員占鐵根·哈爾焦拜的《中古早期古代突厥的地下陵墓》、土耳其烏沙克大學現代突厥語方言與文獻學院藝術與科學系埃羅爾·撒卡里教授的《絲綢之路:貨物與文化交融》、土庫曼斯坦馬赫圖姆庫里大學民族考古系謝爾大爾·瑪莎里擴夫教授的《淺析古代絲綢之路貫穿土庫曼斯坦的路段之史與改綫的情況》、吉爾吉斯斯坦比什凱克人文大學薩迪讓列娃·高爾杉博士的《絲綢之路上時間概念國家範式》、蒙古國科學院考古研究所中世紀系穆圖巴耶爾博士的《蒙古秘史之蘇克人注釋評介與第二汗國紙幣》、蒙古國科學院考古研究所巴圖博士的《突厥,回鶻"娑匐"詞是否名號?》等論文,從絲綢之路經濟帶沿綫國家的政治、歷史、經濟、貿易、考古、宗教等方面進行了全面的分析和研究,尤其是幾個國家刊佈的最新考古資料,引起了參會專家學者的廣泛關注,將爲今後絲綢之路經濟帶研究提供更有利的實物佐證。

參加本次研討會的代表中,除了許多德高望重的、多年致力於吐魯番學研究的老一輩專家學者,還有許多年輕一輩的博士生和碩士生,他們或是導師推薦或是毛遂自薦參會,我們欣慰地看到吐魯番學研究這門顯學已經深深吸引了眾多國内外年輕有爲的學者來耕耘這片充滿希望的學術田野。

此次學術研討會爲期三天,各參會專家學者結合自己的研究成果從不同的角度論述了近年來關於吐魯番與絲綢之路的科研成果。中央民族大學少數民族語言文學院阿不都熱西提·亞庫甫教授說:"眾所周知,吐魯番是古絲綢之路上的重鎮,是東西方文明與文化交融、交流和對話之路,今年習近平總書記提出共建絲綢之路經濟帶的重要構想,那麽我們現在要做的就是讓吐魯番再一次成爲新絲綢之路上貿易、文化交流的重地。"

與會專家還參觀了2014年在多哈第38屆世界遺產大會上確立的"絲綢之路：長安——天山廊道的路網"這一新的世界文化遺産名録中的交河故城和高昌故城兩個遺址點。

　　總之，"吐魯番與絲綢之路經濟帶高峰論壇暨第五屆吐魯番學國際學術研討會"緊緊圍繞吐魯番與絲綢之路經濟帶這一主題，結合吐魯番及絲綢之路經濟帶沿綫國家考古發掘出土的衆多實物，通過國內外專家學者的共同研討，提供了諸多詳實可靠的新史料和前瞻性研究成果。正如新疆吐魯番地委書記張文全總結的那樣：系統全面地開展吐魯番學研究，不但突出了吐魯番地區在古代絲綢之路上發揮的巨大作用，以及吐魯番歷史上繁榮的貿易經濟和相容並蓄的社會文化，又將吐魯番學真正置於東西方文化交流的大背景下進行綜合性比較研究，將進一步開拓這門學問的深度和廣度，在吐魯番學歷史上具有里程碑式的意義。

第三届"中國中世(中古)社會諸形態"
國際研究生・青年學者學術交流論壇綜述

趙　貞（北京師範大學）

2014年2月28日至3月1日，由日本明治大學文學部、東洋石刻文物研究所主辦的第三届"中國中世(中古)社會諸形態"國際研究生青年學者學術交流論壇在明治大學舉行。來自日本、中國大陸和臺灣地區的三十餘名青年學者參加了此次學術論壇。論壇收到學術論文21篇，發表學術演講20場。與會青年學者圍繞"中國中世(中古)社會諸形態"的主題，對中古中國的政治與社會諸多問題進行了深入的探討，結論富於啓發性。

以下根據論壇的議程安排，按照學者發言的先後次序，對提交討論和交流的21篇論文略作介紹。

北京師範大學寧欣教授作了紀念演講《唐五代宋初城市社會階層變動的幾點思考》。寧教授指出，唐宋時期是人口向大城市集中趨勢達到高峰的時期，城市社會階層和城市人口結構都呈現新的變化。從社會中下階層入手是認識這一時期城市變化和發展的關鍵所在，這點也恰恰是此前研究的薄弱點，甚至被完全忽略。我們的研究應該抓住城市社會的特點，對城市社會階層進行專門的分類和分層，這不僅需要重新認識城市社會不同階層和群體在城市社會發展中的影響和作用，同時也要把握商人、市井之徒、街肆惡少等這些同一群體自身演變的歷史過程。

日本東京大學小島浩之發言的題目是《〈唐六典〉的歷史本質——以其正統觀和行用開始時期的研究爲中心》。小島氏指出，《六典》中的注記述了官制的歷史沿革，其中的王朝排序是周—秦—西漢—東漢—魏—晉—劉宋—齊—梁—陳—北魏—北齊—北周—隋—唐。這個排序體現了北朝爲保證王朝的合法性而接受周禮的歷史背景。另一方面，自《六典》被行用的建中年到元和年，正是安史之亂後連續戰亂終於被平定下來的時期。因此，它不斷反映了對安史之亂的反思和對開元時代繁榮的強烈追憶。其結果是《六典》被定位爲開元之治的原始文獻，它與作爲貞觀之治原始文獻的《貞觀政要》相對應。可以認爲《六典》的開始行用是表示從周至唐的王朝合法性和顯示自北魏至唐的北朝周禮主義的集大成。最後，《六典》的形式對《通典》等政書給予了巨大影響，甚至對明清時代的會典產生了直接影響。

北京師範大學王溪博士的論文《唐五代翰林待詔與翰林學士職任關係探

析》對唐五代時期翰林待詔與翰林學士間的差異與聯繫作了探討,認爲從文士待詔和伎術待詔同處翰林院,到兩者逐漸分途,再到部分文士待詔別居學士院,最終演變爲翰林學士,這一由"合"至"分"的職任因革過程是科舉制發展、文人政治興盛的歷史大勢所趨。另一方面,即使分屬不同館署,兩者身份、地位、職能差距很大,待詔和學士仍然"分"中有"合",反映出兩者同爲差遣職、同屬翰林系統的相通之處,以及翰林初創時期性質的殘餘。

臺灣中興大學博士生、御茶之水女子大學留學生嚴茹蕙彙報的題目是《〈慈覺大師入唐往返傳記〉中所見的渡日唐人樂郭——附叡山文庫所藏版本介紹》。嚴文對叡山文庫收藏的《慈覺大師入唐往返傳記》(簡稱《傳記》)作了初步介紹,指出渡日唐人樂郭爲入唐求法巡禮的高僧圓仁所寫的《傳記》,雖然記載了圓仁的德行與長處,但對圓仁於會昌年間所遭遇武宗滅佛事件只字未提,對圓仁回國前的記事亦與《入唐求法巡禮行記》有相反之處。《傳記》還用1/3篇幅記錄了同船唐人赴日的動機與背景,並附加了樂郭自己的小傳,這對瞭解唐朝晚期的渡日唐人的社會生活,並藉此透視此時的中日關係,乃至審視中國中古社會的變化無疑提供了較好的題材與視角。

復旦大學博士生鍾無末提交了題爲《博物學的中晚唐圖景——以〈北户錄〉的研究爲中心》的文章。文章指出,古代中國的博物之學是古人體察萬物、摹想世界,對自然、人類和社會認識的知識匯集,是傳統中國的知識系統構架的底基性要素之一。從《北户錄》的徵引文獻中,可以看出其知識結構與甲乙丙丁四部典籍的知識歸類呈現出廣泛而又緊密的交織圖景。另一方面,《北户錄》中諸多物種的記載,與段成式《酉陽雜俎》和劉恂《嶺表錄異》有著千絲萬縷的聯繫,從中可見博物學知識在同一時代內縱向和橫向流通、傳佈、擴散和串聯的痕跡。還應看到,以段公路爲代表的博物學著作作者對親驗風氣的開拓和重視,強調"博而且信"的傳統。而這種對時貫今古、承載六合的無涯之"知"的追尋和實踐親驗的風尚相融合,共同參與了構築近在邇邇又渺不可及的世界圖景。

日本佛教大學市村導人的論文《江南農耕技術的兩個方向——"勞動密集"與"省力"》,檢討了學界對於江南水稻種植中"火耕水耨"技術的解釋,即農耕技術的形成與發展在很大程度上受到了地形的影響,同時受到了水利技術的限制。"火耕水耨"並非只指一種農耕技術而是多個農耕技術的總稱。水利便利的"河谷平野"地區採用集約型的農業技術,而水利不便的"德爾塔"地區則採用粗放型的農業技術。20世紀80年代以後,學界的研究重心轉爲"勞動密集"型農耕技術的探討,而對積極採用各種辦法或改良方式來實現"省力"的農耕技術的關注明顯不夠。事實上,適用於水利工程不便的"德爾塔"地區的"省力"型農業技術不僅沒有被淘汰,而且還得到了傳承和改良,不論是經濟層面還是現代農學層面它都具有合理的一面。因此對於江南農耕技術的研究至少需要考慮到以上兩個方面。

南開大學夏炎副教授報告的題目是《前秦〈梁舒墓表〉"中都護考"》。夏文指出,《梁舒墓表》中保留的關於"中都護"一職的歷史信息有助於學界進一步釐清前涼歷史的某些發展脈絡。首先,前涼中都護及都護系列軍職的淵源在漢晉,同時這些軍職的設置、性質、職掌及地位與西晉的都護制度亦具有相似性,並無特殊性而言,從而再次證明了前涼制度承襲漢晉的結論。其次,前涼中都護及都護系列軍職在張寔時代之後被廢止,與將軍統兵制及都督統兵制的設立基本是前後相繼的,而這一軍事體制改革恰恰從一個側面反映了前涼政權王權化不斷強化的趨勢。再次,從張軌、張寔時代中都護的實職性,再到涼末梁舒所任中都護的虛位性,這一轉變體現出魏晉南北朝官號虛銜化、位階化的時代特色,又反映出前涼在張駿時代之後職官體系的獨特之處。

日本明治大學梶山智史作了題爲《北魏墓誌的形成》的報告。報告統計出北魏墓誌銘共有445種,它們都出現於孝文帝遷都洛陽之後。相較而言,遷洛後太和年間的墓誌數量還不多,但到宣武時期後墓誌的數量迅速增加,孝明帝時更加激增。從地理分佈來看,河南洛陽及其附近出土的墓誌佔有率在百分之八十以上,壓倒多數。就誌主而言,北魏宗室及其姻親等人的佔有率大概有百分之五十,宣武時期則有百分之六十五左右。從此可見,北魏墓誌銘在遷都洛陽後開始迅速盛行,而這個潮流主要由在河南洛陽及其附近的北魏宗室及其姻親等人來主導。至於北魏墓誌的淵源,則來自南朝宋的墓誌銘。太和十九年(495)孝文帝撰《馮熙墓誌》是北魏墓誌的最早實例。推究其中根源,可能是當時從南朝歸降的漢族士人如崔光和王肅,他們向孝文帝灌輸了南朝墓誌銘撰述的習慣與方式。因此,可以推知,孝文帝撰寫《馮熙墓誌》對創造北魏墓誌流行起著關鍵作用。

日本大阪大學、三重大學非常勤講師鈴木宏節發言的題目是《有關唐朝羈縻統治的蒙古高原三方漢文石刻》。該報告介紹了發現於蒙古高原的三方漢文石刻,同時以考察其成立背景爲目的。其一是《准喀喇(Züün Xaraa)碑文》,該碑文樣式呈中國式,碑額部刻有人面浮雕,推測其與古代突厥語族遊牧民族鐵勒諸族之一的思結部有關。其二,援引近年發掘的《僕固乙突墓誌》內容,可知《准喀喇碑文》爲唐朝所贈。該碑文證明唐朝授予的廬山都督之稱號屬於世襲,揭示施行羈縻統治時期的唐朝與突厥語族遊牧民之間的關係。其三,介紹發現於戈壁沙漠中西部的《德勒烏拉(Del uul)/德勒山漢文銘文》,該銘文是靈州的兩名校尉利用參天可汗道縱穿戈壁沙漠之明證。以上三方漢文石刻,均與7世紀後半葉的羈縻統治相關,從內亞史與隋唐史的角度而言,是促進今後研究進一步深化之珍貴史料。

日本明治大學江川式部提交的論文題目是《關於唐代的奉敕撰墓誌》。該文指出,作爲唐代官撰墓誌的一種,奉敕撰墓誌是指誌文中明確刻有"奉敕撰"字樣、根據皇帝的命令撰寫的墓誌。從目前可確認的唐代33通奉敕撰墓誌來看,墓誌的誌主多爲功臣、外戚、皇妃、親王、公主、諸王子女等。墓誌的撰者爲崇賢館(崇文館)、修文館(弘文館、昭文館)和集賢殿學士、太子侍講兼侍文章以及翰林學士,書寫者爲諸王侍書、翰林侍書和翰林待詔,而鐫刻者多爲中書省刻字官和玉册官。

臺灣大學歷史學博士、日本學術振興會外國人特別研究員王安泰《十六國時期諸燕的天下秩序》一文以諸燕封國分佈爲討論中心,旨在研究十六國時期各政權建構天下秩序的策略異同與相關制度變遷。文章指出,前燕初期藉由接受東晉册命以號召官民,待慕容儁稱帝後,必須否定東晉的存在,以證明自身爲天命所歸。爲此前燕將諸侯册命於東晉與前秦等國的疆域內,宣示這些地區都爲前燕所有。淝水戰後,後燕與南燕陸續以興復前燕爲名,延續前燕模式,將封國放置於天下各地。而由馮跋建立的北燕,爲了與東晉、劉宋建立良好關係,遂改弦易轍,將封國限縮於原前燕疆域內,以保持政治與外交的靈活性。諸燕多將封國安置於天下各處,但在設置刺史時,則以自身疆域爲原則,顯示時人使用不同方式應對理想天下與現實疆域的差異。

日本學術振興會特別研究員戶川貴行的論文《東晉南朝的雅樂考論——從雅樂同郊廟禮儀的關聯性來考察》,對陳寅恪主張的"東晉的國家禮儀繼承了曹魏和西晉的傳統"提出質疑,認爲東晉時期在郊廟禮儀時所演奏的雅樂同曹魏和西晉相比,幾近有名無實。劉宋孝武帝在元嘉二十七年(450)北伐失敗後堅決地實施了國家儀禮的改革。他一反漢、曹魏、西晉的傳統,實施了在宗廟和南郊這兩種不同的儀禮間演奏相同樂曲的改革。梁武帝又將劉宋孝武帝的改革進一步深化,仿照周制,編製出了被稱作十二雅的新樂曲。此即是通過宗廟和郊祀的相互關係來強化人、神的連續性,從而更爲明確地宣揚劉宋王朝的正統性,繼而於皇權的強化中尋求代替恢復中原的新的國家凝聚力。因此,劉宋孝武帝以及梁武帝時期被重新構築起來的國家儀禮,與其說是對西晉傳統的繼承,倒不如說其間的斷絕性更爲明顯。由此反觀陳寅恪先生的淵源論,似有必要進行一定的修正。

武漢大學姜望來的論文《皇權象徵與信仰競爭——劉宋、元魏對峙時期之嵩嶽》,對東晉義熙十三年劉裕北伐後秦進軍至洛陽、嵩嶽附近時,僧人慧義進獻玉璧、鎮金之事進行解讀。認爲嵩山金璧之瑞與佛教、道教皆有關聯,反映了佛、道二教對於南北政權的不同政治傾向。北方天師道領袖寇謙之自嵩嶽北上平城投靠北魏及此後北方道教的發展與佛教的被壓制即與之有關，並影響到佛、道二教此後在劉宋、元魏治下發展走向之差異，此時期嵩嶽也成爲南北政權競相爭奪的皇權象徵，嵩嶽的得失對於皇權的盛衰消長有著重要的意義。由此可見，劉宋、元魏對峙時期，皇權政治的發展與佛道信仰競爭糾纏在一起，並對此期歷史進程產生深刻影響。

日本學習院大學東洋文化研究所堀内淳一的報告《回國後的使者》，重點討論出使南朝的使節返回北朝後在政治、文化上發揮的作用。報告指出，北魏前期的使者歸命以後，多在地方官任職，他們的任地是黃河南岸的諸郡，靠近南朝的國門。比較典型的是蔣少遊，他從南朝出使返回只帶來了衣冠和建築物裝潢的知識，而不是城市、宮城的綜合設計，這表明蔣少遊關注的是改革的外形部門，而對改革的政治意圖和國家思想並不關注。與此相反，東魏、北齊的使者，回國後多擔任門下省及中書省的官員，而任地方官者較北魏前期大幅減少。從東魏到北齊的禪代，其儀注和有關的諸制度，可能就是使者從南朝帶來的。隋文帝建國後，廢止北周由來的制度，卻導入了融合南朝舊制的北齊制度，表達出楊堅統一中國的意圖。

日本沼津工業高等專門學校平田陽一郎提交的論文題目爲《北朝後期皇帝親衛兵的譜系——從二十四軍到"禁軍"》。該文指出，"府兵制"＝兵農合一的徵兵制度，通常認爲是西魏北周隋唐各王朝軍事實力的主要根本。但在西魏當時的相關史料中，"府兵制"的使用案例完全不存在，而"二十四軍"一詞則在各種史料中可以查到許多實際使用事例。二十四軍制是北朝後期蕃漢各地土豪把結合起來的鄉兵作爲擬制的部落兵來使用，也就是主要軍事實力。在其巨大軍事機構的編制和指揮上，跟北魏内官一脈相承的親信"庫真"扮演了重要的角色，它們的存在使得二十四軍制具有濃厚的擬制鮮卑部落兵制色彩。在此基礎上，纔能對隋代皇帝的親衛兵"給使"和唐朝的"禁軍"有更清晰的認識。

清華大學博士生王炳文提交的論文爲《唐馬政起源傳説的史實考辨》。該文指出，貞觀年間從赤岸澤遷三千匹馬於隴右的傳説，其史實原型是貞觀二十三年高宗即位以後，進行馬政改革，只保留了三千匹御馬，其餘儘數遷往隴右，其目的在於減少御馬開支、重整禁軍力量、改變舊有養馬格局。《大唐開元十三年隴右監牧頌德碑》（《監牧頌》）敍述的馬政起源於史實固然有所依憑，但它的首要目的不在於如實記載歷史，而是試圖通過用典、比附等修辭方法，確立唐馬政起源及發展的法統。它是爲開元十三年東封而作，旨在歌頌玄宗朝馬政，突出玄宗幸臣王毛仲功績，其指導思想是揚唐抑周。所謂"垂拱以後二十年間,潛耗大半",實就武周而言。

　　首都師範大學張天虹彙報的題目是《唐幽州鎮支州刺史社會來源研究》。報告以分析幽州鎮支州刺史這一群體的來源地、家庭背景等反映其社會來源的指標,來進一步揭示安史之亂以後幽州的地域政治與社會特點。報告指出,幽州支州刺史這一群體,在地域空間的社會來源方面,趨向於不流動。客居型幽州鎮支州刺史,都已融入幽州地方社會網絡。本土型幽州鎮支州刺史在父子一系的社會構成方面具有較明顯的繼承傾向,並存在上昇型流動;來自母族或妻族的影響,更多地表現爲當時藩鎮内部和藩鎮之間現實政治合作關係的維繫。不論哪種類型的支州刺史,都需要通過長期的歷練和積累方能取得。獲得支州刺史的過程,也是積累社會聲望、廣建社會關係網絡的過程;再加上幽州鎮的經濟與軍事力量並未形成内重外輕的格局,支州刺史能夠影響幽州政局的變化,甚至直接衝擊節度使的最高權力,由此推動幽州鎮的社會血液循環。這種現象或許正是幽州鎮在社會基礎方面與成德鎮和魏博鎮的不同之處。

　　清華大學博士生管俊瑋提交的論文題目是《開元天寶間北方地區民族問題小考——以奉信王阿布思爲中心》。文章認爲,河東的九姓鐵勒和奉信王阿布思作爲開元、天寶間重要的政治力量,在安史之亂前唐帝國北方政治格局的形成過程中扮演了重要的角色。開元、天寶間河東九姓鐵勒一直活躍於河東北部地區,天寶十載安禄山兼節河東事件也與河東九姓鐵勒部落有著直接聯繫,而在安史之亂中,河東九姓的身影仍然若隱若現,是一股影響河東政局走向的重要力量。至於天寶初歸降唐帝國的奉信王阿布思,同樣在天寶的政局演變中扮演了非常重要的角色,分析相關史料的抵牾之處,可以明確其身份爲突厥十二姓,在突厥和九姓鐵勒中有著非常高的地位。在此基礎上,可以將很多以往爲研究者所忽視的細節重新串聯起來,爲我們探討開元、天寶間的政治局勢的演變提供了新的視角。

　　北京師範大學趙貞的論文《中古曆日社會文化意義略説》以敦煌吐魯番所出曆日爲中心,探討了曆日藴含的社會歷史文化信息。文章指出,中古時期的曆日有官修和私造之别。官修"新曆"由太史局(司天臺)官員編定而成,並奏請朝廷於當年十一月、十二月降敕頒行。每當官頒曆日不能及時送達地方時,民間便有私造曆日者,這在中晚唐五代尤爲明顯;曆日的書寫形式是"朱墨分佈,具注星曆",這是中古社會最爲常見的曆日撰述格式;然就形制而言,中古曆日又有繁簡之分。簡本曆日以朔日甲子爲序,或逐日排列,或以二十四節氣爲序進行編排,中間兼及社、奠、臘等個别紀事,總體没有吉凶標注,内容相對簡單。繁本曆日,就是通常所説的具注曆日,雖然也是逐日排列,但每日大致都有吉凶神煞、宜忌事項、日游和人神位置的説明,總體呈現出擇吉避凶的宜忌特徵,從而給人們的立身行事和日常生活提供時間指南。若以S. P6、S. 612、S. 2404 爲參照,中古時期的具注曆日還雜糅了來自佛、道、醫及傳統陰陽術數的元素,在某種程度上,具注曆日丰富多彩的社會文化具有中古社會"百科全書"的象徵意義。

日本學術振興會特別研究員會田大輔提交的論文爲《北周司會考——關於六官制的結構》,該文對《周禮》"司會"、北周司會的職責和司會中大夫的任職情況作了系統梳理,指出北周的司會固然有因襲《周禮》"計官"(財務長官)的特徵,但更多的職責是"總判六府",統合六府的行政事務,這在宇文護執政時期表現得尤爲突出。至於司會的長官司會中大夫的擔任者,多爲西魏北周時期的胡族系功臣及元勳子弟,大體爲宇文泰、宇文護的近側親信。北周武帝親政後,司會中大夫就任者則多出自皇帝的親近官內史和御正。總之,通過北周司會職責和司中大夫的考察,或許對六官制結構的解釋提供新的綫索。

北京師範大學陳濤提交的論文題目是《唐代冬至考略——兼與日本比較》。文章指出,唐代冬至作爲重要節日,其相關名稱與文獻記載頗多,在國家祀典中具有舉足輕重的地位,在官方制度中有較爲完備的規定,在民間社會風俗中有極大的影響。就唐代冬至與日本冬至相比較而言,兩者在國家祀典中的地位、官方禮儀中的制度規定、民間社會風俗中的影響和發展流變等方面都有不同,這種不同,反映出中華文化在唐宋時期對日本影響的變化。

應當説明的是,"中國中世(中古)社會諸形態"青年學術論壇是在日本明治大學氣賀澤保規教授和北京師範大學寧欣教授的積極策劃和推動下建立起來的,這一主題的青年學術交流此前已進行了兩次。2011 年 12 月,第一届交流論壇在北京師範大學成功舉辦。2013 年 3 月,第二届學術論壇移至日本明治大學順利舉行。論壇的參與者,除了兩校的研究生和青年研究人員外,還邀請了中國大陸其他高校(清華大學、復旦大學、武漢大學、首都師範大學)和日本東京市內其他大學的青年學者,中國臺灣地區的臺灣大學也應邀參加。論壇從籌備到開幕主持、正式發言和學術評議全部由年輕學者承擔,並以漢語、日語爲通用語言。按照氣賀澤保規教授的理解,舉辦這種形式和主題的青年論壇,其業績具有深遠意義。最大的收穫是拉近了中國大陸、臺灣地區與日本青年研究人員的距離,"以不同國情和立場爲背景的學者,圍繞中國中世(中古)社會這個共通的主題,展開各種議論和報告,從而增加友誼"。通過這個論壇,"將使以高度發達的文化爲自豪的中國中世史(中古)的面貌與特質更加清晰。同時,培養超越國界的國際人才以及構築人際信賴關係也是一種重要目標"。本屆論壇上,日本的青年學者展示了他們對於北朝隋唐史探究的濃厚熱情與興趣,尤其是前輩學者(陳寅恪、唐長孺、谷霽光、王仲犖等)著力探討的重要問題,如府兵制與二十四軍、隋唐制度的淵源、南朝化傾向、北周六官制等,他們都進行了深入細緻的思考,並提出了一些富有啓發性的真知灼見。特別是對陳寅恪淵源論的質疑和對南朝化問題的呼應,某種程度上體現了日本青年學者的學術勇氣與膽識,這種研究路徑和理念,理應引起國內青年學者的高度重視。

"漢化・胡化・洋化——新出史料中的中國古代社會生活"國際學術研討會綜述

高正亮（北京師範大學）

2014年12月19日至21日，由北京師範大學歷史學院、房山雲居寺文物管理處、臺灣中正大學歷史系聯合主辦的"漢化・胡化・洋化——新出史料中的中國古代社會生活"國際學術研討會在北京市房山區隆重召開。來自中國大陸和臺灣、香港地區以及新加坡、日本、澳大利亞等國的四十餘位學者參加了此次大會，提交學術論文近三十篇。與會專家學者圍繞會議主題，結合"新出史料"，對其中所反映的中國古代社會生活作了有益的探討，並進一步將討論下延至近代，分析了近代中國的"洋化"現象，結論富有啓發性。

此次會議的最大特色是對"新出史料"的充分發掘，其中包括墓誌銘、造像記等石刻材料，石槨畫像、壁畫、雕塑等圖像材料以及敦煌吐魯番文書。如何立足傳統史籍，進一步開掘中古史研究的新空間，也在會議論文中得到充分體現。而作爲會議主題之一的近代中國"洋化"問題，諸位學者則主要利用報刊、雜誌、散文等資料進行討論。

一、墓誌石刻材料

本次會議對於"漢化"問題以及中古軍制、外交禮儀、宗教信仰與社會文化的探討，很好地利用了墓誌銘、造像記等石刻材料。中正大學雷家驥《試論西魏大統軍制的胡漢淵源》，以大統十六年（550）宇文泰創置的二十四軍爲討論對象，運用"李賢墓銘"、"李椿墓誌"、"楊就等造像記"等石刻材料，從部族風習、"府兵"一名的胡漢意義、其層級節制體系、二十四軍的建制等問題出發，補陳寅恪、岑仲勉、唐長孺等前賢所未論及之處，並論證二十四軍建制殆與鮮卑舊俗有關，全軍分爲左右序列及層級節制體系，則似源自匈奴軍制。而"府兵"之名及"統指分離而合一"制度乃遠法魏晉，近沿北魏晚期全軍野戰編制化之慣例。從而認爲大統軍制之形式外表爲漢制，實質內裏則是多元的胡制，故是漢表胡裏的軍制。

中正大學朱振宏《隋朝與西突厥的涉外機構、使節特點及外交禮儀》結合"劉政墓誌銘"、"故九姓突厥契苾李中郎贈右領軍衛大將軍墓誌文"等墓誌材料，討論隋朝與西突厥的涉外機構及其職能，雙方往來派遣的使節特點、使節身份、出使原因及所要達成的目標，雙方使節觀見國君所遵行的外交禮儀。

該文指出，隋朝中央涉外專職機構是鴻臚寺以及尚書省禮部主客曹，接待外族使節的場所是鴻臚寺蕃客館，煬帝時期另設四方館作爲涉外事務臨時官署。隋朝與西突厥均會根據關係親疏，給予不同國家地位高低不同的座位班次。此外，保障外交使節的人身安全、使節按出使國當地風俗文化行事，都是中世紀東部歐亞大陸各國所共同遵行的外交準則。

北京師範大學徐暢《應對·體驗·傷痛——唐永淳元年（682）關輔災荒中的官方、民間與個人》一文，以唐高宗永淳元年發生在關輔等區域的災荒爲個案，將官民墓誌記載的民間災荒經歷與官方記載進行對照，分析民間、官方的不同立場，以政治過程和社會結構的視角，試圖提供新的災荒史研究思路。

中國社會科學院雷聞《石刻所見隋唐民間之佛道關係》利用造像、刻經等石刻材料，如臨潼博物館藏"下元三年造像碑"、咸陽市博物館藏"四面造像"、"資州參軍鄧暗復官題記"、龍門石窟"杜法力造像題記"等，在社會史層面探討了隋唐時期民間的佛道關係，指出中晚唐時期二教與民間祠祀逐步合流，作爲一般信衆的同一家庭內部的不同成員可以分別信奉佛、道，二教是和平共處、互相融合的。

澳大利亞布里斯班早期基督教研究中心傅約翰（Johan Ferreira）《基督教在唐朝的漢化特色》（The Sinicization of Christianity in the Tang Dynasty）結合通用文化模式理論，描述早期基督教的基本結構與特點，分析基督教在唐朝前半期（635—800）的轉換與同化傾向及"漢化"概念所包含的實質內容，並利用保存在西安碑林博物館的"大秦景教流行中國碑"，研究基督教（景教）在唐朝時期進入中國之後的漢化特色，認爲基督教在唐朝有明顯的漢化特徵，但它仍然保留著基督教信仰的核心原理。

日本明治大學氣賀澤保規《房山石經事業中出現的"巡禮"與會昌滅法》通過對石經題記的梳理，注意到安史之亂前後房山刻經群體的變化，並重點關注晚唐時期房山石經題記中出現的"巡禮"一詞，試圖解釋這種"巡禮"的昇溫和"會昌滅法"之間存在的內在聯繫，在闡明"巡禮"的狀況之後，探討了"會昌滅法"新的歷史意義。

北京師範大學寧欣《唐後期禁軍擴編述論》依據"唐故青州司户參軍韋君夫人柏氏墓銘并序"，還原了唐德宗時柏良器對神策軍的整頓歸於失敗的事實，分時期論述了中央禁軍擴編和招募之舉。並考察了"富家子"、"市井無賴"在唐後期以神策軍爲主的禁軍中是否已成爲主要兵源及其影響。

中國社會科學院牛來穎《唐宋時期的都城營造與材木採用——以新獲墓誌所見"太陰監"爲切入點》一文，對大唐西市博物館藏"劉元亨墓誌"作了專題解讀，並結合有關墓誌與史籍記載，對已有材料所記有關"太陰監"的設立、職掌及運作互有牴牾之處進行了廓清,並討論了唐宋都城建設用材的採伐與供給。

二、圖像及雕塑材料

本次會議在"胡化"問題的討論中還充分開掘了石槨圖像、壁畫及雕塑等資料。首都師範大學王永平《"波斯狗"東傳：從伊朗到中國——兼論粟特人在絲綢之路物種傳播中的貢獻》利用衆多圖像材料,如日本滋賀縣 Miho 博物館收藏北朝圍屏石榻圖像、青州北齊石槨送葬圖像、北周史君石槨東壁喪禮送葬圖像、隋代虞弘墓石槨畫像石、北周安伽墓圍屏石榻畫像等,探討了粟特人在"波斯犬"東傳中國過程中所起的重要作用。墓葬石刻和壁畫中刻畫的北齊到隋唐時期皇室貴族對"波斯犬"的寵養,反映了絲綢之路上物種傳播的規律以及歐亞大陸交往網絡的模式。

國家開放大學王援朝《西域寬刃劍與中西文化交流》一文,結合諸多壁畫、雕塑資料(如新疆克孜爾石窟壁畫"持劍的人們"、"降伏魔衆",犍陀羅浮雕"波旬壞法"、"衆魔軍",羅馬特爾姆博物館藏希臘化時代帕加馬雕塑"殺妻後自刎的高盧人"、"獲勝的哈斯泰倫",卡比托里尼博物館藏"垂死的高盧人",尼雅遺址 95 一號墓地出土文物等),對新疆龜兹石窟壁畫中多次出現的寬刃劍作了專題解讀,認爲這種形制的寬刃劍曾出現於犍陀羅、中亞和河西走廊、西藏、雲南、中原的藝術作品中,上述各地的寬刃劍具有明顯的親緣性,是其自西向東逐漸傳播的結果。

香港樹仁大學張偉國《所謂明永樂〈天下諸番識貢圖〉及清乾隆摹繪〈天下諸番識貢圖〉辨僞》通過年代學、文物學、地圖學等方法,並結合不同時代漢字字體的不同特點,得出清乾隆摹繪明永樂《天下諸番識貢圖》這一所謂"新史料"係作僞的結論。

三、敦煌吐魯番文書

本次會議上,還有學者利用敦煌吐魯番文書探討唐代的對外交流以及唐後期五代宋初的敦煌社會。新加坡南洋理工大學王貞平《唐代外交中"蕃語"的使用》結合吐魯番所出"唐西州高昌縣譯語人康某辯辭爲領軍資練事"、"唐譯語人何德力代書突騎施首領多亥達幹收領馬價抄"、"唐史王公□牒爲杜崇禮等綾價錢事"等文書,研究了唐代外交活動中口頭信息的傳遞,認爲在外交關係中,"蕃語"的運用和翻譯非常重要,其爲雙方涉外人員提供了折衝、迴旋的空間,爲外交活動的順利進行提供了便利,並對中、外使節的口信是否真實可靠及失真問題進行了有益的探討。王氏指出,西北和中亞地區對唐代社會風氣影響甚大,唐代外交活動中信息的搜集和傳遞與此"胡化"現象緊密相關。同時提示我們注意李唐草創及初唐時期"蕃語"發揮的關鍵作用,以及之後其在外交活動中扮演的重要角色。

北京師範大學趙貞《杏雨書屋藏羽41R所見"雜字"輯釋——兼談歸義軍時期的童蒙識字教育》結合敦煌吐魯番文書,對日本杏雨書屋所藏羽41R所見"雜字"進行解釋,指出"雜字"的性質是"時用要字",羽41R《雜字一本》應是沙州歸義軍官學中爲推行童蒙識字教育而編寫的教材。認爲融入童蒙教材中的"時用要字",包含了諸多反映胡食、胡樂、胡舞、雜胡等"胡化"現象的語詞,顯示了沙州官學童蒙教育實用性和通識性較強的特點,對於弘揚敦煌鄉土文化,凝結瓜、沙官民的地方保護意識,激發民衆給予歸義軍的濃厚熱情,乃至鞏固歸義軍政權,均具積極意義。

有關敦煌的歷史地理,歷來爲學界所熱衷討論,尤其是歸義軍政權遣使中原的交通路綫問題,論者頗多,但難以形成定説。北京師範大學陳濤《唐大中二年沙州遣使中原路綫新説》以日本杏雨書屋藏敦煌本《驛程記》爲依據,對沙州遣使長安的路綫提出了新的解釋,即循沙州—瓜州—回鶻牙帳—鸊鵜泉—西受降城—天德軍(城)—中受降城—振武軍—雁門關—太原府—長安一綫,此説異於趙貞主張的天德軍(城)—靈州—長安綫和李軍主張的天德軍(城)—夏州—長安綫,可備一説。

中國社會科學院吴麗娱《再談〈新集雜别紙〉的來源與西行傳播問題》對如何理解五代時期敦煌地區與中原的政治往來與溝通這一問題作出了回答。論文結合敦煌書儀"新集雜别紙"和"刺史書儀",通過討論《新集雜别紙》書信主人公的地域問題、河北藩鎮的平定與後唐明宗時代的西部拓展、河北文化的興盛崛起與書儀的西行,針對書儀的來源及其從河北西行傳播至敦煌的問題,根據書儀中書信主人公的出身地域和交際往還,分析書儀的具體製作及傳遞過程,試圖解答後唐明宗時期,河北的地方文化及中原朝廷在西部的拓展,爲我們深入理解五代時期的政治文化提供了具體例證。

四、傳統史籍

"新出史料"之外,學者們還立足傳統史籍,對中古時期的社會文化和邊疆社會進行了有益的探討。北京師範大學汝企和《論南北朝時期相人術對知識階層的深刻影響》依據正史記載討論南北朝時期相人術對社會產生的深刻影響,並分析此種現象產生的原因。北京師範大學張榮強《中國古代的虚歲與周歲》結合"三老諱字忌日記"、"女有壙誌銘"等,詳細檢討了古人周歲計年的諸多證據,認爲從官方制度上講,中國古代並不存在周歲計年的方式。

但在民間習俗方面,唐宋之後尤其明清時期,史籍偶或見到小孩用周歲計年的現象。

中央民族大學李鴻賓《交叉區民衆心態之研討——以唐朝長城區域爲例》重點闡釋了處於唐和突厥、契丹交叉區河北諸州民衆面臨雙方爭執所選擇的政治立場,認爲邊疆地區百姓模棱兩可的政治立場是他們對兩個對峙政治體加諸他們頭上的強制性約束而做出的自我保護性回應,並提及此種書寫與宋人的民族立場問題。北京師範大學鄭慶寰《試析唐五代的軍事院系統》描述軍事院及其僚佐的出現,並分析其替代原有府州文職僚佐系統的職能。

北京師範大學姜海軍《蒙古汗國宗教文化政策的演變及其對儒學的認同》認爲元帝國推行的多元宗教文化政策及其對儒學的不完全接納,這種二元政治文化體系的分歧導致了蒙元帝國的分崩離析。針對明清時期的邊疆社會,北京師範大學王培華《清代新疆的水資源配置制度》以新疆鎮迪道、阿克蘇道和喀什道爲例,研究了清代新疆水資源的分配和管理制度。中正大學張秀蓉《論清初義學的推行——以陳宏謀爲例》考察了清乾隆朝名臣陳宏謀在雲南布政使任內興辦義學的活動。

五、報刊、雜誌、散文等

作爲本次會議主題之一的"洋化"問題,也是諸位學者討論的焦點。"洋化"是中西交通不斷擴展和加深帶來的直接後果,對近代中國產生了巨大影響。吳鳳科技大學楊志遠《新舊史學的交融與重鑄》重點考察了清末民初川西學者劉咸炘的章學誠研究及其對新史學的批評,該文從學術史的角度對"洋化"做出了回應。中正大學張建俅《袁世凱與日俄戰爭時期的戰地救護》從《大公報》等資料出發,探究了以往學界較爲忽視的袁世凱及北洋方面在日俄戰爭期間的戰地救護行動。北京師範大學李志英《民國時期美種煙草在華北推廣的環境影響》以山東、河南兩省爲例,從環境史的獨特角度分析了美種煙草對華北的環境影響。香港公開大學曾卓然《中國作家眼中香港的洋化》從文學史的角度考察了民國年間旅居香港的大陸作家散文作品對香港洋化的描寫。朝陽科技大學王震邦《知識分子的轉向——以〈觀察〉雜誌儲安平、費孝通、張東蓀政論爲例》通過對政論雜誌《觀察》的集中透視,探討了1946—1948年國共內戰期間自由主義知識分子儲安平、張東蓀和費孝通轉向共產主義的原因。

綜上所述,本次會議緊貼學術前沿,聚焦新出史料,對"胡化"、"漢化"和"洋化"三個主題進行了深入探討。討論的問題涉及胡漢兵制的融合、中西物種器具的傳播、外來宗教的本土化、涉外機構及蕃邦語言的使用、邊疆民衆的文化抉擇、近代西方文化對中國的影響等，大致體現了歷史時期中原與西域、中國與西方交流與互動的基本特徵。相較而言，本次會議在開掘房山石經、新獲墓誌、敦煌文書、壁畫圖像等史料價值的基礎上，對中古時代的軍事制度、外交禮儀、中西交通、宗教信仰和社會生活等問題的討論尤爲熱烈，視角獨特，新意迭出，諸家爭鳴而不劍走偏鋒，爲國內外研究者提供了極佳的交流機會和平臺，諸多研究成果必將加深我們對於中古時期社會生活的準確理解，並進一步促進中國古代及近代社會史的研究。

《敦煌舞男班教程》出版
盧秀文（敦煌研究院）

　　由西北民族大學舞蹈學院孫漢民教授主編，鍾志峰、王京副主編的《敦煌舞男班教程》，已於2014年5月由北京民族出版社出版發行。

　　《敦煌舞男班教程》是西北民族大學舞蹈學院重點教材建設項目，是繼《敦煌舞教程》（女班）後的又一本舞蹈教材。本書的問世，爲敦煌舞蹈教學增添了新内容，作出了新貢獻。

　　幾十年來，敦煌舞蹈研究不斷深入、拓展，取得了豐碩成果。如高金榮教授的《敦煌舞教程》作爲教材呈現給讀者，填補了中國古典舞中敦煌舞蹈流派的空白。此外，尚有大量相關成果問世，得到了世人的關注。雖然近幾年來我國在舞蹈研究和整理方面取得了不少成果，但尚有資料未被發掘出來，使得敦煌舞蹈在教學和研究的某些方面還略顯不足。如男班舞的教學和研究尚需要加強，急需一本相關教材呈現給讀者。西北民族大學舞蹈學院孫漢民副院長認識到這一點後，由他組織教師和學員做了這方面的工作。從2006年起，西北民族大學舞蹈學院開設舞蹈課程，逐步建立了敦煌舞學科，把敦煌舞表演設爲舞蹈表演專業培養方向之一。2010年，學院開始招收研究生，系統地創編出敦煌舞的基本訓練内容。爲了使敦煌舞教材進一步完善，促進敦煌舞學科建設，舞蹈學院於2010年開始著力研究男班舞教材，採取邊教學邊實踐的方法，把創編研究成果直接運用到課堂實踐教學之中。三年來，通過課堂中學生的表演實踐和不斷地整理修改，反覆磨合，纔形成了這本教材。

　　全書内容如下：第一章《敦煌教材大綱》，涉及教材任務和基本要求、内容等；第二章《敦煌舞基本訓練》，涉及元素和基本動作訓練、性格組合訓練、道具訓練；第三章《敦煌舞男班基本訓練伴奏樂譜》，涉及元素、基本動作、性格組合、道具訓練等伴奏樂譜；附錄，收入孫漢民、李婷婷、王京著《從琵琶舞看壁畫樂舞在敦煌舞中的作用》、《敦煌壁畫中的音樂構成》、《敦煌舞肋、胯、膝訓練與重心關係》、《印度舞對早期敦煌壁畫的影響》等相關研究論文。

　　該書是編著者長期從事教學、實踐、研究的成果總結，亦是編者長期從事舞蹈教學的一部傾心之作。該書圖文並茂，填補了中國古典舞中敦煌舞蹈男班教材的空白，對於我國舞蹈教學和研究具有一定的參考價值。

書訊十則

《中古中國與粟特文明》出版
陳　卿（上海師範大學）

榮新江著《中古中國與粟特文明》已於 2014 年 8 月由三聯書店出版發行。

該書係作者繼 2001 年的《中古中國與外來文明》後，又一部研究漢唐中西文化交流的力作。由於所涉問題主要涵蓋了粟特人，尤其是對入華粟特人所帶來的外來文化的探討，因此題曰"中古中國與粟特文明"。

粟特爲中古活躍於絲綢之路沿綫，溝通東西方文明從事貿易的商旅民族。在公元 3 世紀至 8 世紀之間，大體上相當於中國的漢唐之間，在商業利益的驅使下，以及粟特地區的動亂和戰爭等原因，粟特人沿傳統意義上的陸上絲綢之路大批東行。經過長時間的經營，他們在撒馬爾幹和長安之間，甚至遠到中國東北邊境地帶，逐漸形成了自己的貿易網絡，建立起殖民聚落，作爲東西貿易的中轉站。粟特人把東西方物質文化中的精粹，轉運到相互需要的一方，在絲綢之路沿綫傳播著各種精神文化，深深影響了中國古代社會。

近十多年來，隨著安伽、史君等粟特首領墓葬在中原出土和大量漢文墓誌的新刊，來華粟特人及其歷史文化成爲絲綢之路研究中的熱點。本書藉安伽、史君等粟特首領墓葬等考古證據，探討入華粟特人的遷徙路綫、從聚落到鄉里的社會變遷等問題。對商隊首領薩保的歷史定位、祆祠與祆教的內聚功能、種族信仰作爲安史之亂社會基礎及亂後粟特人的身份抉擇問題進行了重點關注，強調了入華粟特人的多元文化特性。

作者立足本土，兼具國際視野，力圖以陳寅恪先生所倡導的"通識"方法，對前所不詳的粟特文明，做出富有新意的探索。

《吐蕃統治敦煌西域研究》出版
陳菡旖（上海師範大學）

楊銘著《吐蕃統治敦煌西域研究》已於 2014 年 12 月由北京商務印書館出版發行。

本書分爲上、中、下三編。上編爲吐蕃對敦煌西域的統治，內容涉及吐蕃時期河隴軍政機構的設置、敦煌的部落及土地制度、吐蕃統治下的鄯善、于闐及漢胡諸族等問題;中篇是對敦煌、西域所發現的古藏文文書研究成果的彙編;下編對敦煌、西域古藏文文書中所見的名號進行了詳細考證。作者在前人研究成果的基礎上,著力在吐蕃史與敦煌史、西北民族史的相關領域上下功夫,利用敦煌古藏文文書不斷影印出版、國内外藏學界研究成果不斷問世的有利條件,對吐蕃統治河隴及西域這一重要歷史階段展開了研究。

吐蕃崛起於貞觀年間,當時的贊普松贊干布娶宗室女文成公主,奠定了唐蕃友好的基礎。但隨著吐蕃力量的逐漸強大,而唐王朝在安史之亂後卻遭受重創,吐蕃軍隊乘虛而入,於廣德元年(763)佔領隴右之後,又於貞元二年(786)佔領沙州敦煌縣,直至宣宗大中二年(848)張議潮起事,吐蕃對這一地區的統治近百年之久。這期間吐蕃如何進行統治,是很值得關注的。但由於其與内地聯繫被削弱,漢文史籍對此記載簡陋。鑒於此,該書將漢文史籍與古藏文文書相結合,對該問題進行深入細緻的研究。

此書是作者舊作《吐蕃統治敦煌研究》(臺北新文豐出版公司,1997年12月)的再版。此次再版,只在體例上稍作修改,内容基本未動,以保持原貌。

《絲路梵相:新疆和田達瑪溝佛教遺址出土壁畫藝術》出版

高 雪(上海師範大學)

上海博物館編《絲路梵相:新疆和田達瑪溝佛教遺址出土壁畫藝術》一書已於2014年11月由上海書畫出版社出版發行。

本書的主體部分即在達瑪溝佛教遺址出土的壁畫,收録了賈應逸《策勒縣托普魯克墩佛寺遺址的唐代于闐佛教藝術》、巫新華《于闐佛寺遺址考古研究新進展——從達瑪溝佛寺遺址新發現談于闐畫派及其他》、李維琨《絲路梵相:達瑪溝出土的于闐古寺壁畫》三篇文章。

佛教於公元紀年前後從印度、犍陀羅等地首先傳入新疆和田地區。和田地區位於新疆南部,古稱"于闐",自古是西域佛國。策勒縣在和田地區東部,而達瑪溝鄉就位於策勒縣東南部,面積約420平方公里。和田地區是我國古代著名的佛教中心之一,這裏保存了塔里木盆地數量最多的各類佛教遺址,而達瑪溝鄉所處區域無論在數量上還是規模上都是首屈一指的。2003年3月當地的牧羊人在達瑪溝鄉南部托普魯克墩挖掘紅柳根柴時發現了佛教塑像,由此揭開了達瑪溝南部區域佛教遺址考古發掘的序幕。2002年至2010

年中國社會科學院考古研究所在當地陸續發掘了 1 號遺址（佛塔）、2 號遺址（佛殿）、3 號遺址（僧院）。從遺址的結構和規模看，這原是興盛於 7 世紀至 9 世紀的寺院主體建築，處於迄今爲止該地區發現的佛教遺址最南端。此外還出土了雕塑、壁畫、木板畫和擦擦等藝術珍品。佛寺雖小，但其保存完整、壁畫優美、雕塑精湛、佛堂典雅等都達到了令人歎爲觀止的境界。這對研究古代于闐佛教藝術具有極其重要的價值。

此書圖文並茂，收錄的壁畫內容豐富，極具地方特色，這對於進一步瞭解新疆、走進新疆，品味古代絲綢之路上佛教文化的萬千魅力，感悟厚重的于闐繪畫意蘊具有重大的意義，同時還可以獲得非凡的藝術享受。

《中國敦煌吐魯番學會絲綢之路專業委員會文集》出版

盧雅凝（上海師範大學）

中國敦煌吐魯番學會絲綢之路專業委員會、大唐西市歷史文化研究中心編《中國敦煌吐魯番學會絲綢之路專業委員會文集》已於 2015 年 2 月由陝西師範大學出版總社出版發行。

絲綢之路是連接古代中國與亞非歐各國的通商之路，是東西方文明的交融之路。在中國歷史上，漢唐宋明時期，絲綢之路始終是中國對外進行商貿文化交流的主要交通路綫，前後延續數千年，對中國傳統文化產生了十分重要的影響。通過海陸絲綢之路，最早實現了華夏文明"走出去"和世界其他文明"引進來"的盛況，使中華文明散播至世界各地，也使異域文明在中華大地上廣爲傳播。爲實現中華民族的偉大復興，深化改革開放，2013 年國家主席習近平提出建設"絲綢之路經濟帶"和 21 世紀"海上絲綢之路"的發展戰略。這兩大戰略構想得到了古絲綢之路沿綫國家的熱烈回應，紛紛表示願意與中國一道，使古老的絲綢之路再次繁榮起來。

由於對絲綢之路所蘊含的豐富歷史文化內涵認識、梳理、研究的廣度和深度還不夠，在如何建設"絲綢之路經濟帶"和 21 世紀"海上絲綢之路"發展戰略上，學術界還沒有一套專門的叢書提供理論支撐。爲此，2014 年 9 月 27 日中國敦煌吐魯番學會特別成立了絲綢之路專業委員會，並將專業委員會設在大唐西市，以便於有效協調、整合絲綢之路的文化資源和學術資源。爲紀念這一正揭開中國絲綢之路學史上新的一頁的重要時刻，編寫了《中國敦煌吐魯番學會絲綢之路專業委員會文集》。

本書包括了絲綢之路專業委員會成立時授牌儀式上的嘉賓講話六篇,海交會和《絲綢之路》雜誌社發來的賀信兩篇,有關絲綢之路的學術論文五篇以及歐洲、西亞、中亞考察活動紀要、簡報、感言等多篇,以此作爲向中國吐魯番學會和學術界專家的彙報。本書的出版以及今後"絲綢之路歷史文化叢書"的撰寫必將進一步推進對絲綢之路歷史文化的深入研究,並爲建設"絲綢之路經濟帶"和21世紀"海上絲綢之路"發展戰略提供豐富的歷史資源和雄厚的理論基礎。

《敦煌莫高窟題記彙編》出版
朱 巧(上海師範大學)

徐自强、張永强、陳晶編著《敦煌莫高窟題記彙編》已於2014年11月由文物出版社出版發行。

《敦煌莫高窟題記彙編》的編纂先後歷時近三十年。本書爲集聚敦煌莫高窟諸家題記材料而成,故稱"彙編",收錄的內容主要有敦煌莫高窟壁畫題記、敦煌莫高窟繪畫題記、敦煌莫高窟紀年繪畫簡表、敦煌莫高窟題記研究以及敦煌莫高窟繪畫題記整理記等。此外,書後還附有《新訂敦煌莫高窟諸家編號對照表》、《敦煌莫高窟諸家題窟對照表》、《敦煌莫高窟題記別體字簡表》和《敦煌莫高窟總立面圖》四個附錄。

該書首次將四種代表性的敦煌莫高窟題記資料,即《伯希和敦煌石窟筆記》、史岩《敦煌石室畫象題識》、謝稚柳《敦煌遺書敍錄》、敦煌研究院《敦煌莫高窟供養人題記》,按洞窟重新編次輯錄,並首次對敦煌絹畫題記進行彙編和研究。全書圖文並茂,博大精深,具有很高的學術性、史料性,堪稱近年來敦煌學研究領域的一部力作。

《歸義軍政權與中央關係研究——以入奏活動爲中心》出版
陳皓越(上海師範大學)

楊寶玉、吳麗娛著《歸義軍政權與中央關係研究——以入奏活動爲中心》已於2015年1月由中國社會科學出版社出版發行。

歸義軍政權是晚唐五代宋初活躍於中國西北地區的地方政權,統轄中心爲河西敦煌地區。由於地處邊陲,如何正確處理與各時期不同中央政權之間的關係,始終是主宰歸義軍政治路綫和統治方略的大問題,在很大程度上決定了該政權的興衰,對周邊政權,乃至中原王朝也有一定影響。本書以不同時期歸義軍面向中原王朝的入奏活動爲切入點,探討該地方政權與中央政權的往來情形及歸義軍政治史諸問題,提出並論證了一些與學界成説不同的新觀點。

全書分上、下兩編,上編對張氏和曹氏時期歸義軍多次重要入奏活動作了詳細考察和具體論述,下編則對其他相關問題進行集中探討或專題研究,所涉時限起自歸義軍創建的唐宣宗大中初年,迄於五代後唐時期。

《墨香佛音——敦煌寫經書法研究》出版
顧周易(上海師範大學)

毛秋瑾著《墨香佛音——敦煌寫經書法研究》已於 2014 年 6 月由北京大學出版社出版發行。

本書將敦煌及新疆地區發現的寫經書法置於當時特定的社會歷史背景中,主要運用文獻考證與圖像分析的研究方法,對公元 4 世紀至 11 世紀有題記的佛經進行較全面的考察和分析,以期在準確把握文獻和實物資料的基礎上,構畫出自晉至宋這一歷史階段敦煌寫經書法的整體風貌和發展演變的過程。

本書論述了官方與佛教寫經、宗教與寫經書法、寫經人與寫經書法的關係,通過對寫經題記以及寫經字體的分析,探討與寫經書法密切相關的政治、宗教、書手地位等因素對其產生的影響。最後探討了寫經書法藝術及其歷史地位,揭示"寫經體"、"北涼體"等概念的內涵,用風格分析的方法考察不同地域寫經書風的異同。

《敦煌占卜文書與唐五代占卜研究(增訂版)》出版
李曜汝(上海師範大學)

黄正建著《敦煌占卜文書與唐五代占卜研究(增訂版)》已於 2014 年 8 月由中國社會科學出版社出版發行。

本書是學術界第一部全面系統梳理和研究敦煌占卜文書和唐五代占卜現象的專著。書中回顧了敦煌占卜文書的研究概況;從數萬件敦煌文書中將所能找到的全部占卜文書選出並予以分類、拼合、逐件解說,且與傳世典籍的著錄進行比較;同時研究唐五代社會中的占卜現象及其演變規律,探討敦煌占卜文書與這種占卜現象和演變規律的關係。本書的出版爲敦煌占卜文書的研究劃出了一個新階段,是從"社會歷史"角度研究敦煌占卜文書和唐五代占卜現象的有益嘗試。

增訂版糾正了初版的文字訛誤,新增占卜文書 45 件,並將初版書出版後作者的研究論文結集,使全書資料更完整、論述更準確、研究更充實,更有利於讀者對敦煌占卜文書的全面把握和有效利用。

《敦煌占卜文獻敍錄》出版
莫鈴翎(上海師範大學)

鄭炳林、陳于柱著《敦煌占卜文獻敍錄》已於 2014 年 3 月由蘭州大學出版社出版發行。

就敦煌占卜文獻目前的研究狀況而言,其形勢並不令人滿意,既有成果雖可以起到指引門徑的重要作用,但總體來講仍較爲薄弱,由於受到種種條件制約,有些研究論著中或多或少地存在一些不足,尤其表現在卷名考訂錯誤、抄創時間判斷的錯誤、研究重複等方面,因此撰寫一部搜集詳盡、考證精當、充分汲取百年來敦煌占卜文獻研究優秀成果的著作以供學術界研究之用,也就成爲敦煌學界當下的迫切任務之一。《敦煌占卜文獻敍錄》的撰寫正是在此背景下開展的。

本書包括易占、卜法、式法、天文占、宅經、葬書、禄命書、發病書、夢書、相書、婚嫁占、鳥鳴占、逆刺占、走失占、雜占,兼及生理占、洗頭沐浴占、十二因緣占、時日宜忌、七曜占、六十甲子占、出行占、護宅神曆卷、厭禳述秘法等內容的占法。

《信仰與生活——唐宋間敦煌社會諸相探賾》出版
周若霞(上海師範大學)

高啓安著《信仰與生活——唐宋間敦煌社會諸相探賾》已於 2014 年 4 月由甘肅教育出版社出版發行。

本書共分十個章節,內容涉及唐宋時期敦煌人名、敦煌歌辭、敦煌神話傳説、敦煌石窟壁畫与塑像、敦煌吐魯番地區的飲食、敦煌的"團"組織、敦煌地區的牧羊业等。内容雖龐雜散亂,但仍是從不同角度,對唐宋間敦煌社會有關信仰、意識、知識等相關方面進行的探討。

　　書中許多内容是作者近年來對於敦煌飲食文化研究外其他領域的探索,在選題、取材等方面以往很少有學者涉及,因此具有較高的學術價值。

《伯希和西域探險日記 1906—1908》評介

胡同慶（敦煌研究院）

　　1906—1908 年間，法國探險家、東方學家和漢學家伯希和率領法國西域科考探險團，對我國西域，包括今新疆、甘肅、青海、寧夏等廣袤地區作了科考探險，其中既包括地下發掘，也包括實地田野調查和翻檢有關地區的文獻參考資料。

　　長期以來，伯希和西域探險團最重要的文獻，也就是伯希和親筆記述的《旅途中的日記本，1906—1908 年》，一直未能公開刊佈。2008 年，爲了紀念伯希和西域科考探險活動結束 100 周年，由法國的國家遠東博物館和伯希和西域科考探險的文物保管機構——集美博物館負責出面，具體由該館時任館長的法國科學院院士賈利基主持，最終出版了《旅途中的日記本，1906—1908 年》。

　　我國著名翻譯家耿昇先生獲悉伯希和的這部日記出版後，於 2011 年與夫人萬明教授前往法國，幾經輾轉，多處奔走，纔成功購得了此書的法文版。回國後，耿昇先生迫不及待地開始翻譯工作，白日伏案奮筆，夜間燈下碼字，花費了一年半的時間，纔將此書譯作漢文，並由中國藏學出版社於 2014 年 8 月在中國出版，書名爲《伯希和西域探險日記 1906—1908》。

　　《伯希和西域探險日記 1906—1908》洋洋 70 餘萬字，其日記內容始於 1906 年 7 月 15 日的撒馬爾罕，結束於 1908 年 10 月 1 日的鄭州（因爲伯希和是經過俄方同意進入中國的，而當時鄭州是京漢鐵路綫的中轉站，也是從陝西東行時經過的最近的火車站）。此外，書中還附有伯希和在這次探險期間所寫的信件（實際上是向法國所作的書面報告）。這批信件，大部分是致伯希和西域探險團的發起人和贊助人、法國地理學會會長色納爾先生的。這些信件實際上也都是"學術信札"，每一封書信相當於一篇科考探險日記。這些日記與書信互補互證，角度不同，詳略各異，反映了當時中國西域的整體面貌。

　　伯希和的這部日記並不像普通旅行家、探險家或一般學者所作的那種遊記，僅記述那些耳聞目睹的趣聞軼事。伯希和無論是在書信中，還是在日記中，記述的都是學術上的重要問題，很少有閑話和廢話。他將田野口碑資料與文獻資料相結合，以口碑補史料，以史料證口碑。伯希和於 100 多年前提出的許多學術觀點，大多都被後來的科學研究證明是正確的，經受住了歷史的考驗。

　　伯希和的這部日記學術價值非常高，不僅對於我國西域地區的史地、民族、語言、宗教、文化等方面的研究頗有裨益,同時對於敦煌學的研究,以及進一步瞭解敦煌藏經洞文物失竊的情況等,都具有非常重要的參考價值。

這部日記中所反映的伯希和的治學態度和研究方法,也值得我國學界人士思考借鑒。其淵博的知識和廣泛全面的實地調查,與我們培養的博士極其狹窄的知識面和研究範圍相比,顯示了我們的教育制度的一些缺陷。同時,這部日記有助於我們瞭解什麼是真正的學術研究。

特別需要指出的是,譯者耿昇先生不僅學風嚴謹,其譯文準確、流暢,且文句簡潔、優美。讀耿昇先生的譯作,讀者非常輕鬆、愉悦,往往恨不得一口氣將全書讀完,可謂真正的精神享受。同時,耿昇先生具有真正的學者風範,長期以來,始終堅持自己的觀點,敢於客觀評價伯希和等人的功過,從不隨波逐流。

讀者在閱讀《伯希和西域探險日記1906—1908》時,如果結合耿昇先生多年前翻譯出版的《伯希和敦煌石窟筆記》、《伯希和西域探險記》等書,交叉閱讀,一定會有更多收穫。

2014 年敦煌學研究論著目録

宋雪春（上海師範大學）

本年度中國大陸地區共出版敦煌學專著 50 餘部，公開發表相關論文近 400 篇。現將研究論著目録編製如下，其編排次序爲：一、專著部分；二、論文部分。論文部分又細分爲概説、歷史地理、社會、宗教、語言文字、文學、藝術、考古與文物保護、少數民族歷史語言、古籍、科技、紀念文與學術動態十二個專題。

一、專　著

趙聲良等《敦煌石窟美術史（十六國北朝卷）》，北京：高等教育出版社，2014年1月。

馮卓慧《唐代民事法律制度研究——帛書、敦煌文獻及律令所見》，北京：商務印書館，2014年1月。

沈樂平編著《敦煌書法精粹》，上海：上海書畫出版社，2014年1月。

常莎娜《中國敦煌歷代裝飾圖案》，北京：清華大學出版社，2014年1月。

胡同慶、王義芝《本色敦煌：壁畫背後那些鮮爲人知的事》，北京：中國旅遊出版社，2014年1月。

井上靖著，劉慕沙譯《敦煌》，北京：十月文藝出版社，2014年1月。

李崇峰《佛教考古：從印度到中國》，上海：上海古籍出版社，2014年1月。

徐潛《中國著名石窟》，長春：吉林文史出版社，2014年2月。

陳大爲《唐後期五代宋初敦煌僧寺研究》，上海：上海古籍出版社，2014年3月。

鄭炳林、陳于柱《敦煌占卜文獻敍録》，蘭州：蘭州大學出版社，2014年3月。

張乃翥《佛教石窟與絲綢之路》，蘭州：甘肅教育出版社，2014年4月。

金雅聲、趙德安、沙木主編《英國國家圖書館藏敦煌西域藏文文獻（6）》，上海：上海古籍出版社，2014年4月。

周伯衍《重返敦煌（敦煌書學潮流與當代意義重構）》，西安：西安出版社，2014年4月。

高啓安《信仰與生活：唐宋間敦煌社會諸相探賾》，蘭州：甘肅教育出版社，2014年4月。

馬洪菊《葉昌熾與清末民初金石學》，北京：民族出版社，2014年4月。

王中旭《陰嘉政窟：敦煌吐蕃時期的家窟藝術與望族信仰》，北京：民族出版社，2014年5月。

樊錦詩著，趙聲良編選《隴上學人文存·樊錦詩卷》，蘭州：甘肅人民出版社，2014年6月。

何山《西域文化與敦煌藝術》，蘭州：甘肅人民美術出版社，2014年6月。

胡同慶、王義芝《美麗的敦煌》，蘭州：甘肅人民美術出版社，2014年6月。

張國旭《工筆重彩敦煌壁畫》，北京：金盾出版社，2014年6月。

薛正昌、俄軍、楊富學《寧夏境內絲綢之路文化研究》，蘭州：甘肅教育出版社，2014年6月。

毛秋瑾《墨香佛音——敦煌寫經書法研究》，北京：北京大學出版社，2014年6月。

樊錦詩主編《專家講敦煌》，南京：江蘇鳳凰美術出版社，2014年7月。

韓永進主編《鳴沙遺墨——國家圖書館館藏精品大展敦煌遺書圖錄》，北京：國家圖書館出版社，2014年7月。

阿里木·玉素甫《敦煌回鶻寫本〈說心性經〉研究》，北京：中國社會科學出版社，2014年7月。

樊錦詩主編《榆林窟藝術》，南京：江蘇美術出版社，2014年7月。

毛秋瑾《敦煌吐魯番文獻與名家書法》，濟南：山東畫報出版社，2014年7月。

伯希和著，耿昇譯《伯希和西域探險日記1906—1908》，北京：中國藏學出版社，2014年8月。

李其瓊《敦煌藝緣》，蘭州：甘肅人民出版社，2014年8月。

于華剛、翁連溪《世界民間藏中國敦煌文獻（第一輯）》，北京：中國書店出版社，2014年8月。

楊東苗、金衛東《敦煌舞蹈精品綫描》，杭州：浙江古籍出版社，2014年8月。

郝春文主編《英藏敦煌社會歷史文獻釋錄》卷一一，北京：社會科學文獻出版社，2014年8月。

郝春文主編《2014敦煌學國際聯絡委員會通訊》，上海：上海古籍出版社，2014年8月。

方廣錩、吳芳思主編《英國國家圖書館藏敦煌遺書》（31—40），桂林：廣西師範大學出版社，2014年8月。

張導曦《學院經典臨摹·從臨摹到寫生創作：敦煌壁畫》，武漢：湖北美術出版社，2014年8月。

黃正建《敦煌占卜文書與唐五代占卜研究（增訂版）》，北京：中國社會科學出版社，2014年8月。

榮新江《中古中國與粟特文明》,北京:生活·讀書·新知三聯書店,2014年8月。

敦煌研究院主編《中國石窟藝術:榆林窟》,南京:江蘇鳳凰美術出版社,2014年9月。

胡同慶、王義芝《盛女敦煌:揭秘中國古代女性生活往事》,北京:中國旅遊出版社,2014年9月。

林世田、楊學勇、劉波《敦煌遺珍》,北京:國家圖書館出版社,2014年9月。

鄭煒明《香港大學饒宗頤學術館十周年館慶同人論文集:敦煌學卷》,上海:上海古籍出版社,2014年9月。

任中敏著,何劍平、張長彬校理《敦煌歌辭總編(上中下)》,南京:鳳凰出版社,2014年9月。

金雅聲、郭恩《法國國家圖書館藏敦煌西域藏文文獻(16)》,上海:上海古籍出版社,2014年10月。

韓蘭魁《敦煌樂舞研究文集》,北京:文化藝術出版社,2014年10月。

趙聲良、戴春陽、張元林《敦煌文化探微》,南京:江蘇美術出版社,2014年10月。

王國振《敦煌國樂系列叢書:琵琶使用手冊》,上海:上海古籍出版社,2014年10月。

王國振《敦煌國樂系列叢書:二胡使用手冊》,上海:上海古籍出版社,2014年10月。

季羨林《在敦煌》,北京:人民文學出版社,2014年11月。

張鴻勛《張鴻勛跨文化視野下的敦煌俗文學》,上海:上海古籍出版社,2014年11月。

史葦湘、歐陽琳、史敦宇等《樂舞敦煌》,南京:江蘇美術出版社,2014年10月。

鍾書林、張磊《敦煌文研究與校注》,武漢:武漢大學出版社,2014年11月。

方廣錩《隨緣做去　直道行之——方廣錩序跋雜文集》,北京:國家圖書館出版社,2014年11月。

徐自强、張永强、陳晶《敦煌莫高窟題記彙編》,北京:文物出版社,2014年11月。

王家達《莫高窟的精靈:一千年的敦煌夢》,蘭州:甘肅人民出版社,2014年12月。

楊銘《吐蕃統治敦煌西域研究》,北京:商務印書館,2014年12月。

饒宗頤主編《敦煌吐魯番研究》第14卷,上海:上海古籍出版社,2014年

12月。

榮新江主編《唐研究》第20卷,北京:北京大學出版社,2014年12月。

二、論　文

(一) 概說

譚世寶《燉煌的詞源再探討》,《敦煌研究》2014年1期。

蔡淵迪《跋胡適致顧頡剛書信兩通》,《敦煌學輯刊》2014年1期。

肖懷德《傳承弘揚敦煌文化的當代價值與路徑探索》,《敦煌研究》2014年2期。

方廣錩《中國國家圖書館藏敦煌遺書》,《敦煌研究》2014年3期。

王晶波、鄒旭、張鵬《敦煌文獻書寫符號的普查與分類研究》,《敦煌研究》2014年5期。

馬德《敦煌遺書研究誤區檢討》,《敦煌研究》2014年3期。

趙聲良《羅寄梅拍攝敦煌石窟照片的意義》,《敦煌研究》2014年3期。

[日]高田時雄撰,牛源譯《羽田亨與敦煌寫本》,《敦煌研究》2014年3期。

鄒清泉《金維諾與中國美術史學》,《敦煌研究》2014年4期。

趙聲良《樊錦詩對敦煌學術和事業的貢獻》,《甘肅社會科學》2014年5期。

胡中良《2013年國內吐蕃研究論著目錄》,《敦煌學輯刊》2014年2期。

寧可《斯坦因怎樣騙盜了敦煌文物》,《武漢文史資料》2014年2期。

王冀青《清宣統元年(1909年)北京學界公宴伯希和事件再探討》,《敦煌學輯刊》2014年2期。

劉進寶《段文傑與敦煌研究院》,《敦煌研究》2014年3期。

王志鵬《饒宗頤與敦煌曲研究》,《華南師範大學學報》2014年3期。

[日]石塚晴通撰,唐煒譯《從紙材看敦煌文獻的特徵》,《敦煌研究》2014年3期。

魏泓《國際敦煌項目(IDP)——敦煌與新疆的古文獻及文物的數字化儲存與訪問》,《敦煌研究》2014年3期。

常莎娜《走向敦煌》,《敦煌研究》2014年3期。

李并成《敦煌文獻中蘊涵的生態哲學思想探析》,《甘肅社會科學》2014年4期。

楊利民《敦煌哲學的學科體系建構》,《甘肅社會科學》2014年5期。

劉潔《論敦煌藝術"再生"哲學命題與中國當代敦煌藝術流派的發展》,《甘肅社會科學》2014年3期。

秦樺林《"敦煌學"一詞的術語化過程》,《敦煌研究》2014年6期。

謝增虎《生與死：敦煌宗教哲學的獨特關照》，《甘肅社會科學》2014年2期。

閆曉勇、顏華東《略論敦煌哲學及其方法論》，《甘肅社會科學》2014年1期。

藺海鯤《軸心時代螺旋式回歸視閾下的敦煌哲學》，《甘肅社會科學》2014年2期。

賈應聲《敦煌哲學：實在性哲學還是建構性哲學》，《甘肅社會科學》2014年6期。

徐曉卉《敦煌社邑文書反映的管理哲學思想管窺》，《甘肅社會科學》2014年5期。

江有氾《樊錦詩：敦煌女兒的"敦煌夢"》，《現代婦女》2014年4期。

劉朝霞《敦煌文化的三種衍生形態》，《河西學院學報》2014年3期。

羅慧《饒宗頤與香港敦煌吐魯番研究中心》，《華南師範大學學報》2014年3期。

宋啓劼《敦煌哲學的精神實質探討》，《商》2014年16期。

《國家社科基金重大項目"敦煌遺書數據庫"建成》，《上海師範大學學報》2014年6期。

王百歲《八峰崖石窟內容總錄新編》，《敦煌研究》2014年5期。

劉郝霞《古人對敦煌俗文獻的修補、修復與再利用》，《圖書與情報》2014年4期。

劉亞丁《俄羅斯科學院東方文獻研究所與敦煌寫卷》，《國際漢學》2014年1期。

劉菲《敦煌莫高窟洞窟文化調查與研究》，《文教資料》2014年13期。

王力平《莫高窟漢文遊人題記史料價值探析》，《敦煌學輯刊》2014年3期。

余欣《中國博物學傳統的世界價值》，《中國社會科學報》2014年12月26日。

王冀青《英國牛津大學藏斯坦因1907年敦煌莫高窟考古日記整理研究報告》，《敦煌吐魯番研究》14卷，上海：上海古籍出版社，2014年12月。

Nathalie Monnet. Wang Zhongmin's Yesrs in Paris, 1934－1939（蒙曦《王重民先生在巴黎，1934—1939》），《敦煌吐魯番研究》14卷，上海：上海古籍出版社，2014年12月。

Susan Whitfield. Foreign Travellers to Dunhuang, 1920－1960（魏泓《1920—1960年敦煌的外國訪問者》）《敦煌吐魯番研究》14卷，上海：上海古籍出版社，2014年12月。

方廣錩《敦煌遺書寫本特異性——寫本學劄記》，《敦煌吐魯番研究》14卷，上海：上海古籍出版社，2014年12月。

［日］石塚晴通撰，唐煒譯《從Codicology的角度來看敦煌漢文文獻》，《敦煌吐

魯番研究》14卷,上海:上海古籍出版社,2014年12月。

波波娃《俄羅斯科學院檔案館 C·ф·奧登堡館藏中文文獻》,《敦煌吐魯番研究》14卷,上海:上海古籍出版社,2014年12月。

王素《印度新德里國立博物館藏敦煌吐魯番等地文物》,《敦煌吐魯番研究》14卷,上海:上海古籍出版社,2014年12月。

劉波《俞澤箴與京師圖書館敦煌遺書編目工作》,《敦煌吐魯番研究》14卷,上海:上海古籍出版社,2014年12月。

(二)歷史地理

顧凌雲《敦煌判文殘卷中的唐代司法建議初探》,《敦煌研究》2014年1期。

楊寶玉《法藏敦煌文書P.2942作者考辨》,《敦煌研究》2014年1期。

李并成《漢酒泉郡十一置考》,《敦煌研究》2014年1期。

王祥偉《吐蕃歸義軍時期敦煌寺院的"司"名機構探論》,《敦煌研究》2014年1期。

郭俊葉《莫高窟第454窟窟主及其甬道重修問題》,《敦煌研究》2014年1期。

毛陽光《洛陽偃師新出土〈杜嗣儉夫人墓誌〉及相關問題研究》,《敦煌學輯刊》2014年1期。

張新國《唐代吐魯番與敦煌地區受田差異初探——以敦煌吐魯番文書爲中心》,《中國歷史地理論叢》2014年1期。

樓勁《證聖元年勅與南北朝至唐代的旌表孝義之制——兼論S.1344號敦煌殘卷的定名問題》,《浙江學刊》2014年1期。

徐曉卉《歸義軍時期敦煌的"官布"》,《中國農史》2014年1期。

顧凌雲《唐代實判的判案依據研究》,《敦煌學輯刊》2014年1期。

張存良《新出〈魏哲墓誌銘〉及相關問題》,《敦煌學輯刊》2014年1期。

黃艷萍《〈肩水金關漢簡(壹)〉紀年簡校考》,《敦煌研究》2014年2期。

羅見今、關守義《〈肩水金關漢簡(貳)〉歷簡年代考釋》,《敦煌研究》2014年2期。

侯宗輝《〈肩水金關漢簡〉所見"從者"探析》,《敦煌研究》2014年2期。

馬克冬、張顯成《〈居延新簡〉所記屯戍信息及其價值考論》,《敦煌研究》2014年2期。

張英梅《試探肩水金關漢簡中"傳"的制度》,《敦煌研究》2014年2期。

李宗俊《法藏敦煌文書P.2942相關問題再考》,《敦煌研究》2014年2期。

杜海《曹議金權力枝系考》,《敦煌學輯刊》2014年2期。

許序雅《從敦煌吐魯番文書看唐朝對來華九姓胡人的管理》,《西域研究》2014年2期。

陸離《關於吐蕃統治敦煌時期部落使的幾個問題》,《唐史論叢》2014 年 2 期。
劉希慶《敦煌懸泉置壁書中所見西漢官文書制度》,《檔案學通訊》2014 年 2 期。
徐曉卉《晚唐五代宋初時期棉布在敦煌地區充當貨幣考論》,《天水師範學院學報》2014 年 2 期。
鄭炳林、鄭怡楠《敦煌寫本〈住三窟禪師伯沙門法心贊〉考釋》,《絲綢之路經濟帶文化資源與文化產業高峰論壇論文集》2014 年 5 月 24 日（又載《絲綢之路》2014 年 12 期）。
劉滿《北朝以來炳靈寺周圍交通路綫考索》,《敦煌學輯刊》2014 年 3 期。
趙和平《于闐尉遲氏源出鮮卑考——中古尉遲氏研究之二》,《敦煌研究》2014 年 3 期。
馬德《敦煌本唐代〈御制經序〉淺議》,《敦煌學輯刊》2014 年 3 期。
仇鹿鳴《〈藥元福墓誌〉考——兼論藥氏的源流與沙陀化》,《敦煌學輯刊》2014 年 3 期。
任偉《敦煌碑銘贊文獻題記紀時用法考述——兼談敦煌文獻的紀時》,《常熟理工學院學報》2014 年 3 期。
陳粟裕《五代宋初時期于闐王族的漢化研究——以敦煌石窟中的于闐王族供養像爲中心》,《美術研究》2014 年 3 期。
陳光文《〈良吏傳〉輯考——以敦煌遺書與傳世類書爲中心》,《中國典籍與文化》2014 年 3 期。
余欣、周金泰《從王化到民間：漢唐間敦煌地區皇家〈月令〉與本土時令》,《史林》2014 年 4 期。
高榮《漢代張掖屬國新考》,《敦煌研究》2014 年 4 期。
陳菊霞《辨析有關平康鄉人的敦煌文書》,《敦煌研究》2014 年 4 期。
寇克紅《"都鄉"考略——以河西郡縣爲例》,《敦煌研究》2014 年 4 期。
鄭怡楠、鄭炳林《敦煌曹氏歸義軍時期修功德記文體的演變》,《敦煌學輯刊》2014 年 4 期。
鄭怡楠《翟法榮與莫高窟第 85 窟營建的歷史背景》,《敦煌學輯刊》2014 年 4 期。
楊榮春《吐魯番出土〈北涼神璽三年（公元三九九年）倉曹貸糧文書〉研究》,《敦煌學輯刊》2014 年 4 期。
郝二旭《唐五代敦煌農業祭祀禮儀淺論》,《農業考古》2014 年 4 期。
鄭炳林、杜海《曹議金節度使位繼承權之爭——以"國太夫人"、"尚書"稱號爲中心》,《敦煌學輯刊》2014 年 4 期。

王使臻《晚唐五代宋初川陝甘之間的交通與文化交流——以敦煌文獻爲主的考察》,《成都大學學報》2014年4期。

戴春陽《沙州刺史李庭光相關問題稽考》,《敦煌研究》2014年5期。

陳金生、張郁萍《兩漢張掖屬國述論》,《敦煌研究》2014年5期。

趙大旺《"觀子户"還是"館子户"——敦煌寫本〈索鐵子牒〉再探》,《敦煌研究》2014年5期。

陳濤《日本杏雨書屋藏敦煌本〈驛程記〉地名及年代考》,《南都學壇》2014年5期。

張德芳《兩漢時期的敦煌太守及其任職時間》,《簡牘學研究》2014年。

孟憲實《武則天時期的"祥瑞"——以〈沙州圖經〉爲中心》,《敦煌吐魯番研究》14卷,上海:上海古籍出版社,2014年12月。

[日]關尾史郎《"五胡"時代户籍制度初探——以對敦煌·吐魯番出土漢文文書的分析爲中心》,《敦煌吐魯番研究》14卷,上海:上海古籍出版社,2014年12月。

牛來穎《舟橋管理與令式關係——以〈水部式〉與〈天聖令〉爲中心》,《敦煌吐魯番研究》14卷,上海:上海古籍出版社,2014年12月。

馮培紅《敦煌大族、名士與北涼王國——兼論五涼後期儒學從大族到名士的轉變》,《敦煌吐魯番研究》14卷,上海:上海古籍出版社,2014年12月。

趙和平《尉遲氏族源考——中古尉遲氏研究之一》,《敦煌吐魯番研究》14卷,上海:上海古籍出版社,2014年12月。

鄭燕燕《中國古代麻作物析論:以于闐、吐魯番及敦煌文書記載爲中心》,《唐研究》第二十卷,北京大學出版社,2014年12月。

胡倩雯《從敦煌吐魯番文書看唐代平關》,《中山大學研究生學刊》2014年1期。

王馳《敦煌類書補擴〈漢唐方志輯佚〉三則》,《黑龍江史志》2014年9期。

（三）社會

孟憲實《敦煌文獻折射中國傳統農村組織"鄉土本色"》,《中國社會科學報》2014年1月8日。

趙青山《隋唐宋初寫經社邑考略——以敦煌寫經題記爲中心》,《敦煌研究》2014年1期。

王銘《菩薩引路:唐宋時期喪葬儀式中的引魂幡》,《敦煌研究》2014年1期。

趙貞《中村不折舊藏〈唐人日課習字卷〉初探》,《文獻》2014年1期。

李金梅、鄭志剛《中國古代馬球源流新考》,《敦煌學輯刊》2014年1期。

趙玉平《唐五代宋初敦煌春秋二社變遷新議》,《敦煌研究》2014年5期。

叢振《古代敦煌狩獵生活小考》,《敦煌學輯刊》2014年1期。
賈小軍《榜題與畫像: 魏晉十六國河西墓葬壁畫中的社會史》,《敦煌學輯刊》2014年2期。
王祥偉《日本杏雨書屋藏敦煌文書羽044之〈釜鳴占〉研究》,《文獻》2014年4期。
杜海《敦煌〈書儀鏡〉寫本S.6111＋S.10595考釋》,《文獻》2014年6期。
吳浩軍《河西鎮墓文叢考（一）——敦煌墓葬文獻研究系列之五》,《敦煌學輯刊》2014年1期。
吳浩軍《河西鎮墓文叢考（二）——敦煌墓葬文獻研究系列之五》,《敦煌學輯刊》2014年3期。
喬輝、張小涓《法藏敦煌西域文獻〈喪禮服制度〉寫本殘卷考索》,《西藏大學學報》2014年1期。
陳于柱、張福慧《日本杏雨書屋藏敦煌文獻羽42背〈雲氣占法抄〉整理研究》,《天水師範學院學報》2014年1期。
高原《〈捉季布傳文〉與漢代擊鞠——兼論中國古代馬球的起源》,《敦煌學輯刊》2014年2期。
趙青山《佛教與敦煌信眾死亡觀的嬗變——以隋唐宋初敦煌寫經題記爲中心》,《新疆師範大學學報》2014年3期。
鄭弌《從祭祀到紀功——唐五代敦煌"邈真"圖像的空間與禮儀》,《美術》2014年7期。
趙青山、岳漢萍《隋唐時期佛教面對世俗社會的講經活動》,《敦煌學輯刊》2014年4期。
王晶波《從敦煌寫本看〈靈棋經〉的源流演變》,《敦煌學輯刊》2014年4期。
趙貞《杏雨書屋藏羽41R〈雜字一本〉研究——兼談歸義軍時期的童蒙識字教育》,《敦煌學輯刊》2014年4期。
潘海玲《敦煌婚姻文書的相關研究及重要寫卷敍錄》,《甘肅高師學報》2014年3期。
陳星宇《功德思想與敦煌薦亡願文》,《齊齊哈爾大學學報》2014年3期。
趙鳳《淺談敦煌契約中的民間習慣》,《黑龍江史志》2014年16期。
王使臻《敦煌遺書中的"門狀"》,《尋根》2014年5期。
沙灩《敦煌壁畫中的體育研究》,《體育文化導刊》2014年11期。
劉錚、郝鳳霞、王志鵬《敦煌壁畫體育述要》,《體育文化導刊》2014年6期。
謝智學、耿彬《敦煌壁畫步打球考察》,《體育文化導刊》2014年5期。
叢振《敦煌聚沙成塔遊戲小考》,《蘭臺世界》2014年31期。

冷爽、李冰《古代敦煌居民的生命意識、養生模式及運動特徵》,《蘭臺世界》2014年31期。

潘海玲《敦煌婚姻文書的相關研究》,《林區教學》2014年9期。

吳程玉《敦煌變文中的女性形象及其現實意義》,《青年作家》2014年22期。

朱鳳玉《敦煌通俗字書所呈現之唐五代社會文化研究芻議——以敦煌寫本〈俗務要名林·飲食部〉爲例》,《敦煌吐魯番研究》14卷,上海:上海古籍出版社,2014年12月。

(四) 宗教

劉屹《敦煌道經斷代:道教史研究的新契機》,《中國社會科學報》2014年1月8日。

侯沖《齋僧文立體展現古代敦煌佛教儀式具體形態》,《中國社會科學報》2014年5月14日。

張書彬《中古敦煌地藏信仰傳播形態之文本、圖像和儀軌》,《美術學報》2014年1期。

陳瑋《公元7—14世紀景教在寧夏區域發展史研究》,《敦煌研究》2014年1期。

董大學《敦煌本〈金剛經〉注疏的流佈——以題記爲中心的考察》,《文獻》2014年1期。

李尚全《敦煌本〈修心要論〉:禪宗創立的文獻根據》,《南京曉莊學院學報》2014年1期。

王治《未生怨與十六觀——敦煌唐代觀無量壽經變形式發展的邏輯理路》,《故宫學刊》2014年1期。

趙青山《〈金光明經懺悔滅罪傳〉相關問題考——從日本金剛寺本談起》,《敦煌學輯刊》2014年1期。

劉永明《P.3562V〈道教齋醮度亡祈願文集〉與唐代的敦煌道教(二)》,《敦煌學輯刊》2014年1期。

王慧慧《敦煌千佛洞千相塔記〈敦煌千佛山黃慶寺緣簿〉錄文及相關問題》,《敦煌研究》2014年2期。

張涌泉、羅慕君《敦煌本〈八陽經〉殘卷綴合研究》,《中華文史論叢》2014年2期。

張涌泉、羅慕君《俄藏未定名〈八陽經〉殘片考》,《敦煌研究》2014年2期。

楊富學《高昌回鶻摩尼教稽考》,《敦煌研究》2014年2期。

姚瀟鶇《敦煌文獻所見"魔睺羅"考述》,《敦煌學輯刊》2014年2期。

陳明、王惠民《敦煌龍興寺等寺院藏三階教經籍》,《敦煌研究》2014年2期。

楊學勇《三階教研究的幾個問題》,《敦煌學輯刊》2014年2期。

邱忠鳴《浙藏插圖本〈佛說阿彌陀經〉寫本年代初考——兼論傳世寫本的真僞與年代問題》,《敦煌學輯刊》2014年3期。

牛尚鵬、聶中慶《〈中華道藏〉錄敦煌本道經獻疑——以〈太上太山洞淵神咒經〉爲例(上)》,《上海高校圖書情報工作研究》2014年3期。

張小貴《敦煌文書〈兒郎偉〉與祆教關係辨析》,《西域研究》2014年3期。

鄒清泉《敦煌壁畫〈五臺山圖〉新考——以莫高窟第61窟爲中心》,《中國國家博物館館刊》2014年2期。

趙曉星《吐蕃統治敦煌時期的持明密典——中唐敦煌密教文獻研究之二》,《敦煌研究》2014年2期。

趙曉星《吐蕃時期敦煌密教經典的種類——中唐敦煌密教文獻研究之三》,《敦煌研究》2014年5期。

張景峰《佛教兩種末法觀的對抗與闡釋——敦煌莫高窟第321窟研究》,《敦煌學輯刊》2014年3期。

李銀廣、郭思瑶、長岡龍作《敦煌莫高窟第285窟南壁故事畫所依經典之再研究——以宗教思想爲中心》,《文博》2014年3期。

王蘭平《再論敦煌景教寫本P.3847〈尊經〉之譯撰時間》,《寧波工程學院學報》2014年3期。

太史文《中陰圖:敦煌出土插圖本〈十王經〉研究》,《西夏研究》2014年4期。

張文江《敦煌本〈壇經〉析義之立宗破疑》,《同濟大學學報》2014年4期。

劉湘蘭《敦煌本〈老子變化經〉成書年代、背景考論》,《現代哲學》2014年4期。

劉湘蘭《敦煌本〈老子變化經〉與老子神話之建構》,《武漢大學學報》2014年4期。

豆拉《有關敦煌藏文佛教文獻價值淺議》,《金田》2014年4期。

王蘭平《日本杏雨書屋藏唐代敦煌景教寫本〈序聽迷詩所經〉釋考》,《敦煌學輯刊》2014年4期。

許蔚《〈慈善孝子報恩成道經〉的成立年代及相關問題》,《敦煌研究》2014年4期。

曹凌《敦煌本〈十方千五百佛名經〉雜考》,《敦煌研究》2014年4期。

陳開穎《北魏帝后禮佛儀仗規制及場景復原推想——以鞏縣第1窟爲中心的考察》,《敦煌研究》2014年5期。

張小艷《敦煌本〈盂蘭盆經贊述〉兩種辨正》,《文獻》2014年6期。

張小艷、傅及斯《敦煌本"晉譯五十華嚴"殘卷綴合研究》,《浙江師範大學學報》2014年6期。

張涌泉、劉艷紅、張宇《敦煌本〈藥師琉璃光如來本願功德經〉殘卷綴合研究》，《浙江師範大學學報》2014年6期。

馬德、段鵬《敦煌行城與劍川太子會及其歷史傳承關係初探》，《敦煌研究》2014年5期。

范舒《吐魯番本玄應〈一切經音義〉研究》，《敦煌研究》2014年6期。

Stephen F. Teiser. The Literary Style of Dunhuang Healing Liturgies（太史文《敦煌寫本"患文"的文學特點》），《敦煌吐魯番研究》14卷，上海：上海古籍出版社，2014年12月。

［日］荒見泰史《敦煌本十齋日資料與齋會、儀禮》，《敦煌吐魯番研究》14卷，上海：上海古籍出版社，2014年12月。

侯沖《敦煌變文：佛教齋供儀式角度的解讀》，《敦煌吐魯番研究》14卷，上海：上海古籍出版社，2014年12月。

戴曉雲《水陸法會起源和發展再考》，《敦煌吐魯番研究》14卷，上海：上海古籍出版社，2014年12月。

張子開《〈歷代法寶記〉所引"外書"考》，《敦煌吐魯番研究》14卷，上海：上海古籍出版社，2014年12月。

陳菊霞《榆林窟第20窟是一水陸道場》，《唐研究》第二十卷，北京：北京大學出版社，2014年12月。

魏郭輝《敦煌寫本佛經題記內容探析》，《黑龍江史志》2014年17期。

魏郭輝《晚唐五代敦煌與四川佛教文化交流研究——以敦煌寫經題記爲中心》，《中華文化論壇》2014年9期。

鄭廣薰《再談韓國所藏敦煌寫本〈大般涅槃經卷第三〉》，《絲綢之路》2014年8期。

（五）語言文字

王曉平《敦煌書儀與日本〈雲州消息〉敬語的比較研究》，《敦煌研究》2014年2期。

鄧文寬《"寒盜"或即"諴盜"》，《敦煌研究》2014年3期。

蕭旭《敦煌變文校正舉例》，《敦煌研究》2014年2期。

張文冠《九州大學文學部藏敦煌文書〈新大德造窟簪計料〉字詞考釋二則》，《敦煌研究》2014年2期。

張磊《新出敦煌吐魯番寫本韻書、音義書考》，《浙江社會科學》2014年3期。

謝燕琳《敦煌變文稱謂語的研究價值》，《語文學刊》2014年2期。

龔元華《英藏敦煌寫卷俗字字形誤釋考校舉例》，《中國語文》2014年5期。

黃征、黃衛《歐陽詢行楷〈千字文〉俗字與敦煌俗字特徵考辨》,《藝術百家》2014年3期。

宣炳善《"敦煌"與漢代的政治文化理念》,《咬文嚼字》2014年10期。

于正安《論敦煌曆文的語料價值》,《現代語文》2014年10期。

翟勇《淺析敦煌變文中詞綴的發展變化》,《榆林學院學報》2014年5期。

劉傳啓《敦煌社邑文書輯校補正》,《樂山師範學院學報》2014年10期。

[日]玄幸子《敦煌文獻與中國口語史研究——以太田辰夫〈中國語歷史文法〉爲中心》,《敦煌吐魯番研究》14卷,上海：上海古籍出版社,2014年12月。

（六）文學

包朗、楊富學《法曲子"三皈依"爲詞牌說——敦煌本、霞浦本〈三皈依〉比較研究》,《文獻》2014年1期。

張蓓蓓《黑水城抄本〈慢二郎〉考釋》,《敦煌學輯刊》2014年3期。

王啓濤《敦煌變文〈鷰子賦〉再研究》,《西南民族大學學報》2014年3期。

鄭阿財《從敦煌文獻論靈驗故事在唱導活動中的運用》,《敦煌研究》2014年3期。

王三慶《十念文研究》,《敦煌研究》2014年3期。

張海燕《千古一現的癡情漢單于——論〈王昭君變文〉中的單于形象》,《敦煌研究》2014年4期。

高國藩《敦煌唐人祭祀韻文非物質文化遺產的傳播》,《寧夏師範學院學報》2014年2期。

顧浙秦《敦煌詩集殘卷涉蕃唐詩綜論》,《西藏研究》2014年3期。

鍾書林《中古書儀的文學風貌與文體發展流變——以敦煌書儀爲中心》,《中國文學研究》2014年3期。

王昊《"敦煌曲"名義和"唐詞"論爭及其現代學術意義》,《北京大學學報》2014年6期。

郜同麟《〈王梵志詩校注〉商兌》,《敦煌研究》2014年6期。

張長彬《敦煌寫本曲子辭抄寫年代三考》,《江蘇師範大學學報》2014年6期。

韓傳強、劉麗《雙峰山上的一場論道——〈先德集於雙峰山塔各談玄理十二〉》,《敦煌研究》2014年6期。

劉連香《北朝佛傳故事龍浴太子形象演變》,《敦煌研究》2014年6期。

鄭阿財《敦煌佛教文學理念的建構與研究面向》,《敦煌吐魯番研究》14卷,上海：上海古籍出版社,2014年12月。

王三慶《敦煌應用文書啓請文研究》,《敦煌吐魯番研究》14卷,上海：上海古籍出版社,2014年12月。

田衛衛《〈秦婦吟〉在中原的傳播——興衰原因新探》,《唐研究》第二十卷,北京:北京大學出版社,2014年12月。

王金娥《敦煌寫本蒙書〈孔子備問書〉校正》,《蘭州文理學院學報》2014年1期。

王國良《談敦煌所藏隋唐古體小說整理研究之成果——以〈冤魂志〉爲例》,《湖南科技學院學報》2014年2期。

洪帥《〈全敦煌詩〉誤校例析》,《合肥師範學院學報》2014年2期。

朱斌、肖寒玥《當代敦煌文學對地域文化的認同缺陷反思》,《西部學刊》2014年5期。

魏剛、翟蘇瑩、時麗瓊《敦煌講史變文對唐代歷史人物之書寫析論——以〈葉淨能詩〉爲例》,《忻州師範學院學報》2014年6期。

許海月《敦煌寫卷〈唐太宗入冥記〉與〈西遊記〉第十、十一回人物形象及思想意蘊比較》,《寶雞文理學院學報》2014年3期。

武漢強《唐宋民間婚禮祝詞敦煌本"咒願文"研究——敦煌民間儀式應用文專題研究之二》,《蘭州交通大學學報》2014年2期。

陳燦《敦煌講史類變文與成人儀式考論》,《蘭州學刊》2014年1期。

鍾書林《論敦煌文學的模式化創作——以敦煌文爲例》,《蘭洲學刊》2014年7期。

劉曉玲、李并成《論敦煌寫卷中的醜女形象及其審醜價值》,《文藝研究》2014年8期。

佘志敏《敦煌本〈甘棠集〉賀冬狀的文化背景和文本價值》,《德州學院學報》2014年5期。

卡特里《金色世界:敦煌寫本〈五臺山聖境贊〉研究》,《五臺山研究》2014年1期。

王曉勇《敦煌變文的敍事形式和互動機制對我國説唱藝術的影響》,《哈爾濱師範大學學報》2014年5期。

馬春芳《敦煌變文與河西寶卷中的王昭君故事研究》,《時代文學》2014年6期。

王忠禄《論敦煌曲子詞的詞史意義》,《名作欣賞》2014年29期。

　　（七）藝術

王建疆《敦煌藝術的"再生":窟外新敦煌學的精神內涵》,《中國社會科學報》2014年2月28日。

宏正、界平《佛教石窟造像功用思想研究——以涼州、敦煌、麥積山、雲岡等石窟造像爲例》,《敦煌學輯刊》2014年1期。
柴劍虹《壁畫絲蹤——兼及觀瞻斯里蘭卡石窟得到的啓示》,《敦煌研究》2014年1期。
王敏慶《繪畫里的絲綢——也説科技與藝術的關聯》,《敦煌學輯刊》2014年1期。
張先堂《敦煌石窟供養人服飾藝術圖像資料的特色和價值》,《藝術設計研究》2014年1期。
孫曉峰、曹小玲《長安與麥積山石窟北周佛教造像比較研究——以西安北草灘出土的北周白石龕佛像爲中心》,《敦煌研究》2014年1期。
殷光明《敦煌顯密五方佛圖像的轉變與法身思想》,《敦煌研究》2014年1期。
盧秀文《敦煌民俗樂舞服飾圖像研究——〈宋國夫人出行圖〉女子樂舞服飾》,《敦煌學輯刊》2014年1期。
李翎《從犍陀羅開始：訶利諦的信仰與造像》,《敦煌學輯刊》2014年2期。
齊慶媛《四川宋代石刻菩薩像寶冠造型分析》,《敦煌研究》2014年2期。
楊建軍、崔岩《唐代佛幡圖案與工藝研究》,《敦煌研究》2014年2期。
顧淑彦《敦煌莫高窟第146窟賢愚經變屏風畫考》,《敦煌研究》2014年2期。
苗利輝《庫木吐喇第45窟造像内容考證》,《敦煌研究》2014年2期。
殷博《莫高窟第85窟善財童子五十三參初探》,《敦煌研究》2014年2期。
鄭炳林、朱曉峰《榆林窟和東千佛洞壁畫上的拉弦樂器研究》,《敦煌學輯刊》2014年2期。
楚小慶《"反植荷渠"藝術樣式演變及其對中國建築裝飾設計的影響考略》,《敦煌學輯刊》2014年2期。
牛樂《從敦煌情結到民族主題——甘肅地域美術現象的文化闡釋》,《甘肅社會科學》2014年2期。
沙武田《角色轉換與歷史記憶——莫高窟第323窟張騫出使西域圖的藝術史意義》,《敦煌研究》2014年3期。
苗利輝《説一切有部的法身觀"十八不共法"——兼論它在龜兹石窟中的圖像表現》,《敦煌學輯刊》2014年3期。
宫治昭《彌勒菩薩與觀音菩薩——圖像的創立與演變》,《敦煌研究》2014年3期。
李靜傑《印度花鳥嫁接式圖像及其在中國的新發展——紀念敦煌研究院成立七十周年》,《敦煌研究》2014年3期。
王學麗《敦煌榆林窟第29窟北壁西側〈水月觀音〉臨摹研究》,《美術學報》2014年3期。

曾繁仁《敦煌藝術中"天"的形象到"天人"形象的歷史嬗變》,《復旦學報》
　　2014年4期。
胡同慶《從西魏第249窟龍鳳駕車圖像論敦煌藝術的模仿性》,《敦煌研究》
　　2014年4期。
劉永增《瓜州榆林窟第3窟釋迦八相圖圖像解說》,《敦煌研究》2014年4期。
黃文智《山東北部北魏晚期至東魏的石刻佛像造型分析》,《敦煌研究》2014
　　年4期。
顧虹、盧秀文《莫高窟與克孜爾佛教造像背光比較研究》,《敦煌學輯刊》2014
　　年4期。
李敏、孫志軍《思惟菩薩莫高窟第71窟北壁初探》,《敦煌研究》2014年5期。
宮德傑《明道寺造像佛傳經變故事與雙身像》,《敦煌研究》2014年5期。
李芸、黃勃、夏灩洲《從敦煌壁畫看南北朝歌舞娛樂節目的構成》,《交響(西安
　　音樂學院學報)》2014年1期。
李西林《從建構主義的視角論敦煌樂舞的當代重建》,《交響》2014年1期。
李村《敦煌壁畫中的橫臥類彈弦樂器》,《交響》2014年1期。
李寶傑《敦煌壁畫經變圖禮佛樂隊與唐代坐部伎樂的比較研究》,《交響》2014
　　年1期。
劉蓉《絲路多元音樂文化在敦煌壁畫中的呈現》,《交響》2014年1期。
程天健《敦煌壁畫樂器、樂隊、樂伎的歷史形態構成分析》,《交響》2014年
　　1期。
李波《莫高窟唐五代壁畫供養人服飾領型研究》,《敦煌研究》2014年6期。
柴劍虹、古麗比亞《關於如何推進石窟藝術研究的思考》,《藝術設計研究》
　　2014年4期。
陳玉珍、陳愛峰《大桃兒溝第9窟八十四大成就者圖像考釋》,《敦煌研究》
　　2014年6期。
崔華春、過偉敏《敦煌壁畫的獨特賦彩設色意象探析》,《東北師大學報》2014
　　年6期。
李梅《麥積山石窟第5窟西方淨土變》,《敦煌研究》2014年6期。
關晉文《敦煌隋代壁畫技法探析》,《敦煌研究》2014年6期。
黃征《法藏敦煌草書寫本P.2063淨眼〈因明入正理論略抄〉殘卷校錄整理》,
　　《藝術百家》2014年2期。
劉滌宇《從歷史圖像到建築信息——以1930—1950年代兩位學者以敦煌壁畫
　　爲素材的建築史研究成果爲例》,《建築學報》2014年Z1期。
毛秋瑾《裴行儉與唐代書壇——兼及敦煌吐魯番本〈文選〉》,《南京藝術學院

學報》2014年2期。
楊季《敦煌壁畫中樂伎圖像審美淺析》,《社科縱橫》2014年11期。
劉長宜、趙瑩《敦煌佛教壁畫的色彩研究與應用》,《藝術教育》2014年8期。
范麗《敦煌壁畫中的唐代女性內衣服飾審美研究》,《藝術教育》2014年8期。
郭萍《張大千敦煌摹品與壁畫粉本研究》,《四川戲劇》2014年8期。
周榕清《地理説：敦煌壁畫山水畫新探》,《藝術百家》2014年4期。
張改煥《敦煌莫高窟飛天形象的世俗化》,《藝術探索》2014年4期。
李艷華《敦煌莫高窟供養人畫像的時間變遷》,《藝術探索》2014年3期。
崔家嘉《品讀魅力敦煌 夢回藝術之鄉——淺論敦煌壁畫藝術價值及其現代意義》,《大衆文藝》2014年15期。
馬麗娜《論敦煌舞對敦煌壁畫樂舞藝術的繼承和發展》,《絲綢之路》2014年2期。
伍小珊、陳墨寶《敦煌色彩 中國意象——唐前期敦煌壁畫的色彩美》,《中國包裝工業》2014年10期。
岳鋒《蓮荷之辨——以敦煌壁畫中的藻井蓮花爲中心》,《蘭州文理學院學報》2014年2期。
高陽《敦煌隋代裝飾圖案色彩研究》,《2014年中國流行色協會學術年會論文集》,2014年12月5日。
吴潔《從漢唐時期的敦煌壁畫看樂隊排列的變遷規律及歷史特徵》,《星海音樂學院學報》2014年3期。
夏瑩瑩《敦煌舞風格訓練與基本功訓練的關係》,《蘭州教育學院學報》2014年2期。
喻忠傑《敦煌大曲中與戲劇相關曲辭考述》,《河西學院學報》2014年4期。
李新龍、王建國《敦煌拳藝文化與創新策略研究》,《蘭州文理學院學報》2014年4期。
彭瑞花《論敦煌"菩薩守戒十二誓願"戒律畫》,《山西檔案》2014年4期。
李甜《淺論綫條在敦煌壁畫中的美學意義》,《中國包裝工業》2014年22期。
林崝《探析敦煌壁畫藝術風格的演變》,《現代裝飾》2014年11期。
王磊《探究敦煌唐代敦煌壁畫中的卷草紋飾》,《現代裝飾》2014年8期。
鮑新偉、劉晟等《敦煌石窟經變畫分類的圖論分析方法》,《數學學習與研究》2014年17期。
張亞楠《敦煌壁畫中帔帛源流及時代意義研究》,《金田》2014年11期。
鄧亞楠《敦煌石窟早期壁畫綫描藝術探析》,《晉陽學刊》2014年6期。
王夢彤《對敦煌壁畫創作的藝術特點的分析和探討》,《中國包裝工業》2014

年 20 期。

董書兵《造像經典　盛世風采——敦煌莫高窟唐代佛教造像類型與藝術特徵分析》,《雕塑》2014 年 5 期。

李艷華《敦煌莫高窟藻井圖案的演變歷程》,《藝術探索》2014 年 5 期。

蘇丹《印度藥叉女像對唐代敦煌石窟女性造像的影響》,《藝術科技》2014 年 11 期。

孫曉麗《敦煌莫高窟隋代服飾幾何紋的格律之美》,《藝術教育》2014 年 10 期。

王瑞雷《敦煌、西藏西部早期惡趣清淨曼荼羅圖像探析》,《故宮博物院院刊》2014 年 5 期。

馬麗娜《論敦煌舞對敦煌原生藝術的融合與超越》,《昌吉學院學報》2014 年 5 期。

趙瑩《敦煌藝術美學——敦煌壁畫之佛教本生故事畫》,《現代裝飾》2014 年 10 期。

胡同慶《從天上到人間：敦煌藝術中的彌勒信仰》,《法音》2014 年 4 期。

張建宇《敦煌淨土變與漢畫傳統》,《民族藝術》2014 年 1 期。

王菡薇《從劉宋元嘉二年石刻畫像與敦煌本〈瑞應圖〉看南朝繪畫》,《文藝研究》2014 年 3 期。

張斌《敦煌藻井圖案教學的傳承與創新》,《裝飾》2014 年 1 期。

（八）考古與文物保護

沙武田《石窟考古開闢敦煌學研究新領域》,《中國社會科學報》2014 年 1 月 8 日。

李瑞哲《入華粟特人石質葬具反映的深刻意義——祆教藝術和中原禮制藝術之間的互動與交融》,《敦煌學輯刊》2014 年 1 期。

王慶衛《墓葬中的窣堵波：再論武惠妃石槨勇士神獸圖》,《敦煌學輯刊》2014 年 1 期。

王曉光、徐雷、李綱《敦煌壁畫數字圖像語義描述方法研究》,《中國圖書館學報》2014 年 1 期。

張玉璧《甘肅武山水簾洞石窟佛教建築的藝術特徵及成因探究》,《敦煌學輯刊》2014 年 1 期。

王亞軍、張艷傑等《敦煌莫高窟第 87 窟溫濕度特徵》,《蘭州大學學報》2014 年 1 期。

陳曉捷《藥王山摩崖造像 13 號龕時代考》,《敦煌研究》2014 年 2 期。

董廣強、魏文斌《陵墓與佛窟——麥積山第 43 窟洞窟形制若干問題研究》,

《敦煌學輯刊》2014年2期。

楊發鵬、李偉靜《交河溝西康氏塋院20號墓主人爲康姓粟特人辨析》,《敦煌學輯刊》2014年3期。

趙蘭香《河西漢塞與河西地域建築文化論》,《敦煌學輯刊》2014年3期。

樊波《唐長安遵善寺考》,《敦煌學輯刊》2014年3期。

程旭《陝西館藏造像概述》,《敦煌學輯刊》2014年3期。

文軍《鳩摩羅什舍利塔再考察》,《敦煌學輯刊》2014年3期。

王志友《早期秦人構成探析》,《敦煌學輯刊》2014年3期。

王亞軍、郭青林等《敦煌莫高窟環境溫度特徵分析》,《敦煌研究》2014年4期。

俄玉楠、楊富學《甘肅省博物館收藏的一件未刊北朝殘塔》,《敦煌研究》2014年4期。

武發思、汪萬福等《良渚北城墙考古土遺址表面藻類的分析研究》,《敦煌研究》2014年4期。

党壽山《永昌聖容寺的歷史變遷探賾》,《敦煌研究》2014年4期。

孫明霞、魏文斌等《攝影測量方法製作數字化綫描圖在麥積山石窟的應用》,《敦煌學輯刊》2014年4期。

林波、王旭東等《西北乾旱地區遺址泥敷脱鹽試驗研究》,《敦煌研究》2014年4期。

馬讚峰、汪萬福《敦煌莫高窟第44窟壁畫材質及起甲病害研究》,《敦煌研究》2014年5期。

王歡歡、程愛民等《一幅明代水陸畫顏料的分析鑒別》,《敦煌研究》2014年5期。

田磊、張景科等《甘肅慶陽南佐遺址保護規劃探索》,《敦煌研究》2014年5期。

張光偉、張虎元、于宗仁《新疆安迪爾古城病害特徵及加固措施建議》,《敦煌研究》2014年5期。

姚雪、趙凡、孫滿利《漢陽陵帝陵外藏坑遺址溫度變化規律及預報模型》,《敦煌研究》2014年6期。

陳海濤、陳琦《莫高窟第254窟捨身飼虎圖的數字闡釋及影片創作》,《敦煌研究》2014年6期。

李笑牛、郭海、孟佳娜《基於HSV的敦煌藝術圖案顏色特徵分析》,《大連民族學院學報》2014年5期。

(九) 少數民族歷史語言

劉鳳强《敦煌吐蕃歷史文書的"春秋筆法"》,《中國藏學》2014年1期。

牛宏《論敦煌藏文禪宗文獻中的"吐蕃禪宗"》,《宗教學研究》2014 年 1 期。

付馬《唐咸通乾符年間的西州回鶻政權——國圖藏 BD11287 號敦煌文書研究》,《敦煌研究》2014 年 2 期。

［俄］葉夫根尼·克恰諾夫《西夏國的水利灌溉》,《敦煌學輯刊》2014 年 2 期。

潘提·阿爾托《斯德哥爾摩瑞典民族學博物館所藏蒙古文書籍記述》,《敦煌學輯刊》2014 年 2 期。

陳光文《敦煌莫高窟第 297 窟甬道南壁西夏文題記譯釋——兼論西夏統治敦煌的時間問題》,《敦煌學輯刊》2014 年 2 期。

陳于柱、張福慧《榆林窟第 25 窟"藏漢婚禮圖"的再研究》,《民族研究》2014 年 2 期。

彭金章《有關回鶻文木活字的幾個問題》,《敦煌研究》2014 年 3 期。

党燕妮、郭向東、陳軍《敦煌少數民族文獻舉要》,《圖書與情報》2014 年 2 期。

榮新江、朱麗雙《從進貢到私易：10—11 世紀于闐玉的東漸敦煌與中原》,《敦煌研究》2014 年 3 期。

阿不力克木·阿布都熱西提《從吐魯番到敦煌——Turpan（吐魯番）一名詞源、語義考》,《中央民族大學學報》2014 年 3 期。

葉拉太《敦煌古藏文吐蕃地名由來及對藏族地名的影響》,《青海民族大學學報》2014 年 4 期。

王瑞雷《從乃甲切木石窟看慶喜藏系金剛界壇城在後藏的傳播》,《敦煌研究》2014 年 5 期。

今枝由郎著,班瑪更珠譯《生死輪迴史———一部來自敦煌的藏文敍事文獻（一）》,《敦煌學輯刊》2014 年 4 期。

張鐵山《漢、回鶻文合璧〈六十甲子納音〉殘片考釋》,《敦煌學輯刊》2014 年 4 期。

才讓《英藏敦煌藏文 IOL.Tib.J.26 號第二部分來源之研究》,《敦煌吐魯番研究》14 卷,上海：上海古籍出版社,2014 年 12 月。

高田時雄《吐蕃時期敦煌的寫經人》,《敦煌吐魯番研究》14 卷,上海：上海古籍出版社,2014 年 12 月。

Matthew Kapstein. *Dunhuang Tibetan Buddhist Manuscripts and Later Tibetan Buddhism: A Brief Review of Recent Research*（馬修·凱普斯坦《敦煌的藏文佛教文書與晚期的吐蕃佛教：關於二者關係的近期研究》）,《敦煌吐魯番研究》14 卷,上海：上海古籍出版社,2014 年 12 月。

（十）古籍

許建平《敦煌〈詩經〉寫卷研究綜述》,《敦煌研究》2014 年 1 期。

陳麗萍《敦煌本〈大唐天下郡姓氏族譜〉的綴合與研究——以 S. 5861 爲中心》，《敦煌研究》2014 年 1 期。
劉全波《〈修文殿御覽〉編纂考》，《敦煌學輯刊》2014 年 1 期。
俞紹宏《敦煌寫本〈詩經〉異文中的隸定古文探源》，《勵耘語言學刊》2014 年 2 期。
陳勇《〈敦煌秘笈·十六國春秋〉考釋》，《民族研究》2014 年 2 期。
吳洋《從章句問題看敦煌本〈詩經〉的性質及其學術史意義》，《敦煌研究》2014 年 2 期。
許建平《敦煌本〈周易〉寫卷的學術價值》，《敦煌研究》2014 年 3 期。
郝春文《日藏敦煌寫本〈論語〉校勘記》，《文獻》2014 年 4 期。
許建平《敦煌〈詩經〉寫卷與中古經學》，《敦煌學輯刊》2014 年 4 期。
張新朋《大谷文書別本〈開蒙要訓〉殘片考》，《敦煌研究》2014 年 5 期。
張傳官《吐魯番出土〈急就篇〉殘卷二種補釋》，《敦煌研究》2014 年 4 期。
魏迎春《敦煌寫本 P. 2966 和 P. 3363〈籯金〉殘卷考釋》，《敦煌研究》2014 年 6 期。
許建平《由敦煌本與岩崎本互校看日本舊鈔〈尚書〉寫本之價值》，《敦煌吐魯番研究》14 卷，上海：上海古籍出版社，2014 年 12 月。
郭殿忱《敦煌殘卷曹子建〈上責躬應詔詩表〉校考》，《湖北文理學院》2014 年 10 期。

　　（十一）科技
田永衍、秦文平、梁永林《近三十年敦煌醫學文獻研究概況》，《中國中醫基礎醫學雜誌》2014 年 1 期。
田永衍、秦文平、梁永林《敦煌出土醫學文獻研究回顧與展望》，《甘肅中醫學院學報》2014 年 1 期。
劉英華《從敦煌藏文寫本看藏醫唇裂整復術》，《中國藏學》2014 年 2 期。
王澤湘《從敦煌文獻〈新菩薩經〉、〈勸善經〉中探索唐代主要疾病與現代主要疾病的比較分析》，《敦煌學輯刊》2014 年 4 期。
田永衍《敦煌文獻〈不知名氏辨脈法之二〉、〈玄感脈經〉考論三則》，《敦煌學輯刊》2014 年 4 期。
僧海霞《唐宋時期醫用粥探析》，《中醫雜誌》2014 年 12 期。
王輝、鄧靈芝等《敦煌〈灸經圖〉之足太陽穴》，《中醫研究》2014 年 11 期。
趙小強、田永衍、胡蓉《敦煌〈灸經圖〉足太陽經理論研究》，《第十七屆針灸對機體功能的調節機制及針灸臨牀獨特經驗研討會會議論文集》2014 年 7 月 24 日。

彭馨、胡翠華《敦煌醫藥文獻中的造字現象》,《科教文匯》2014 年 8 期。

王鳳儀、趙黨生《美容增白之敦煌古醫方考析》,《甘肅中醫學院學報》2014 年 6 期。

湯志剛、楊繼若等《敦煌〈灸經圖〉背部腧穴取二寸三分與橫向經脈》,《西部中醫藥》2014 年 12 期。

史正剛、李金田等《敦煌醫學及其文化內涵探析》,《甘肅中醫學院學報》2014 年 5 期。

王慶菽、陳邦賢《英國倫敦不列顛博物館館藏——敦煌卷子中的古代醫藥方文獻》,《"醫史研究會"百年紀念文集》2014 年 7 月 1 日。

王波、李丹琳等《敦煌遺書中用藥護理探究》,《環球中醫藥》2014 年 9 期。

僧海霞《敦煌〈備急單驗藥方卷〉綴輯本考補》,《石河子大學學報》2014 年 1 期。

姚美玲、沈夢婷《敦煌道教醫方殘卷伯希和 4038 校補》,《中國文字研究》2014 年 1 期。

朱若林、沈澍農《敦煌文獻 S.202 疑難字考釋》,《南京中醫藥大學學報》2014 年 3 期。

彭馨、胡翠花《從敦煌文獻看古代民間醫藥文獻的傳抄特點》,《蘭臺世界》2014 年 2 期。

彭馨、胡翠花《從助動詞的分佈看敦煌醫術醫方類文獻撰寫與抄寫的年代差異》,《絲綢之路》2014 年 24 期。

(十二) 紀念文與學術動態

郝春文、劉屹《寧可先生的學術貢獻》,《光明日報》2014 年 2 月 26 日。

陳燮君《敦煌藝術的文化力量——紀念敦煌研究院成立七十周年》,《敦煌研究》2014 年 3 期。

劉玉權《遺失的畫稿——紀念敦煌研究院成立七十周年》,《敦煌研究》2014 年 3 期。

樊錦詩《守護敦煌藝術寶藏,傳承人類文化遺產》,《敦煌研究》2014 年 3 期。

關友惠《莫高窟人的生活往事》,《敦煌研究》2014 年 3 期。

孫儒僩《莫高軼事——我的敦煌生涯(4)》,《敦煌研究》2014 年 3 期。

宋雪春、王曉燕《中國敦煌吐魯番學會成立三十周年國際學術研討會綜述》,《中國史研究動態》2014 年 5 期。

《敦煌論壇:2014 絲綢之路古遺址保護國際學術研討會舉行》,《世界遺產》2014 年 11 期。

樊錦詩《由敦煌認識中國傳統文化——簡評馮驥才〈人類的敦煌〉》,《中國藝術報》2014年5月5日。

張善慶《〈吐蕃統治時期敦煌石窟研究〉介評——簡論石窟藝術研究方法》，《敦煌研究》2014年1期。

張小艷《稽古尋例三十載，寫本文獻鑄成"學"——讀〈敦煌寫本文獻學〉》，《敦煌學輯刊》2014年4期。

許偉偉《敦煌學視角下的西夏與周邊民族關係研究——評〈西夏與周邊關係研究〉》，《西夏研究》2014年3期。

陸錫興《論敦煌文獻的名物研究——兼評杜朝暉〈敦煌文獻名物研究〉》，《敦煌學輯刊》2014年4期。

陸離、張雪《〈吐蕃統治下的敦煌地區787—848年：對莫高窟發現的世俗文書的研究〉一書介紹》，《西藏民族學報》2014年6期。

陳婧《木華成林　其葉蓁蓁——讀〈敦煌文學總論〉》，《寧夏師範學學報》2014年5期。

伏俊璉、鄭驥《構建寫本文獻學理論體系的重要基石——讀張涌泉教授〈敦煌寫本文獻學〉》，《浙江社會科學》2014年11期。

狄凌鶴《藏學史上的里程碑——讀〈敦煌吐蕃歷史文書考釋〉之感》，《黑龍江史志》2014年19期。

王毅《用心研大千，摯情釋敦煌——〈張大千臨摹敦煌壁畫最新詮釋〉序》，《四川省志》2014年2期。

牛宏《英藏敦煌藏文密教文獻編目狀況述評》，《西藏研究》2014年1期。

高海燕《中國漢傳佛教藝術中的捨身飼虎本生研究評述》，《敦煌學輯刊》2014年1期。

陳光文《西夏時期敦煌史研究述評》，《西夏研究》2014年2期。

田衛衛《〈秦婦吟〉敦煌寫本研究綜述》，《敦煌學輯刊》2014年4期。

徐曉卉《百年敦煌學之遊戲娛樂民俗研究述要》，《敦煌學輯刊》2014年4期。

張世奇、沙武田《敦煌西夏石窟研究綜述》，《西夏研究》2014年4期。

吳麗娛《關於敦煌〈朋友書儀〉的研究回顧與問題展說》，《敦煌吐魯番研究》14卷，上海：上海古籍出版社，2014年12月。

徐自强、張永强《對莫高窟題記的初步整理和研究——〈敦煌莫高窟題記彙編〉編纂記》，《敦煌吐魯番研究》14卷，上海：上海古籍出版社，2014年12月。

路瑩、胡振卉《敦煌學百年發展歷程簡述——以敦煌遺書的歸屬地爲中心》，《現代婦女》2014年8期。

2014 年吐魯番學研究論著目錄

殷盼盼　朱艷桐（蘭州大學）

一、專著與文集

上海藝術研究所、新疆藝術研究所、新疆維吾爾自治區博物館、吐魯番地區文物局《高昌藝術研究》，上海：上海古籍出版社，2014 年 4 月。

馬曼麗《塞外文論——馬曼麗内陸歐亞研究自選集》，蘭州：蘭州大學出版社，2014 年 5 月。

吐魯番博物館、吐魯番研究院編《絲路遺珠：交河故城、高昌故城申報世界文化遺產文物精品展》，上海：上海古籍出版社，2014 年 6 月。

楊建新《邊疆民族論集》，蘭州：蘭州大學出版社，2014 年 6 月。

張國剛《唐代家庭與社會》，北京：中華書局，2014 年 7 月。

毛秋瑾《敦煌吐魯番文獻與名家書法》，濟南：山東畫報出版社，2014 年 7 月。

拓和提·莫扎提《中世紀維吾爾歷史》，北京：中央民族大學出版社，2014 年 7 月。

劉安志《新資料與中古文史論稿》，上海：上海古籍出版社，2014 年 7 月。

榮新江《中古中國與粟特文明》，上海：三聯書店，2014 年 8 月。

新疆維吾爾自治區文物局編《西域文物考古全集》，烏魯木齊：新疆美術攝影出版社，2014 年 9 月。

馬世長《中國佛教石窟考古文集》，北京：商務印書館，2014 年 9 月。

徐文堪編《現代學術精品精讀·西域研究卷（上、下）》，上海：上海人民出版社，2014 年 9 月。

迪拉娜·伊斯拉非爾《吐魯番發現回鶻文佛教新文獻研究》，北京：民族出版社，2014 年 12 月。

楊林坤《西風萬里交河道——明代西域絲綢之路上的使者和商旅研究》，蘭州：蘭州大學出版社，2014 年 12 月。

二、論　　文

（一）歷史

侯宗輝《敦煌漢簡所見烏孫歸義侯質子新莽朝及"車師之戰"考辨》，《簡帛研究二〇一三》，桂林：廣西師範大學出版社，2014 年 7 月，168—181 頁。

楊榮春《北涼高昌太守隗仁史跡鈎沉》,《吐魯番學研究》2014年2期,29—37頁。

李文娟《麴氏高昌及其對絲綢之路的貢獻》,《甘肅金融》2014年10期,65—68頁。

張玉祥《論隋朝在新疆的管理方式》,《黑河學刊》2014年6期,54—55、134頁。

陳國燦《玄奘與高昌王國》,《吐魯番學研究》2014年2期,6—12頁。

張付新、張雲《從高昌佛教看玄奘西行及其歷史作用》,《綏化學院學報》2014年12期,65—67頁。

樊英峰、胡元超《唐曹欽墓誌本事索隱》,《乾陵文化研究》8輯,2014年,394—427頁。

劉子凡《〈唐成公崇墓誌〉考釋》,《文獻》2014年3期,102—112頁。

胡倩雯《從敦煌吐魯番文書看唐代平關》,《中山大學研究生學刊》2014年1期,1—20頁。

焦露《賜予與回報：唐代國家與父老》,《西華師範大學學報》2014年4期,76—83頁。

彭曉燕著,邱軼皓譯,劉迎勝審校《察合台汗國的外交與遣使實踐初探》,《西域研究》2014年2期,92—115頁。

濮德培著,牛貫傑譯《比較視野下的帝國與國家：18世紀中國的邊疆管轄》,《史學集刊》2014年4期,29—38頁。

趙劍鋒《晚清俄國駐新疆領事館考述》,《新疆大學學報》2014年4期,64—67頁。

張建春《清及近人的達坂城後溝詩文與"白水澗道"》,《西域研究》2014年3期,124—127頁。

李天石、李常生《從出土文獻看六朝時期西北地方法的特點——以鄯善、河西、高昌諸政權與中原的比較爲重點》,《南京師大學報》2014年6期,47—60頁。

黃正建《唐代訴訟文書格式初探——以吐魯番文書爲中心》,《敦煌吐魯番研究》14卷,上海：上海古籍出版社,2014年12月,289—317頁。

岳純之《從一份吐魯番文書看唐律的變化》,《煙臺大學學報》2014年1期,62—67頁。

白京蘭《軍府體制下清代新疆的司法體系及運作》,《西域研究》2014年3期,13—23頁。

孫繼民《黑水城金代漢文〈西北諸地馬步軍編冊〉兩個地名的考證》,《敦煌吐魯番研究》14卷,上海：上海古籍出版社,2014年12月。

張安福、胡志磊《漢唐環塔里木烽燧佈局的演變》,《史林》2014年2期,25—33頁。

孫麗萍《德藏文書〈唐西州高昌縣典周達帖〉札記》,《西域研究》2014年4期,101—104頁。

張安福、王玉平《唐代西州屯區民眾的生產與生活》,《中國社會經濟史研究》2014年2期,12—21頁。

杜倩萍《屯田與漢文化在西域的傳播》,《西域研究》2014年3期,104—110頁。

張新國《從吐魯番文書看唐前期的户籍管理措施》,《中國社會經濟史研究》2014年1期,26—38頁。

張新國《吐魯番文書〈武周趙小是户籍〉探析》,《文獻》2014年6期,41—49頁。

楊際平《論唐代手實、户籍、計帳三者的關係》,《中國經濟史研究》2014年3期,3—24頁。

李明瑤、柳軼《吐魯番出土"唐欠田簿"文書中户等考釋》,《蘭臺世界》2014年35期,167—168頁。

王祥偉《從吐魯番文書看唐代世俗政權對西州寺院經濟的管制》,《吐魯番學研究》2014年1期,54—62頁。

張新國《唐代吐魯番與敦煌地區受田差異初探——以敦煌吐魯番文書爲中心》,《中國歷史地理論叢》2014年1期,115—125、157頁。

張振華、魏麗琴《高昌國田租制度管見》,《蘭臺世界》2014年3期,88—89頁。

楊際平《談北涼時期高昌郡的計貲、計口出糸與計貲配養馬》,《西北師大學報》2014年2期,57—63頁。

徐秀玲《唐前期西州僱人代役研究》,《四川師範大學學報》2014年4期,139—148頁。

裴成國《高昌國"作人"問題再論》,《中國經濟史研究》2014年2期,76—86頁。

徐秀玲《麴氏高昌國時期僱價問題探討——兼論高昌寺院銀錢的使用情況》,《歷史教學》2014年14期,24—32頁。

楊榮春《十六國時期高昌郡的度量衡——以吐魯番出土文書爲中心》,《求索》2014年9期,143—148頁。

張顯成、高魏《量詞"步、石、斗、升、参"意義辨正——以出土文獻爲新材料》,《成都師範學院學報》2014年7期,1—7頁。

陳躍《漢晉南北朝時期吐魯番地區的農業開發》,《陝西學前師範學院學報》2014年5期,79—84、89頁。

李艷玲《公元5世紀至7世紀前期吐魯番盆地農業生產探析》,《西域研究》2014年4期,73—88頁。

王曉暉《高昌西州時期吐魯番地區的農業生產技術》,《古今農業》2014年3期,59—66頁。

張波《古代高昌農業初探》,《新西部》2014年10期,103、112頁。

李方《中古時期西域水利考(五)——柳中縣、蒲昌縣水渠考》,《敦煌吐魯番研究》14卷,上海:上海古籍出版社,2014年12月,281—287頁。

李方《唐西州高昌城西水渠考——中古時期西域水利研究(七)》,《西域研究》2014年4期,89—100頁。

李方《唐西州高昌城西水渠考(續)——中古時期西域水利研究之八》,《吐魯番學研究》2014年2期,13—18頁。

鄭燕燕《中國古代麻作物析論——以于闐、吐魯番及敦煌文書記載爲中心》,《唐研究》第二十卷,北京:北京大學出版社,2014年,439—468頁。

楊榮春《吐魯番出土〈北涼神璽三年(公元三九九年)倉曹貸糧文書〉研究》,《敦煌學輯刊》2014年4期,69—79頁。

張爽《5—7世紀高昌地區的馬匹與絲綢貿易——以吐魯番出土文書爲中心》,《北方論叢》2014年3期,83—86頁。

張安福、卞亞男《安西都護府與唐代龜兹商貿的發展》,《中國農史》2014年4期,64—75頁。

榮新江、朱麗雙《從進貢到私易:10—11世紀于闐玉的東漸敦煌與中原》,《敦煌研究》2014年3期,190—200頁。

康柳碩、曹源《關於"高昌吉利"錢幣的幾點猜想》,《甘肅金融》2014年4期,50—55頁。

王旭《從券書到契紙——中國傳統契約的物質載體與形式演變初探》,《湖北大學學報》2014年6期,86—91頁。

(二) 社會與文化

米婷婷《高昌墓磚對女性的記述》,《吐魯番學研究》2014年1期,63—71頁。

翟桂金《唐代貧女難嫁現象探析》,《寧波大學學報》2014年6期,61—66頁。

李文瑛、康曉靜《新疆青銅時代服飾研究》,《藝術設計研究》2014年1期,69—78頁。

賀菊蓮《漢唐時期西域飲食文化交流探析》,《貴州民族大學學報》2014年4期,20—24頁。

高愚民《從阿斯塔那出土文物看唐代西域女子髮式藝術》,《新疆藝術學院學報》2014年2期,20—23頁。

凌妙丹《吐魯番出土隨葬衣物疏名物時代初探》,《吐魯番學研究》2014年1期,72—83頁。

孫麗萍《吐魯番古墓葬紙明器考論》,《吐魯番學研究》2014年2期,84—90頁。

陳陗、沈澍農《中國藏吐魯番中醫藥文書研究》,《西部中醫藥》2014年6期,54—58頁。

張傳官《吐魯番出土〈急就篇〉殘卷二種補釋》,《敦煌研究》2014年4期,65—70頁。

張艷奎《吐魯番出土72TAM169：83號〈《論語》習書〉初探》,《吐魯番學研究》2014年2期,38—47頁。

趙貞《中村不折舊藏〈唐人日課習字卷〉初探》,《文獻》2014年1期,38—48頁。

方韜《吐魯番殘卷〈左傳〉服虔注研究》,《石家莊學院學報》2014年1期,5—8頁。

張宗品《從古寫本看漢唐時期〈史記〉在西域的流播——中古時期典籍閱讀現象之一側面》,《古典文獻研究》17輯上卷,2014年,76—93頁。

張建偉《高昌廉氏與元代的多民族士人雅集》,《中央民族大學學報》2014年4期,113—117頁。

李文浩《論清代以來吐魯番地區傳統民居的漢文化現象》,《貴州民族研究》2014年9期,182—185頁。

周泓《多元生成文化區論說——以新疆歷史地緣文化區爲例》,《北方民族大學學報》2014年6期,23—28頁。

（三）民族與宗教

黑文凱《公元745—840年間回鶻對西域地區的爭奪》,《魯東大學學報》2014年1期,32—35頁。

付馬《唐咸通乾符年間的西州回鶻政權——國圖藏BD11287號敦煌文書研究》,《敦煌研究》2014年2期,76—81頁。

付馬《回鶻時代的北庭城——德藏Mainz 354號文書所見北庭城重建年代考》,《西域研究》2014年2期,9—22頁。

張鐵山、朱國祥《回鶻文〈金光明經〉中的漢語借詞對音研究》,《新疆大學學報》2014年1期,135—139頁。

馬小玲《回鶻文歷史文獻學理論芻議》,《伊犁師範學院學報》2014年4期,

117—118、121 頁。

白玉冬《有關高昌回鶻的一篇回鶻文文獻——xj222-0661.9 文書的歷史學考釋》,《中國邊疆史地研究》2014 年 3 期,134—146 頁。

烏雲《新疆佛教石窟中的古代民族服飾考略》,《甘肅社會科學》2014 年 4 期,245—248 頁。

凱旋《九姓烏古斯的民居與服飾文化初探》,《河西學院學報》2014 年 4 期,8—13 頁。

楊發鵬、李偉靜《交河溝西康氏塋院 20 號墓主人爲康姓粟特人辨析》,《敦煌學輯刊》2014 年 3 期,169—180 頁。

許序雅《從敦煌吐魯番文書看唐朝對來華九姓胡人的管理》,《西域研究》2014 年 2 期,1—8 頁。

李樹輝《突厥語文獻的紀年形式和斷代方法》,《語言與翻譯》2014 年 3 期,28—33、40 頁。

趙毅《明代西域人內遷研究二題》,《昌吉學院學報》2014 年 2 期,29—35 頁。

阿不來提·艾合買提《淺論吐魯番郡王統治下維吾爾族的經濟情況》,《黑龍江史志》2014 年 1 期,283—284 頁。

段晴《于闐文書所見古代于闐的典押制度》,《敦煌吐魯番研究》14 卷,上海:上海古籍出版社,2014 年 12 月,113—125 頁。

張鐵山、朱國祥《試論回鶻文〈玄奘傳〉專有名詞的翻譯方式——以回鶻文第九、十卷爲例》,《敦煌吐魯番研究》14 卷,上海:上海古籍出版社,2014 年 12 月,127—135 頁。

王振芬《承陽三年〈菩薩懺悔文〉及其相關問題》,《敦煌吐魯番研究》14 卷,上海:上海古籍出版社,2014 年 12 月,467—477 頁。

李亞棟《〈吐魯番柏孜克里克石窟出土漢文佛教典籍〉誤漏數則》,《吐魯番學研究》2014 年 2 期,48—51 頁。

楊富學、張艷《回鶻文〈五臺山讚〉及相關問題考釋》,《五臺山研究》2014 年 4 期,50—56 頁。

楊富學《高昌回鶻摩尼教稽考》,《敦煌研究》2014 年 2 期,68—75 頁。

任文傑、石妙春《吐魯番地區摩尼教古文獻藝術特徵解析》,《裝飾》2014 年 12 期,137—138 頁。

王媛媛《五代宋初西州回鶻"波斯外道"辨釋》,《中國史研究》2014 年 2 期,75—86 頁。

楊富學、彭曉靜《絲綢之路與宗教文化的傳播交融》,《中原文化研究》2014 年 5 期,36—44 頁。

（四）語言文字與文學

蔣宏軍《略論唐代西域的優勢語》,《新疆大學學報》2014 年 3 期,144—147 頁。

馬克章《明代〈高昌館課〉與漢語在西域》,《語言與翻譯》2014 年 4 期,21—25 頁。

阿布力克木·阿布都熱西提《從吐魯番到敦煌——Turpan（吐魯番）一名語源、語義考》,《中央民族大學學報》2014 年 3 期,143—150 頁。

趙紅《吐魯番文獻與漢語語料庫建設的若干思考》,《南京師範大學文學院學報》2014 年 3 期,155—158 頁。

范舒《吐魯番本玄應〈一切經音義〉研究》,《敦煌研究》2014 年 6 期,106—115 頁。

張磊《新出敦煌吐魯番寫本韻書、音義書考》,《浙江社會科學》2014 年 3 期,137—141 頁。

鄧文寬《"寒盜"或即"諴盜"說》,《敦煌研究》2014 年 3 期,149—151 頁。

毛秋瑾《裴行儉與唐初書壇——兼及敦煌吐魯番本〈文選〉》,《南京藝術學院學報》2014 年 2 期,1—7 頁。

李天天《吐魯番磚誌異體字及其書法意義探析》,《書法》2014 年 12 期,129—131 頁。

張新朋《吐魯番出土〈駕幸溫泉賦〉殘片新考》,《文獻》2014 年 4 期,74—79 頁。

張新朋《大谷文書別本〈開蒙要訓〉殘片考》,《敦煌研究》2014 年 5 期,81—86 頁。

（五）考古與文物保護

吐魯番學研究院《新疆吐魯番阿斯塔那墓地西區 2004 年發掘簡報》,《文物》2014 年 7 期,31—53 頁。

吐魯番學院研究院、新疆文物考古研究所《吐魯番加依墓地發掘簡報》,《吐魯番學研究》2014 年 1 期,1—19 頁。

吐魯番學研究院考古研究所《吐魯番阿斯塔那古墓群Ⅱ區 M411 的搶救性發掘簡報》,《吐魯番學研究》2014 年 2 期,1—5 頁。

祖力皮亞·買買提《從考古發現看吐魯番蘇貝希文化的木器製作技藝》,《吐魯番學研究》2014 年 1 期,103—107 頁。

魯禮鵬《吐魯番阿斯塔那墓地出土木案類型學研究》,《吐魯番學研究》2014 年 1 期,91—102 頁。

張統亮《吐魯番大墩子出土陶器探析》,《鴨綠江》2014 年 6 期,300 頁。

艾克拜爾·尼牙孜《新疆出土的青銅至早期鐵器時代馬鑣的研究》,《吐魯番學研究》2014年1期,108—124頁。

張弛《黃文弼在新疆考察所見古代西域十二生肖文物》,《吐魯番學研究》2014年2期,91—98頁。

巴音其其格《試析阿斯塔那出土織錦覆面的文化意義》,《絲綢之路》2014年10期,52—55頁。

陸錫興《吐魯番眼籠考》,《中國國家博物館館刊》2014年1期,69—74頁。

衛斯《吐魯番三大墓地隨葬彩繪木鴨習俗研究——兼與張弛先生商榷》,《吐魯番學研究》2014年2期,64—83頁。

高啓安《吐魯番出土"草編粽子"名實辨考》,《吐魯番學研究》2014年1期,84—90頁。

劉思源《我國墓葬死者口中含幣習俗溯源》,《新西部》2014年11期,87、84頁。

張淑萍、艾麗《隴中:中國民俗剪紙之源——吐魯番出土剪紙的再論證》,《甘肅高師學報》2014年3期,61—63頁。

孫維國《新疆發現裝飾獵獅紋樣文物的特徵及其文化源流初探》,《新疆藝術學院學報》2014年2期,24—29頁。

金少萍、王璐《中國古代的絞纈及其文化內涵》,《煙臺大學學報》2014年3期,100—120頁。

張安福、田海峰《環塔里木絲綢之路沿綫漢唐時期歷史遺存調查》,《石河子大學學報》2014年5期,115—120頁。

毛筱霏、趙冬、張衛喜《高昌故城遺址主要病害與保護措施研究》,《世界地震工程》2014年4期,158—163頁。

陳義星《飲馬傍交河,故城幾春秋——新疆吐魯番交河故城保護》,《中華建設》2014年9期,44—45頁。

鄭海玲、周暘、徐東良、瑪爾亞木·依不拉音木、趙豐《新疆吐魯番阿斯塔納出土唐代米色絹襪的現狀評估》,《文物保護與考古科學》2014年2期,76—80頁。

李媛《唐代白色絹襪修復報告》,《吐魯番學研究》2014年1期,143—153頁。

楊麗蔚《淺議出土立體紡織品文物的解體修復與復原》,《吐魯番學研究》2014年2期,99—106頁。

吐魯番學研究院技術保護研究所《吐魯番新區徵集的察合台文文書清洗修復報告》,《吐魯番學研究》2014年1期,138—142頁。

(六) 藝術

黃劍華《佛教東傳與絲路石窟藝術》,《美育學刊》2014年2期,51—67頁。

熱娜·買買提《柏孜克里克第 20 窟〈佛本行經變圖〉中的瓔珞紋樣小考》,《裝飾》2014 年 7 期,82—83 頁。

鍾麗娟《淺談唐代絲綢之路景教繪畫》,《絲綢之路》2014 年 10 期,9—10 頁。

陳玉珍、陳愛峰《大桃兒溝第 9 窟八十四大成就者圖像考釋》,《敦煌研究》2014 年 6 期,36—47 頁。

阮榮春、李雯雯《西域佛教造像的源流與發展》,《民族藝術》2014 年 5 期,152—158 頁。

劉玉婷《從阿斯塔那出土織物分析唐代服飾圖案的藝術形式》,《金田》2014 年 7 期,150—152 頁。

鄺楊華、劉輝《漢唐刺繡圖案構圖研究》,《絲綢》2014 年 8 期,26—32 頁。

葉爾米拉、雷歡《傾國傾城之桃花玉面——吐魯番阿斯塔那古墓出土仕女俑鑒賞》,《文物鑒定與鑒賞》2014 年 12 期,26—29 頁。

牛金梁《阿斯塔納張雄夫婦墓出土彩塑俑的造型風格辨析》,《裝飾》2014 年 5 期,98—99 頁。

(七) 學術綜述與書評

黃曉新《新疆歷史文獻綜述》,《新疆新聞出版》2014 年 4 期,26—31 頁。

陳麗萍、趙晶《日本杏雨書屋藏敦煌吐魯番文書研究綜述》,《2014 敦煌學國際聯絡委員會通訊》,上海:上海古籍出版社,2014 年 8 月,74—85 頁。

朱艷桐《2013 年吐魯番學研究綜述》,《2014 敦煌學國際聯絡委員會通訊》,上海:上海古籍出版社,2014 年 8 月,29—43 頁。

張宗品《近百年來〈史記〉寫本研究述略》,《古籍整理研究學刊》2014 年 3 期,98—106 頁。

陳習剛《吐魯番唐代軍事文書研究述論》,《唐史論叢》19 輯,西安:三秦出版社,2014 年,302—338 頁。

彭麗華《唐五代工匠研究述評》,《井岡山大學學報》2014 年 2 期,124—130 頁。

李梅《20 世紀以來〈彌勒會見記〉研究綜述》,《西域研究》2014 年 2 期,127—137 頁。

尼古拉斯·辛姆斯-威廉姆斯撰,畢波譯《粟特語基督教文獻研究近況》,《新疆師範大學學報》2014 年 4 期,77—83 頁。

甘大明《粟特文古籍的整理研究》,《四川圖書館學報》2014 年 2 期,89—91 頁。

王靜《新疆境內出土景教遺物綜述》,《西北工業大學學報》2014 年 2 期,78—83、95 頁。

楊斌《卜天壽所抄五言詩作者及"側書"問題述評》,《蘭州教育學院學報》2014年8期,3—5頁。

于業禮《新疆出土醫藥文獻研究概述》,《中醫文獻雜誌》2014年3期,62—64頁。

靈均《走出書齋 面向現實——讀〈文本解讀與田野實踐:新疆歷史與民族研究〉》,《西域研究》2014年3期,128—131頁。

尹波濤《何謂西域,誰之新疆——〈文本解讀與田野實踐——新疆歷史與民族研究〉讀後》,《中國邊疆史地研究》2014年2期,167—171頁。

孫麗萍《〈唐安西都護府史事編年〉評介》,《華夏文化》2014年4期,63—64頁。

(八) 其他

高奕睿、橘堂晃一著,郎朗天譯,肖小勇審校《日本的中亞探險:大谷探險隊及其与英國的聯繫》,《西域研究》2014年1期,100—116頁。

孫麗萍《黃文弼與新疆考古》,《華夏文化》2014年1期,44—46頁。

王新春《黃文弼與西北文獻的搜集整理與研究》,《簡牘學研究》5輯,蘭州:甘肅人民出版社,2014年,273—288頁。

羅慧《饒宗頤與香港敦煌吐魯番研究中心》,《華南師範大學學報》2014年3期,14—21頁。

張遠華《〈吐魯番出土文書〉圖文本與釋文本對照(二)》,《吐魯番學研究》2014年2期,137—144頁。

趙彥昌、李兆龍《吐魯番文書編纂沿革考(下)》,《檔案學通訊》2014年1期,102—104頁。

武宇林《日本龍谷大學圖書館藏西域文物資料考述》,《圖書館理論與實踐》2014年5期,94—97頁。

張涌泉、秦樺林《手寫紙本文獻:中華文明傳承的重要載體》,《浙江社會科學》2014年3期,123—132頁。

劉後濱《古文書學與唐代政治史研究》,《歷史研究》2014年6期,56—58頁。

2010年日本敦煌學研究論著目録

林生海（廣島大學）

　　整理者按，本目録搜羅 2010 年度日本學界有關敦煌學研究的成果，間及魏晉隋唐五代史。目録製作主要参考了《唐代史研究》14 號（明治大學内·唐代史研究會）、《東洋學文獻類目 2010 年度》（京都大學人文科學研究所附屬東アジア人文情報學研究センター）、《史學雜誌》120（2）/120（6）（東京大學内·史學會）等編目索引，以及日本學術論文數據庫 CiNii（http://ci.nii.ac.jp/）、国立国会図書館サーチ NDL Search（http://iss.ndl.go.jp/）、JAIRO（http://ju.nii.ac.jp/）、關尾史郎のブログ（http://sekio516.exblog.jp/）等網絡檢索，在此表示感謝！整理分論文與著作兩部分，其中論文又分：一、政治·地理，二、社會·經濟，三、法律·制度，四、語言·文學，五、思想·宗教，六、考古·藝術，七、文書·譯注，八、動向·調查，九、書評·介紹，十、學者·其他。管見所限，疏漏錯訛之處恐怕難免，敬請諒解與協力。

一、論　文

1. 政治·地理

菅沼愛語，八世紀前半の唐·突厥·吐蕃を中心とする国際情勢：多様な外交関係の形成とその展開，史窓（67），1-22，2010-2

藤井律之，滿と解：晉南朝人事制度の再檢討にむけて，東方学報（85），107-132，2010-3

前島佳孝，北周の宗室，中央大学アジア史研究（34），1-42，2010-3

長部悦弘，北魏孝荘帝代爾朱氏軍閥集団再論：王都－覇府体制を焦点にして（4），琉球大学法文学部紀要 日本東洋文化論集（16），67-96，2010-3

川本芳昭，遼金における正統観をめぐって：北魏の場合との比較，史淵（147），77-102，2010-3

西村陽子，九～一〇世紀の沙陀突厥の活動と唐王朝，歴史評論（720），61-75，2010-4

妹尾達彦，長安の変貌：大中国の都から小中国の都へ，歴史評論（720），47-60，2010-4

石見清裕，唐の成立と内陸アジア，歴史評論（720），4-16，2010-4

宇野隆夫、山口欧志，中央アジア·シルクロード都市の歴史空間，宇野隆夫

編著,ユーラシア古代都市・集落の歴史空間を読む,勉誠出版,2010-3

藤野月子,五代十国北宋における和蕃公主の降嫁について,九州大学東洋史論集(38),30-48,2010-4

稲葉穣,8世紀前半のカーブルと中央アジア, 174-151,東洋史研究(69),2010-6

菅沼愛語,唐・吐蕃会盟の歴史的背景とその意義: 安史の乱以前の二度の会盟を中心に,日本西蔵学会会報(56),29-43,2010-7

赤木崇敏,十世紀敦煌の王權と轉輪聖王觀,東洋史研究69(2),233-263,2010-9

内田昌功,北周長安宮の路門と唐大明宮含元殿: 殿門復合型建築の出現とその背景,歴史(115),1-19,2010-9

妹尾達彦,都城図中描絵的唐代長安的城市空間: 以昌大防《長安図》残石拓片図的分析爲中心,朱鳳玉、汪娟編,張廣達先生八十華誕祝壽論文集,新文豊出版公司,211-243,2010-9

長部悦弘,北魏孝荘皇帝時期的洛陽政界与爾朱氏軍閥集団,朱鳳玉、汪娟編,張廣達先生八十華誕祝壽論文集,新文豊出版公司,43-76,2010-9

小島浩之,日本における唐代官僚制研究: 官制構造と昇進システム(System)を中心として,中国史学(20),177-200,2010-10

河上麻由子,唐の皇帝皇太子の受菩薩戒: 太宗朝を中心に,仏教史学研究53(1),1-20,2010-11

森部豊,ソグド人の東方進出とその活動: 商業活動と外交活動を中心に,アジア遊学(137),178-189,2010-12

松本保宣,唐初の対仗・仗下奏事: 討論集会か、密談か(本田治教授退職記念論集),立命館文學(619),407-420,2010-12

金子修一,古代東アジア世界論とその課題,メトロポリタン史学(6),61-88,2010-12

山崎覚士,五代史とわたし,国立歴史民俗博物館研究報告(160),8-9,2010-12

辛徳勇,田村俊郎譯,東アジアの年号紀年体系の形成年代について論ず: 漢武帝前期の紀年文物の考察を中心に,研究論集(8),131-136,2010-12

中村圭爾,漢唐地理書書目対照表(稿),大阪市立大学東洋史論叢(17),68-181,2010-12

    2. 社會・經濟
關尾史郎,戸品出錢簡の形式をめぐって,『長沙呉簡研究報告』2009年度特

刊,23-25,2010-2

福島恵,罽賓李氏一族攷:シルクロードのバクトリア商人,史學雜誌 119 (2),181-204,2010-2

李浩,丸井憲譯,「胡化」、「華化」と国際化:唐代の対外文化交流の成果に対するいくつかの新たな考え方,東アジア世界史研究センター年報(4),131-138,2010-3

高啓安,敦煌吐魯番文書中三等次供食問題研究,敦煌写本研究年報(4),35-79,2010-3

余欣,唐宋時期敦煌土貢考,敦煌写本研究年報(4),81-99,2010-3

中田裕子,唐代西州における群牧と馬の賣買,敦煌写本研究年報(4),163-179,2010-3

岩尾一史,古代チベットの長さの單位:adaとsor mo,敦煌写本研究年報(4),181-194,2010-3

坂尻彰宏,大英図書館蔵五代敦煌帰義軍酒破歴:S八四二六,大阪大学大学院文学研究科紀要(50),29-59,2010-3

王若、王振芬,中田裕子譯,旅順博物館蔵「建中五年孔目司帖」における新解釈,竜谷史壇(131),13-27,2010-3

岩本篤志,敦煌本「霸史」再考:杏雨書屋蔵・敦煌秘笈『十六国春秋』断片考,資料学研究(7),27-62,2010-3

佐川英治,「奢靡」と「狂直」:洛陽建設をめぐる魏の明帝と高堂隆,中国文史論叢(6),1-34,2010-3

武田時昌,太白行度考:中國古代の惑星運動論(1),東方学報(85),1-44,2010-3

宮崎順子,相宅相墓術を担った人々:漢代および六朝時代,関西大学中国文学会紀要(31),27-49,2010-3

向井佑介,北魏平城時代における墓制の變容,東方学報(85),133-177,2010-3

山内晋次,『香要抄』の宋海商史料をめぐって,アジア遊学(132),60-69,2010-5

渡邉義浩,中國貴族制と「封建」,東洋史研究 69(1),1-28,2010-6

松澤博,武威西夏博物館藏亥母洞出土西夏文契約文書について,東洋史苑(75),21-64,2010-7

高瀬奈津子,唐後半期の財庫について:延資庫を中心に,唐代史研究(13),101-126,2010-8

丸橋充拓,府兵制下の「軍事財政」,唐代史研究(13),56-70,2010-8

赤羽目匡由,唐代越喜靺鞨の住地とその移動について,メトロポリタン史学(6),271-301,2010-12

山下将司,隋唐の建国と中国在住ソグド人,アジア遊学(137),190-198,2010-12

張帆,河上洋譯,中国古代における本命のタブー,研究論集(8),75-80,2010-12

李志生,金瑛二、ソロンガ譯,唐代女性の外出：そこにおける男女差別の観念と階級秩序に触れながら,研究論集(8),61-66,2010-12

松岡智美,東晋代における尼僧と士人の関係について,印度學佛教學研究59(1),178-181,2010-12

上山大峻、岡田至弘,敦煌本『本草集注』について,杏雨(13),210-227,2010

岩本篤志,敦煌と『新修本草』：なぜそこにあったのか,杏雨(13),182-209,2010

室山留美子,隋開皇年間における官僚の長安・洛陽移住：北人・南人墓誌記載の埋葬地分析から,都市文化研究(12),12-23,2010

池田温,『唐人雜鈔』について(續),東洋文庫書報(42),1-13,2010

3. 法律・制度

金瀅坤,《俄藏敦煌文獻》中的西夏科舉"論"稿考：簡論唐宋西夏的科舉試論,敦煌写本研究年報(4),101-117,2010-3

南澤良彦,南朝齊梁時代の明堂,哲学年報(69),205-224,2010-3

黄正建,江川式部譯,「天聖令・雜令」の整理と研究,日本古代学(2),17-29,2010-3

黄正建,江川式部譯,「天聖令」の唐宋史研究における価値について：現在の研究成果を中心に,日本古代学(2),31-43,2010-3

古瀬奈津子,日唐営繕令営造関係条文の検討,日本文化研究の国際的情報伝達スキルの育成活動報告書,285-289,2010-3

冨谷至,笞杖の変遷：漢の督笞から唐の笞杖罪,東方学報(85),77-106,2010-3

服部一隆,日本における天聖令研究の現状：日本古代史研究を中心に(附)『天聖令』研究文献目録―日本語文献を中心として,古代学研究所紀要(12),31-52,2010-3

山根清志,身分制の特質から見た唐王朝：良賤制支配の基調を中心に見た,歴史評論(720),34-46,2010-4

金子修一,唐朝と皇帝祭祀:その制度と現実,歷史評論(720),17-33,
　2010-4
小林聡,北朝時代における公的服飾制度の諸相:朝服制度を中心に,大正大
　学東洋史研究(3),25-55,2010-4
江川式部,唐代の上墓儀礼:墓祭習俗の礼典編入とその意義について,東方
　学(120),34-50,2010-7
秋山進午,魏晋周辺民族官印制度の復元と『魏志倭人伝』印,史林 93(4),
　541-571,2010-7
石野智大,唐代郷里制下における里正の治安維持活動,駿台史學(140),31-
　50,2010-8
武井紀子,律令財政構造と軍事,唐代史研究(13),71-100,2010-8
中村裕一,韓昇譯,從武德二年制試論隋唐賦役令的淵源關係,學術研究(6),
　2010-10
江川式部,貞元年間の太廟奏議と唐代後期の禮制改革,中国史学(20),153-
　175,2010-10
南澤良彦,唐代の明堂,中国哲学論集(36),1-27,2010-12
小林聡,「朝服」制度の行方:曹魏~五胡東晋時代における出土文物を中心
　として,埼玉大学紀要 教育学部59(1),69-84,2010
Yan Wenbo,論中国古代的犯罪存留養親制度,愛知論叢(89),59-71,2010
　4. 語言・文學
今場正美,「白蛇傳」の構造,學林(50),1-16,2010-1
高田時雄,避諱と字音,東方学報(85),694-702,2010-3
高田時雄,藏經音義の敦煌吐魯番本と高麗藏,敦煌写本研究年報(4),1-
　13,2010-3
永田知之,『吟窗雜録』小考:詩學文獻としての性格を探る試み,東方学報
　(85),303-337,2010-3
内田誠一,白居易が詠んだ嵩山の旧蹟について,中国文史論叢(6),246-
　218,2010-3
王三慶,《敦煌變文集》〈下女夫詞〉的整理兼論其與"咒願文壹本"、"障車
　文"、"驅儺文"、"上梁文"之關涉問題, 敦煌写本研究年報(4),15-33,
　2010-3
永田知之,書儀と詩格:變容する詩文のマニュアルとして,敦煌写本研究年
　報(4),119-140,2010-3
山本孝子,敦煌書儀中的"四海範文"考論,敦煌写本研究年報(4),141-161,

2010-3

荒見泰史,舜子変文類写本の書き換え状況から見た五代講唱文学の展開,アジア社会文化研究(11),12-36,2010-3

高井龍,"変"から"変文"へ,アジア社会文化研究(11),58-82,2010-3

徐銘,『清平山堂話本』から探る敦煌変文の後世の話本小説に与えた影響:文体における影響を中心に,アジア社会文化研究(11),167-179,2010-3

佐藤禮子,天台外典利用をめぐる考察:天台注釋書に引用された『博物志』のある一條より,六朝學術學會報(11),93-112,2010-3

横田むつみ,上官昭容(婉兒)詩小攷:初唐、景龍年間の応制詩群からの考察,二松学舎大学人文論叢(84),187-217,2010-3

許飛,唐代小説に見られる「紙銭」,中国中世文学研究(57),40-62,2010-3

下定雅弘,『麗情集』「長恨歌伝」と『文集』「長恨歌伝」,中国文史論叢(6),73-102,2010-3

吉田豊,新出のソグド語資料について:新米書記の父への手紙から:西厳寺橘資料の紹介を兼ねて,京都大學文學部研究紀要(49),1-24,2010-3

小松謙,水滸雑劇の世界:『水滸伝』成立以前の梁山泊物語(『水滸伝』の衝撃:東アジアにおける言語の接触と文化受容),アジア遊学(131),25-34,2010-3

古勝隆一,『隋書』經籍志史部と『史通』雜述篇,東方学報(85),213-241,2010-3

中純子,風に運ばれる音:李白の詩にみえる音樂のイメージ,中國文學報(79),1-24,2010-4

小松謙,梁山泊物語の成立について:『水滸傳』成立前史,中國文學報(79),25-49,2010-4

山田勝久,楼蘭の歴史と文学:王城の破棄と後世への文学的影響について,シルクロード研究(6),33-40,2010-5

Dai Matsui, Uigur Manuscripts Related to the Monks Sivšidu and Ysqšidu at "Abita-Cave Temple" of Toyoq,新疆吐魯番学研究院編,吐魯番学研究:第三届吐魯番学暨欧亜游牧民族的起源与遷徙国際学術研討会論文集,上海古籍出版社,697-714,2010-5

福田俊昭,『朝野僉載』に見える嘲誚説話,東洋研究(176),1-40,2010-7

平山久雄,關于 S.10V《毛詩音》殘卷:論其混合本性質,開篇(29),26-41,

2010－9

谷口高志,衝突の音：中晩唐期の詩歌に見られる聴覚的感性の変容,中国研究集刊(51),58－74,2010－10

辰巳正明,山上憶良と敦煌詩：九相観詩との関係から,国語と国文学87(7),1－14,2010－7

後藤秋正,杜甫の食事詩,北海道教育大学紀要・人文科学社会科学編61(1),1－16,2010－8

大澤孝,ホル・アスガト（Xөл Acгат）碑銘再考,内陸アジア言語の研究(25),1－73,2010－10

Ogihara Hirotoshi, Internal Relationships and Dating of the Tocharian B Monastic Accounts in the Berlin Collection Ching Chaojung,内陸アジア言語の研究(25),75－135,2010－10

慶昭蓉、萩原裕敏,ベルリン所蔵トカラ語B寺院経済文書の分析と年代について,内陸アジア言語の研究(25),136－141,2010－10

山本忠尚,則天文字の新研究,天理参考館報(23),5－27,2010－10

Peyrot Michaël, Notes on the Buddhastotra Fragment THT3597 in Tocharian B,内陸アジア言語の研究(25),143－169,2010－10

大渕貴之,『藝文類聚』編纂考,日本中国学会報(62),5－7,2010－10

楊莉,敦煌凶書儀の「序」における「死」の表現,中国語研究(52),34－41,2010－10

大澤正昭,『居家必要事類全集』所引唐・王旻撰『山居録』について（長谷川輝夫先生退職記念号）,上智史学(55),111－140,2010－11

丸井憲,張九齢と王維の五言「拗律」について,中国詩文論叢(29),28－58,2010－12

内田誠一,王維と嵩嶽寺（上）嵩嶽寺の沿革と現状,中国詩文論叢(29),18－34,2010－12

土屋彰男,唐玄宗公謙附行幸年表,中国詩文論叢(29),2－27,2010－12

中純子,隋唐宮廷音楽史試探（3）玄宗皇帝期の宮廷音楽,中国文化研究(26),1－7,2010

下定雅弘,李商隠の「曲江」をどう読むか：その「傷春」の意味,新しい漢字漢文教育(50),71－80,2010

下定雅弘,「長恨歌」：その「恨」について,白居易研究年報(11),7－40,2010

下定雅弘,试论〈莺莺传〉的主题：兼论与〈情赋〉的关系,唐代文学研究(13),1007－1017,2010

大橋由治,文言小説研究序説：『青瑣高議』,大東文化大学紀要・人文科学(48),107-116,2010

藤本誠,『東大寺諷誦文稿』の史料的特質をめぐる諸問題：書き入れを中心として,水門(22),115-162,2010

平山久雄,敦煌《毛诗音》反切中的"开合一致原则"及其在韻母拟音上的应用,中国语文(3),256-269,2010

5. 思想・宗教

春本秀雄,中国に於ける北魏法難の研究について,大正大學研究紀要・人間學部文學部(95),37-57,2010-2

森安孝夫,日本に現存するマニ教絵画の発見とその歴史的背景,内陸アジア史研究(25),1-29,2010-3

土屋昌明,唐の道教をめぐる高句麗・新羅と入唐留学生の諸問題,専修大学東アジア世界史研究センター年報(4),139-165,2010-3

氣賀澤保規,金仙公主と房山石経をめぐる諸問題：礪波護氏の批判に答えて,駿台史學(139),23-50,2010-3

中西俊英,唐代仏教における「事」的思惟の変遷：華厳文献を中心として,インド哲学仏教学研究(17),57-72,2010-3

黄海静,武則天の仏教政策：サンクトペテルブルグ博物館所蔵 Дх04930に登場する僧懷惲に関する一考察,中央大学アジア史研究(34),101-124,2010-3

倉本尚徳,北朝・隋代の無量壽・阿彌陀像銘：特に『觀無量壽經』との關係について,仏教史学研究 52(2),1-30,2010-3

小林圓照,敦煌写本〈悉曇章〉類の特異性：『禅門悉談章』のケース,花園大学国際禅学研究所論叢(5),11-32,2010-3

池田將則,敦煌本『攝大乘論抄』の原本（守屋コレクション本）と後續部分（スタイン2554）とについて：翻刻と研究（後篇）,仏教史研究(46),1-73,2010-3

辛嶋静志,阿弥陀淨土の原風景,佛教大学総合研究所紀要(17),15-44,2010-3

林鳴宇,略説中国天台宗・唐宋篇,駒沢大学仏教学部研究紀要(68),186[107]-166[127],2010-3

定源,新出の日本古寫經本系『護淨經』について,仙石山佛教學論集(5),114-88,2010-4

西本照真,杏雨書屋所蔵三階教写本：〈入集録明諸経中対根浅深発菩提心

法〉一卷(羽411)翻刻,東アジア仏教研究(10),37-55,2010-5

倉本尚徳,北朝期における『菩薩瓔珞本業経』実践の一事例：陽阿故県村造像記について,東アジア仏教研究(8),3-24,2010-5

二階堂善弘,日本渡来の華人の神々,アジア遊学(133),197-203,2010-6

橘千早,講經文の上演に關する一考察：P.二四一八〈佛説父母恩重經講經文〉の分析を中心に,日本中國學會報(62),133-149,2010-9

小野嶋祥雄,初唐期における三一権実論の再検討,龍谷大学佛教学研究室年報(15),1-16,2010-9

坂本道生,受八戒儀における懺悔法について：敦煌写本を中心に,印度哲学仏教学(25),114-127,2010-10

藤井教公,中国仏教における仏性解釈の種々相：道生と法雲を中心に,印度哲学仏教学(25),97-113,2010-10

高戸聰,山川の神々の性格について：「民則に狎れ、其の爲を黷く」しない神々,集刊東洋学(104),1-20,2010-10

小南一郎,帝から天へ：天の思想の形成,東方宗教(116),1-21,2010-11

中田美絵,唐代徳宗期『四十華厳』翻訳にみる中国仏教の転換：『貞元録』所収「四十華厳の条」の分析より,仏教史学研究 53(1),21-42,2010-11

池田將則,敦煌出土攝論宗文獻『攝大乘論疏』(北6904V)：解題と翻印,龍谷大学大学院文学研究科紀要(32),15-45,2010-11

王曉秋,山田伸吾譯,隋唐宋元時代における中国人の日本観,研究論集(8),91-96,2010-12

曾布川寛,三星堆祭祀坑銅神壇の圖像學的考察,東洋史研究 69(3),349-380,2010-12

川崎ミチコ,敦煌文献に見る人々の「死後の世界」への思いについて：『仏説地蔵菩薩経』・『仏説十王経』・『津藝一九三+岡四四+伯二〇五五』写本紹介を中心として,東洋大学中国哲学文学科紀要(18),59-98,2010

大西磨希子,唐代西方淨土變之形成與流布,佛學研究,58-64,2010

藤井教公,中国・日本仏教における「仏説」の意味：天台智顗と日蓮の場合,日本仏教学会年報(76),127-145,2010

落合俊典,蕭文真譯,敦煌佛典與奈良平安寫經：分類學的考察,敦煌學(28),111-124,2010

田中公明,『パンタンマ目録』と敦煌密教,東方(26),99-106,2010

定源,敦煌寫本より發見された新羅元曉の著述について,불교학 리뷰(17),155-182,2010

神塚淑子,『海空智藏經』續考：卷十「普記品」を中心に,日本中国学会報(62),59‐72,2010

辛嶋静志,早期漢訳仏典的語言研究：以支婁迦讖及支謙的訳経対比爲中心,浙江大学漢語史研究中心(編)漢語史学報(10),上海教育出版社,225‐237,2010

  6. 考古・藝術

小南一郎,中国西部地域における伏羲・女媧図像(下),龍谷大學論集(474/475),395‐433,2010‐1

佐藤智水,山西省塔寺石窟北壁の北魏造像と銘文,竜谷史壇(130),1‐37,2010‐1

濱田瑞美,敦煌唐宋時代の千手千眼観音変の眷属衆について,奈良美術研究(9),41‐72,2010‐2

關尾史郎,画像磚の出土墓をめぐって：「甘粛出土魏晉時代画像磚および画像磚墓の基礎的整理」補遺,『西北出土文献研究』2009年度特刊,89‐94,2010‐2

三島貴雄,新疆出土の三種の壁画漢字経文断簡について：東京国立博物館所蔵の大谷コレクションより,東京国立博物館研究誌(624),5‐25,2010‐2

王維坤,7・8世紀の長安の考古学：和同開珎の「珎」と則天文字の「囝」を中心として,東アジア世界史研究センター年報(4),107‐123,2010‐3

關尾史郎,南京出土の名刺簡について：魏晉「名刺簡」ノート補遺,資料学研究(7),58‐64,2010‐3

小南一郎,天帝の貴畜：龍の機能をめぐって,泉屋博古館紀要(26),1‐24,2010‐3

檜山智美,キジル石窟第一一八窟(海馬窟)の壁画主題：マーンダートリ王説話を手掛かりに,美術史 59(2),358‐372,2010‐3

張金龍,梶山智史譯,北魏の狩猟図とその淵源,明大アジア史論集(14),1‐26,2010‐3

馬一虹,遣唐使井真成の入唐時期と唐での身分について,東アジア世界史研究センター年報(4),199‐211,2010‐3

石松日奈子,中国隴東地区早期仏教造像の特質と来源,実践女子大学美學美術史學(24),17‐34,2010‐3

石松日奈子,敦煌莫高窟第二八五窟北壁の供養者像と供養者題記,竜谷史壇(131),43‐87,2010‐3

黒田彰,列女伝図の研究(二):和林各爾後漢壁画墓の列女伝図,文学部論集(94),1-19,2010-3

吉田豊,新出マニ教絵画の形而上,大和文華(121),3-34,2010-3

江川式部,顔勤礼碑と顔氏一門,東アジア石刻研究(2),11-49,2010-3

窪添慶文,李延齢墓誌,東アジア石刻研究(2),50-56,2010-3

北村高,大谷探検隊が使用した資料:中央アジア・モンゴル篇,竜谷史壇(131),1-12,2010-3

犬竹和,ダルヴェルジン・テパ出土王族塑像の修復,シルクロード研究(6),1-26,2010-5

ウルマソン アクマル/シュチ ユリや,ダルヴェルジン・テパ出土壁画の保存,シルクロード研究(6),27-32,2010-5

片山章雄,大谷探検隊吐魯番将来《玄武関係文書》続考,西北出土文献研究(8),83-94,2010-5

中井一夫,敦煌仏爺廟湾墳墓群西半部の分布図の作成,古代文化 62(1),130-139,2010-6

齋藤龍一、丸山宏、土屋昌明,座談会道教美術の可能性,アジア遊学(133),6-27,2010-6

土屋昌明,道教美術における文字の問題,アジア遊学(133),71-82,2010-6

土屋昌明,朝鮮半島における道教美術,アジア遊学(133),223-234,2010-6

白須淨眞,1908(明治41年)年、堀賢雄が五台山会談時に撮影した映像資料:第一次大谷探検隊員・堀賢雄資料調査報告(3),東洋史苑(75),1-13,2010-7

室山留美子,出土刻字資料研究における新しい可能性に向けて:北魏墓誌を中心に,中国史学(20)133-151,2010-10

小南一郎,図像のそなえる意味:漢代墓葬画像を例として,中国考古学(10),7-20,2010-11

黒田彰,列女伝図の研究(三):和林格爾後漢壁画墓の列女伝図,京都語文(17),97-131,2010-11

田中公明,トンワトゥンデンとは何か:タンカの起源と『文殊師利根本儀軌経』,密教図像(29),1-9,図巻頭1p,2010-12

濱田瑞美,千手観音眷属の功徳天と婆薮仙をめぐって,密教図像(29),39-57,2010-12

須江隆,修復された碑文「唐縉雲縣城隍廟記」:記録保存の社会文化史研究に向けて(本田治教授退職記念論集),立命館文學(619),438‐452,2010‐12

鵜島三壽,ウイグルの油灯舞:大谷探検隊が見た「油皿踊」の追跡(本田治教授退職記念論集),立命館文學(619),497‐506,2010‐12

肥田路美,中国の霊驗像の性格と造形(特集 仏教彫刻の霊驗性と彫刻史),美術フォーラム(21/22),41‐45,2010

小野英二,阿弥陀仏五十菩薩図像の成立と展開について,美術史研究(48),109‐130,2010

肥田路美,奉先寺洞大佛与白司馬坂大佛,石窟寺研究(1),130‐136,2010

田中公明,劉永増譯,敦煌出土胎藏大日八大菩薩像,敦煌研究(5),59‐67,2010

町田隆吉,4~5世紀都吐魯番古墓壁画・紙画再論,西北出土文獻研究(8),21‐40,2010

重信あゆみ,西王母の源流:ベスが与えた図像的影響,大阪府立大学人文学論集(28),73‐89,2010

山崎誠,唐絵屏風の源流:北魏司馬金龍墓出土屏風漆画の主題と構成,国文学研究資料館紀要・文學研究篇(36),1‐28,2010

松本榮一,佛頂曼陀羅,藝術學研究年報(26),235‐278,2010

龔国強,唐長安城を掘る:大明宮遺跡の発掘調査成果を中心に,アジア文化史研究(10),25‐45,2010

三宮千佳,中国南朝の淨土図の景観と皇帝の苑,美術史研究(48),87‐108,2010

小泉圭吾等,割れ目系と植生分布に著目した敦煌莫高窟周辺の水分移動経路の推定,土木学会論文集 C 66(4),836‐844,2010

金銀児,七世紀以降の弥勒像の展開について:四川省摩崖造像群の作例を中心に,京都美学美術史学(9),231‐233,2010

    7. 文書・譯注

池田將則,敦煌出土攝論宗文獻『攝大乘論疏』(俄 Φ334)校訂テキスト(下),東洋史苑(74),1‐59,2010‐1

今場正美、尾崎裕,『太平廣記』夢部譯注(六),學林(50),76‐102,2010‐1

池田將則,道基『雜阿毘曇心章』卷第三(Stein 277 + Pelliot 2796):〔1〕「四善根義」校訂テキスト,佛教學研究(66),118‐161,2010‐3

会田大輔,『紫明抄』所引『帝王略論』について,国語と国文学 87(3),16‐

27,2010-3

金子修一,大唐元陵儀注試釈(終章),國學院大学大学院紀要・文学研究科(41),21-53,2010-3

小谷仲男、菅沼愛語,『新唐書』西域伝訳注(一),京都女子大学大学院文学研究科紀要・史学編(9),81-128,2010-3

辛嶋静志,『大阿弥陀経』訳注(九),佛教大学総合研究所紀要(17),1-13,2010-3

大東文化大学東洋研究所「藝文類聚」研究班,藝文類聚(卷八十三)訓讀付索引,大東文化大学東洋研究所,2010-3

太平広記研究会,『太平広記』訳注(15)卷二百九十一「神」(1),中國學研究論集(24),102-132,2010-4

關尾史郎,「五胡」時代の符について:トゥルファン出土五胡時代文書分類試論(Ⅲ),西北出土文献研究(8),41-53,2010-5

今場正美、尾崎裕,『太平廣記』夢部譯注(七),學林(51),84-106,2010-6

松井太,西ウイグル時代のウイグル文供出命令文書をめぐって,人文社会論叢・人文科学篇(24),25-53,2010-8

田中良昭、程正,敦煌禪宗文獻分類目録(2)語録類(2),駒沢大学禅研究所年報(22),350-316,2010-12

今場正美、尾崎裕,『太平廣記』夢部譯注(八),學林(52),103-127,2010-12

太平広記研究会,『太平広記』訳注(16)卷二百九十二「神」(2),中國學研究論集(25),10-32,2010-12

ソグド人墓誌研究ゼミナール,ソグド人漢文墓誌訳注(7)固原出土「史道徳墓誌」(唐・儀鳳三年),史滴(32),58-83,2010-12

大澤正昭、今泉牧子,漢文史料、和訳、英訳、そして「超訳」,ソフィア59(3),288-305,2010

江川式部,崔君妻盧氏墓誌・解説,古代学研究所紀要(13),36-40,2010

氣賀澤保規,明大寄託新収の中国北朝・唐代の墓誌石刻資料集:その紹介と解説,古代学研究所紀要(13),1-68,2010

氣賀澤保規,彭尊師墓誌及び蓋・鎮墓文・解説,古代学研究所紀要(13),20-31,2010

石野智大,柳棠墓誌・解説,古代学研究所紀要(13),41-47,2010

西康友,西域系写本の梵文「法華経」の和訳の試み:Upama-parivartah(2),中央学術研究所紀要(39),107-119,2010

菊地章太,洞淵神呪経写本校異(1),東洋学研究(47),414-391,2010

8. 動向・調査

江川式部,中国・臺湾史に関するデータベース,日本歴史(740),30‐34,2010‐1

丸山裕美子,研究余録細野要斎(忠陳)『葎の滴』の中の正倉院文書,日本歴史(741),89‐93,2010‐2

佐藤貴保,哈爾濱金代文化展記念シンポジウム：開催の趣旨,環東アジア研究センター年報(5),1‐2,2010‐2

大西磨希子,中国石窟関連資料データベースの構築と公開：国立情報学研究所ディジタル・シルクロード・プロジェクト「中国石窟データベース」,奈良美術研究(10),53‐68,2010‐3

石見清裕,円仁の足跡を訪ねて(5)西安,栃木史学(24),31‐53,2010‐3

土屋昌明,道教美術研究の若干の近況について,東方宗教(115),100‐110,2010‐5

福島恵、野田仁,内陸アジア(2009年の歴史学界：回顧と展望),史学雑誌119(5),851‐861,2010‐5

遠藤隆俊、平田茂樹、浅見洋二編,日本宋史研究の現状と課題：1980年代以降を中心に,汲古書院,2010‐5

清水洋平,タイ王国 Wat Ratchasittharam 所蔵のクメール文字パーリ語貝葉写本について,佛教学セミナー(91),41‐54,2010‐6

北村永,河西地方における魏晋画像磚墓の研究：その現状と展望,仏教芸術(311),65‐102,2010‐7

手島崇裕,平安時代の対外関係史と仏教：入唐僧・入宋僧研究から見た現状と課題,中国(25),265‐284,2010‐7

辻正博,新史料・新観点・新視角：天聖令国際学術研討会,唐代史研究(13),158‐162,2010‐8

江川式部,"文化視域的融合"第九届唐代文化国際学術研討会参加報告,唐代史研究(13),151‐157,2010‐8

梅村坦,中央アジア出土資料をめぐる旅,東洋学報92(2),189‐191,2010‐9

氣賀澤保規,中国南北朝隋唐期をめぐる仏教社会史研究の地平,仏教史学研究53(1),82‐102,2010‐11

松浦典弘、松田和信、平雅行等,戦後仏教史学の回顧：あらたな研究の地平をめざして,仏教史学研究53(1),115‐149,2010‐11

葭森健介,中国史における中世について：漢魏革命と唐宋変革,研究論集

(8),137-148,2010-12

阿部健太郎,アジア古代都城関連文献:アジア情報室通報8(4),2-3,2010-12

宮井里佳,『金蔵論 本文と研究』の刊行について,埼玉工業大学先端科学研究所アニュアルレポート(9),10-14,2010

氣賀澤保規,洛陽学国際シンポジウム:東アジアにおける洛陽の位置,文化継承学論集(7),61-73,2010

下定雅弘,日本における白居易研究:二〇〇八年,白居易研究年報(11),352-380,2010

氣賀澤保規,新『洛陽出土石刻時地記』(郭培育・郭培智主編)の成果とその課題:附録「新『洛陽出土石刻時地記』「下部」唐代墓誌目録」,東アジア石刻研究(2),57-105,2010

清水洋平,タイ王国ワット・ヤイ・スワンナーラーム寺院の経蔵と仏典写本,アジア民族造形学会誌(10),19-31,2010

都築晶子等,大谷文書の比較研究:旅順博物館蔵トルファン出土文書を中心に,佛教文化研究所紀要(49),15-97,2010

山口正晃,敦煌文獻情報公開の現状:敦煌學發足百年にあたって,敦煌學國際聯絡委員會(ILCDS)通訊,139-151,2010

平田一郎,2008年日本的隋唐史研究,黃正建編譯,中國史研究動態(2),21-26,2010

村井恭子,2010年日本隋唐史研究,史學雜誌120(5),黃正建編譯,中國史研究動態(1),82,2012

江川式部,南北朝隋唐期礼制関連研究文献目録(中文篇2/2001~2009年),法史学研究会会報(14),143-154,2010

　9. 書評・介紹

丸橋充拓,デイビット・A・グラフ著『中世中国の戦争 三〇〇~九〇〇年』,史林93(1),216-223,2010-1

海老根量介,工藤元男・李成市編『東アジア古代出土文字資料の研究』,史學雜誌119(1),122-123,2010-1

荒見泰史,張涌泉主編『敦煌経部文献合集』,アジア社会文化研究(11),180-184,2010-3

傍島史奈,査明昊著『転型中的唐五代詩僧群体』・王秀林著『晩唐五代詩僧群体研究』,未名(28),79-95,2010-3

原宗子,濱川栄著『中国古代の社会と黄河』,史学雜誌119(3),73-81,2010-3

江草宣友,榎本淳一著『唐王朝と古代日本』,日本歴史(743),115-117,2010-4

池田温,敦煌漢文写本の経書・小学類全集：張涌泉主編審訂『敦煌経部文献合集』(一～十一),東方(353),34-37,2010-7

稲田奈津子,西本昌弘著『日本古代の王宮と儀礼』,歴史評論(723),79-83,2010-7

松浦典弘,土肥義和編『敦煌・吐魯番出土漢文文書の新研究』,唐代史研究(13),137-142,2010-8

梶山智史,高橋継男編『中国石刻関係図書目録(1949-2007)』,唐代史研究(13),127-136,2010-8

渡部武,張勛燎・白彬著『中国道教考古』,東海大学紀要文学部(93),56-44,2010-9

齋藤龍一、鈴木健郎、土屋昌明『道教美術の可能性』,国際宗教研究所ニュースレター(68),32-34,2010-10

神塚淑子,菊地章太著『神呪經研究：六朝道教における救濟思想の形成』,東方宗教(116),73-79,2010-11

土屋英明,『遊仙窟校注』の内容：〔唐〕張文成撰/李時人・詹緒左校注『遊仙窟校注』(古体小説叢刊),東方(357),32-36,2010-11

周東平,山口亮子譯,錢大群著『唐律疏義新注』,東洋史研究69(3),391-395,2010-12

丸橋充拓,渡辺信一郎著『魏書』食貨志・『隋書』食貨志訳注,洛北史学(12),119-123,2010

田中公明著『インドにおける曼荼羅の成立と発展』,東方(26),212-215,2010

川崎誠,善の理念について：松原朗「盛唐期の台閣詩人と送別詩の確立」に学ぶ,人文科学年報(40),117-154,2010

 10.學者・其他

池田温,青木和夫先生追悼文,東方学(119),251-253,2010-1

丸山裕美子,青木和夫先生の思い出,東方学(119),255-257,2010-1

西田龍雄、庄垣内正弘、松澤博等,座談會 學問の思い出：西田龍雄博士を圍んで(含 西田龍雄博士略年譜、西田龍雄博士主要著作目録),東方学(119),208-250,2010-1

氣賀澤保規,追悼恩師王永興先生を追憶する：私の北京大学留学の思い出から,明大アジア史論集(14),38-46,2010-3

GALAMBOS, Another Hungarian looting China's treasurs? Sir Aurel Stein, Lajos Ligeti and a case of mistaken identity Imre,敦煌写本研究年報(4),195-207,2010-3,

西村陽子、北本朝展,スタイン地圖と衛星畫像を用いたタリム盆地の遺跡同定手法と探險隊考古調査地の解明,敦煌写本研究年報(4),209-245,2010-3

柴田昇編,血縁関係・老人・女性：中国古代「家族」の周辺,名古屋中国古代史研究会報告集1,2010-3

荒川慎太郎(代表),西夏時代の河西地域における歴史・言語・文化の諸相に関する研究(平成19~21年度科学研究費補助金・基盤研究(C)研究成果報告書),東京外国語大学アジア・アフリカ言語文化研究所,2010-3

張娜麗,羽田亨博士収集西域出土文献写真とその原文書：文献の流散とその遞伝・写真撮影の軌跡,論叢現代語・現代文化(5),1-27,2010-10

会田大輔,『魏鄭公諫録』の成立について：『明文抄』所引『魏文貞故事』との比較を通じて,汲古(58),32-39,2010-12

岡野誠,意志の人、情の人：島田正郎先生の思い出(島田正郎先生追悼号),法史学研究会会報(15),211-213,2010

岡野誠,追悼の辞島田正郎先生の足跡,法制史研究(60),344-348,2010

加藤九祚,東からの風：中央アジアのアレクサンドロス余話,季刊民族学34(2),54-56,2010

二、專　　著

關尾史郎、岩本篤志主編,五胡十六国覇史輯佚(稿),新潟：新潟大学超域研究機構,2010-2

渡邉英幸,古代〈中華〉観念の形成,東京：岩波書店,2010-2

『集諸經禮懺儀 卷下』(日本古寫經善本叢刊第四輯),国際仏教大学院大学学術フロンティア実行委員会,2010-2

武田科学振興財団杏雨書屋編集,敦煌秘笈：杏雨書屋蔵影片冊2,大阪：武田科学振興財団,2010-3

荒見泰史,敦煌講唱文學文獻研究,北京：中華書局,2010-3

辻正博,唐宋時代刑罰制度の研究,京都：京都大学学術出版会,2010-3

森部豊,ソグド人の東方活動と東ユーラシア世界の歴史的展開,吹田：関西大学出版部,2010-3

弓場紀知編,女たちのシルクロード：美の東西交流史,東京：平凡社,

2010‐3
冨谷至,文書行政の漢帝國,名古屋:名古屋大學出版會,2010‐3
長廣敏雄,六朝時代美術の研究(増補版),京都:朋友書店,2010‐3
小田義久(責任編集),『大谷文書集成』肆,京都:龍谷大学,2010‐3
旅順博物館、龍谷大学編,旅順博物館所藏新疆出土漢文淨土教写本集成,京都:龍谷大学,2010‐3
高田時雄編,陶湘叢書購入関連資料,京都大学人文科学研究所附属東アジア人文情報学研究センター,2010‐3
竹内康浩,中国王朝の起源を探る,東京:山川出版社,2010‐3
漢唐西域考古:ニヤ・ダンダンウイリク国際学術シンポジウム発表要旨要約資料集,佛教大学宗教文化ミュージアム、佛教大学ニヤ遺跡学術研究機構,2010‐3
橘瑞超,橘瑞超西行記,柳洪亮譯,烏魯木齊:新疆人民出版社,2010‐4
藤井一二,天平の渤海交流:もうひとつの遣唐使,東京:塙書房,2010‐4
川勝守,チベット諸族の歴史と東アジア世界,東京:刀水書房,2010‐4
丸山裕美子,正倉院文書の世界:よみがえる天平の時代,東京:中央公論新社,2010‐4
敦煌・シルクロードの真珠,東京:エスピーオー,2010‐5
堀敏一,隋唐帝國與東亞,韩昇、刘建英編譯,蘭州:蘭州大學出版社,2010‐7
大村次郷,シルクロード:歴史と今がわかる事典,東京:岩波書店,2010‐7
柴田幹夫編,大谷光瑞とアジア:知られざるアジア主義者の軌跡,東京:勉誠出版,2010‐8
武邑尚邦,佛教邏輯學之研究,順真、何放譯,北京:中華書局,2010‐9
藤堂明保、竹田晃、影山輝國譯注,倭国伝:中国正史に描かれた日本,東京:講談社,2010‐9
渡邊信一郎,中國古代の財政と國家,東京:汲古書院,2010‐9
中村裕一,中国古代の年中行事 第3冊(秋),東京:汲古書院,2010‐10
渡辺滋,古代・中世の情報伝達:文字と音声・記憶の機能論,東京:八木書店,2010‐10
松田智弘,日本と中国の仙人,東京:岩田書院,2010‐10
渡邉義浩,西晋「儒教国家」と貴族制,東京:汲古書院,2010‐10
奈良康明、石井公成編,新アジア仏教史05(中央アジア),東京:佼成出版社, 2010‐10
榎本渉,僧侶と海商たちの東シナ海,東京:講談社,2010‐10

青木健,マニ教,東京:講談社,2010－11

山崎覚士,中国五代国家論,京都:思文閣,2010－11

荒見泰史,敦煌變文寫本的研究,北京:中華書局,2010－11

武田科學振興財團杏兩書屋編,敦煌秘笈:杏雨書屋蔵影片册3,大阪:武田科学振興財団,2010－11

荒川正晴,ユーラシアの交通・交易と唐帝国,名古屋:名古屋大学出版会,2010－12

菊池俊彦編,北東アジアの歴史と文化,札幌:北海道大学出版会,2010－12

井本英一編,東西交渉とイラン文化,東京:勉誠出版,2010－12

2011 年日本敦煌學研究論著目録

林生海（廣島大學）

一、論　文

1. 政治・地理

古畑徹,渤海国をめぐる日中韓の歴史認識,史學雜誌 120(1),87-88,2011-1

妹尾達彦,隋唐長安城と郊外の誕生,橋本義則(編),東アジア都城の比較研究,京都大学学術出版会,106-140,2011-2

妹尾達彦,隋唐長安城の皇室庭園,橋本義則(編),東アジア都城の比較研究,京都大学学術出版会,269-329,2011-2

菅沼愛語,德宗時代の三つの唐・吐蕃会盟(建中会盟・奉天盟書・平涼偽盟)：安史の乱後の内治のための外交,史窓(68),139-162,2011-2

菅沼愛語,安史の乱直前の唐の外征及び対外政策：七五一年の三つの大敗に象徴される唐の内政・外政の異常化の様相,京都女子大学大学院文学研究科紀要・史学編(10),49-80,2011-3

妹尾達彦,「洛陽学」の可能性：洛陽学国際シンポジウムから学んだこと,洛陽学国際シンポジウム報告論文集,明治大学大学院文学研究科・明治大学東アジア石刻文物研究所,207-217,2011-3

窪添慶文,魏晋南北朝期の長安,(財)東洋文庫中国古代地域史研究班(編),『水経注疏訳注』渭水篇(下),3-14,2011-3

中田裕子,唐代馬政とソドグ系突厥,東洋史苑(77),43-45,2011-3

前島佳孝,西魏宇文泰政権の官制構造について,東洋史研究 69(4),576-610,2011-3

北村一仁,「山胡」世界の形成とその背景：後漢末～北朝期における黄河東西岸地域社会について,東洋史苑(77),1-38,2011-3

田中一輝,東晋初期における皇帝と貴族,東洋学報 92(4),1-28,2011-3

佐藤貴保,隋唐～西夏時代の黒河流域,中尾正義(編),オアシス地域の歴史と環境：黒河が語るヒトと自然の2000年,勉誠出版,63-105,2011-3

皆川雅樹,モノから見た遣唐使以後の「東アジア」の交流と日本,東アジア世界史研究センター年報(5),7-20,2011-3

佐藤宗諄,大陸文化の「日本化」と国際交流：白詩と道真,東アジア世界史研究センター年報(5),21-28,2011-3

山本孝文,百済遺跡出土の中国系文物と対中交渉,東アジア世界史研究センター年報(5),31-50,2011-3

中村裕一,井真成の「贈尚衣奉御」授官について,東アジア世界史研究センター年報(5),151-163,2011-3

石川巌,「チベット」「吐蕃」及び「プー」の由来について,中央大学アジア史研究(35),19-44,2011-3

石見清裕,唐の貢献制と国信物：遣唐使への回賜品,学習院史学(49),77-90,2011-3

楊共楽,江川式部譯,初期シルクロードの研究：張騫の西方出遣使とマケドニア楽の中国伝来,明大アジア史論集(15),1-7,2011-3

吉田豊,ソグド人と古代のチュルク族との関係に関する三つの覚え書き,京都大學文學部研究紀要(50),1-41,2011-3

山内晋次,「東アジア史」再考：日本古代史研究の立場から,歴史評論(733),40-56,2011-5

竹内洋介,牛李党争終焉後の「李派」：宣宗大中年間の動向を中心として,白山史学(47),77-113,2011-5

会田大輔,唐宋時期《帝王略論》的利用状況,寧欣(主編),新材料、新方法、新視野：古代国家和社会変遷,北京師範大学出版社,131-140,2011-6

鈴木宏節,唐代漠南における突厥可汗国の復興と展開,東洋史研究70(1),35-56,2011-6

妹尾達彦,東アジア比較都城史研究の現在：都城の時代の誕生,中国—社会と文化(26),177-192,2011-7

山下将司,唐のテュルク人蕃兵,歴史学研究(881),1-11,2011-7

西田祐子,『新唐書』回鶻伝の再検討：唐前半期の鉄勒研究に向けて,内陸アジア言語の研究(26),75-139,2011-8

松井太,古ウイグル語文献にみえる「寧戎」とベゼクリク,内陸アジア言語の研究(26),141-175,2011-8

趙振華,中田裕子譯,唐代少府監鄭巌とそのソグド人祖先,内陸アジア言語の研究(26),2011-8

荒川正晴,唐の西北軍事支配と敦煌社会,唐代史研究(14),71-98,2011-08

平田陽一郎,西魏・北周の二十四軍と「府兵制」,東洋史研究70(2),31-65,2011-9

井上直樹,6世紀末から7世紀半ばの東アジア情勢と高句麗の対倭外交,朝鮮学報(221),1-42,2011-10

王勇,東アジアから見た「天皇」の語源,神道国際学会第三回専攻研究論文発表会発表論文集,153-173,2011-10

中林隆之,東アジア〈政治－宗教〉世界の形成と日本古代国家,歴史学研究(885),26-35,2011-10

金子修一,中国の帝と宗,『UP』第469号,6-9,2011-11

荒川正晴,唐代天山東部州府の典とソグド人,森安孝夫(編),ソグドからウイグルへ:シルクロード東部の民族と文化の交流,汲古書院,47-66,2011-12

 2. 社會・經濟

高田時雄,李盛鐸舊藏寫本《驛程記》初探,敦煌写本研究年報(5),1-13,2011-3

赤木崇敏,唐代敦煌縣勘印簿 羽061、BD11177、BD11178、BD11180 小考,敦煌写本研究年報(5),95-108,2011-3

趙青山,寫經題記所反映的古人病患理念:以敦煌寫經爲中心,敦煌写本研究年報(5),245-255,2011-3

大澤正昭,唐・五代の「影庇」問題とその周辺,唐宋変革研究通訊(2),1-21,2011-3

藤井政彦,隋末の「弥勒出世」を標榜した反乱について:発生時期が意味するもの,印度學佛教學研究 59(2),585-590,2011-3

宮澤知之,唐宋変革と流通経済,歴史学部論集(1),71-85,2011-3

栄新江,森部豊譯,新出石刻史料から見たソグド人研究の動向,関西大学東西学術研究所紀要(44),121-151,2011-4

中林広一,宋代農業史再考:南宋期の華中地域における畑作を中心として,東洋学報 93(1),1-26,2011-6

齊藤茂雄,突厥「阿史那感徳墓誌」訳注考:唐羈縻支配下における突厥集団の性格,内陸アジア言語の研究(26),2011-8

岩尾一史,古代チベット帝国支配下の敦煌における穀物倉会計:S.10647+Pelliot tibetain 1111の検討を中心に,内陸アジア言語の研究(26),39-74頁+2,2011-8

岩本篤志,敦煌秘笈「雑字一本」考:「雑字」からみた帰義軍期の社会,唐代史研究(14),24-41,2011-8

海野洋平,童蒙教材"上大人"の順朱をめぐって:敦煌写本 P.4900(2)、

P.3369vに見る「上大人」黎明期の諸問題,歴史(117),1-29,2011-10
森部豊,安禄山女婿李献誠考,関西大学東西学術研究所創立60周年記念論文集,関西大学出版部,243-267,2011-10
佐藤貴保,物を通して見る世界史:塩,世界史のしおり(52),4,2011-10
大澤正昭,唐代の「本銭」運用について,上智史学(56),1-37,2011-11
河野保博,唐代交通路と「巡礼」の道の復原,旅の文化研究所研究報告(21),17-30,2011-12
海野洋平,敦煌童蒙教材「牛羊千口」史料輯覧,一関工業高等専門学校研究紀要(46),逆頁30-7,2011-12
黄正建,河上麻由子譯,唐代衣食住行の研究と日本の資料,東方学(121),140-153,2011-1
佐川英治,中国古代の都城の空間,文化交流研究(24),45-59,2011
岡野誠,唐宋資料に見る『法』と『医』の接点,杏雨(14),130-166,2011
岩本篤志,『新修本草』序列の研究:敦煌秘笈本の検討を中心に,杏雨(14),292-319,2011
Arakawa Masaharu: Aspects of Sogdian Trading Activities under the Western Turkic State and the Tang Empire, Journal of Central Eurasian Studies, Vol.2, pp.25-40, 2011-5
Akihiro Sakajiri: A Tibetan Resister of Grain Delivery in Dunhuang in the Period Following Tibetan Domination: Pellot Tibétain 1097, New Studies of the Old Tibetan Documents: Philology, History and Religion: 257-270, Tokyo, 2011

　　3. 法律・制度

河野保博,日唐厩牧令の比較からみる日本古代交通体系の特質,史學雜誌120(1),92,2011-1
池田雄一,中国古代の律令と習俗,東方学(121),1-20,2011-1
丸橋充拓,魏晋南北朝隋唐時代における「軍礼」確立過程の概観,社会文化論集(7),53-61,2011-3
会田大輔,西魏・北周覇府幕僚の基礎的考察:幕僚の官名・官品(官命)・序列を中心に,明大アジア史論集(15),8-35,2011-3
堀井裕之,崔民幹の事蹟と『貞観氏族志』:「崔幹(崔民幹)墓誌」を手掛かりに,東アジア石刻研究(3),15-32,2011-3
南澤良彦,北魏と隋の明堂,哲学年報(70),133-165,2011-3
服部一隆,養老令と天聖令の概要比較,古代学研究所紀要(15),33-46,2011-3

松田行彦,唐開元二十五年田令の復原と条文構成,歴史学研究(877),1 - 17,2011 - 3

川村康,宋令変容考,関西学院大学法政学会・法と政治62(1)Ⅱ,1 - 116,2011 - 4

佐藤貴保,西夏王国の軍制・部族制度の研究:西夏語軍籍文書群解読による,財団法人三島海雲記念財団研究報告書(47),153 - 155,2010 - 11

陶安あんど,文帝の「刑制改革」と「復作」について:宮宅潔氏の近著に接して,法史学研究会会報(16),139 - 146,2011

黃正建,氣賀澤保規譯,唐代的法律體系,文化継承学論集(8),116 - 114,2011

4. 語言・文學

岩尾一史,チベット語文献『バシェ』研究の最前綫,史林94(1),186 - 200,2011 - 1

玄幸子,『老乞大』諸資料における中国語"有"字文の諸相:"一壁有者"再考,関西大学外国語学部紀要(4),91 - 106,2011 - 3

森安孝夫,シルクロード東部出土古ウイグル手紙文書の書式(前編),大阪大学大学院文学研究科紀要(51),1 - 31,2011 - 3

玄幸子,羽039Vを中心とした變文資料の再檢討,敦煌写本研究年報(5),81 - 94,2011 - 3

石立善,吐魯番出土儒家經籍殘卷考異,敦煌写本研究年報(5),109 - 114,2011 - 3

藤井律之,Dh17449「夾注本黃石公三略」小考,敦煌写本研究年報(5),115 - 127,2011 - 3

荒見泰史,敦煌本「受八関斎戒文」写本の基礎的研究,敦煌写本研究年報(5),129 - 149,2011 - 3

永田知之,『國清百録』管窺:書札文定型化の資料として,敦煌写本研究年報(5),151 - 175,2011 - 3

山本孝子,僧尼書儀に關する二、三の問題:敦煌發見の吉凶書儀を中心として,敦煌写本研究年報(5),225 - 244,2011 - 3

高井龍,「金剛醜女縁」寫本の基礎的研究,敦煌写本研究年報(5),257 - 285,2011 - 3

荒見泰史,敦煌唱導資料研究序説,林雅彦、小池淳一編,唱導文化の比較研究,東京:岩田書院,269 - 300,2011 - 3

下定雅弘,柳宗元詩:その永州の花木詩について,中国文史論叢(7),1 - 23,

2011-3

福田俊昭,『朝野僉載』に見える嘲嗤説話(前編),東洋研究(180),1-27,2011-7

下定雅弘,柳宗元詩の平仄:律詩における破格の意義,岡山大学文学部紀要(55),67-81,2011-7

戚世雋,敦煌詩賛体講唱文学探論,文学研究(108),69-95,2011-7

荒見泰史,敦煌本慧淨《温室經疏》小識:以其在敦煌唱導文獻中的位置爲中心,陳允吉主編,佛經文學研究論集續編,復旦大學出版社,398-419,2011-7

荒見泰史、桂弘,從《舜子變文》類寫本的改寫看五代講唱文學的演化,陳允吉主編,佛經文學研究論集續編,復旦大學出版社,420-441,2011-7

中純子,唐宋音楽を繋ぐもの,歴史と地理(646),53-56,2011-8

伊藤美重子,敦煌の学郎題記にみる学校と学生,唐代史研究(14),42-70,2011-8

平山久雄,中古汉语的鼻音韻尾在日本汉字音中的反映及其演变,開篇:中國語學研究(30),46-53,2011-9

丸井憲,五言拗律はいつ發生したのか,專修人文論集(89),159-196,2011-10

黒田彰,屏風、酒壷に見る幼学:太公家教について,文学12(6),43-58,2011-11

丸井憲,近體と古體のあいだ:王孟韋柳の仄韻五律を讀む,中國詩文論叢(30),2-26,2011-12

内田誠一,王維の作とも言われる「阿彌陀造像記」について:河南省石佛灘摩崖造像の調査と著録文獻の整理,中國詩文論叢(30),34-53,2011-12

許飛,漢代の告地文・鎮墓文・買地券に見られる冥界(下),中國學研究論集(27),67-109,2011-12

今場正美,祈夢:『夷堅志』夢説話覺書(松本幸男先生・島一先生追悼記念論集),學林(53/54),343-371,2011-12

呉真,招魂と施食:敦煌孟姜女物語における宗教救済,東洋文化研究所紀要(160),534-497,2011-12

西山猛,敦煌変文における近称指示詞の諸相,中国文学論集(40),198-192,2011-12

中純子,隋唐宮廷音楽史試探(4)中晩唐期の宮廷音楽,中国文化研究(27),19-25,2011

吉田豊,仏教ソグド語断片研究(2),西南アジア研究(75),1－10,2011
黒田彰,杏雨書屋本太公家教について：太公家教攷・補(2),杏雨(14),234－291,2011

5．思想・宗教

稲葉秀朗,北周の尉遲迥と奉仏：拉梢寺摩崖大仏を主として,奈良美術研究(11),61－70,2011－2

小野英二,唐高宗期扶風法門寺阿育王塔にみる仏塔と仏像の関係,奈良美術研究(11),71－79,2011－2

大西磨希子,中唐吐蕃期の敦煌十六観図,仏教学部論集(95),1－20,2011－3

藤井教公,中国南北朝仏教における一乗思想：『涅槃経』を中心として,印度學佛教學研究59(2),577－584,2011－3

高田宗平,日本古代『論語義疏』受容史初探,国立歴史民俗博物館研究報告(163),265－292,2011－3

高田宗平,『弘決外典鈔』に関する諸問題：『論語義疏』の引用を中心に,日本漢文学研究(6),9－56,2011－3

西康友,法華経における根源的概念,大正大学大学院研究論集(35),92－95,2011－3

劉永明,敦煌占卜文書中的鬼神信仰研究,敦煌寫本研究年報(5),15－63,2011－3

岩本篤志,敦煌占怪書「百恠圖」考：杏雨書屋敦煌秘笈本とフランス國立圖書館藏本の關係を中心に,敦煌寫本研究年報(5),65－80,2011－3

山口正晃,『十方千五百佛名經』全文復元の試み,敦煌寫本研究年報(5),177－212,2011－3

小林圓照,敦煌写本〈悉曇章〉類の特異性：『禪門悉談章』のテキスト研究,印度學佛教學研究59(2),1039－1031,2011－3

大内文雄,経録と史書：魏晋南北朝隋唐期における仏教史編纂の試み,大谷大学史学論究(16),1－17,2011－3

程正,『大乘開心顯性頓悟眞宗論』の依據文獻について,駒澤大學佛教学部研究紀要(69),121－141,2011－3

定源(王招国),敦煌本『御注金剛般若経宣演』の復元について,印度學佛教學研究59(2),1043－1040,2011－3

千田たくま,敦煌本『壇経』無相戒儀の思想と成立時期,仏教史学研究53(2),1－16,2011－3

中田美絵,八世紀後半における中央ユーラシアの動向と長安仏教界:徳宗期『大乗理趣六波羅蜜多経』翻訳参加者の分析より,関西大学東西学術研究所紀要(44),153-189,2011-4

許飛,漢代の告知文・鎮墓文・買地券に見られる冥界(上),中國學研究論集(26),103-147,2011-4

高田宗平,日本古典籍所引『論語義疏』の本文について,勉誠出版,27-38,2011-4

落合俊典,刑部郎中封無待撰『注心経並序』本文と小考,国際仏教学大学院大学研究紀要(15),1-52,2011-5

岩崎日出男,不空三蔵の五台山文殊信仰宣布に関する諸問題:特に中田美絵氏の拙論に対する批判への反論を中心として,東アジア仏教研究(9),3-15,2011-5

Saito Akira, An Inquiry into the Relationship between the Śikṣāsamuccaya and the Bodhi(sattva) caryāvatāra,インド哲学仏教学研究(17),17-24,2011-6

石川美惠,『法門』及び『法門備忘録』の敦煌出土写本について,日本西蔵學會々報(57),27-43,2011-7

定源,敦煌寫本『御注金剛般若經宣演』の科段文獻及びその作者,仙石山仏教学論集(6),130-105,2011-9

上山大峻,自然・見えないものをうたう詩(特集金子みすゞと仏教),大法輪78(10),96-100,2011-10

倉本尚徳,北朝造像銘における転輪王関係の用語の出現,印度學佛教學研究60(1),16-19,2011-12

田中公明,『秘密集会安立次第論』をめぐる諸問題:第3章所説の出生真言の解釈を中心に,密教文化(227),122-110,2011-12

田中公明,『秘密集会』の身体曼荼羅論:Nagabodhiの『安立次第論』第2章サンスクリット写本ローマ字化テキスト,東洋文化研究所紀要(160),338-324,2011-12

石井公成,『大乗五門実相論』について:敦煌写本中の地論宗系『大集経』注釈書,印度學佛教學研究60(1),20-26,2011-12

落合俊典,日本仏教における疑経の受容と生成,日本仏教学会年報(77),185-198,2011

池田將則,南北朝隋唐佛教史の研究:敦煌出土「攝論宗」文獻の基礎的研究,龍谷大学博士論文,2011

Aydar Mirkamal,敦煌B157窟新発見ウイグル文「阿含経」断片二件,西南ア

ジア研究(74),58-67,2011

Seishi Karashima:A Critical Edition of Lokaksema's Translation of the Astasahasrika Prajnaparamita, Soka University, 2011

　　6.考古・美術

道坂昭廣,伝橘逸勢筆「詩序切」と上野本『王勃集』の関係について,書法漢學研究(8),11-22,2011-1

橘千早,歌詞の平仄からみた敦煌音楽の復元試論,演劇映像学:演劇博物館グローバルCOE紀要2011(2),41-61,2011-2

小野英二,唐高宗期扶風法門寺阿育王塔にみる仏塔と仏像の関係,奈良美術研究(11),71-79,2011-2

賀川光夫,飛鳥の三尊塼仏:敦煌から竜門石窟の倚像,史学論叢(21),129-144,2011-2

田林啓,敦煌莫高窟第二八五窟の仏教世界について:天井壁画を中心として,美術史60(2),229-245,2011-3

白須淨眞,十六国期(304～439)内陸アジアの二古墓の壁画:トゥルファン地域・アスターナ古墓群二区408・605号両墓壁画の解析試論,東ユーラシア出土文献研究通信(1),37-62,2011-3

關尾史郎,高台研究の成果と意義:"高台学"の推進に向けて,西北出土文献研究2010年度特刊:91-94,2011-4

町田隆吉,甘粛省高台県出土の冥婚書をめぐって,西北出土文獻研究(9),5-21,2011-5

北村永,甘粛省高台県地埂坡魏晋3号墓(M3)について,西北出土文獻研究(9),23-38,2011-5

高橋秀樹,酒泉丁家閘5号墓壁画胡人像に見られる甑と〈三角帽〉,西北出土文獻研究(9),39-60,2011-5

高橋秀樹,胡人像尖帽の起源:丁家閘五号墓壁画胡人像解析のために,新潟史学(65),25-46,2011-5

關尾史郎,敦煌新出鎮墓瓶初探:〈中國西北地域出土鎮墓文集成(稿)〉補遺(続),西北出土文獻研究(9),61-85,2011-5

長谷隆秀等,敦煌莫高窟内の壁画の劣化に及ぼす塩の影響に関する研究:外界気象条件の変化、上下層窟を考慮した窟内温湿度環境の解析(環境),日本建築学会近畿支部研究報告集・環境系(51),273-276,2011-5

關尾史郎,"名刺簡"三論,『呉簡研究』第3輯:167-175,中華書局,2011-6

長谷隆秀等,敦煌莫高窟内の壁画の劣化に及ぼす塩の影響に関する研究:上下層窟を考慮した窟内温湿度環境の解析,学術講演梗概集 2011,153-154,2011-7

關尾史郎,東亜細亜における書写材料と文字の西漸に関して:高昌・楼蘭・于闐を中心に,『古代文字資料からみた東亜細亜の文化交流と疏通』,東北亜細亜歴史財団,189-205,2011-7

松井太,敦煌諸石窟のウイグル語題記銘文に関する劄記(二),人文社会論叢・人文科学篇(32),27-44,2014-8

濱田瑞美,仏影窟攷:中国における石窟開鑿の意味をめぐって,仏教芸術(319),33-53,2011-11

關尾史郎,長沙走馬楼出土の竹簡と木簡:『湖南長沙三國呉簡』によせて,中国出土資料学会会報(48),2-3,2011-12

荒川正晴,田衛衛譯,英国図書館蔵和田出土木簡的再研究:以木簡内容及其性質爲中心,朱玉麒主編『西域文史』第6輯,35-48,科学出版社,2011-12

橋村愛子,敦煌莫高窟及び安西楡林窟の孔雀明王(Mahamayuri)について:帰義軍節度使曹氏による密教受容の一断面,美学美術史研究論集(25),27-54,2011

7. 文書・譯注

大島幸代、小野英二、清水紀枝等訳,『集神州三宝感通録』巻上隋鄭州超化寺塔縁十五~雜明神州山川蔵宝等縁二十,奈良美術研究(11),3-43,2011-2

片野竜太郎,散見敦煌懸泉漢簡釈文集成:第一区域出土簡牘,國士舘東洋史學(4/5),89-194,2011-2

大東文化大学東洋研究所編,藝文類聚(巻八十四)訓読付索引,大東文化大学東洋研究所,2011-2

土屋昌明譯,唐代道教の文字観:『雲笈七籤』巻7訳注研究,専修大学人文科学研究所月報(249),1-43,2011-2

岩尾一史,チベット支配初期の敦煌史に關する新史料:IOL Tib J 915 と IOL Tib J 292(B),敦煌写本研究年報(5),213-224,2011-3

畑野吉則,敦煌懸泉漢簡の郵書記録簡,愛媛大学「資料学」研究会編,資料学の方法を探る:情報発信と受容の視点から10,2011-3

小谷仲男、菅沼愛語,『新唐書』西域伝訳注(二),京都女子大学大学院文学研究科研究紀要・史学編(10),127-193,2011-3

荒川慎太郎,プリンストン大学所蔵西夏文華厳経巻七十七訳注,アジア・

アフリカ言語文化研究(81),147‐305,2011‐3

片山章雄、王振芬、張銘心,旅順博物館所藏文書と大谷文書その他文書の綴合,『内陸アジア出土4‐12世紀の漢語・胡語文献の整理と研究』(土肥義和)平成22‐24年度科研費報告書,13‐18,2011‐3

葉国良,高橋継男譯,唐〈杜嗣先墓誌〉著録の經緯,東アジア世界史研究センター年報(5),189‐191,2011‐3

中林史朗,『陔餘叢考』訓訳巻十,大東文化大学漢学会誌(50),73‐143,2011‐3

松澤博,スタイン將來黒水城出土西夏文獻について,東洋史苑(77),1‐126,2011‐3

速水大,杏雨書屋所藏《敦煌秘笈》中羽620‐2文書について,『内陸アジア出土4‐12世紀の漢語・胡語文献の整理と研究』(土肥義和)平成22‐24年度科研費報告書,32‐35,2011‐3

榮新江,森部豊(訳・解説),新出石刻史料から見たソグド人研究の動向,関西大学東西学術研究所紀要(44),121‐151,2011‐4

会田大輔,日本における『帝王略論』の受容について：金沢文庫本を中心に,アジア遊学(140)(旧鈔本の世界―漢籍受容のタイムカプセル),89‐98,2011‐4

太平広記研究会,『太平広記』訳注(17)巻二百九十三「神」(3),中國學研究論集(26),148‐175,2011‐4

池田昌廣,西域出土の古鈔本からみた『漢書』顔師古本,アジア遊学(140),72‐81,2011‐4

赤木崇敏,ロシア蔵コータン出土唐代官文書Dx.18921、18940、18942,西北出土文獻研究(9),87‐100,2011‐5

玄幸子,サンクトペテルブルグ所蔵敦煌文献(Дx.05001‐05500)同定リスト(稿),西北出土文獻研究(9),121‐139,2011‐5

佐藤貴保,西夏法令集〈天盛禁令〉符牌関連条文訳注(下),西北出土文獻研究(9),101‐120,2011‐5

姚美玲,敦煌卷子与日本奈良、平安抄本之比较,非文字資料研究(26),19‐19,2011‐7

辻正博,知の息吹思いがけぬ新史料の「発見」：天一閣蔵明鈔本「天聖令」,人環フォーラム(29),38‐41,2011‐9

大澤正昭、今泉牧子,漢文史料、和訳、英訳、そして「超訳」,ソフィア：西洋文化ならびに東西文化交流の研究59(3),60‐77,2011‐9

田中良昭、程正,敦煌禪宗文獻分類目錄(2)語錄類(4)六祖壇經(袴谷憲昭教授退任記念號),駒沢大学仏教学部論集(42),402-379,2011-10

堀伸一郎,ロシア科学アカデミー東洋写本研究所所蔵中央アジア出土サンスクリット断片について,仏教学25-38(53),1-38,2011-12

ソグド人墓誌研究ゼミナール,ソグド人漢文墓誌訳注(8)太原出土「虞弘墓誌」(随・開皇十二年),史滴(33),205-237,2011-12

ソグド人墓誌研究ゼミナール,ソグド人漢文墓誌訳注(9)西安出土「安伽墓誌」(北周・大象元年),史滴(34),138-158,2012-12

太平広記研究会,『太平広記』訳注(18)巻二百九十四「神」(4),中國學研究論集(27),39-66,2011-12

田中良昭、程正,敦煌禪宗文獻分類目錄(2)語錄類(3),駒沢大学禅研究所年報(23),274-252,2011-12

片山章雄,世界史教科書掲載の霊芝雲型吐魯番文書の深層,東海大学紀要・文学部(95),188-170,2011

橘堂晃一,清野謙次旧蔵敦煌写本の一断簡によせて,杏雨(14),320-328,2011

高木義隆,故宮本 "十二月朋友相聞書,書学書道史研究(21),45-58,2011

吉川忠夫,挨拶,杏雨(14),127-129,2011

松井太,敦煌出土のウイグル語暦占文書:通書『玉匣記』との關連を中心に,人文社会論叢・人文科学篇(26),25-48,2011

菊地章太,洞淵神呪経写本校異(2),東洋学研究(48),388-368,2011

藤本誠,『東大寺諷誦文稿』の成立過程:前半部を中心として,水門(23),141-178,2011

池田温,敦煌秘笈の價値,杏雨(14),167-182,2011

8. 動向・調査

岩尾一史,チベット語文献『バシェ』研究の最前綫,史林94(1),186-200,2011-1

木田知生,『敦煌遺珍』データベースについて,東方(360),2-6,2011-2

森安孝夫,内陸アジア史研究の新潮流と世界史教育現場への提言,内陸アジア史研究(26),3-34,2011-3

石野智大,留学半年間の北京での研究活動:清華大学に滞在して,明大アジア史論集(15),77-86,2011-3

梶山智史,新出北朝隋代墓誌所在総合目録(2006-2010年),東アジア石刻

研究(3),97-117,2011-3

山口正晃,敦煌学百年,唐代史研究(14),3-23,2011-8

佐川英治,中古時代的礼儀、宗教与制度学術研討会,唐代史研究(14),124-127,2011-8

關尾史郎,「高台魏晉墓与河西歷史文化国際学術研討会」参加記,唐代史研究(14),128-133,2011-8

石野智大,清華大学の学内図書館とその利用方法:中国史研究との関わりを中心に,法史学研究会会報(16),176-183,2011

内田誠一,河東訪古録(上)王維ゆかりの地を訪ねて,中唐文学会報(18),58-71,2011

山田勝久,鳩摩羅什の生涯とゆかりの町の調査報告:疏勒・尉頭・亀茲・楼蘭・敦煌・涼州・長安,甲子園大学紀要(38),87-96,2011

下定雅弘,日本における白居易の研究:二〇〇九年,白居易研究年報(12),262-279,2011

9. 書評・介紹

東野治之,榎本淳一著『唐王朝と古代日本』,史學雜誌 120(1),63-68,2011-1

海老原早苗,井上靖『敦煌』について,別府大学国語国文学(34),17-28,2011-2

岩本篤志,敦煌文献とは何か:栄新江著『辨僞与存真』,東方(361),22-25,2011-3

下定雅弘,斎藤拙堂「柳柳州年譜」[含影印],中国文史論叢(7),134-115,2011-3

衛麗、王蕊,梶山智史譯,張金龍著『北魏政治史』,明大アジア史論集(15),60-71,2011-3

成家徹郎,問題を抱える新説が目立つ:小沢賢二著『中国天文学史研究』,東方(361),26-29,2011-3

小沢賢二,拙著[小沢賢二著]『中国天文学史研究』に対する成家徹郎の書評について,東方(362),13-17,2011-4

西澤治彦,文芸史の側面から農村と都市を繋ぐ試み,田仲一成、小南一郎、斯波義信編著『中国近世文芸論』,東方(363),26-30,2011-5

佐川英治,渡辺信一郎著『中国古代の財政と国家』,社会経済史学78(1),151-153,2012-5

榎本淳一,鈴木靖民編『古代日本の異文化交流』,日本歴史(757),104-106,

2011-6

河内春人,中野高行『日本古代の外交制度史』,史學雜誌 120(6),1133-1141,2011-6

黒田彰,牧野和夫著『日本中世の説話・書物のネットワーク』,説話文学研究(46),200-203,2011-7

村井恭子,森部豊著『ソグド人の東方活動と東ユーラシア世界の歴史的展開』,唐代史研究(14),117-123,2011-8

森部豊,荒川正晴著『ユーラシアの交通・交易と唐帝国』,唐代史研究(14),109-116,2011-8

岩根卓史,金文京著『漢文と東アジア:訓読の文化圏』,日本思想史研究会会報(28),55-60,2011-8

岡野誠,辻正博著『唐宋時代刑罰制度の研究』,東洋史研究 70(2),334-341,2011-9

籾山明,渡邉英幸著『古代〈中華〉観念の形成』,史林 94(5),103-109,2011-9

内田宏美,關尾史郎著『もうひとつの敦煌:鎮墓瓶と画像磚の世界』,新潟史学(66),64-67,2011-10

田中知佐子,齋藤龍一・鈴木健郎・土屋昌明共編『道教美術の可能性』,東方宗教(118),100-104,2011-11

西田龍雄,西北第二民族学院・上海古籍出版社・英国国家図書館編《英蔵黒水城文献》⑤,東洋學報 93(1),55-63,2011

高遠拓児,辻正博著『唐宋時代刑罰制度の研究』,集刊東洋学(105),112-119,2011

宮宅潔『中国古代刑制史の研究』,法制史研究:法制史學會年報(61),264-269,2011

川合安,唐代初期の「士族」研究:李浩著『唐代〈文学士族〉の研究』の刊行に寄せて,集刊東洋学(105),80-92,2011

10. 學者・其他

池田温、池端雪浦、石澤良昭等,先学を語る:山本達郎博士(含山本達郎博士略歷、山本達郎博士研究出版分類略目、山本達郎博士學術活動),東方学(121),163-194,2011-1

中鉢雅量主編,『敦煌作品研究』第 2 号,2011-1

菊地淑子,敦煌莫高窟第 217 窟に遺された銘文をめぐる問題:主室の古ウイグル文銘文,『高梨学術奨励基金年報』(平成 22 年度研究成果概要報

告),288-295,2011
室山留美子,出土資料からみた魏晋南北朝の地域文化に関する初歩的研究(平成21~23年度科学研究費補助金・基盤研究(C)「魏晋南北朝における地域意識と地域文化に関する総合的研究」),2012-2
竹内洋介(代表),唐代「牛李党争」関係研究文献目録(1927~2010年)(平成22年度東洋大学若手研究者育成研究所プロジェクト研究成果報告書・東洋大学アジア文化研究所),東洋大学,2011-2
土肥義和(代表),内陸アジア出土4~12世紀の漢語・胡語文献の整理と研究(平成22~24年度科学研究費補助金・基盤研究(C)研究成果報告書),(財)東洋文庫,2011-3
石松日奈子(代表),古代中国・中央アジアの仏教供養者像に関する調査研究(平成20~22年度科学研究費補助金・基盤研究(C)研究成果報告),清泉女子大学,2011-3
冨谷至(編),東アジアにおける儀礼と刑罰,日本学術振興会科学研究費補助金・基盤研究(S)「東アジアにおける儀礼と刑罰」研究組織,2011-3
藤田敏正、冨谷至(編),中国古代官制和英用語集(職官組織図,英和索引付き),日本学術振興会科学研究費補助金・基盤研究(S)「東アジアにおける儀礼と刑罰」研究組織,2011-3
關尾史郎,私のシルクロード史研究:敦煌と佐渡をむすぶもの(講演),佐渡市教育委員会,1-16,2011-3
麥谷邦夫,三教交渉論叢続編,京都大學人文科學研究所研究報告,2011-03
ディディエ ダヴァン,飯島孝良訳,小川隆著『神会:敦煌文献と初期の禅宗史』『語録のことば:唐代の禅』『臨済録:禅の語録のことばと思想』,駒沢大学禅研究所年報(23),288-276,2011-12

二、專　著

武田科學振興財團杏雨書屋編,敦煌秘笈:影片册五,大阪:武田科學振興財團,2011-11
荒川慎太郎、武宇林編,日本蔵西夏文文献,北京:中華書局,2011-1
宮宅潔,中国古代刑制史の研究,京都:京都大学学術出版会,2011-1
柿沼陽平,中国古代貨幣経済史研究,東京:汲古書院,2011-1
『酒井忠夫著作集』第5巻(道家・道教史の研究),東京:国書刊行会,2011-1
門田誠一,高句麗壁画墓古墳と東アジア,京都:思文閣,2011-1

勝山稔編,小説・芸能から見た海域交流,東京：汲古書院,2011－1
曽布川寬、吉田豊編,ソグド人の美術と言語,京都：臨川書店,2011－2
橋本義則編,東アジア都城の比較研究,京都：京都大学学術出版会,2011－2
明石一紀,編户制と調庸制の基礎的考察：日朝中三國の比較研究,東京：校倉書房,2011－2
武田科學振興財團杏雨書屋編,敦煌秘笈：影片册四,大阪：武田科學振興財團,2011－3
關尾史郎,もうひとつの敦煌：鎮墓瓶と画像磚の世界,東京：高志書院,2011－3
浜田久美子,日本古代の外交儀礼と渤海,東京：同成社,2011－3
奈良行博,中国の吉祥文化と道教：祝祭から知る中国民衆の心,東京：明石書店,2011－3
河上麻由子,古代アジア世界の對外交渉と仏教,東京：山川出版社,2011－4
東潮,高句麗壁画と東アジア,東京：学生社,2011－4
加地伸行,沈默の宗教：儒教,東京：築摩書房,2011－4
藤田勝久、松原弘宣編,東アジア出土史料と情報伝達,東京：汲古書院,2011－5
鈴木靖民、荒井秀規編,古代東アジアの道路と交通,東京：勉誠出版,2011－6
森雅秀,チベットの仏教とマンダラ,名古屋：名古屋大学出版会,2011－7
仁井田陞,牟發松譯,中國法制史,上海：上海古籍出版社,2011－7
能仁正顯編,西域：流沙に響く仏教の調べ,京都：自照社出版,2011－8
中村裕一,中国古代の年中行事 第4册(冬),東京：汲古書院,2011－8
能仁正顯編,西域：流沙に響く仏教の調べ,京都：自照社出版,2011－8
靜永健,陳翀,漢籍東漸及日蔵古文獻論考稿,北京：中華書局,2011－9
鈴木靖民,日本の古代国家形成と東アジア,東京：吉川弘文館,2011－9
渡邉義浩編,第二回日中学者中国古代史論壇論文集,東京：汲古書院,2011－9
地下の正倉院展：コトバと木簡,奈良文化財研究所,2011－10
白須淨眞編,大谷光瑞と国際政治社会：チベット、探検隊、辛亥革命,東京：勉誠出版,2011－10
聶鋒編著,筒井文子編譯,梁雲祥監修,敦煌壁画物語：釈迦の前世・誕生・悟り・涅槃,東京：東京文献センター,2011－10
赤羽目匡由,渤海王国の政治と社会,東京：吉川弘文館,2011－10

冨谷至,中国義士伝:節義に殉ず,中公新書,2011－10
久野美樹,唐代龍門石窟の研究:造形の思想的背景について,東京:中央公論美術出版,2011－11
河上麻由子,古代アジア世界の対外交渉と仏教,東京:山川出版社,2011－11
廣瀬憲雄,東アジアの国際秩序と古代日本,東京:吉川弘文館,2011－11
礪波護,唐宋の変革と官僚制,東京:中央公論新社,2011－12
肥田路美,初唐仏教美術の研究,東京:中央公論美術出版,2011－12
工藤元男,占いと中国古代の社会:発掘された古文献が語る,東京:東方書店,2011－12
鍾江宏之、鶴間和幸編,東アジア海をめぐる交流の歴史的展開,東京:東方書店,2010－12
東野治之,書の古代史,東京:岩波書店,2010－12
森安孝夫編,ソグドからウイグルへ:シルクロード東部の民族と文化の交流,東京:汲古書院,2011－12

百年克孜爾石窟研究論著目録(1912—2014)

張重洲(蘭州大學)

　　新疆克孜爾石窟是中國開鑿最早(大約開鑿於公元3世紀)、地理位置最西的大型石窟群。目前有4個石窟區,正式編號的石窟有236個,大部分塑像都已被毀,現81窟存有精美壁畫。隨著絲綢之路研究的進一步深入,這一石窟群的研究價值和意義日益凸顯。爲了方便學界,本目録依據發表時間先後列出有關克孜爾石窟的研究論著,將其分爲中文和外文兩大部分,每一部分又由專著和論文兩方面組成,供學界同仁參考,疏漏之處,請專家學者批評指正。

【中文部分】

一、專　　著

黄文弼《塔里木盆地考古記》,北京:科學出版社,1958年5月。
常任俠《絲綢之路與西域文化藝術》,上海:上海文藝出版社,1981年4月。
美乃美出版社《新疆壁畫——克孜爾千佛洞(上、下)》,北京:中國外文出版社,1981年。
霍瑩《克孜爾石窟藝術指南》,阿克蘇:新疆龜兹石窟研究所,1982年7月。
新疆社會科學院考古研究所編《新疆考古三十年》,烏魯木齊:新疆人民出版社,1983年6月。
新疆藝術編輯部編《絲綢之路造型藝術》,烏魯木齊:新疆人民出版社,1985年。
庫爾班·外力《克孜爾千佛洞壁畫故事》,烏魯木齊:新疆人民出版社,1986年4月。
尚衍斌《新疆克孜爾石窟形成年代和壁畫地方特色初探》,烏魯木齊:新疆大學歷史系,1987年6月。
新疆維吾爾自治區文物管理委員會等編《中國石窟:克孜爾石窟1》,北京:文物出版社,1989年12月。
趙莉《龜兹石窟》,烏魯木齊:新疆美術攝影出版社,1990年3月。
韓翔、朱英榮《龜兹石窟》,烏魯木齊:新疆大學出版社,1990年6月。
黄文弼《黄文弼蒙新考察日記(1927—1930)》,北京:文物出版社,1990年

9月。

范夢《東方美術史》,昆明:雲南人民出版社,1991年2月。

張蔭才、姚士宏《克孜爾石窟佛本生故事壁畫》,烏魯木齊:新疆人民出版社,1991年8月。

中國壁畫全集編輯委員會《中國壁畫全集8——克孜爾》,天津:天津人民美術出版社,1992年11月。

新疆龜茲石窟研究所編《克孜爾石窟誌》,上海:上海人民美術出版社,1993年1月。

新疆龜茲石窟研究所編《龜茲壁畫藝術叢書(動物)》,烏魯木齊:新疆美術攝影出版社,1993年4月。

新疆龜茲石窟研究所編《龜茲壁畫藝術叢書(本生故事)》,烏魯木齊:新疆美術攝影出版社,1993年4月。

新疆龜茲石窟研究所編《龜茲佛教文化論集》,烏魯木齊:新疆美術攝影出版社,1993年6月。

國家文物局教育處編《佛教石窟考古概要》,北京:文物出版社,1993年11月。

朱英榮《龜茲石窟研究》,烏魯木齊:新疆美術攝影出版社,1993年12月。

趙樸初《克孜爾石窟誌》,上海:上海人民出版社,1993年12月。

霍旭初《龜茲藝術研究》,烏魯木齊:新疆人民出版社,1994年7月。

新疆龜茲石窟研究所編《龜茲藝術研究》,烏魯木齊:新疆人民出版社,1994年7月。

張愛紅《克孜爾石窟綫描集》,合肥:安徽美術出版社,1994年11月。

魏長洪等編《外國探險家西域遊記》,烏魯木齊:新疆美術攝影出版社,1994年。

金維諾、羅世平《中國宗教美術史》,南昌:江西美術出版社,1995年6月。

段文傑《中國新疆壁畫全集:克孜爾1》,天津:天津人民美術出版社,1995年8月。

段文傑《中國新疆壁畫全集:克孜爾2》,天津:天津人民美術出版社,1995年8月。

段文傑《中國新疆壁畫全集:克孜爾3》,天津:天津人民美術出版社,1995年8月。

常書鴻《新疆石窟藝術》,北京:中共中央黨校出版社,1996年1月。

新疆維吾爾自治區文物管理委員會等編《中國石窟:克孜爾石窟2》,北京:文物出版社,1996年6月。

宿白《中國石窟寺研究》,北京:文物出版社,1996年8月。

姚士宏《克孜爾石窟探秘》,烏魯木齊:新疆美術攝影出版社,1996年8月。

張愛紅、史曉明《克孜爾壁畫裝飾圖案》,成都:四川美術出版社,1996年9月。

朱耀庭等主編《宗教與藝術的殿堂——古代佛教石窟寺》,瀋陽:遼寧師範大學出版社,1996年10月。

新疆維吾爾自治區文物管理委員會等編《中國石窟:克孜爾石窟3》,北京:文物出版社,1997年12月。

北京大學考古學系、克孜爾千佛洞文物保管所編著《新疆克孜爾石窟考古報告·第一卷》,北京:文物出版社,1997年12月。

宿白《新疆拜城克孜爾石窟部分洞窟的類型與年代》,北京:文物出版社,1997年。

盛成等編《緬懷韓樂然》,北京:民族出版社,1998年11月。

祁小山、王博編《西域國寶錄》,烏魯木齊:新疆人民出版社,1999年9月。

朱英榮、王建林《龜兹石窟漫譚》,烏魯木齊:新疆青少年出版社,2000年4月。

巫鴻主編《漢唐之間的宗教藝術與考古》,北京:文物出版社,2000年6月。

《鳩摩羅什和中國民族文化——紀念鳩摩羅什誕辰1650周年國際學術討論會文集》,烏魯木齊:新疆美術攝影出版社,2001年2月。

中國新疆維吾爾自治區檔案館、日本佛教大學尼雅遺址學術研究機構編《近代外國探險家新疆考古檔案史料》,烏魯木齊:新疆美術攝影出版社,2001年6月。

賈應逸、祁小山《印度到中國新疆的佛教藝術》,蘭州:甘肅教育出版社,2002年9月。

趙莉《龜兹石窟百問》,烏魯木齊:新疆美術攝影出版社,2003年1月。

星雲大師等編《克孜爾石窟的洞窟分類與石窟寺院的組成》,高雄:佛光山文教基金會,2003年10月。

丁明夷《克孜爾石窟的佛傳壁畫》,高雄:佛光山文教基金會,2003年5月。

晁華山《克孜爾石窟的洞窟分類與石窟寺院的組成》,高雄:佛光山文教基金會,2003年6月。

閻文儒《中國石窟藝術總論》,桂林:廣西師範大學出版社,2003年8月。

李崇峰《中印佛教石窟寺比較研究·以塔廟窟爲中心》,北京:北京大學出版社,2003年12月。

拜城縣地方編纂委員會《拜城縣誌》,烏魯木齊:新疆人民出版社,2004年

4月。

陳鈺《克孜爾石窟壁畫故事精選》,烏魯木齊:新疆人民出版社,2005年5月。

張國領、裴孝曾主編《龜茲文化研究1》,烏魯木齊:新疆人民出版社,2006年4月。

張國領、裴孝曾主編《龜茲文化研究2》,烏魯木齊:新疆人民出版社,2006年4月。

張國領、裴孝曾主編《龜茲文化研究3》,烏魯木齊:新疆人民出版社,2006年4月。

張國領、裴孝曾主編《龜茲文化研究4》,烏魯木齊:新疆人民出版社,2006年4月。

張愛紅《克孜爾石窟壁畫精選:佛傳故事》,烏魯木齊:新疆人民出版社,2006年5月。

張愛紅《克孜爾石窟壁畫精選:服飾》,烏魯木齊:新疆人民出版社,2006年5月。

張愛紅《克孜爾石窟壁畫精選:動物畫》,烏魯木齊:新疆人民出版社,2006年5月。

新疆龜茲學會編《龜茲學研究》第一輯,烏魯木齊:新疆大學出版社,2006年9月。

王衛東《克孜爾石窟壁畫》,烏魯木齊:新疆美術攝影出版社,2007年3月。

趙莉《克孜爾石窟壁畫本生故事》,烏魯木齊:新疆美術攝影出版社,2007年3月。

新疆龜茲學會編《龜茲學研究》第二輯,烏魯木齊:新疆大學出版社,2007年7月。

張愛紅《魅力新疆行——克孜爾石窟壁畫》,烏魯木齊:新疆人民出版社,2007年8月。

新疆龜茲石窟研究所編《中國新疆壁畫:龜茲》,烏魯木齊:新疆美術攝影出版社,2008年1月。

史曉明《克孜爾石窟藝術論集》,烏魯木齊:新疆美術攝影出版社,2008年5月。

新疆龜茲學會編《龜茲學研究》第三輯,烏魯木齊:新疆大學出版社,2008年6月。

史曉明、王建林編《克孜爾岩畫研究》,烏魯木齊:新疆美術攝影出版社,2008年8月。

趙聲良《飛天藝術:從印度到中國》,南京:江蘇美術出版社,2008年10月。

周龍勤《中國新疆壁畫藝術·第一卷·克孜爾石窟》,烏魯木齊：新疆美術攝影出版社,2009年1月。

周龍勤《中國新疆壁畫藝術·第二卷·克孜爾石窟》,烏魯木齊：新疆美術攝影出版社,2009年1月。

周龍勤《中國新疆壁畫藝術·第三卷·克孜爾石窟》,烏魯木齊：新疆美術攝影出版社,2009年1月。

周龍勤《中國新疆壁畫藝術·第五卷·森木塞姆石窟克孜爾尕哈石窟》,烏魯木齊：新疆美術攝影出版社,2009年1月。

王衛東《克孜爾尕哈石窟内容總錄》,北京：文物出版社,2009年1月。

徐慶平主編《東方美術史》,北京：首都經濟貿易大學出版社,2009年6月。

任克良《拜城風物誌》,烏魯木齊：新疆人民出版社,2009年9月。

王征《龜茲佛教石窟美術風格與年代研究》,北京：中國書店出版社,2009年10月。

中央美術學院美術史系《中國美術簡史》,北京：中國青年出版社,2010年6月。

宿白《中國佛教石窟寺遺跡：3至8世紀中國佛教考古學》,北京：文物出版社,2010年7月。

賈應逸《新疆佛教壁畫的歷史學研究》,北京：中國人民大學出版社,2010年7月。

拜城縣地方編纂委員會《拜城簡史》,烏魯木齊：新疆人民出版社,2010年8月。

盛春壽《新疆石窟藝術》,北京：中國旅遊出版社,2011年11月。

新疆龜茲學會編《龜茲學研究》第四輯,烏魯木齊：新疆大學出版社,2012年5月。

廖暘《克孜爾石窟壁畫年代學研究》,北京：社會科學文獻出版社,2012年11月。

霍旭初《絲綢之路流散國寶：克孜爾石窟壁畫》,濟南：山東美術出版社,2013年1月。

巫新華《絲綢之路流散國寶：克孜爾石窟壁畫》,濟南：山東美術出版社,2013年3月。

巫新華《克孜爾石窟壁畫》,濟南：山東美術出版社,2013年3月。

王鏞《中外美術交流史》,北京：中國青年出版社,2013年5月。

霍旭初《龜茲石窟佛學研究》,北京：宗教文化出版社,2013年7月。

李崇峰《佛教考古：從印度到中國》,上海：上海古籍出版社,2014年1月。

上海藝術研究所等編《龜茲藝術研究》,上海：上海古籍出版社,2014年4月。

二、論　文

（一）概説

王子雲《新疆拜城赫色爾石窟》，《文物參考資料》1955年2期。

閻文儒《新疆最大的石窟寺遺址——拜城克孜爾石窟》，《現代佛學》1961年1月號。

林立山譯《中國石窟美術大系（2）：克孜爾石窟（上、下）》，《藝術家》1974年5期，177—203頁；《藝術家》1974年6期，108—117頁。

黃逖《新疆克孜爾石窟巡禮》，《中國文物世界》1978年46期，79—103頁。

楊芊《克孜爾千佛洞》，《文物》1979年2期，89—92頁。

姚士宏《新疆克孜爾石窟藝術簡介》，《美術》1980年4期，43—44頁。

李肖冰、鄭明華《龜兹古風今猶在：新疆克孜爾佛教石窟壁畫》，《大地地理雜誌》1981年49期，132—142頁。

丁明夷《克孜爾千佛洞壁畫的研究——五—八世紀龜兹佛教、佛教藝術初探》，中國社科院碩士學位論文，1981年。

張寧《克孜爾石窟畫漫談》，《新疆藝術》1982年5期，24頁。

尚衍斌《克孜爾千佛洞巡禮》，《歷史月刊》1983年76期，4—11頁。

袁廷鶴《龜兹風壁畫初探》，《新疆藝術》1984年3期，35—43頁。

賈應逸、趙霄鵬《藝苑妙境——燦爛的新疆石窟寺藝術》，《絲綢之路造型藝術》，烏魯木齊：新疆人民出版社，1985年，1—10頁。

張光福《庫車的壁畫藝術》，《絲綢之路造型藝術》，烏魯木齊：新疆人民出版社，1985年，39—49頁。

吳焯《克孜爾石窟刻劃圖畫的内容、作者和時代》，《文物》1986年10期，90—98頁。

李遇春《試論敦煌石窟藝術和新疆石窟藝術的歷史關係》，《1983年全國敦煌學術討論會文集》（石窟藝術編下），蘭州：甘肅人民出版社，1987年，176—198頁。

史曉明《克孜爾石窟研究之我見》，《佛學研究》1988年，416—420頁。

唐昌東《克孜爾石窟壁畫藝術》，《文博》1991年1期，77—80頁。

林訓《克孜爾石窟壁畫藝術簡介》，《美術》1993年5期，15—16頁。

譚樹桐《丹青斑駁　尚存金壁——龜兹石窟壁畫欣賞》，《龜兹佛教文化論集》，烏魯木齊：新疆美術攝影出版社，1993年，78—132頁。

楊法震《克孜爾千佛洞藝術》，《平頂山師專學報》1995年1期，32—34頁。

楊法震《漫談克孜爾千佛洞藝術》，《民族藝術》1995年4期，155—158頁。

乙涓《漫遊克孜爾石窟》,《佛教文化》1995年6期,36—37頁。
金維諾《龜茲藝術的風格與成就》,《中國石窟·克孜爾石窟(三)》,北京:文物出版社,1997年,98—120頁。
馬世長《關於克孜爾石窟的年代》,《法相傳真古代佛教藝術》,香港:香港大學美術博物館,1998年,88頁。
西莫《新疆克孜爾石窟藝術》,《中國文學》1999年3期,146—153頁。
顧蘇寧《試論我國早期石窟藝術的民族特色》,《造型藝術研究》1999年5期,74—80頁。
王征《克孜爾石窟藝術》,《美術》2001年10期,74—76頁。
雲帆《克孜爾千佛洞大揭秘(上、下)》,《環境》2002年11期,32—33頁;《環境》2002年12期,41—52頁。
史曉明《試論龜茲石窟藝術的設計理念》,《新疆藝術學院學報》2003年1期,32—36頁。
雲帆《克孜爾千佛洞揭秘》,《中國土族》2003年2期,59—61頁。
李瑞哲《克孜爾石窟概述》,《華夏文化》2003年3期,53—55頁。
廖暘《新疆克孜爾石窟早期洞窟研究(上、中、下)》,《新疆藝術學院學報》2003年3期,23—30頁;《新疆藝術學院學報》2004年1期,12—20頁;《新疆藝術學院學報》2004年2期,25—32頁。
彭傑《新疆龜茲石窟壁畫中的多元文化研究》,新疆大學碩士學位論文,2003年。
陳慶明《靈秀幽岩泉催淚　丹青斑駁洞千年——記佛國仙境克孜爾石窟》,《新疆金融》2004年1期,58—59頁。
徐寬洪《絲綢之路上新疆的克孜爾石窟》,《地理教學》2005年1期,49頁。
虎林《中國"第二敦煌"——千佛洞大揭秘》,《民族論壇》2005年1期,58—59頁。
入澤崇、苗利輝《禪定僧:近來日本學者對克孜爾石窟圖像的研究》,《新疆師範大學學報》2005年2期,98—101頁。
褚曉莉《古道西風彩韻斑斕——淺議克孜爾的石窟藝術》,《新疆教育學院學報》2005年3期,127—128頁。
汪永華《走進棋盤千佛洞》,《西部》2005年5期,34—35頁。
王衛東《龜茲地區石窟概況》,《2005年雲岡國際學術研討會論文集(研究卷)》,大同:2005年雲岡國際學術研討會,2005年7月,460—469頁。
陳瑋玲《北魏鞏縣石窟寺之研究》,臺灣"中央大學"碩士學位論文,2005年。
王征《新疆克孜爾石窟藝術》,《美術雜誌》2007年10期,74—77頁。

史曉明《龜茲壁畫藝術概述》,《南京藝術學院學報》(美術與設計版)2008年3期,107—110頁。

國峰《克孜爾——中國最早的石窟群》,《科學大觀園》2008年8期,36—38頁。

丁然《克孜爾石窟——西域佛都讀因緣》,《西南航空》2008年11期,32—35頁。

黃適遠《克孜爾石窟深藏的秘密》,《絲綢之路》2009年3期,60—63頁。

劉永奎《星下的克孜爾石窟》,《美術向導》2009年4期,79—80頁。

陽艷華《漢唐文明下的龜茲石窟壁畫藝術》,《美苑》2010年3期,68—81頁。

胡笳、鍾習政、馬秦《佛光不滅:龜茲石窟探秘》,《新疆人文地理(漢)》2010年6期,86—97頁。

侯亞紅《關注新疆克孜爾石窟》,《大衆文藝》2011年3期,50頁。

葉舟《克孜爾石窟》,《西部》2011年5期,6—7頁。

霍旭初《克孜爾寶庫》,《西部》2011年5期,25—31頁。

烏布里·買買提艾力《新疆的建築和石窟類全國重點文物保護單位綜述》,《古建園林技術》2012年1期,56—60頁。

張飛《克孜爾石窟:見證西域千年信仰變遷》,《中國西部》2012年2期,120—135頁。

辛鳳吉《細說克孜爾千佛洞》,《中國地名》2012年6期,45頁。

西達《千佛洞遐想》,《大陸橋視野》2012年15期,80—81頁。

馮玉雷《龜茲故地行記》,《絲綢之路》2012年21期,49—56頁。

黃培傑、滿盈盈《西域佛教美術遺址考古綜論》,《民族藝術》2013年2期,141—144頁。

馬依然·加怕《2005—2012年龜茲石窟研究綜述》,《黑龍江史誌》2013年5期,41—42頁。

李福順《讓石窟活起來——二十四史與美術史關係研究之二》,《藝術百家》2013年6期,140—144頁。

王朋偉《古絲綢之路上的新征程》,《建築機械(下半月)》2013年9期,42—49頁。

王建林《結緣克孜爾石窟》,《新疆藝術學院學報》2014年2期,1—7頁。

王宏《傳承與發展——從克孜爾到敦煌壁畫藝術的幾點認識》,《絲綢之路》2014年4期,26—27頁。

滿盈盈《安西都護府時期龜茲政權更迭與石窟藝術變遷》,《南京藝術學院學報》(美術與設計版)2014年4期,46—50頁。

喻幹《克孜爾與拜占庭》,《新美術》2014年8期,113—119頁。
陽艷華《第九屆北京園博會新疆模擬石窟壁畫繪製踐行》,《美術觀察》2014年9期,92—95頁。

（二）洞窟

1. 單窟

李鐵《克孜爾六十九窟的壁畫與時代》,《新疆藝術》1982年3期,16—41頁。
丁明夷《克孜爾第110窟的佛傳壁畫——克孜爾千佛洞壁畫劄記之一》,《敦煌研究》1983年1期,37—51頁。
賈應逸《克孜爾17窟壁畫的藝術特色》,《新疆藝術》1983年5期,55—71頁;《絲綢之路造型藝術》,烏魯木齊:新疆人民出版社,1985年,99—106頁。
劉松柏《克孜爾118窟壁畫内容辨析》,《新疆藝術》1984年5期,16—27頁。
許宛音《克孜爾新1窟試論》,《文物》1984年12期,14—23頁。
吳綽《關於克孜爾118窟"娛樂太子圖"》,《新疆藝術》1985年1期,75—93頁。
秦誌新《也談克孜爾118窟壁畫内容》,《新疆藝術》1985年4期,35—69頁。
史曉明、張愛紅《從第43窟看克孜爾石窟的衰落年代》,《西域研究》1993年2期,90—96頁。
姚士宏《也談克孜爾第118窟壁畫内容》,氏著《克孜爾石窟探秘》,烏魯木齊:新疆美術攝影出版社,1996年,209—215頁。
姚士宏《克孜爾第69窟鹿野苑説法圖》,氏著《克孜爾石窟探秘》,烏魯木齊:新疆美術攝影出版社,1996年,38—48頁。
姚士宏《克孜爾第175窟生死輪圖》,氏著《克孜爾石窟探秘》,烏魯木齊:新疆美術攝影出版社,1996年,49—60頁。
彭傑《克孜爾第17窟盧舍那佛像的補證》,《龜兹學研究》,2006年,308—320頁。
雷玉華《克孜爾110窟佛傳壁畫的意義》,《四川大學學報》2006年1期,101—105頁。
賈應逸《克孜爾第114窟探析》,《新疆師範大學學報》2006年4期,5—10頁。
李瑞哲《克孜爾石窟第17、123窟中出現的化佛現象——兼談小乘佛教的法身問題》,《敦煌研究》2009年2期,37—44頁。
姚律《克孜爾石窟99與175窟:兩個強調釋迦牟尼佛"最後身"的中心柱窟》,《新疆藝術學院學報》2009年3期,2—8頁。
姚律《克孜爾石窟69窟:一個反映小乘有部"逢事諸佛"的中心柱窟》,《新疆藝術學院學報》2010年2期,19—23頁。

姚律《對克孜爾石窟83窟仙道王故事畫宗教含義的再認識》,《新疆藝術學院學報》2010年4期,8—13頁。

賈應逸《克孜爾第114窟壁畫的大乘思想》,《新疆佛教壁畫的歷史學研究》,北京:中國人民大學出版社,2010年,142—153頁。

陽艷華《克孜爾石窟186窟壁畫藝術研究》,新疆師範大學碩士學位論文,2010年。

姚睿《觀者的目光——淺議克孜爾205窟〈阿闍世王靈夢入浴〉》,《中國美術》2011年4期,112—115頁。

陽艷華《克孜爾石窟186窟壁畫人物造型特點淺析》,《美術界》2011年8期,87—87頁。

任平山《克孜爾第118窟的三幅壁畫》,《敦煌學輯刊》2012年3期,124—139頁。

史曉明《克孜爾石窟第69窟的龍圖像》,《敦煌研究》2012年4期,14—19頁。

姚律《克孜爾石窟第38窟佛涅槃圖像談》,《新疆藝術學院學報》2013年1期,5—12頁。

郭倩倩《淺談龜茲石窟的外來文化影響——以克孜爾石窟14窟爲例》,《卷宗》2013年6期,284頁。

陳鳴宇《克孜爾千佛洞第17石窟壁畫的人物造型藝術研究》,中國美術學院碩士學位論文,2013年。

時旭《簡論克孜爾205窟四相圖與〈金剛經〉"四相"之關涉》,《神州(中旬刊)》2014年1期,254—255頁。

2. 雕塑、造像

林保堯《克孜爾六至七世紀木造如來坐像》,《藝術家》1985年2期,222—223頁。

林保堯《克孜爾七至八世紀木造菩薩交腳像》,《藝術家》1985年3期,170—171頁。

李靜傑《造像碑佛本生本行故事雕刻》,《故宫博物院院刊》1996年4期,66—83頁。

李尚全《也論克孜爾石窟之開鑿》,《敦煌學輯刊》2005年3期,122—133頁。

王征《龜茲石窟塑像》,《美術》2005年4期,112—115頁。

劉松柏《龜茲毘盧遮那佛造像與大乘佛教》,《龜茲學研究》,2006年,226—247頁。

彭傑《關於克孜爾17窟盧舍那佛像的補證》,《新疆師範大學學報》2006年2期,18—23頁。

李瑞哲《新疆克孜爾中心柱石窟與小乘佛教》,《宗教學研究》2006 年 3 期,
　209—214 頁。
賴鵬舉《西北印彌勒菩薩在中亞石窟的大小乘異化及其對莫高窟的影響》,
　《敦煌研究》2008 年 4 期,28—32 頁。

　　3. 窟形

李崇峰《克孜爾中心柱窟主室正壁畫塑題材及有關問題》,《漢唐之間的宗教
　藝術與考古》,北京：文物出版社,2000 年,221 頁。
陳悅新《龜兹石窟與須彌山石窟中的穹窿頂窟》,《考古與文物》2004 年 1 期,
　73—79 頁。
魏正中《克孜爾洞窟組合調查與研究——對龜兹佛教的新探索》,北京大學碩
　士學位論文,2004 年。
苗利輝《論克孜爾石窟中心柱窟的建築特點》,《新疆師範大學學報》2006 年 2
　期,24—29 頁。
馬世長《中國佛教石窟的類型和形制特徵——以龜兹和敦煌爲中心》,《敦煌
　研究》2006 年 6 期,43—53 頁。
任平山《克孜爾中心柱窟的圖像構成》,中央美術學院博士學位論文,2007 年。
王潔《敦煌早期覆斗頂窟形式初探》,《敦煌研究》2008 年 3 期,19—24 頁。
董華鋒、寧宇《南北石窟寺七佛造像空間佈局之淵源》,《敦煌學輯刊》2010 年
　1 期,99—109 頁。
鍾曉青《克孜爾中心柱窟的空間形式與建築意象》,《中國建築史論匯刊》2011
　年,49—76 頁。
趙占鋭《3—8 世紀新疆與河西地區禪窟的比較研究》,西北大學碩士學位論
　文,2012 年。
于亮《克孜爾石窟佛傳題材研究：中心柱窟因緣類佛傳壁畫題材的變化》,
　《新視覺藝術》2013 年 1 期,66—68 頁。
唐仲明《響堂山石窟北朝晚期中心柱窟的"西方"因素》,《故宫博物院院刊》
　2014 年 2 期,88—96 頁。

　　4. 洞窟分期

朱英榮《新疆克孜爾千佛洞分期問題淺探》,《新疆大學學報》1984 年 4 期,
　35—46 頁。
霍旭初《克孜爾石窟的分期問題》,《西域研究》1993 年 2 期,58—70 頁。
宿白《克孜爾石窟部分洞窟階段劃分與年代等問題的初步探索》,新疆龜兹石
　窟研究所編《龜兹佛教文化論集》,烏魯木齊：新疆美術攝影出版社,1993
　年,75 頁。

姚士宏《關於新疆龜茲石窟的吐蕃窟問題》,《文物》1999 年 9 期,68—70 頁。

趙莉《克孜爾石窟分期年代研究綜述》,《敦煌學輯刊》2002 年 1 期,147—156 頁。

何恩之、趙莉《克孜爾石窟壁畫年代分期新論補證》,《新疆師範大學學報》2005 年 2 期,84—91 頁。

李瑞哲、李海波《克孜爾中心柱石窟分期的再研究》,《西北大學學報》2006 年 2 期,77—82 頁。

唐仲明《克孜爾中心柱窟分期及影響初探》,《東方考古》2012 年,528—540 頁。

(三) 壁畫

1. 圖像

(1) 故事畫

金榮華《漢城中央博物館藏克孜爾石窟龍本生壁畫試探》,《大陸雜誌》1978 年 2 期,1—3 頁。

姚士宏《克孜爾石窟本生故事畫的題材種類(一)》,《敦煌研究》1987 年 3 期,65—74 頁。

姚士宏《克孜爾石窟本生故事畫的題材種類(二)》,《敦煌研究》1987 年 4 期,19—25 頁。

姚士宏《克孜爾石窟本生故事畫的題材種類(三)》,《敦煌研究》1988 年 1 期,18—21 頁。

劉永增《克孜爾石窟故事畫的形式及年代》,《美術研究》1994 年 3 期,20—24 頁。

霍旭初《龜茲乾達婆故事壁畫研究》,《龜茲藝術研究》,烏魯木齊:新疆人民出版社,1994 年,62—63 頁。

姚士宏《介紹幾種克孜爾譬喻故事畫》,氏著《克孜爾石窟探秘》,烏魯木齊:新疆美術攝影出版社,1996 年,144—157 頁。

姚士宏《略述克孜爾戒律故事畫》,氏著《克孜爾石窟探秘》,烏魯木齊:新疆美術攝影出版社,1996 年,136—143 頁。

姚士宏《克孜爾佛本生故事畫題材種類》,氏著《克孜爾石窟探秘》,烏魯木齊:新疆美術攝影出版社,1996 年,61—135 頁。

姚士宏《克孜爾佛傳四相圖》,氏著《克孜爾石窟探秘》,烏魯木齊:新疆美術攝影出版社,1996 年,33—37 頁。

謝生保《克孜爾石窟故事畫對莫高窟故事畫的影響》,《敦煌研究》1999 年 2 期,43—60 頁。

高金玉《克孜爾石窟的本生壁畫研究》,南京藝術學院碩士學位論文,2004年。

郭夢源等《克孜爾石窟涅槃圖所反映的故事和傳說概述》,《新疆師範大學學報》2005年2期,92—97頁。

霍旭初《克孜爾石窟故事壁畫與龜兹本土文化》,《新疆師範大學學報》2005年4期,62—66頁。

高金玉《克孜爾石窟"本生"壁畫研究》,《南京藝術學院學報》(美術與設計版)2005年4期,24—26頁。

趙莉《克孜爾石窟壁畫中的〈賢愚經〉故事研究》,《龜兹學研究》2006年,173—212頁。

高金玉《克孜爾石窟"本生"壁畫之時空背景考》,《鹽城師範學院學報》2006年1期,118—121頁。

高金玉《克孜爾石窟"本生"壁畫的藝術特色及對內地石窟壁畫的影響》,《遼寧師範大學學報》2006年2期,103—106頁。

李小紅《克孜爾石窟之壁畫——佛本生故事畫、佛因緣故事畫和佛傳畫》,《和田師範專科學校學報》2010年5期,215—216頁。

朱冀州《論克孜爾石窟本生故事壁畫的藝術風格》,陝西師範大學碩士學位論文,2010年。

東山健吾著,李梅譯,趙聲良審校《敦煌石窟本生故事畫的形式——以睒子本生圖爲中心》,《敦煌研究》2011年2期,1—11頁。

任平山《兔本生——兼談西藏大昭寺、夏魯寺和新疆石窟中的相關作品》,《敦煌研究》2012年2期,57—65頁。

馮雅蘭《克孜爾石窟與莫高窟涅槃經變藝術比較》,《神州》2013年10期,219頁。

李小斌《克孜爾石窟本生故事畫應用於動畫創作的可行性分析》,《大衆文藝》2013年21期,132—133頁。

宋峰《克孜爾壁畫與敦煌壁畫中本生故事的藝術形式比較》,陝西師範大學碩士學位論文,2013年。

喻忠傑《石窟戲劇壁畫初探——以莫高窟和克孜爾石窟壁畫爲中心》,《曲學》2014年1期,331—351頁。

賴文英《論克孜爾石窟須摩提女故事畫的圖像意涵》,《新疆師範大學學報》2014年5期,58—65頁。

(2) 音樂、舞蹈畫

林保堯譯《克孜爾壁畫所見的舞蹈形象》,《藝術家》1974年1期,182—193頁。

林保堯譯《克孜爾石窟壁畫的樂器圖象》,《藝術家》1974 年 6 期,112—119 頁。

霍旭初、王小雲《龜茲壁畫中的樂舞形象》,《絲綢之路造型藝術》,烏魯木齊:新疆人民出版社,1985 年,50—58 頁。

霍旭初《淺論克孜爾石窟伎樂壁畫》,《新疆文物》1986 年 2 期,27—48 頁。

霍旭初《克孜爾石窟壁畫樂舞形象考略》,《文藝研究》1995 年 5 期,138—146 頁。

姚士宏《克孜爾壁畫上的樂舞蹈形象》,氏著《克孜爾石窟探秘》,烏魯木齊:新疆美術攝影出版社,1996 年,165—199 頁。

韓小菲《有關西域樂舞文獻和文物的互證與研究》,新疆師範大學碩士學位論文,2007 年。

肖堯軒《克孜爾石窟壁畫中的伎樂及其樂隊組合形式》,中國藝術研究院碩士學位論文,2009 年。

阿依古麗·麥合買提《論克孜爾石窟的飄帶舞》,《舞蹈》2010 年 3 期,68 頁。

肖堯軒《克孜爾石窟伎樂壁畫之音樂信息解讀》,《新疆藝術學院學報》2011 年 1 期,13—16 頁。

周菁葆《西域道教的音樂》,《中國邊政》2011 年 185 期,53—68 頁。

尹星《克孜爾大像窟中伎樂圖像研究》,南京藝術學院碩士學位論文,2011 年。

張莉、甘庭儉《克孜爾千佛洞壁畫中的音樂形態考察》,《四川戲劇》2012 年 1 期,110—112 頁。

甘庭儉、楊凡、張婷婷《克孜爾千佛洞壁畫的圖像敘事與古龜茲文化傳播——克孜爾千佛洞壁畫造型中樂舞藝術形態研究之一》,《當代文壇》2012 年 4 期,143—145 頁。

肖堯軒、劉文《克孜爾石窟壁畫中的彈撥類樂器及其組合研究》,《新疆大學學報》2013 年 2 期,73—77 頁。

肖堯軒、孫國軍《克孜爾石窟伎樂壁畫中的樂隊排列與樂器組合形式》,《新疆大學學報》2014 年 2 期,70—74 頁。

肖堯軒《克孜爾石窟壁畫中的吹奏類樂器及其組合研究》,《北方音樂》2014 年 15 期,1—2 頁。

肖堯軒《克孜爾石窟壁畫中的樂器——阮鹹》,《音樂時空》2014 年 19 期,45—46 頁。

(3) 供養人畫

徐輝《淨域裏的世間風貌——龜茲壁畫供養人初識》,《新疆藝術》1997 年 2 期,71—83 頁。

王敏、賈小琳《克孜爾石窟供養人壁畫的製作過程和技法特點》,《藝術百家》2008年2期,122—126頁。

許靜《龜茲石窟壁畫中的供養人造型初探》,《美術大觀》2008年10期,170—171頁。

　　（4）裝飾畫

譚樹桐《裝飾性與生動性——克孜爾壁畫散記之二》,《美術史論》1986年2期,81—95頁。

徐永明《克孜爾石窟壁畫中的菱形格源流初探》,《新疆文物》1987年3期,79—84頁。

高豐《略談克孜爾石窟的裝飾圖案》,《南京藝術學院學報》（美術與設計版）1988年1期,62—64頁。

史曉明、張愛紅《克孜爾石窟菱格畫形式探源》,《敦煌研究》1991年4期,26—31頁。

姚士宏《克孜爾菱格畫的象徵意義及其源流》,氏著《克孜爾石窟探秘》,烏魯木齊：新疆美術攝影出版社,1996年,216—222頁。

王征《龜茲石窟菱格畫形式與中原文化的關係》,《新疆文物》1997年2期,52—60頁。

李征恩《北朝裝飾紋樣研究——5、6世紀中原北方地區石窟裝飾紋樣的考古學研究》,中國社會科學院研究生院博士學位論文,2003年。

張愛紅《縱觀克孜爾石窟壁畫的裝飾藝術》,《美術界》2004年3期,36—37頁。

鍾健《克孜爾石窟壁畫之本土化裝飾特徵研究》,蘇州大學碩士學位論文,2008年。

鍾健《探析克孜爾壁畫的本土化裝飾性用色特徵》,《蘇州科技學院學報》2009年4期,142—144頁。

賈應逸《克孜爾中心柱窟菱格因緣故事畫探析》,《新疆佛教壁畫的歷史學研究》,北京：中國人民大學出版社,2010年,123—141頁。

董馥伊《論龜茲石窟中的藝術設計思維》,《裝飾》2011年1期,92—93頁。

趙珈藝《克孜爾菱格畫初探》,《現代裝飾（理論）》2011年7期,77頁。

陽艷華、張婷《克孜爾石窟裝飾圖案的研究現狀和價值分析》,《新疆藝術學院學報》2012年1期,7—9頁。

李雨蒙《試析克孜爾石窟壁畫菱形格形式的起源》,《西域研究》2012年4期,126—134頁。

郗望《克孜爾幹佛洞四方連續菱格紋樣在服裝面料設計中的應用》,《大衆文藝》2012年11期,83頁。

盧文麗《淺談克孜爾石窟中菱格形圖案的象徵意義》,《美術教育研究》2012年24期,18頁。

張婷《淺析新疆克孜爾石窟裝飾圖案藝術》,《美術大觀》2013年11期,71頁。

    (5)山水畫

王伯敏《克孜爾石窟的壁畫山水》,《新疆藝術》編輯部《絲綢之路造型藝術》,烏魯木齊:新疆人民出版社,1985年,86—98頁。

呂明明《克孜爾石窟的菱格山水畫》,《新疆藝術》2001年1期,36頁。

楊惠東《中國早期青綠山水形態與成因研究》,南京藝術學院博士學位論文,2005年。

雷啓興《克孜爾壁畫中的山水圖式探析》,新疆師範大學碩士學位論文,2012年。

王征《龜茲壁畫臨摹與西域山水畫創作》,《美術觀察》2014年8期,92—95頁。

李建國、熊明祥、雷啓興等《克孜爾石窟壁畫山水圖式探微》,《美術觀察》2014年9期,129頁。

    (6)服飾畫

吳濤、文愛群《龜茲壁畫中的服飾》,《新疆文物》1996年1期,56—72頁。

胡發強《敦煌壁畫中的唐代服飾與文化——以敦煌、克孜爾、柏孜克里克等壁畫爲例》,《新疆藝術學院學報》2008年2期,41—45頁。

周菁葆《西域石窟壁畫中的服飾藝術》,《中國邊政》2010年192期,51—64頁。

烏雲《龜茲服飾與粟特服飾之比較》,《裝飾》2011年12期,125—126頁。

    (7)裸體畫

吳焯《克孜爾石窟壁畫裸體問題初探》,《中亞學刊》1983年1輯,53—78頁。

霍旭初《克孜爾石窟壁畫裸體形象問題研究》,《西域研究》2007年3期,40—52頁。

姜全良《佛教與裸體壁畫初探》,《現代企業教育》2009年4期,192—193頁。

楊熹發《新疆民族地區古龜茲壁畫中裸體藝術的表現形式與美學特徵》,《中南民族大學學報》2010年5期,152—156頁。

滿盈盈《克孜爾石窟裸體女性形象源流考》,《新疆大學學報》2011年1期,77—80頁。

    (8)其他圖像

霍旭初《克孜爾〈優陀羨王緣〉壁畫與敦煌〈歡喜國王緣〉變文》,《藝術學》

1985 年 15 期,49—61 頁。

石守謙《有關地獄十王圖與其東傳日本的幾個問題》,《中研院歷史語言研究所集刊》1985 年五十六本第三分,565—618 頁。

段文傑《飛天——乾闥婆與緊那羅——再談敦煌飛天》,《敦煌研究》1987 年 1 期,1—13 頁。

姚士宏《克孜爾石窟壁畫上的梵天形象》,《敦煌研究》1989 年 1 期,35—37 頁。

霍旭初《克孜爾石窟鞀鼓圖像考》,《新疆藝術》1990 年 3 期,36—40 頁。

霍旭初《對〈龜兹石窟壁畫裸體藝術溯源〉的一點質疑》,《新疆藝術》1990 年 4 期,53—66 頁。

霍旭初《克孜爾石窟降魔圖考》,《敦煌研究》1993 年 1 期,11—24 頁。

賈應逸《克孜爾與莫高窟涅槃經變比較研究》,新疆龜兹研究所編《龜兹佛教文化論集》,烏魯木齊:新疆美術攝影出版社,1993 年,214—246 頁。

劉松柏《庫車古代佛教的觀世音菩薩》,《敦煌研究》1993 年 3 期,35—44 頁。

趙莉《克孜爾石窟降伏六師外道壁畫考析》,《敦煌研究》1995 年 1 期,146—155 頁。

姚士宏《龜兹石窟壁畫中果真繪有生殖崇拜嗎?》,氏著《克孜爾石窟探秘》,烏魯木齊:新疆美術攝影出版社,1996 年,200—208 頁。

姚士宏《克孜爾阿闍世王題材壁畫》,氏著《克孜爾石窟探秘》,烏魯木齊:新疆美術攝影出版社,1996 年,18—32 頁。

趙莉《克孜爾石窟"須摩提女請佛緣"壁畫考略》,《新疆文物》1997 年 2 期,41—63 頁。

樂愕瑪、蘇玉敏、郭夢源《克孜爾石窟頂部以佛爲中心的畫面的識讀與分類初探》,《新疆文物》2005 年 2 期,110—126 頁。

霍旭初《龜兹金剛力士圖像研究》,《敦煌研究》2005 年 3 期,1—7 頁。

陸離《敦煌、新疆等地吐蕃時期石窟中著虎皮衣飾神祇、武士圖像及雕塑研究》,《敦煌學輯刊》2005 年 3 期,110—121 頁。

張素琴《龜兹石窟中的道教因素》,《北京舞蹈學院學報》2005 年 4 期,54—57 頁。

廣中智之《龜兹石窟壁畫中的猴子騎動物圖像——兼論于闐與龜兹的比較》,《新疆師範大學學報》2005 年 4 期,67—70 頁。

霍旭初《〈雜寶藏經〉與龜兹石窟壁畫——兼論曇曜的譯經》,《龜兹學研究》,2006 年,157—175 頁。

李瑞哲《小乘佛教根本説一切有部經律在克孜爾石窟壁畫中的反映》,《敦煌學輯刊》2006年1期,99—106頁。

殷弘承《克孜爾石窟壁畫護法神形象中多頭、多臂現象初探》,《新疆地方誌》2006年1期,37—40頁。

楊淑紅《克孜爾石窟壁畫中的佛塔》,《新疆師範大學學報》2006年2期,30—36頁。

李瑞哲《龜兹彌勒説法圖及其相關問題》,《敦煌研究》2006年4期,19—24頁。

霍旭初《龜兹石窟"佛受九罪報"壁畫及相關問題研究》,《敦煌研究》2006年06期,54—63頁。

彭傑《龜兹石窟壁畫中的地神》,《龜兹學研究》,2007年,186—207頁。

張智輝《佛教思想本土化、民族化進程之體現——中國古代石窟壁畫》,《集寧師專學報》2007年1期92—94頁。

欒睿《從克孜爾207窟壁畫談佛教對拜火教的融攝》,《西域研究》2007年3期,73—76頁。

于春《四川大學博物館藏日本回贈古代龜兹壁畫初析》,《四川文物》2007年6期,41—44頁。

陳娟珠《龜兹·克孜爾石窟佛教壁畫之研究》,臺灣華梵大學碩士學位論文,2007年。

鍾健《探析克孜爾石窟壁畫中的骨骼式構圖》,《蘇州科技學院學報》2008年2期,141—144頁。

任平山《説一切有部的彌勒觀》,《西域研究》2008年2期,104—115頁。

姚維《宗教文化的歷史功能和現代價值——龜兹石窟壁畫意義解讀》,《新疆師範大學學報》2008年3期,42—45頁。

周普元《龜兹石窟壁畫在視覺藝術上的宗教功能》,《内蒙古社會科學(漢文版)》2008年3期,105—107頁。

李瑞哲《新疆克孜爾石窟壁畫内容所反映的戒律問題》,《西域研究》2008年3期,69—76頁。

李翎《以鬼子母圖像的流變看佛教的東傳——以龜兹地區爲中心》,《美苑》2008年4期,87—91頁。

瑞金《美在龜兹看壁畫——簡評新版〈中國新疆壁畫·龜兹〉》,《新疆新聞出版》2008年6期,40—41頁。

張敬全《從西域淨土信仰到中原淨土宗的轉變》,新疆師範大學碩士學位論文,2008年。

張俊《龜兹石窟壁畫之宗教文化研究》,石河子大學碩士學位論文,2008年。

林若夫《從莫高窟到法海寺：中國佛教壁畫演變的歷史歸宿》，《美術學報》2009年2期，35—38頁。

任平山《牛踏比丘——克孜爾佛傳壁畫補遺》，《西域研究》2009年4期，70—73頁。

任平山《論克孜爾石窟中的帝釋天》，《敦煌研究》2009年5期，61—67頁。

張麗香《從印度到克孜爾與敦煌——佛傳中降魔的圖像細節研究》，《西域研究》2010年1期，58—68頁。

楊波《晚期克孜爾石窟大乘佛教探析》，《昌吉學院學報》2010年1期，32—35頁。

李翎《試論新疆地區的密教信仰——以千手觀音圖像爲例》，《新疆師範大學學報》2010年1期，98—99頁。

周菁葆《西域摩尼教的造型藝術》，《中國邊政》2010年181期，13—32頁。

馬媛《對佛教美術中克孜爾石窟壁畫的認識》，《神州（中旬刊）》2011年7期，16—17頁。

葛承雍《龜茲摩尼教藝術傳播補正》，《西域研究》2012年1期，86—92頁。

聶濤《早期佛教繪畫與武氏祠畫像石敍事性繪畫構圖形式比較》，《中國石油大學勝利學院學報》2012年3期，58—61頁。

沈愛鳳《多元文化因素影響下的龜茲飛天造型》，《西域研究》2012年4期，117—125頁。

魏玉潔《淺談龜茲克孜爾千佛洞佛教壁畫人體造型藝術》，《文史月刊》2012年10期，113頁。

苗利輝、吳立紅《克孜爾石窟繁盛期佛陀信仰》，《龜茲學研究》第五輯，烏魯木齊：新疆大學出版社，2012年，18頁。

欽媛《考論克孜爾佛教石窟壁畫及其史料價值——以打擊類藝術組合壁畫爲考據》，《求索》2013年1期，100—102頁。

苗利輝《鳩摩羅什的佛陀觀——兼論其在克孜爾石窟中的反映》，《新疆大學學報》2014年4期，46—50頁。

2. 色彩、顏料、畫法

吳焯《克孜爾石窟壁畫畫法綜考——兼談西域文化的性質》，《文物》1984年12期，14—22頁。

徐建融《龜茲壁畫的人體畫法》，《新疆藝術》編輯部《絲綢之路造型藝術》，烏魯木齊：新疆人民出版社，1985年，210—215頁。

黃國強《西域壁畫的視覺形式剖析》，《新疆藝術》編輯部《絲綢之路造型藝術》，烏魯木齊：新疆人民出版社，1985年，59—68頁。

劉永奎《談克孜爾石窟壁畫的色彩結構(上、下)》,《美術向導》1997年2期,43—46頁;《美術向導》1997年3期,34—36頁。

蘇伯民、李最雄、馬贊峰、李實、馬清林《克孜爾石窟壁畫顏料研究》,《敦煌研究》2000年1期,65—75頁。

王征《克孜爾石窟壁畫的製作過程和表現形式》,《敦煌研究》2001年4期,35—39頁。

劉永奎《論克孜爾石窟壁畫的色彩結構》,《中央民族大學學報》2001年6期,58—61頁。

李最雄《敦煌莫高窟唐代繪畫顏料分析研究》,《敦煌研究》2002年4期,11—18頁。

趙林毅、李燕飛、于宗仁、李最雄《絲綢之路石窟壁畫地仗製作材料及工藝分析》,《敦煌研究》2005年4期,75—82頁。

劉韜《對克孜爾石窟壁畫"屈鐵盤絲"式綫條的再認識》,《國畫家》2006年2期,76頁。

何韻旺《關於克孜爾石窟壁畫材料表現的探討》,廈門大學碩士學位論文,2006年。

趙麗婭《西域疊暈法的由來及影響》,《新疆藝術學院學報》2009年1期,24—28頁。

何韻旺《石窟壁畫的材料表現與岩彩畫的探討》,《華僑大學學報》2009年4期,125—130頁。

陽艷華《克孜爾石窟壁畫色彩探索》,《美術界》2009年12期,73頁。

孫韡《淺議魏晉時期莫高窟與克孜爾石窟岩彩壁畫表現的異同》,廈門大學碩士學位論文,2009年。

陽艷華《克孜爾石窟壁畫色彩探索——論元代山水畫家高克恭》,《美術界》2011年7期,84—84頁。

任平山《龜茲壁畫中的畫柱、懸飾、雕欄》,《中華文化畫報》2012年4期,108—115頁。

牛紹靜《淺談克孜爾石窟壁畫對現代岩彩畫的影響》,《國畫家》2012年6期,69—70頁。

王建林、史曉明《龜茲石窟岩畫的新發現及相關問題》,《吐魯番學研究》2013年1期,57—63頁。

楊程斌《淺析克孜爾石窟壁畫的構圖形式——兼談我的美術創作》,《美術大觀》2014年6月,69頁。

洪寳《克孜爾岩彩壁畫的人物造型研究》,《大眾文藝》2014年10期,79頁。

許亭《克孜爾石窟壁畫的綫描藝術》,《青年作家》2014 年 16 期,124 頁。
許亭《淺析克孜爾石窟壁畫的製作過程》,《商》2014 年 21 期,75 頁。

    3. 藝術題材、風格

姚士宏《新疆克孜爾石窟壁畫題材和風格》,《美術雜誌》1984 年 25 期,17—22 頁。
丁明夷《克孜爾 175、178 窟題材考釋》,《向達先生紀念論文集》,烏魯木齊:新疆人民出版社,1986 年,365—395 頁。
劉森林《克孜爾石窟壁畫藝術的語言》,《上海大學學報》1989 年 2 期,52—55 頁。
顏娟英《唐代銅鏡文飾之內容與風格》,《中研院歷史語言研究所集刊》1989 年六十本第二分,289—366 頁。
史曉明、張愛紅《試論克孜爾石窟圖案的本地特色》,《新疆文物》1993 年 1 期,141—150 頁。
姚士宏《克孜爾石窟部分窟主室正壁塑繪題材》,氏著《克孜爾石窟探秘》,烏魯木齊:新疆美術攝影出版社,1996 年,1—17 頁;《中國石窟·克孜爾石窟 3》,北京:文物出版社,1997 年,68—92 頁。
劉金明《克孜爾石窟壁畫中的圖案藝術》,《新疆藝術》1996 年 4 期,50—56 頁。
馬達學《論克孜爾石窟、莫高窟與西來寺的佛畫藝術》,《青海民族學院學報》1997 年 2 期,73—77 頁。
霍旭初、艾買提·蘇皮《龜茲石窟及其壁畫的內容與風格》,《新疆藝術》2000 年 3 期,5—16 頁。
吳笛笛《傳統語言的現代性轉換——在克孜爾壁畫裏嘗試的一種轉換》,中央美術學院碩士學位論文,2004 年。
王誌興《從敷彩、用綫、造型和佈局看克孜爾石窟的壁畫風格》,《新疆師範大學學報》2006 年 2 期,37—41 頁。
王征《龜茲石窟壁畫風格的劃分》,《美術雜誌》2006 年 4 期,101—106 頁。
金維諾《龜茲藝術的創造性成就》,《西域研究》2007 年 1 期,1—5 頁。
王征《龜茲石窟壁畫風格研究》,《西域研究》2008 年 4 期,54—62 頁。
陽艷華《克孜爾石窟壁畫中的空間應用》,《大衆文藝》2008 年 8 期。
康春慧《克孜爾壁畫在弘報設計中的作用》,《設計藝術》2009 年 3 期,6—7 頁。
陽艷華《片片丹青、寸寸精彩——談克孜爾石窟壁畫對空間的巧妙應用》,《大衆文藝》2009 年 16 期,92 頁。

韓雪璜、孫海青《傳承文脈·振興重彩寫意畫風(連載)》,《新美域》2010年4期,94—96頁。

翁劍青《佛教藝術東漸中若干題材的圖像學研究(4)》,《雕塑》2011年3期,34—37頁。

周菁葆《絲綢之路石窟壁畫中的民俗文化》,《新疆師範大學學報》2012年3期,46—52頁。

仇春霞《敦煌北涼三窟壁畫的西域風格及本土化研究》,《中國國家博物館館刊》2013年2期,84—98頁。

于亮《克孜爾石窟獨特性題材研究》,《南京藝術學院學報》(美術與設計版)2013年4期,41—45頁。

黃山《壁畫藝術與公共空間》,《美術教育研究》2013年5期,80—81頁。

于亮《克孜爾石窟壁畫題材研究》,南京藝術學院博士學位論文,2013年。

林舜儀《淺析新疆克孜爾石窟壁畫對新疆油畫的影響》,《藝術科技》2014年3期,174頁。

4. 外來影響

李崇峰《中印支提窟比較研究》,《佛學研究》1997年6期,13—30頁。

吐爾遜古力·阿布札里《傳入龜茲的佛教流派及其在克孜爾千佛洞壁畫中反映出的特點》,《新疆文物》1997年2期,64—78頁。

彭傑《克孜爾224號窟涅槃圖中突厥風俗索引》,《新疆文物》1997年4期,28—41頁。

李瑞哲《克孜爾"西域式"石窟模式初步研究》,西北大學碩士學位論文,2004年。

王曉玲《從波斯薩珊和我國中原繪畫試探新疆遺存細密畫的藝術品格》,《齊魯藝苑》2005年3期,13—14頁。

耿劍《犍陀羅佛傳浮雕與克孜爾佛傳壁畫部分圖像比較》,《民族藝術》2005年3期,99—108頁。

耿劍《犍陀羅佛傳浮雕與克孜爾佛傳壁畫之"釋迦誕生"圖像比較》,《美術觀察》2005年4期,90—91頁。

魏小傑《克孜爾石窟壁畫藝術中的外來因素》,《藝術教育》2005年6期,34—35頁。

耿劍《克孜爾佛傳遺跡與犍陀羅關係探討》,《南京藝術學院學報》(美術與設計版)2008年5期,40—44、49頁。

郭萍《從克孜爾石窟壁畫看龜茲地區粟特藝術的傳播》,《西域研究》2010年4期,124—127頁。

滿盈盈《克孜爾石窟中犍陀羅藝術元素嬗變考》,《北京理工大學學報》2011年2期,144—149頁。

王倩《龜兹壁畫中的多元民族文化年》,《劍南文學》2011年5期,256—257頁。

滿盈盈《龜兹石窟波斯藝術元素與中外文化交流考論》,《新疆師範大學學報》2012年3期,53—58頁。

滿盈盈《龜兹石窟中的中南印度藝術元素》,《民族藝術》2012年3期,106—114頁。

滿盈盈《克孜爾石窟中的遊牧藝術元素》,《新疆大學學報》2012年6期,56—60頁。

仇春霞《西域繪畫東傳及本土化》,中國藝術研究院博士學位論文,2012年。

滿盈盈《犍陀羅藝術及其東傳龜兹考》,《西北民族大學學報》2013年3期,178—188頁。

林玲愛《二至六世紀佛教藝術中的鳥翼冠與冠帶主題——以西亞、犍陀羅、西域間的交流爲中心》,《許昌學院學報》2013年4期,1—7頁。

萬熹、楊波《論克孜爾石窟涅槃佛像的笈多風格》,《新疆藝術學院學報》2014年4期,35—38頁。

楊程斌《淺析克孜爾石窟壁畫的題材樣式——兼談犍陀羅藝術對它的影響》,《美術大觀》2014年8期,95頁。

5. 臨摹

張愛紅《淺談龜兹壁畫的臨摹》,《新疆文物》1997年2期,48—59頁。

史曉明《佛教壁畫的科學臨摹與岩彩畫的復興價值》,《新疆藝術學院學報》2006年4期,24—27頁。

仇春霞《龜兹壁畫臨摹、研究與現代美術創作之轉換——新疆師範大學美術學院王征訪談錄》,《新疆師範大學學報》2009年1期,96—100頁。

陽艷華《臨摹克孜爾壁畫的點滴感受》,《美術大觀》2010年1期,178頁。

高艷《龜兹壁畫臨摹技法探析》,《數字時尚(新視覺藝術)》2013年2期,46—47頁。

陽帆《陽帆:克孜爾石窟臨摹隨想》,《中國畫畫刊》2013年5期,65—72頁。

陽艷華《克孜爾石窟壁畫與新疆高校美術教學探索》,《美術教育研究》2013年23期,119—120頁。

王燕《克孜爾石窟第38窟壁畫殘缺臨摹與復原研究》,中國美術學院碩士學位論文,2013年。

李雲《論岩彩畫臨摹與創作在教學中的運用——以克孜爾石窟壁畫的研究爲例》,《新疆藝術學院學報》2014年3期,91—94頁。

（四）專題研究

1. 人物

霍旭初《黃文弼在克孜爾石窟》，《新疆文物》1983年1期，102—107頁。

趙琦《關於克孜爾石窟考察活動的追憶——兼憶韓樂然、陳天先生》，《西北美術》1995年2期，42—45頁。

姚士宏《斜利亞畫家在克孜爾石窟》，氏著《克孜爾石窟探秘》，烏魯木齊：新疆美術攝影出版社，1996年，223—230頁。

史曉明《韓樂然與克孜爾石窟》，《西北美術》1999年2期，19—20頁。

李裕群《中國石窟寺考古五十年》，《考古》1999年9期，90—96頁。

史曉明《從"唯禮釋迦"到"崇尚千佛"——兼論鳩摩羅什對克孜爾石窟的影響》，《新疆藝術學院學報》2002年1期，47—51頁。

姚士宏《宿白先生與克孜爾石窟研究》，《中國文物報》2002年31期，5頁。

裴建國《韓樂然與克孜爾石窟壁畫》，《龜茲學研究》2008年，308—312頁。

陳旭《鳩摩羅什與龜茲佛教石窟藝術多樣化表現》，《新疆藝術學院學報》2008年2期，29—32頁。

李雲《韓樂然繪畫藝術之我見》，《名作欣賞》2011年35期，172—173頁。

李開榮《誌在洞窟修煉 終得研究正果——簡論新疆佛教美術學者王建林》，《新疆藝術學院學報》2014年2期，106—110頁。

2. 考古、歷史地理

黃文弼《由考古上所見到的新疆在文化上之地位》，《禹貢半月刊》1935年4卷6期。

黃文弼《新疆考古之發現與古代西域文化之關係》，《蒙藏旬刊》120期，1936年。

武伯綸《新疆天山南路的文物調查》，《文物參考資料》1954年10期。

吳焯《從考古遺存看佛教傳入西域的時間》，《新疆藝術》編輯部《絲綢之路造型藝術》，烏魯木齊：新疆人民出版社，1985年，290—308頁。

姚士宏《克孜爾石窟的古寺名》，《敦煌研究》1990年1期，31—35頁。

新疆文物保護維修辦公室《克孜爾石窟保護維修工程第一期1—2段述略》，《新疆文物》1990年3期，126頁。

新疆文物考古研究所編《1989年克孜爾千佛洞窟前清理簡報》，《新疆文物》1991年3期，26—58頁。

新疆文物考古研究所編《1990年克孜爾石窟窟前清理報告》，《新疆文物》1992年3期，13—61頁。

晁華山《清末民初日本考察克孜爾石窟及新疆文物在日本的流失》，《新疆文物》1992年4期,32—46頁。

黄盛璋《塞人南遷罽賓與沿途所建諸國考》,《漢學研究》1995年2期,131—158頁。

姚士宏《關於阿耆理貳伽藍故址問題》,《敦煌研究》1996年1期,32—34頁。

姚士宏《對阿奢理貳伽蘭幾點鈎沈》,氏著《克孜爾石窟探秘》,烏魯木齊:新疆美術攝影出版社,1996年,240—256頁。

姚士宏《關於克孜爾石窟古寺名問題》,氏著《克孜爾石窟探秘》,烏魯木齊:新疆美術攝影出版社,1996年,231—239頁。

彭傑《試論克孜爾石窟發現的骰子》,《新疆文物》1997年2期,40—43頁。

晁華山《二十世紀初德人對克孜爾石窟的考察及爾後的研究》,《中國石窟·克孜爾石窟3》,北京:文物出版社,1997年,146—158頁。

吳焯《克孜爾石窟興廢與渭幹河谷道交通》,巫鴻主編《漢唐之間的宗教藝術與考古》,北京:文物出版社,2000年,59—83頁。

林立《新疆絲路北道地面佛寺遺址研究》,北京大學博士學位論文,2002年。

趙莉《克孜爾石窟谷西區新發現的陶器》,《新疆文物》2003年1期,37頁。

魏正中《克孜爾石窟前的木構建築》,《文物》2004年10期,75—83頁。

陳靚、汪洋《新疆拜城克孜爾墓地人骨的人種學研究》,《人類學學報》2005年3期,188—197頁。

葛承雍《試論克孜爾石窟出土陶祖爲摩尼教藝術品》,《考古》2008年3期,73—80頁。

篠原典生《從考古發現看疏勒與龜兹佛教藝術之交流》,《中原文物》2009年1期,77—83頁。

常青《20世紀東漢與魏晉佛教考古研究——20世紀中國佛教考古研究述評(一)》,《石窟寺研究》2011年0期,53—64頁。

苗利輝《克孜爾石窟寺院組成及其功能》,《龜兹學研究》第四輯,烏魯木齊:新疆大學出版社,2012年,272—286頁。

霍旭初、趙莉《克孜爾石窟出土"陶祖"初步研究》,《龜兹學研究》第五輯,烏魯木齊:新疆大學出版社,2012年,457—469頁。

艾濤《新疆阿克陶縣克孜勒加依墓地考古新發現》,《西域研究》2013年2期,132—133頁。

沈曉文《新疆地區佛寺遺址儲藏設施的考古學研究》,西北大學碩士學位論文,2013年。

3. 文獻研究

李麗《克孜爾石窟壁畫中〈單體〉婆羅謎字母考釋》,《中華佛學研究》1994年

9期,179—182頁。

林梅村《勒柯克收集品中的五件犍陀羅語文書》,《西域研究》2004年3期,72—82頁。

耿昇譯《伯希和西域探險團對庫車地區的考察及其所獲漢文書》,《龜茲學研究》,2008年,45—65頁。

4. 保護與復原

陳慶明《淺析克孜爾石窟病害及其保護》,《新疆文物》1996年1期,56—60頁。

莫復堯《拯救新疆克孜爾石窟》,《絲綢之路》2001年9期,17—18頁。

趙莉《敦煌藏經洞發現後的又一部傷心史：克孜爾石窟壁畫流失國外的歷史回顧》,《西域文化》2003年4期,40—41頁。

李瑞哲、蘭立誌、陸清友等《克孜爾石窟谷內區、後山區維修加固》,《敦煌研究》2003年5期,98—103頁。

趙莉《德國柏林印度藝術博物館館藏部分克孜爾石窟壁畫所出洞窟原位與內容》,《敦煌研究》2004年6期,56—61頁。

蘇伯民、真貝哲夫、胡之德等《克孜爾石窟壁畫膠結材料的HPLC分析》,《敦煌研究》2005年4期,57—61頁。

霍旭初《克孜爾石窟年代研究和論克孜爾石窟本生故事壁畫的藝術風格碳十四測定數據的應用》,《西域研究》2006年4期,43—53頁。

唐玉華《新疆文物資源的保護》,華東師範大學碩士學位論文,2006年。

袁剛、焦黎、袁洪渝等《龜茲石窟申報世界文化遺產的問題分析——以克孜爾千佛洞為例》,《科技信息》2009年36期,364頁。

趙莉、王誌興、范書財《克孜爾石窟部分流失壁畫原位考證與復原》,《中國文化遺產》2009年3期,88—99頁。

趙永昇《克孜爾石窟安防系統工程報警技術性能指標的精確實現》,《中國文物保護技術協會第六次學術年會論文集》,烏魯木齊：中國文物保護技術協會第六次學術年,2009年6月,336—344頁。

滿君、諶文武等《瀕危薄型窟頂石窟加固新技術的應用研究》,《敦煌研究》2009年6期,21—25頁。

趙殿有《全長預應力擴孔錨桿技術在新疆克孜爾石窟加固保護中的應用與研究》,《科技與生活》2011年6期,187頁。

嚴研、劉成等《從環境監測結果分析克孜爾石窟的主要病害成因》,《西部考古》2012年,307—327頁。

周惠《論克孜爾石窟壁畫的現狀及保護》,《大眾文藝》2012年22期,196—

197頁。

陽艷華《克孜爾石窟壁畫形象復原臨摹探索》,《美術觀察》2013年7期,74—75頁。

郭倩倩《克孜爾石窟第13窟修復簡報》,《吐魯番學研究》2014年1期,131—137頁。

【外文部分】

一、專　著

[德] Albert Grünwedel, *Altbuddhistische Kultstätten in Chinesisch — Turkistan*, G. Reimer, 1912.

[日] 香川默識《西域考古圖譜(上、下)》,東京:國華社,1916年。

[德] Albert von Le Coq, *Die Buddhistische spätantike in Mittelasien*, *Die Manichaeischen Miniaturen Berlin*, 1923.

[德] Albert von Le Coq, *Auf Hellas Spuren in Ostturkistan: Berichte und Abenteuer der II. und III. deutschen Turfan — Expedition*, J. C. Hinrichs'sche Buchh, 1926.

[日] 上原勞太郎編《新西域記》,東京:友好社,1937年。

[日] 山崎一雄《東京國立博物館圖版目錄:大谷探險隊帶回文物篇》,東京:國立博物館,1971年。

[日] 岡崎敬、西村兵部《漢唐的染織:絲綢之路新出土文物》,東京:小學館,1973年。

[德] 查雅·巴塔恰雅《柏林所藏中亞藝術品中的木質文物研究》,柏林:印度藝術博物館,1975年。

[日] 山崎一雄《中華人民共和國絲綢之路文物展》,東京:讀賣新聞社,1979年。

[日] 杉山二郎編《世界的美術87 中亞的美術》,東京:朝日新聞社,1979年。

[日] 樋口隆康《庫車周邊石窟寺壁畫解說》,京都:平凡社,1980年。

[日] 山崎一雄《新疆的壁畫(上、下)》,東京:美乃美,1981年。

[日] 山崎一雄《中國石窟·克孜爾石窟(上、中、下)》,京都:平凡社,1983—1985年。

[日] 村上真完《西域的佛教:柏孜克里克誓願畫考》,京都:第三文明社,1984年。

[日] 山崎一雄《中國新疆出土絲綢之路展》,名古屋:中日新聞社,1986年。

［德］Albert von Le Coq，*Buried Treasures of Chinese Turkestan*，Oxford University Press，Oxford，June 12，1986.

［日］山崎一雄《新疆維吾爾自治區博物館》，韓國國立中央博物館編，東京：講談社，1987年。

［英］A. Stein，*Ruins of Desert Cathay*，Dover Pubns，September 1987.

［日］山崎一雄《絲綢之路的繪畫：中國西域的古代繪畫》，奈良：大和文華館，1988年。

［日］山崎一雄《日本有關中亞關係研究文獻目錄》，東京：東洋文庫，1988年。

［日］杉山二郎編《世界的大遺跡絲綢之路的殘跡》，東京：講談社，1988年。

聯合國教科文東亞文化研究所編《大谷探險隊帶回的西域文化資料選》，京都：龍谷大學，1989年。

聯合國教科文東亞文化研究所編《絲綢之路大美術展》，東京：東京國立博物館，1989年。

［日］宮治昭《涅槃與彌勒的圖像學——從印度到中亞》，東京：吉川弘文館，1990年。

［日］山崎一雄《中弧的美術》，東京：學生社，1990年。

［日］宮治昭《西域的佛教美術：印度美術的影響與演變·中國編》，東京：佼成出版社，1991年。

［日］京都國立博物館《西域美術展：德國吐魯番探險隊》，東京：朝日新聞社，1991年。

［英］A. Stein，*Innermost Asia: A Detailed Report of the Explorations in Central Asia，Afghanistan，Iran，Tibet and China*，Cosmo Publications，November 1991.

［英］Robert E. Fisher，*Buddhist Art and Architecture*，Thames & Hudson；May 17，1993.

［日］羽溪了諦《西域之佛教》，上海：商務印書館，1999年。

［日］宮治昭等《絲綢之路克孜爾大紀行》，東京：日本放送出版協會，2000年1月。

［法］邏伯爾·薩耶著，耿昇譯《印度——西藏的佛教密宗》，北京：中國藏學出版社，2000年。

［日］木下龍也等《中亞秘寶発掘記》，東京：中央公論新社，2002年9月。

［法］Susan Whitfield，*Aurel Stein On The Silk Road*，Serindia Pubns，March 31，2004.

〔日〕羽田亨《西域文明史》,北京:中華書局,2005年。

〔英〕Peter Hopkirk, *Foreign Devils on the Silk Road: The Search for the Lost Treasures of Central Asia*, John Murray, March 27, 2006.

〔法〕Rajeshwari Ghose, *Kizil on the Silk Road: Crossroads of Commerce and Meeting of Minds*, Marg Foundation September 16, 2008.

〔法〕Susan Whitfield, *La Route de la soie: Un voyage à travers la vie et la mort*, Fonds Mercator, 2009.

〔英〕Henry Hugh Peter Deasy, In *Tibet and Chinese Turkestan: Being the Record of Three Years' Exploration*, Ulan Press, August 31, 2012.

〔英〕Thomas Douglas Forsyth, *Report of a Mission to Yarkund in 1873*, Under Command of Sir T. D. Forsyth: With Historical and Geographical Information Regarding the Possessions of the Ameer of Yarkund, Ulan Press, August 31, 2012.

〔意〕魏正中著《區段與組合:龜茲石窟寺院遺址的考古學探索》,上海:上海古籍出版社,2013年3月。

二、論　文

〔日〕松本榮一《西域佛畫洋式的完成和東漸(上、中、下)》,《國華》465輯,1929年;《國華》466輯,1929年;《國華》467輯,1929年。

〔日〕松本榮一《雀離浮屠雙身佛圖像的傳播(上、下)》,《國華》531輯,1935年;《國華》532輯,1935年。

〔日〕松本榮一《西域華嚴經美術的東漸(上、中、下)》,《國華》548輯,1936年;《國華》549輯,1936年;《國華》551輯,1936年。

〔日〕松本榮一《庫車壁畫中的阿闍世王故事》,《國華》566輯,1938年。

〔日〕熊谷宣夫《關於來自柏孜克里克第19號窟的壁畫》,《美術研究》122輯,1942年。

〔日〕熊谷宣夫《關於來自柏孜克里克第20號窟的壁畫》,《美術研究》126輯,1942年。

〔日〕熊谷宣夫《關於來自柏孜克里克第4號窟的壁畫》,《美術研究》138輯,1944年。

〔日〕熊谷宣夫《關於來自克孜爾洗足窟的壁畫》,《美術研究》140輯,1947年。

〔日〕熊谷宣夫《關於來自柏孜克里克第11號窟的壁畫》,《美術研究》156輯,1950年。

[日] 松本榮一《範製造像》,《美術研究》156 輯,1950 年。

[日] 熊谷宣夫《東土耳其斯坦和大谷探險隊》,《佛教藝術》19 輯,1953 年。

[日] 秋山光和《伯希和考察隊中亞旅程及其考古結果》,《佛教藝術》20 輯,1953 年。

[日] 熊谷宣夫《關於來自克孜爾第 3 區摩耶窟的壁畫》,《美術研究》172 輯,1954 年。

[日] 熊谷宣夫《庫車地區帶回的彩畫舍利容器》,《美術研究》191 輯,1957 年。

[日] 秋山光和《伯希和從蘇巴什帶回的舍利容器三種》,《美術研究》191 輯,1957 年。

[日] 上野アキ《西域出土胡服美人圖》,《美術研究》189 輯,1957 年。

[日] 山崎一雄《西域壁畫的顏料》,《美術研究》212 輯,1960 年。

[日] 秋山光和《米蘭第五古址回廊北側壁畫》,《美術研究》212 輯,1960 年。

[日] 熊谷宣夫《西域的美術》,西域文化研究會編《西域文化研究》5 輯,1962 年。

[日] 上野照夫《西域的雕塑》,西域文化研究會編《西域文化研究》5 輯,1962 年。

[日] 上野アキ《艾爾米塔什博物館所藏柏孜克里克壁畫誓願圖》,《美術研究》279 輯,1972 年。

[日] 中野照夫《克孜爾壁畫第 2 期的本生圖》,《美術史》104 輯,1978 年。

[日] 上野アキ《克孜爾日本人洞的壁畫》,《美術研究》308 輯,1978 年。

[日] 前田耕作《阿那列庫塔·伊拉尼卡——阿賽理貳伽藍傳說的故事》,《和光大學人文學部紀要》14 號,1979 年。

[日] 中野照夫《克孜爾第 17 窟（菩薩天井窟）的壁畫》,《博物館》335 輯,1980 年。

[日] 上野アキ《克孜爾第 3 區摩耶洞壁畫說法圖（上、下）》,《美術研究》312 輯,1980 年;《美術研究》313 輯,1980 年。

[日] 安田治樹《論唐代武則天時期的涅槃變相（上、下）》,《美學美術史論集》2 輯,成城大學大學院文學研究科,1981 年;《美學美術史論集》3 輯,成城大學大學院文學研究科,1982 年。

[日] 宮治昭《克孜爾石窟中涅槃圖像的構成》,《佛教美術學》25—1 輯,1982 年。

[日] 宮治昭《克孜爾石窟中涅槃的図像構成》,《Bulletin of the Society for Near Eastern Studies in Japan》25 卷 1 期,1982 年,111—129 頁。

［日］宫治昭著,賀小平譯《關於中亞涅槃圖的圖像學的考察——圍繞哀悼的形象與摩耶夫人的出現》,《敦煌研究》1987年3期,94—102頁。

［日］宫治昭《克孜爾石窟:石窟構造·擘畫樣式·圖像構成的關係》,《佛教藝術》179輯,1988年。

［日］上野ァキ《大谷探險隊和米蘭的壁畫》,《美術史學論叢》,通分館,1988年。

［日］宫治昭《克孜爾第一樣式券頂窟擘畫:禪定僧山嶽構圖·彌勒的圖像構成》,《佛教藝術》180、183輯,1988年。

［日］宫治昭《克孜爾石窟的涅槃圖像》,《美學美術史論集》17輯,1990年。

［日］宫治昭著,唐啓山譯《論克孜爾石窟——石窟構造、壁畫樣式、圖像構成之間的關連》,《敦煌研究》1991年4期,7—25頁。

［美］Angela F. Howard, In Support of a New Chronology for the Kizil Mural Paintings, *Archives of Asian Art* 44, 1991, pp. 68–83.

［日］中川原育子《克孜爾石窟的降魔成道》,《印度密教學研究》下,1993年。

［日］中川原育子《克孜爾第110窟的佛傳畫》,《密教圖像》13輯,1994年。

［日］片山章雄《吐魯番出土伏羲女媧圖》,《紀尾井史學》15輯,1995年。

［印］卡皮拉·瓦載揚著,臺建群譯《印度和中國石窟藝術中的飛天圖像》,《敦煌研究》1995年4期,138—144頁。

［日］中野照夫《庫車的中國樣式繪畫》,《美術研究》364輯,1996年。

［日］中川原育子《佛傳美術の傳播之變容》,《絲綢之路》1997年3期。

［日］中川原育子《關於克孜爾第110窟(階段窟)的佛典資料》,《Bulletin of the Nagoya University Furukawa Museum》13期,1997年12月,91—103頁。

［日］中川原育子《關於龜茲の供養人像的考察——以克孜爾供養人像の展開爲中心》,《The Journal of the Faculty of Literature, Nagoya University》45期,1999年3月,89—120頁。

［德］Marianne Yaldiz, etc. *Magische Gotterwelten, Werke aus dem Museum für Indische Kunst*, Berlin, 2000.

［日］正司哲朗、岡田至弘《用立體圖生成克孜爾石窟の3次元形狀模型》,《IPSJ SIG Notes》52期,2002年5月,59—66頁。

［日］小島康營《以世界文化遺產の保護研究爲使命:從克孜爾到尼雅、丹丹烏里克》,《佛教大學亞洲宗教文化情報研究所研究紀要》3期,2007年3月,61—80頁。

［日］檜山智美《克孜爾石窟第一一八窟(海馬窟)の壁畫主題——以マーンダートリ王説話爲綫索》,《Journal of the Japan Art History Society》59卷2

期,2010年3月,358—372頁。

[日] 小谷仲男《犍陀邏佛教之克孜爾千佛洞壁畫》,《Kyoto Women's University Journal of Historical Studies》68期,2011年2月,445—470頁。

[日] 中川原育子《有關克孜爾第81窟のスダーナ太子本生壁畫》,《名古屋大學文學部研究論集(史學57)》2011年,109—129頁。

[日] 小谷仲男《犍陀邏佛教之克孜爾千佛洞壁畫(續)末邏力士移石説話の探求》,《史窓》69期,2012年2月,143—160頁。

[日] 宫治昭著,王雲譯《印度佛教美術系列講座之三——巴米揚與克孜爾的佛教美術》,《藝術設計研究》2012年2期,94—104頁。

[日] 大門浩子《從克孜爾石窟涅槃圖看佛教的特質》,《Journal of Indian and Buddhist studies》61卷1期,2012年12月,320—323頁。

[日] 荻原裕敏《新疆龜兹研究院藏龜兹語詩文木牘》,《文物》2013年12期,76—80頁。

[日] 井上豪《克孜爾石窟佛傳図壁畫中女供養人圖の主題(特集:絲綢之路の文化交流)》,《佛教藝術》333期,2014年3月,53—69頁。

基金項目:國家科技支撐計劃國家文化科技創新工程項目:"絲綢之路文化主題展示服務系統及應用示範"(項目編號:2013BAH40F02)階段性成果。

《敦煌學國際聯絡委員會通訊》稿約

一、本刊由"敦煌學國際聯絡委員會"、"中國敦煌吐魯番學會"和"首都師範大學古文獻研究中心"共同主辦,策劃:高田時雄、柴劍虹;主編:郝春文。本刊的内容以國際敦煌學學術信息爲主,刊發的文章的文種包括中文(規範繁體字)、日文和英文,每年出版一期。截稿日期爲當年3月底。

二、本刊的主要欄目有:每年的各國敦煌學研究綜述、歷年敦煌學研究的專題綜述、新書訊、各國召開敦煌學學術會議的有關信息、書評或新書出版信息、項目動態及熱點問題爭鳴、對國際敦煌學發展的建議、重要的學術論文提要等,歡迎就以上内容投稿。來稿請寄:北京西三環北路83號:首都師範大學歷史學院郝春文,郵政編碼:100089,電子郵箱:haochunw@cnu.edu.cn。

三、來稿請附作者姓名、性別、工作單位和職稱、詳細位址和郵政編碼以及電子郵箱,歡迎通過電子郵件用電子文本投稿。

圖書在版編目(CIP)數據

2015敦煌學國際聯絡委員會通訊/郝春文主編. —上海: 上海古籍出版社, 2015.7
ISBN 978-7-5325-7650-0

Ⅰ.①2… Ⅱ.①郝… Ⅲ.①敦煌學—叢刊 Ⅳ.
①K870.6-55

中國版本圖書館 CIP 數據核字(2015)第 111923 號

2015敦煌學國際聯絡委員會通訊
郝春文　主編
上海世紀出版股份有限公司
上　海　古　籍　出　版　社　　出版
(上海瑞金二路272號　郵政編碼200020)
(1) 網址: www.guji.com.cn
(2) E-mail: guji1@guji.com.cn
(3) 易文網網址: www.ewen.co
上海世紀出版股份有限公司發行中心發行經銷
上海顓輝印刷有限公司印刷
開本787×1092　1/16　印張19.75　插頁4　字數344,000
2015年7月第1版　2015年7月第1次印刷
ISBN 978-7-5325-7650-0
K·2047　定價: 98.00元
如有質量問題,請與承印公司聯繫